百年辉煌的生成密码

安徽省科学社会主义学会年会论文集（2021）

汪刘送　沈天鹰　主编

BAINIAN HUIHUANG DE SHENGCHENG MIMA
ANHUI SHENG KEXUE SHEHUIZHUYI XUEHUI
NIANHUI LUNWEN JI（2021）

安徽师范大学出版社
ANHUI NORMAL UNIVERSITY PRESS
·芜湖·

图书在版编目(CIP)数据

百年辉煌的生成密码:安徽省科学社会主义学会年会论文集:2021 / 汪刘送,沈天鹰主编.—芜湖:安徽师范大学出版社,2022.8

ISBN 978-7-5676-5716-8

Ⅰ.①百… Ⅱ.①汪… ②沈… Ⅲ.①社会科学-文集 Ⅳ.①C53

中国版本图书馆CIP数据核字(2022)第179237号

百年辉煌的生成密码——安徽省科学社会主义学会年会论文集(2021)

汪刘送　沈天鹰◎主编

责任编辑:赵传慧　　责任校对:李晴晴

装帧设计:张　玲　姚　远　　责任印制:桑国磊

出版发行:安徽师范大学出版社

芜湖市北京东路1号安徽师范大学赭山校区　　邮政编码:241000

网　　址:http://www.ahnupress.com

发 行 部:0553-3883578　5910327　5910310(传真)

印　　刷:江苏凤凰数码印务有限公司

版　　次:2022年8月第1版

印　　次:2022年8月第1次印刷

规　　格:700 mm × 1 000 mm　1/16

印　　张:23.25

字　　数:400千字

书　　号:ISBN 978-7-5676-5716-8

定　　价:79.00元

序　言

2021年是中国共产党成立100周年，是“十四五”开局之年，也是全面建设社会主义现代化国家新征程的开启之年。在历史坐标系中，这一年注定留下极其特殊而重要的印记。

100年前，中国共产党诞生，是开天辟地的大事变。这一开天辟地的大事变，深刻改变了近代以后中华民族发展的方向和进程，深刻改变了中国人民和中华民族的前途和命运，深刻改变了世界发展的趋势和格局。一百年来，中国共产党团结带领中国人民进行的一切奋斗、一切牺牲、一切创造，归结起来就是一个主题：实现中华民族伟大复兴。为了实现中华民族伟大复兴，中国共产党团结带领中国人民浴血奋战、百折不挠，创造了新民主主义革命的伟大成就；自力更生、发愤图强，创造了社会主义革命和建设的伟大成就；解放思想、锐意进取，创造了改革开放和社会主义现代化建设的伟大成就；自信自强、守正创新，统揽伟大斗争、伟大工程、伟大事业、伟大梦想，创造了新时代中国特色社会主义的伟大成就。

100年来，在波澜壮阔的历史进程中，中国共产党紧紧依靠人民，把马克思主义基本原理同中国革命、建设、改革的具体实际相结合，同中华优秀传统文化相结合，创立了毛泽东思想和中国特色社会主义理论体系，实现了马克思主义中国化的三次飞跃。党和人民百年奋斗，使中华民族迎来了从站起来、富起来到强起来的伟大飞跃，书写了中华民族几千年历史上最恢宏的史诗。

今天，中国将开启历史新征程，朝着第二个百年奋斗目标进军，这是建党百年来前所未有的重要关口。在全面开启建设社会主义现代化新征程之际，为庆祝中国共产党成立100周年和学习宣传贯彻习近平总书记在庆祝中国共产党成立100周年大会上的重要讲话和党的十九届六中全会精神，深刻感悟中国共产党百年奋斗的光辉历程，深入领会中国共产党百年奋斗的重大成就与历史经验，弘扬伟大建党精神，助力实现中华民族伟大复兴，安徽省科学社会主义学会、宿州学院、安徽省社会科学院中国特色社会主义研究中心联合举办了以“中国共产党与中华民族伟大复兴”为研讨主题的安徽省科学社会主义学会2021年年会。年会结束后,我们从收到的会议征文中遴选出41篇汇编成册,并公开出版,以此献礼伟大的中国共产党成立100周年。

根据收入本论文集论文的内容,我们将其分为五个部分。一是习近平新时代中国特色社会主义思想研究,收录论文6篇;二是马克思主义中国化研究,收录论文6篇;三是伟大建党精神研究,收录论文10篇;四是中国共产党百年光辉历程及基本经验研究,收录论文12篇;五是新时代社会建设与社会治理问题研究,收录论文7篇。从总体上看,本论文集内容较为丰富,研究较为深入,可以为高校、科研院所专家学者的相关研究提供有益参考,同时也是安徽省科学社会主义学会年会学术成果的一次集中展示。

本论文集的出版,是大家共同努力的结果。安徽省科学社会主义学会全体会员踊跃撰稿,宿州学院党委书记汪刘送和安徽省社会科学院党组成员、副院长沈天鹰对论文集选题予以指导把关,安徽省科学社会主义学会会长、马克思主义研究所所长杨根乔对遴选的论文作了框架设计,宿州学院马克思主义学院党委书记、院长刘超及其同仁、安徽省社会科学院马克思主义研究所(省科学社会主义学会秘书处)全体同仁对本论文集进行了编辑和校对,宿州学院马克思主义理论重点学科给予了经费资助,以及宿州学院马克思主义理论重点学科负责人沈玉梅教授为本论文集的出版付出了辛勤的劳动,同时,得到了安徽师范大学出版社的大力支持。在此,一并对各位领导、专家、同志们表示最诚挚的感谢!

由于时间仓促,本论文集难免会有疏漏之处,敬请大家批评指正。

编　者

2022年3月18日

目　录

习近平新时代中国特色社会主义思想研究

马克思主义中国化研究

伟大建党精神研究

中国共产党百年光辉历程及基本经验研究

新时代社会建设与社会治理问题研究

习近平新时代中国特色社会主义思想研究

中国共产党的青春密码

——学习习近平总书记“七一”重要讲话精神

徐煜辉[①]

摘　要：自建党伊始，青春就是中国共产党最鲜亮的底色。穿越百年风雨，时至今日，这个世界上最大的马克思主义执政党依旧保持着“那么一股革命热情，那么一种拼命精神”，以永不懈怠的精神状态和一往无前的奋斗姿态，向世人昭示着蓬勃向上的青春活力。

关键词：青春；马克思主义；初心使命；自我革命；人民立场

一百多年前，一群新青年高举马克思主义思想火炬，在风雨如晦的中国苦苦探寻民族复兴的前途，誓以“为世界进文明，为人类造幸福。以青春之我，创建青春之家庭，青春之国家，青春之民族”[②]。从那时起，青春就是中国共产党最鲜亮的底色。穿越百年风雨，时至今日，这个世界上最大的马克思主义执政党依旧保持着“那么一股革命热情，那么一种拼命精神”[③]，以永不懈怠的精神状态和一往无前的奋斗姿态，向世人昭示着蓬勃向上的青春活力。

一、始终高举马克思主义伟大旗帜，永葆风雨不动、坚如磐石的信仰信念

习近平总书记指出：“马克思主义是我们立党立国的根本指导思想，是我们党的灵魂和旗帜。”[④]

一百年来，中国共产党人始终是马克思主义的忠诚信奉者。十月革命的炮

① 徐煜辉，中共安徽省委讲师团中心组学习处二级主任科员。

② 李大钊．百部红色经典：青春［M］．北京：北京联合出版公司，2021：23．

③ 毛泽东文集：第7卷［M］．北京：人民出版社，1999：285．

④ 习近平．在庆祝中国共产党成立100周年大会上的讲话［N］．人民日报，2021-07-02(2)．

声给中国送来了马克思列宁主义,为苦苦探求救国救民道路的中国先进知识分子指明了道路,中国共产党应运而生。建党伊始,中国共产党人就在马克思主义的指引下,树立了共产主义远大理想,为寻求民族独立、人民解放、国家富强不懈奋斗,谱写了“为有牺牲多壮志,敢教日月换新天”的壮烈史诗。即便是在国际共产主义事业遭受重创的艰难时刻,马克思主义也一直被中国共产党人紧紧握在手中、牢牢刻在心里。中国共产党人坚持解放思想、实事求是,坚持把马克思主义基本原理同中国具体实际相结合、同中华优秀传统文化相结合,持续推进马克思主义中国化,创立了毛泽东思想、邓小平理论,形成了“三个代表”重要思想、科学发展观,创立了习近平新时代中国特色社会主义思想,不断开辟马克思主义新境界,赋予马克思主义新的时代内涵。

一百年来,中国共产党人始终是马克思主义的坚定实践者。马克思主义使我们党拥有了科学的世界观和方法论,拥有了认识世界、改造世界的强大思想武器。在它的指引下,我们党团结带领人民群众创造了新民主主义的伟大成就、社会主义革命和建设的伟大成就、改革开放和社会主义现代化建设的伟大成就、新时代中国特色社会主义的伟大成就,中华民族实现了从站起来、富起来到强起来的伟大飞跃。中国共产党正是在马克思主义光芒的照耀下,在向着共产主义远大理想奋力奔跑中,锻造出一颗青春火热的赤子之心。

二、始终牢记初心使命,永葆昂扬向上、奋发有为的精神状态

习近平总书记指出:“中国共产党一经诞生,就把为中国人民谋幸福、为中华民族谋复兴确立为自己的初心使命。”①百年风雨路上,初心使命让一代代中国共产党人时刻秉持“赶考”之心,不敢有丝毫懈怠。

初心使命是中国共产党人对人民的庄严承诺。从建党那一天起,为中国人民谋幸福、为中华民族谋复兴的远大志向便镌刻在中国共产党人的旗帜上,这也是党对民族、对人民的庄严承诺。一诺千金、言出必行,是中华民族的传统美德和精神内核,更是我们党赢得人民百年拥戴的根本所在。中国共产党是马克思主义政党,代表最广大人民群众的利益,说话是算数的。对人民的承诺,中国共产党人不能忘、更不敢忘,唯有付出更大努力、更多牺牲,方能无愧于人民的重托。

---

① 习近平.在庆祝中国共产党成立100周年大会上的讲话[N].人民日报,2021-07-02(2).

初心使命是中国共产党人的前进坐标。一百年来,中国共产党人无时无刻不把初心使命当作前进的航标。“中国共产党团结带领中国人民进行的一切奋斗、一切牺牲、一切创造,归结起来就是一个主题:实现中华民族伟大复兴。”①随着时代的发展,国家富强、人民幸福被不断赋予新的内涵,标杆越来越高、工作难度越来越大。中国共产党人始终坚守初心使命,志不改、道不变,一路滚石上山、爬坡过坎,朝着锚定的方向奋勇前进,在矢志不渝的努力奋斗中锻造出发之于内、形之于外的蓬勃朝气。

三、始终坚持伟大的自我革命,永葆充满活力、朝气蓬勃的强健肌体

习近平总书记指出:“我们党历经千锤百炼而朝气蓬勃,一个很重要的原因就是我们始终坚持党要管党、全面从严治党,不断应对好自身在各个历史时期面临的风险考验,确保我们党在世界形势深刻变化的历史进程中始终走在时代前列,在应对国内外各种风险挑战的历史进程中始终成为全国人民的主心骨!”②在进行社会革命的同时不断进行自我革命,是我们党区别于其他政党最显著的标志,也是我们党永葆先进性和纯洁性的关键所在。

通过伟大的自我革命,做到坚持真理、修正错误。中国共产党在领导人民在进行革命和建设的过程中取得了伟大成就,也犯过错误。对此,中国共产党人毫不避讳,从不文过饰非,始终坚持实事求是的原则,认真分析、及时纠正错误。新民主主义革命时期,党从大革命失败和第五次反“围剿”失败的错误中吸取教训,领导中国革命走上正确的道路。社会主义革命和建设时期,党纠正“大跃进”和“文化大革命”的错误,深刻全面地总结教训,为开辟中国特色社会主义道路奠定了基础。这充分契合习近平总书记指出的:“中国共产党的伟大不在于不犯错误,而在于从不讳疾忌医,敢于直面问题,勇于自我革命,具有极强的自我修复能力。”③

通过伟大的自我革命,实现去腐生肌、自我净化。在革命、建设和改革过程中,我们党面临着形形色色的考验。特别是成为执政党后,全党在保持党的肌体健康方面,面临着更加严峻和艰巨的风险挑战。毛泽东同志在即将取得全国

① 习近平.在庆祝中国共产党成立100周年大会上的讲话[N].人民日报,2021-07-02(2).

② 习近平.在庆祝中国共产党成立100周年大会上的讲话[N].人民日报,2021-07-02(2).

③ 十八大以来重要文献选编:下[M].北京:中央文献出版社,2018:589.

胜利的时刻,就郑重告诫全党要做到“两个务必”。党的十八大以来,我们党以猛药去疴、重典治乱的决心,以刮骨疗毒、壮士断腕的勇气,坚决同影响党的先进性、弱化党的纯洁性的各种现象做斗争,推动全面从严治党向纵深发展。加强日常教育管理,严肃党内政治生活,开展党内集中教育,加强对权力的制约和监督,坚决反对和惩治腐败,驰而不息加强作风建设。中国共产党正是在这种刀刃向内的自我革命中,不断校准思想偏差、医治病症、铲除毒瘤,保持了党的先进纯洁和肌体健康,锻造出充满青春活力的钢筋铁骨。

四、始终保持与人民的血肉联系,永葆生生不息、连绵不绝的力量源泉

习近平总书记指出:“江山就是人民、人民就是江山,打江山、守江山,守的是人民的心。”①一百年来,中国共产党与中国人民休戚与共、生死相依。中国共产党从中国人民那里源源不断地吸取着前进的力量。

中国共产党始终坚守人民立场。立场决定着一切工作的出发点和落脚点,决定着代表谁的利益。人民立场是我们党的根本政治立场,是马克思主义政党区别于其他政党的显著标志。中国共产党始终站稳人民的立场,怀揣着对人民的深厚感情,为人民说话、为人民办事、维护人民的利益。自2020年初,新冠肺炎疫情暴发以来,我们党坚持人民至上、生命至上,同时间赛跑、与病魔较量,带领人民打赢了这场艰苦卓绝的抗疫大战,做好常态化疫情防控工作,有力保障了人民的生命安全。特别是全力以赴救治患者,所有治疗费用全部由国家承担,有序推进免费疫苗接种,更使世人清楚地看到了我们党鲜明的人民立场。

中国共产党始终坚持依靠人民。人民是真正的英雄,只有依靠人民才能创造历史伟业,是历史实践证明的不争的事实。在新民主主义革命时期,是人民的顽强抗战击退了日本法西斯侵略者,是人民的小车推出了淮海战役的胜利;在社会主义革命和建设时期,是人民凭着顽强毅力才在一穷二白、千疮百孔的烂摊子上建立起社会主义基本制度;在改革开放和社会主义现代化建设时期,是人民的聪明智慧为改革开放注入了生机活力;在中国特色社会主义新时代,是人民的努力拼搏创造了党和国家事业的历史性成就和历史性变革。在任何一个历史时期,我们党都将尊重社会发展规律与尊重人民主体地位统一起来,

① 习近平.在庆祝中国共产党成立100周年大会上的讲话[N].人民日报,2021-07-02(2).

一切为了人民、紧紧依靠人民，方才得到中国人民的拥戴和支持，锻造出中国共产党永葆青春的力量源泉。

有一首歌这样唱："革命人永远是年轻，他好比大松树冬夏常青。"我们的党就是这样一棵冬夏常青的大松树。她在最陡峭的悬崖绝壁上生根发芽，历经百年风霜，终成参天巨木。她枝繁叶茂一百年，展现了蓬勃向上的生命活力，在未来民族复兴的征途上，也必将继续繁茂下去。

论习近平全过程人民民主理念的逻辑体系与科学内涵

周继祥，傅文茹[1]

摘　要：在新时代发展全过程人民民主是社会主义民主政治的本质要求、是人民当家作主制度体系建设的最新理论成果、是获得国际制度竞争优势的必然要求，这三点构成了习近平全过程人民民主理念的逻辑体系。习近平全过程人民民主的科学内涵包括：全过程人民民主是全链条、全方位、全覆盖的民主，是最广泛、最真实、最管用的社会主义民主；社会主义法治是发展全过程人民民主的基石；全过程人民民主的实施要以人民为中心，依靠人民、动员人民，充分保障人民行使当家作主的权利；发展全过程人民民主是推进国家治理体系和治理能力现代化的重要动力；发展全过程人民民主可以促进党的领导、人民当家作主和依法治国的有机统一；发展全过程人民民主可以对权力运行进行有效制约和监督。

关键词：习近平全过程人民民主理念；逻辑体系；科学内涵

2012年，在中共十八大上，“民主”被列为社会主义核心价值观之一。2014年9月5日，习近平总书记在庆祝全国人民代表大会成立60周年大会上指出了评价一个国家政治制度是不是民主的、有效的标准，就是“八个能否”，即“主要看国家领导层能否依法有序更替，全体人民能否依法管理国家事务和社会事务、管理经济和文化事业，人民群众能否畅通表达利益要求，社会各方面能否有效参与国家政治生活，国家决策能否实现科学化、民主化，各方面人才能否通过公平竞争进入国家领导和管理体系，执政党能否依照宪法法律规定实现对国家事务的领导，权力运用能否得到有效制约和监督。”[2]

---

① 周继祥，合肥师范学院马克思主义学院副教授；傅文茹，合肥师范学院马克思主义学院副教授。

② 习近平谈治国理政：第2卷[M].北京：外文出版社，2017：287.

2014年9月21日，习近平在庆祝中国人民政治协商会议成立65周年大会上的讲话中指出："人民是否享有民主权利，要看人民是否在选举时有投票的权利，也要看人民在日常政治生活中是否有持续参与的权利；要看人民有没有进行民主选举的权利，也要看人民有没有进行民主决策、民主管理、民主监督的权利。社会主义民主不仅需要完整的制度程序，而且需要完整的参与实践。人民当家作主必须具体地、现实地体现到中国共产党执政和国家治理上来，具体地、现实地体现到中国共产党和国家机关各个方面、各个层级的工作上来，具体地、现实地体现到人民对自身利益的实现和发展上来。"[①]这段话初步提出全过程人民民主的基本内涵。

2019年11月2日，习近平在上海长宁区虹桥街道古北市民中心考察时提出了"人民民主是一种全过程的民主"。2021年7月1日，在庆祝中国共产党成立100周年大会的重要讲话中，习近平对"全过程人民民主"的概念作出了高度概括。

2021年10月13日，习近平在中央人大工作会议上发表重要讲话时强调坚持和完善人民代表大会制度，不断发展全过程人民民主，对全过程人民民主的内涵进行了全面的阐释。这一重要论述，深刻揭示了人民民主的本质，是对社会主义民主政治理论的重大创新，充分阐明了我国社会主义民主的特质和优势。当今世界正经历百年未有之大变局，制度竞争是综合国力竞争的重要方面，制度优势是一个国家赢得战略主动的重要优势。历史和现实都表明，制度稳则国家稳，制度强则国家强。全过程人民民主这一重大理念从酝酿、发展到初步成熟历时7年之久，这是以习近平同志为核心的党中央在治国理政的实践中形成的最新理论成果，其逻辑体系需要进一步厘清，其科学内涵需要进一步阐释。

一、习近平全过程人民民主理念的逻辑体系

（一）发展全过程人民民主是新时代发展社会主义民主政治的本质要求

毛泽东同志在回答黄炎培提出的"兴勃亡忽"问题时，他说中国共产党人找到了一条跳出历史周期率的道路，那就是"民主"，并提出要通过"人民负责"达

① 习近平谈治国理政：第2卷[M].北京：外文出版社，2017：292.

到长治久安、通过“人民监督”保证政权不变质的主张。邓小平同志进一步提出“没有民主就没有社会主义,就没有社会主义的现代化。当然,民主化和现代化一样,也要一步一步地前进。社会主义愈发展,民主也愈发展。这是确定无疑的”[①]。中共十八大以来,中国特色社会主义进入了新时代,社会主义现代化建设事业取得了历史性成就,发生了历史性变革。社会主义民主政治开始从“人民监督”向“人民负责”转变,从“治标”向“治本”方向转变,而习近平全过程人民民主理念走向成熟,正是这一转变的典型表现。它回应了新时代人民日益增长的美好生活需要,必将使人民的获得感、安全感和幸福感不断得到提升。

(二)发展全过程人民民主是人民当家作主制度体系建设的最新理论成果

“我国是工人阶级领导的、以工农联盟为基础的人民民主专政的社会主义国家,国家的一切权力属于人民。必须坚持人民主体地位,坚定不移走中国特色社会主义政治发展道路,健全民主制度,丰富民主形式,拓宽民主渠道,依法实行民主选举、民主协商、民主决策、民主管理、民主监督,使各方面制度和国家治理更好体现人民意志、保障人民权益、激发人民创造,确保人民依法通过各种途径和形式管理国家事务,管理经济文化事业,管理社会事务。”[②]发展全过程人民民主正是健全民主制度、丰富民主形式、拓宽民主渠道的要求,强调人民不仅有投票的权利,而且应该有在日常政治生活中持续的参与权利。人民当家作主制度体系包括人民代表大会制度、中国共产党领导的多党合作和政治协商制度、民族区域自治制度、基层群众自治制度,这些都是全过程人民民主实践的制度载体。

(三)发展全过程人民民主是获得国际制度竞争优势的必然要求

“中国特色社会主义民主是从中国实际出发形成的社会主义民主,是比西方资本主义民主更高类型的民主,具有自己的制度优势和鲜明特点。由于中国特色社会主义民主诞生的时间还比较短,要达到完善和成熟尚需一个长期的过程。我们必须把坚持与发展中国特色社会主义民主统一起来,坚定不移地走中国特色社会主义民主政治发展道路,不断总结人民创造的民主建设经验,既吸

---

① 邓小平文选:第2卷[M].北京:人民出版社,1994:168.

② 中共中央关于坚持和完善中国特色社会主义制度 推进国家治理体系和治理能力现代化若干重大问题的决定[N].人民日报,2019-11-06(1).

收和借鉴人类政治文明成果，包括西方资本主义民主中一切对我们有益和有用的东西，又坚决反对照搬西方资本主义民主模式，同西方资本主义民主划清界限，积极稳妥地发展中国特色社会主义民主，并在实践中展现其更加强大的生命力和吸引力。”①“当今世界正经历百年未有之大变局，制度竞争是综合国力竞争的重要方面，制度优势是一个国家赢得战略主动的重要优势。历史和现实都表明，制度稳则国家稳，制度强则国家强。”②发展全过程人民民主就是健全中国特色社会主义民主政治制度的关键一招，它既符合中国国情，又可以充分发挥自身的制度优势和彰显自身的鲜明特点。

二、习近平全过程人民民主理念的科学内涵

（一）全过程人民民主的实质

我国全过程人民民主实现了过程民主和成果民主、程序民主和实质民主、直接民主和间接民主、人民民主和国家意志相统一，是全链条、全方位、全覆盖的民主，是最广泛、最真实、最管用的社会主义民主。

“民主是全人类的共同价值，是中国共产党和中国人民始终不渝坚持的重要理念。……民主不是装饰品，不是用来做摆设的，而是要用来解决人民需要解决的问题的。……民主是各国人民的权利，而不是少数国家的专利。一个国家是不是民主，应该由这个国家的人民来评判，而不应该由外部少数人指手画脚来评判。国际社会哪个国家是不是民主的，应该由国际社会共同来评判，而不应该由自以为是的少数国家来评判。实现民主有多种方式，不可能千篇一律。用单一的标尺衡量世界丰富多彩的政治制度，用单调的眼光审视人类五彩缤纷的政治文明，本身就是不民主的。”③社会主义民主是多数人民主，不需要像西方资本主义国家用民主来掩盖少数人专政的国家本质，我国大多数人的根本

---

① 秋石．中国特色社会主义民主政治的制度优势与基本特征——划清中国特色社会主义民主同西方资本主义民主的界限[J]．求是，2010(18)：6-9.

② 习近平．在中央人大工作会议上发表重要讲话强调 坚持和完善人民代表大会制度 不断发展全过程人民民主[J]．中国人大，2021(20)：9.

③ 习近平．在中央人大工作会议上发表重要讲话强调 坚持和完善人民代表大会制度 不断发展全过程人民民主[J]．中国人大，2021(20)：11.

利益是一致的，人民代表大会制度的政体与我国人民民主专政的国体相适应，同时通过中国共产党领导的多党合作和政治协商制度、民族区域自治制度、基层群众自治制度和爱国统一战线来协调各民族、各阶级、各政党、各团体、各级组织、各地区的利益，实现各方利益的平衡，使各方面制度和国家治理更好地体现人民意志、保障人民权益、激发人民创造，确保人民依法通过各种途径和形式管理国家事务，管理经济文化事业，管理社会事务。

(二)发展全过程人民民主的基石是社会主义法治

民主与法治是孪生兄弟，没有民主就没有法治。法治又是民主的必然要求，没有法治的民主是残缺的、不健全的、不稳定的，容易被野心家所煽动、操控，最终走向民主的终结，即专制。在典型的现代民主社会中，民主是洪流，法治是河岸，法治支撑民主，是民主的基石，是规范、保障民主有序发展的基础设施。发展全过程人民民主应该在党的领导下，在法治的框架里进行，通过全面深化改革，全面推进依法治国，实现"完善和发展中国特色社会主义制度、推进国家治理体系和治理能力现代化"的总目标。

(三)全过程人民民主的实施要以人民为中心

"社会主义民主不仅需要完整的制度程序，而且需要完整的参与实践。"①"历史充分证明，江山就是人民，人民就是江山，人心向背关系党的生死存亡。赢得人民信任，得到人民支持，党就能够克服任何困难，就能够无往而不胜。要教育引导全党深刻认识党的性质宗旨，坚持一切为了人民、一切依靠人民，始终把人民放在心中最高位置、把人民对美好生活的向往作为奋斗目标，推动改革发展成果更多更公平惠及全体人民，推动共同富裕取得更为明显的实质性进展，把14亿中国人民凝聚成推动中华民族伟大复兴的磅礴力量"②。发展全过程人民民主要坚持以人民为中心，一切为了人民，一切依靠人民，动员人民踊跃参与到人民民主的实践中来，改革和完善各项政治制度，充分保障人民行使当家作主的权利。要把体现人民利益、反映人民愿望、维护人民权益、增进人民福祉落实到发展全过程人民民主的各个方面、各个领域。

---

① 习近平谈治国理政：第2卷[M].北京：外文出版社，2017：292.

② 学党史悟思想办实事开新局 以优异成绩迎接建党一百周年[N].人民日报，2021-02-21(1).

推进全过程人民民主的实施,根本目的是依法保障人民权益。我们要充分发挥中国特色社会主义制度的显著优势,有步骤地、合法地、全面地完善保障人民当家作主的制度体系。

(四)发展全过程人民民主是推进国家治理体系和治理能力现代化的重要动力

全面深化改革的总目标是完善和发展中国特色社会主义制度、推进国家治理体系和治理能力现代化。"通过治理能力现代化建设,加强对国家治理的顶层设计和整体布局,有利于克服全面深化改革过程中可能遇到的观念方面和体制方面的障碍,有助于协同推动各领域的改革,增强改革的系统性、整体性和全面性。注重系统性、整体性、协同性是全面深化改革的内在要求,也是推进改革的重要方法。改革越深入,越要注意协同,既抓改革方案协同,也抓改革落实协同,更抓改革效果协同,促进各项改革举措在政策取向上相互配合、在实施过程中相互促进、在改革成效上相得益彰,朝着全面深化改革总目标聚焦发力。"①发展全过程人民民主正是体现了这一要求,能系统、整体、全面推动中国特色社会主义民主政治向前发展。理念是行动的先导,有什么样的发展理念,就会带来什么样的发展实践,发展全过程人民民主正是提升国家治理能力的重要抓手。通过发展全过程人民民主使人民群众能畅通表达利益诉求,社会各方面能有效参与国家政治生活,实现国家决策科学化、民主化,促使各方面人才通过公平竞争进入国家领导和管理体系,提升国家治理能力和水平。国家治理体系和治理能力的现代化正是依靠制度的完善和制度执行能力的提高来实现的。

(五)发展全过程人民民主可以促进党的领导、人民当家作主和依法治国的有机统一

中国共产党是中国的执政党,是中国特色社会主义事业的领导核心,是当代中国最广大人民根本利益的忠实代表者和坚定维护者,它通过落实、发展人民当家作主的制度,通过依法治国、依法执政、依法行政,不断推进法治国家、法治政府、法治社会的建设,不断发展社会主义民主政治,使人民获得感、幸福感、安全感更加充实、更有保障、更可持续,赢得民心,实现党的领导、人民当家作主

---

① 熊光清."国家治理体系和治理能力现代化"提出的重要理论意义[EB/OL].(2019-10-28)[2021-11-17].http://cn.chinadaily.com.cn/a/201910/28/WS5db6a505a31099ab995e8490.html?ivk_sa=1023197a.

和依法治国的有机统一。

一个朝气蓬勃,敢于自我革命、自我完善,充满生命力的政党,一个紧紧依靠人民、处处为人民着想、坚持人民当家作主的政党,一个遵守规则、维护秩序,追求公平、正义的政党,必然会获得人民的拥护和赞同,并最终赢得民心。

(六)发展全过程人民民主可以对权力运行进行有效制约和监督

毛泽东同志曾在中共七届二中全会上谆谆告诫全党,“务必使同志们继续地保持谦虚、谨慎、不骄、不躁的作风,务必使同志们继续地保持艰苦奋斗的作风”,这是要“进京赶考”,要交给人民一个满意的答卷。到如今,中国共产党已经建党百年,在这种长期执政条件下,我党要继续奋斗,走好新时代“赶考”路,确保党不变质,不断健全党和国家监督体系,完善监督有力的权力运行机制,确保党和人民赋予的权力始终用来为人民谋幸福。

发展全过程人民民主能够使人民更全面地参与到国家日常政治生活中来,对国家权力的运行机制越来越熟悉,并积极参与其中;通过民主监督,扎好制度的笼子,让权力在阳光下运行,使国家各级各类公共事务在人民全过程监督下处理,使人民民主制度在实践中得到全过程落实。

三、结语

习近平总书记关于发展全过程人民民主的相关论述逻辑清晰,内涵丰富,内容系统、科学。这一理念逐渐得到贯彻和落实,必将促进中国特色社会主义民主政治全面、健康地发展,并将在中国特色社会主义民主政治实践中散发出理性的光辉,迸发出真理的力量。

习近平总书记考察安徽重要讲话蕴含的科学思维探析

刘　凯，朱宗友[①]

摘　要：习近平总书记考察安徽重要讲话蕴含着丰富的科学思维，具有丰富的哲学内涵和鲜明的时代特色，可以通过多个维度进行理论透视。习近平总书记强调要注重人与自然发展的辩证关系，总书记对唯物辩证法总特征的深刻把握蕴含着科学的辩证思维；习近平总书记提出的"两个坚持"和"两个更大"蕴含着科学的战略思维；习近平总书记强调要把治理淮河的经验总结好和从革命历史中汲取前行动力蕴含着科学的历史思维；习近平总书记认为发展的关键靠创新和要坚持走创新发展道路蕴含着科学的创新思维；习近平总书记强调要做好民生和经济的系统工作及党要进行系统治理蕴含着科学的系统思维；习近平总书记指出要守住政治底线、人民生命财产安全的底线、适应和引领经济全球化的底线蕴含着科学的底线思维。

关键词：习近平；考察安徽；重要讲话；科学思维

习近平总书记于2020年8月18日至21日考察安徽，期间，他提出了一系列发人深省、催人奋进的新思想、新观点、新论断，具有丰富的理论内涵和鲜明的现实导向，体现了辩证思维、战略思维、历史思维、创新思维、系统思维、底线思维等科学思维。对这些思维进行研究，有利于深刻把握习近平总书记重要讲话的精神实质，更好地指导实践发展。

一、习近平总书记考察安徽重要讲话蕴含的辩证思维

习近平总书记认为学习和运用辩证唯物主义世界观和方法论，要注重"学

---

① 刘凯，山东大学马克思主义学院博士研究生；朱宗友，阜阳师范大学马克思主义学院教授。

习掌握唯物辩证法的根本方法,不断增强辩证思维能力,提高驾驭复杂局面、处理复杂问题的本领"①。辩证思维就是承认矛盾、分析矛盾、解决矛盾,善于抓住关键、找准重点、洞察事物发展规律的思维。掌握辩证思维是我们正确认识世界、改造世界的必要前提,也是走好中国特色社会主义道路、开展好社会主义现代化建设各方面事业的重要基础。总之,辩证思维是一个国家、一个民族、一个人克敌制胜、创造幸福生活的重要法宝。

习近平总书记强调要注重人与自然发展的辩证关系。总体来看,人与自然发展的辩证关系贯穿着习近平总书记系列重要讲话的整个过程,甚至可以说是一条主线。一方面习近平总书记强调要实现人与自然和谐相处。8月18日下午,习近平总书记来到阜阳市阜南县蒙洼蓄洪区曹集镇利民村西田坡庄台考察时强调:"中华民族同自然灾害斗了几千年,积累了宝贵经验,我们还要继续斗下去。这个斗不是跟老天爷作对,而是要尊重自然、顺应自然规律,积极应对自然灾害,与自然和谐相处。"②"不跟老天爷作对"是习近平总书记在正确把握自然发展规律和人类社会发展规律基础上所作的科学论断。自然界有其发展规律,人类社会也有其发展规律,二者都有其特殊性。然而矛盾的普遍性寓于特殊性中,特殊性包含着普遍性。因此要实现自然界和人类社会的和睦相处,人就需要尊重自然界和人类社会的规律,保持一个动态平衡。如果人没有把握适度的原则,打破了这一平衡,也就违背了自然界和人类社会特殊性和普遍性相统一的辩证规律,违背了规律就要受到惩罚。正如恩格斯所说:"我们不要过分陶醉于我们人类对自然界的胜利。对于每一次这样的胜利,自然界都对我们进行报复。"③为了避免受到自然界的报复,习近平总书记一直以来都十分重视生态文明建设事业的发展,强调要建设生态文明,我国因此也拥有了更加美好的生态环境。另一方面习近平总书记阐述了生态环境保护和经济发展的辩证统一关系。8月19日上午,习近平总书记来到马鞍山市薛家洼生态园考察长江生态保护和长江经济带发展情况时强调:"经济发展要设定前提,首先要保护好生态环境。高质量发展的基础,就是生态环境。生态环境保护不好,最终将葬送

① 习近平.辩证唯物主义是中国共产党人的世界观和方法论[J].求是,2019(1):4-8.

② 杜尚泽,朱思雄,张晓松.下好先手棋,开创发展新局面——记习近平总书记在安徽考察[N].人民日报,2020-08-24(1).

③ 马克思恩格斯选集:第3卷[M].北京:人民出版社,2012:998.

经济发展前景。”[①]把生态保护好，把生态优势发挥出来，才能实现高质量发展。

习近平总书记的重要讲话体现着对唯物辩证法总特征的深刻把握。联系和发展的观点是唯物辩证法的总特征，习近平总书记考察安徽的重要讲话中对这一总特征有着深刻把握。其中最明显的当属习近平总书记联系国内经济发展现状和国际经济发展大背景，对中国经济发展和长三角发展的现状和未来做了科学研判，为中国经济社会发展提供了行动指南。就是“在当前全球市场萎缩的外部环境下，我们必须集中力量办好自己的事，发挥国内超大规模市场优势，加快形成以国内大循环为主体、国内国际双循环相互促进的新发展格局”[②]。此外，习近平总书记又指出：“长三角一体化发展不是一日之功，我们既要有历史耐心，又要有只争朝夕的紧迫感，既谋划长远，又干在当下。”[③]这里习近平总书记是在强调长三角发展战略不能急于求成，而应坚持志存高远和脚踏实地的辩证统一，努力做好量的积累，最终在一定量变的基础上实现长三角和中国经济社会发展质的飞跃，进而推动中国特色社会主义现代化建设事业发展取得新成就、迈上新阶段、开辟新境界。

总之，习近平总书记以辩证思维来看中国发展，提出了一系列新思想、新理念，既立足长远，又观照现实，旨在充分利用促进我国发展的各方面因素，为中国发展注入源源不断的充沛活力，是新时代中国发展必须坚持并不断发展的指导思想。

二、习近平总书记考察安徽重要讲话蕴含的战略思维

习近平总书记指出：“战略问题是一个政党、一个国家的根本性问题。战略上判断得准确，战略上谋划得科学，战略上赢得主动，党和人民事业就大有希望。”[④]这要求要坚持正确的战略方向，即坚持和发展中国特色社会主义。在此

① 杜尚泽，朱思雄，张晓松．下好先手棋，开创发展新局面——记习近平总书记在安徽考察[N]．人民日报，2020-08-24(1).

② 习近平在扎实推进长三角一体化发展座谈会上强调 紧扣一体化和高质量抓好重点工作 推动长三角一体化发展不断取得成效[N]．人民日报，2020-08-23(1).

③ 习近平在扎实推进长三角一体化发展座谈会上强调 紧扣一体化和高质量抓好重点工作 推动长三角一体化发展不断取得成效[N]．人民日报，2020-08-23(1).

④ 习近平．在纪念邓小平同志诞辰110周年座谈会上的讲话[M]．北京：人民出版社，2014：19.

基础上,宏观上要有科学发展战略的指导,微观上要有多种战术相互配合,才能取得"战斗"的最终胜利。不管是战略还是战术,都需要战略思维的指导。战略思维就是高瞻远瞩、统揽全局,善于把握事物发展总体趋势和方向的思维。习近平总书记考察安徽的重要讲话,体现了科学的战略思维。

习近平总书记考察安徽重要讲话,高瞻远瞩、总揽全局,高屋建瓴、引领航向,精辟阐述关系安徽发展的一系列方向性、根本性问题。其核心要义,包括强化"两个坚持",即坚持改革开放、坚持高质量发展;还包括做到"两个更大",即在构建新发展格局中实现更大作为、在加快建设美好安徽上取得新的更大进展。

坚持改革开放、坚持高质量发展是习近平总书记重要讲话中战略思维的核心要义之一。习近平总书记在讲话中高度强调了改革开放的必要性和重要性,他提出要"加快打造改革开放新高地""推动浦东高水平改革开放"等等,都在说明中国始终坚持改革开放,改革开放是决定当代中国命运的关键一招。习近平总书记在讲话中也指出了中国经济发展要坚持走高质量发展道路。习近平总书记在谈到长三角一体化发展时还强调:"要紧扣一体化和高质量两个关键词,深入推进重点领域一体化建设,推进长三角一体化发展。"①这里习近平总书记强调了要实现长三角一体化的高质量发展,提出了长江禁渔等一系列发展战略,并认为"长江禁渔是为全局计、为子孙谋的重要决策",体现出习近平总书记的战略思维。

在构建新发展格局中实现更大作为、在加快建设美好安徽上取得新的更大进展是习近平总书记重要讲话中战略思维的又一核心要义。习近平总书记在安徽考察时强调,要"在构建以国内大循环为主体、国内国际双循环相互促进的新发展格局中实现更大作为,在加快建设美好安徽上取得新的更大进展"②。目前中国前所未有地接近实现中华民族伟大复兴的目标,理应有更大作为,因此要继续以永不懈怠的精神状态和一往无前的奋斗姿态实现更大作为,利用好国际国内两个市场、两种资源,"努力把安徽打造成为国内大循环的重要节点、国

① 习近平在安徽考察时强调 坚持改革开放坚持高质量发展 在加快建设美好安徽上去的新的更大进展[N].人民日报,2020-08-22(1).

② 习近平在安徽考察时强调 坚持改革开放坚持高质量发展 在加快建设美好安徽上去的新的更大进展[N].人民日报,2020-08-22(1).

内国际双循环的战略链接”[①]，向党和人民交出一份合格的答卷。“在加快建设美好安徽上取得新的更大进展”是安徽今后发展的目标指引，也就是说我们要建设的安徽是美好安徽，落脚点是不断满足安徽人民对美好生活的向往，这些向往包括人民期望有更高的收入、更优美的环境、更高水平的医疗卫生条件等，实现这些向往是接下来安徽发展的奋斗方向所在。此外，习近平总书记对长三角一体化发展作了宏大的战略部署。习近平总书记认为推动长三角一体化发展在国家经济社会发展中有着相当重要的战略地位和作用，并强调“在当前全球市场萎缩的外部环境下，我们必须集中力量办好自己的事，发挥国内超大规模市场优势，加快形成以国内大循环为主体、国内国际双循环相互促进的新发展格局”[②]。长三角一体化发展战略本身就是看到长三角地区各重要组成部分的发展特点和优势，力争整合这些特点和优势以实现整体大于部分之和的良好效果，这也是在构建新发展格局中实现更大作为、在加快建设美好安徽上取得新的更大进展的重要内容。

强化“两个坚持”、做到“两个更大”是习近平总书记从安徽发展的根本、全局、长远出发为安徽发展制定的发展战略，体现出战略与战术的高度统一，这种“对具有根本性、全局性和长远性的问题、关系进行科学谋划的思维方式”[③]，就是运用战略思维的体现。

三、习近平总书记考察安徽重要讲话蕴含的历史思维

习近平总书记指出：“历史是最好的教科书，也是最好的清醒剂。”[④]强调历史是最好的教科书和最好的清醒剂，就是在说要具备历史思维。历史思维就是知古鉴今，树立历史眼光，借鉴历史经验，善于运用历史眼光认识发展规律、把握前进方向、指导现实工作的思维。掌握历史思维有利于从历史发展中汲取前

---

① 李锦斌在全省领导干部学习贯彻习近平总书记考察安徽和在合肥主持召开扎实推进长三角一体化发展座谈会重要讲话精神专题研讨班开班式上强调 深入学习宣传贯彻习近平总书记重要讲话指示精神 强化“两个坚持”实现“两个更大”推动安徽跨越式发展[N].安徽日报，2020-09-03(1).

② 习近平在扎实推进长三角一体化发展座谈会上强调 紧扣一体化和高质量抓好重点工作 推动长三角一体化发展不断取得成效[N].人民日报，2020-08-23(1).

③ 韩庆祥.强国时代[M].北京：红旗出版社，2018：198.

④ 习近平.在纪念全民族抗战爆发七十七周年仪式上的讲话[N].人民日报，2014-07-08(2).

行智慧,正确把握“时”与“势”的发展,以此作为发展当下、谋划未来的重要依据。习近平总书记考察安徽的重要讲话,体现了科学的历史思维。

习近平总书记强调要把治理淮河的历史经验总结好。1950年,安徽、河南水灾严重,从7月20日至8月31日,一个多月的时间里,毛泽东接连写了三个批示给周恩来总理,下决心“一定要把淮河治好”[①]。2020年8月18日下午,习近平总书记在参观王家坝防汛抗洪展厅时指出:“70年来,淮河治理取得显著成效,防洪体系越来越完善,防汛抗洪、防灾减灾能力不断提高。要把治理淮河的经验总结好,认真谋划‘十四五’时期淮河治理方案。”[②]习近平总书记针对淮河治理的这段论述既立足过去,又面向未来。说立足过去,是指习近平总书记强调对淮河治理经验的继承,这样既有利于淮河治理,也能够有效避免付出不必要的资源和代价。说面向未来,是在立足过去的基础上,不仅强调对淮河治理经验的继承,更强调对淮河治理经验的发展,体现出习近平总书记着眼长远,因为即便有着70多年的治理经验,今天的淮河水患依然给人民群众的生命和财产安全带来了不小的影响。正因如此,要争取通过采取更有效的措施更大程度上保障人民群众的生命和财产安全。为此,习近平总书记强调要研究制定淮河治理的“十四五”规划,其中就包括“引导和鼓励乡亲们逐步搬出去,减存量、控增量,不搞大折腾,确保蓄洪区人口不再增多”[③]。蓄洪区的人口和相关财产不断减少,再次蓄洪时,人民群众的权益便能得到有效保障。这实际上就是说治理淮河、治理水患要坚持问题导向,总结问题和短板,不断改进我们的工作。要坚持以防为主、防抗救相结合。结合“十四五”规划,聚焦河流湖泊安全、生态环境安全、城市防洪安全,谋划建设一批基础性、枢纽性的重大项目,努力把水患带来的负面影响缩减到最小。

习近平总书记强调要从革命历史中汲取前行动力。2020年8月19日下午,习近平总书记参观了坐落在巢湖之滨的渡江战役纪念馆,参观过程中他指出:“淮海战役的胜利是靠老百姓用小车推出来的,渡江战役的胜利是靠老百姓用小船划出来的。任何时候我们都要不忘初心、牢记使命,都不能忘了人民这个

① 丁晓平.光荣梦想:毛泽东人生七日谈[M].北京:人民出版社,2019:194.

② 习近平在安徽考察时强调 坚持改革开放坚持高质量发展 在加快建设美好安徽上去的新的更大进展[N].人民日报,2020-08-22(1).

③ 杜尚泽,朱思雄,张晓松.下好先手棋,开创发展新局面——记习近平总书记在安徽考察[N].人民日报,2020-08-24(1).

根,永远做忠诚的人民服务员。要广泛开展爱国主义教育,让人们深入理解为什么历史和人民选择了中国共产党,为什么必须坚持走中国特色社会主义道路、实现中华民族伟大复兴”[①]。习近平总书记的讲话颇有深意,这段论述中至少有三个层面的深意。第一,中国共产党人要不忘初心、牢记使命。走得再远都不能忘记来时路,也不能忘记为什么出发。这是习近平总书记一直强调的重要内容之一,也是中国共产党发展壮大的力量源泉所在。第二,中国共产党人要多为人民办实事。不忘初心、牢记使命不能只挂在嘴上,而是要体现在实际行动中,就是要为人民解难题、办实事,把人民群众对美好生活的向往作为自己的奋斗目标,中国共产党自成立以来也一直秉持这样的奋斗思路。第三,要教育好社会主义的建设者和接班人。通过教育让他们具备实现自身发展和促进我国现代化建设事业发展所必需的历史思维,确保培养出一批又一批堪当民族复兴大任的时代新人,助推中华民族伟大复兴中国梦的实现。

四、习近平总书记考察安徽重要讲话蕴含的创新思维

习近平总书记强调:“创新是引领发展的第一动力。抓创新就是抓发展,谋创新就是谋未来。”[②]创新是引领经济社会发展的“牛鼻子”,谁抓住了创新,谁就抓住了制胜的关键。创新是制胜的关键所在,有着唯物辩证法的坚实根基。唯物辩证法认为万事万物处于不断变化发展的过程之中,提倡人们依据事物变化发展的实际进行思想变革和推进实践取得新发展,也就是要求创新。创新需要创新思维作为引领,指导创新实践。创新思维就是破除迷信、超越陈规,善于因时制宜、知难而进、开拓创新的思维。习近平总书记考察安徽重要讲话,体现了科学的创新思维。

习近平总书记认为发展的关键靠创新。习近平总书记在参观安徽创新馆时指出:“安徽要加快融入长三角一体化发展,实现跨越式发展,关键靠创新。”[③]在扎实推进长三角一体化发展座谈会上他又强调:“安徽要实现弯道超车、跨越

---

① 习近平在安徽考察时强调 坚持改革开放坚持高质量发展 在加快建设美好安徽上去的新的更大进展[N].人民日报,2020-08-22(1).

② 习近平关于科技创新论述摘编[M].北京:中央文献出版社,2016:7.

③ 习近平在安徽考察时强调 坚持改革开放坚持高质量发展 在加快建设美好安徽上去的新的更大进展[N].人民日报,2020-08-22(1).

发展,在'十四五'时期全国省区市排位中继续往前赶,关键靠创新。"①创新是发展的第一动力,必须加大力度培育创新动能。如何培育呢?就是"要对标世界一流,加强前沿探索和前瞻布局,加大关键核心技术攻坚力度"②。加大科技创新前沿问题的研究和突破是让创新真正成为第一发展动力的关键一招,而要实现突破,既要坚持独立探索,又要向世界一流科技水平看齐,努力取得拿得出、叫得响、管真用的创新成果。

习近平总书记强调要坚持走创新发展道路。习近平总书记在视察中国宝武马钢集团时强调:"要抓住深化国有企业改革和推动长三角一体化发展的重大机遇,加强新材料新技术研发,开发生产更多技术含量高、附加值高的新产品,增强市场竞争力。"③在2020年8月21日上午的会议中,习近平总书记又指出:"要牢牢把握扩大内需这个战略基点,努力探索形成新发展格局的有效路径。"④可见,习近平总书记不仅强调创新理念,还强调创新实践。只有将创新理念付诸实践,才能转化为能够带动国家经济社会发展的创新成果,优秀创新成果的不断涌现必将推动中国创新水平的提升,创新水平不断提升又能为我国发展注入更加强劲的动力。因此要继续秉持创新思维、形成创新理念、强化创新实践,为把我国建设成为二十一世纪创新强国而不懈奋斗。

五、习近平总书记考察安徽重要讲话蕴含的系统思维

习近平总书记指出:"改革开放是一个系统工程,必须坚持全面改革,在各项改革协同配合中推进。"⑤不仅改革开放是一个系统工程,国家的各方面发展也都是系统工程。系统不是其内部各个要素、各个部分的简单堆砌和随意组合,而是相互联系、相互影响的有机整体。系统思维就是人们运用系统观点,对

---

① 习近平在安徽考察时强调 坚持改革开放坚持高质量发展 在加快建设美好安徽上去的新的更大进展[N].人民日报,2020-08-22(1).

② 吴焰,游仪,田先进.在新发展格局中实现更大作为[N].人民日报,2022-06-06(1).

③ 习近平在安徽考察时强调 坚持改革开放坚持高质量发展 在加快建设美好安徽上去的新的更大进展[N].人民日报,2020-08-22(1).

④ 习近平在安徽考察时强调 坚持改革开放坚持高质量发展 在加快建设美好安徽上去的新的更大进展[N].人民日报,2020-08-22(1).

⑤ 习近平谈治国理政[M].北京:外文出版社,2014:68.

对象的互相联系的各个方面及其结构和功能进行系统认识的一种思维方法，这是全面理解、正确把握某一事物的科学方法。习近平总书记考察安徽重要讲话，体现了科学的系统思维。

习近平总书记强调要做好民生和经济的系统工作。在了解长江岸线整治和渔民退捕工作落实情况时，习近平总书记强调，实施长江十年禁渔计划，要把相关工作做到位，让广大渔民愿意上岸、上得了岸，上岸后能够稳得住、能致富。让渔民既上得了岸，又能在岸上安定下来，是系统考虑渔民生活现状和未来做出的科学决策。此外，习近平总书记还指出："实施长三角一体化发展战略要紧扣一体化和高质量两个关键词，以一体化的思路和举措打破行政壁垒、提高政策协同，让要素在更大范围畅通流动。"[①]实现高质量发展需要要素在更大范围内畅通流动，让长三角各地的发展成为一个系统，而不是各自分散的个体，从而有效发挥各地区的独特优势，形成发展合力。以上这些都体现出习近平总书记重要讲话中的系统思维。

习近平总书记还强调党的建设要系统推进。习近平总书记指出："要坚持反腐败无禁区、全覆盖、零容忍，一体推进不敢腐、不能腐、不想腐体制机制建设，推动全面从严治党向基层一线、向群众身边延伸，实现正气充盈、政治清明。"[②]无论是反腐全覆盖，还是推进"三不"反腐机制，都体现出习近平总书记对系统思维的科学把握。一个政党的治理绝不是某一方面的治理，而是多方面协调推进的系统治理，既涉及体制机制问题，又涉及当事人及其身边人等多个主体，因此只有进行系统治理才能取得反腐实效，进而不断提高党的建设质量。

六、习近平总书记考察安徽重要讲话蕴含的底线思维

习近平总书记强调："要坚持底线思维，不回避矛盾，不掩盖问题，凡事从坏处准备，努力争取最好的结果，做到有备无患、遇事不慌，牢牢把握主动权。"[③]底线就是最下限，是不可逾越的界限和事物发生质变的临界点，守之则安稳，越之

① 习近平在扎实推进长三角一体化发展座谈会上强调 紧扣一体化和高质量抓好重点工作 推动长三角一体化发展不断取得成效[N].人民日报,2020-08-23(1).

② 习近平在安徽考察时强调 坚持改革开放坚持高质量发展 在加快建设美好安徽上去的新的更大进展[N].人民日报,2020-08-22(1).

③ 本报评论部.坚持底线思维,做到有备无患[N].人民日报,2020-09-24(5).

则危险。底线思维就是客观地设定最低目标,立足最低点争取最大期望值的思维。从某种意义上说,底线思维是一种“进可攻、退可守”的思维方式。所谓进可攻,是指做好一切斗争准备,随时应对可能出现的种种情况。所谓退可守,是指即便出现了暂时解决不了的难题,也留有回旋的余地和再次前进的能力。习近平总书记考察安徽重要讲话,体现了科学的底线思维。

守住政治底线。习近平总书记强调要对腐败现象零容忍,反腐无禁区。当官就不要想着发财,而应想着为人民做实事、做好事,这是中国共产党执政的一条底线。此外习近平总书记还指出选拔任用人才“要坚持把政治标准作为第一标准,确保干部队伍政治上信得过、靠得住、能放心”[①]。只有政治过硬的人才才是党真正需要的人才,才能够真正为党分忧、为民办事、为国效力,这是我们党选人用人的底线。

守住人民生命财产安全的底线。习近平总书记在安徽考察时要求各级党委和政府加大扶持力度,帮助企业渡过难关,保障受灾群众、贫困群众就业。此外,习近平总书记还强调,要在灾后恢复重建上抢时间、保质量。以保障安全和改善民生为核心,出台兜底保障等帮扶措施,确保大灾之后无大疫,确保受灾群众基本生活不受影响。这些都是强调要保障好人民群众的生命财产安全,守住人民生命财产安全这条底线是中国共产党人职责所在、使命所在。

守住适应和引领经济全球化的底线。习近平总书记在扎实推进长三角一体化发展座谈会上指出:“近来,经济全球化遭遇倒流逆风,越是这样我们越是要高举构建人类命运共同体旗帜,坚定不移维护和引领经济全球化。”[②]经济全球化是当今世界发展潮流的大势所向,中国一直以来积极参与、适应和引领经济全球化。在这一过程中,中国也逐渐成为全球发展的贡献者。正如习近平总书记所说:“我国是经济全球化的积极参与者和坚定支持者,也是重要建设者和主要受益者。”[③]我们深知,经济全球化是促进中国和世界发展的积极力量,世界经济的发展绝不会再退回一个个孤立的“小湖泊”。因此,习近平总书记强调要坚持在构建人类命运共同体的过程中适应和引领经济全球化,这是我国经济发

① 习近平在扎实推进长三角一体化发展座谈会上强调紧 扣一体化和高质量抓好重点工作 推动长三角一体化发展不断取得成效[N].人民日报,2020-08-23(1).

② 习近平在扎实推进长三角一体化发展座谈会上强调紧 扣一体化和高质量抓好重点工作 推动长三角一体化发展不断取得成效[N].人民日报,2020-08-23(1).

③ 习近平谈治国理政:第2卷[M].北京:外文出版社,2017:100.

展的一条底线，从而“推动经济全球化朝着更加开放、包容、普惠、平衡、共赢的方向发展”[①]。

总之，习近平总书记视察安徽重要讲话中蕴含的科学思维具有丰富内容和重大意义，对这些科学思维的研究必然是持续深化的过程。本文只对习近平总书记讲话中蕴含的科学思维进行了初步的梳理概括，有诸多内容还有待学界专家学者继续挖掘，例如如何才能更好地以习近平总书记考察安徽重要讲话蕴含的科学思维方法为指导加快美好安徽建设，这对于指导安徽在“十四五”时期更好发展具有重大现实意义。

① 习近平谈治国理政：第3卷[M].北京：外文出版社，2020:46.

论大学生自我实现的路径
——以习近平关于青年成长成才重要论述为中心

叶焕勤，李　焕①

摘　要：习近平总书记高度重视青年成长成才，曾在不同场合对青年成长成才作出一系列重要阐述，这些阐述具有丰富内涵，为青年成长成才指明了方向、确定了目标，提供了根本遵循。笔者基于习近平总书记关于青年成长成才重要论述，结合成人在校大学生的特点，对当代大学生自我实现路径进行探析，认为身心健康是大学生自我实现的首要前提，"三有"目标是大学生自我实现的价值旨归，社会支持是大学生自我实现的外部保障。这对促进大学生全面发展具有重要意义。

关键词：习近平；青年教育；"三有"目标；大学生；自我实现

在庆祝中国共产党成立100周年大会上，习近平总书记强调："未来属于青年，希望寄予青年。"②党和国家历来高度重视青年成长成才并对青年大学生寄予厚望。党的十八大以来，习近平总书记顺应新时代发展要求，结合中国青年成长成才观念及自身成长特点，继承并发展马克思主义青年成长成才思想，通过发表一系列关于青年的重要讲话、给青年回信、与青年座谈交流等方式，对当代青年成长成才提出了众多富有创见的新思想、新观点及新要求，深刻回答了如何认识青年、青年如何成长成才等重大问题，为青年成长成才指明了方向。当代青年大学生是我国重要的人才资源，承担着重要使命与责任，其自我实现对中国特色社会主义的发展具有重要意义。马斯洛需要层次理论认为人的需要最高层次就是自我的实现，自我实现是将个人理想与社会价值最大程度结合的一种方式。习近平总书记在关于青年成长成才的重要论述中提出了青年成

① 叶焕勤，宿州学院马克思主义学院助教；李焕，宿州学院马克思主义学院讲师。

② 习近平.在庆祝中国共产党成立100周年大会上的讲话[N].人民日报，2021-07-02(2).

长成才的路径，对促进大学生的自我实现具有重要意义。

一、身心健康：大学生自我实现的首要前提

青年时期是人一生中最美好的时期，它充满青春的生机和活力，具有积极向上、蓬勃发展的特点。大学生的身心健康不仅关系到千千万万个家庭的幸福，还关系到国家民族的未来。身心健康是每一个大学生成长成才和幸福生活的基础，促进青年的健康成长也是实施健康中国战略不可或缺的一部分。党的十八大以来，习近平总书记高瞻远瞩，曾在不同场合从不同角度多次与青年进行互动，强调身心健康的重要性，并对中国青年提出殷切希望。他强调身体是一切奋斗成功的本钱，提醒年轻人不要总熬夜，要文明其精神，野蛮其体魄，并对青年寄予厚望，也提出了殷切希望，"希望全国2.6亿在校学生，珍惜学习时光，多学知识，多学道理，多学本领，热爱劳动，身心健康，茁壮成长"[①]。2018年8月，习近平总书记在给中央美术学院老教授回信中强调要做好美育工作，让祖国青年一代身心都健康成长。

习近平总书记还强调要树立健康第一的教育理念，要加强体育锻炼、增强体质、健全人格，这对大学生的自我实现具有重要意义。大学生自我实现首先要身心健康，身体是革命的本钱，没有健康的身心就没有一切。高等学校担负着对大学生成长成才全面教育与培养任务，要通过学校的体育活动让学生强身健体，帮助学生在体育锻炼中健全人格，养成终生锻炼的习惯与健康的生活方式。锻炼强健体魄，大学生也要有自觉行动，只有跑起来、跳起来，身体才能强起来。大学生的内心世界是丰富多彩的，表现形式多样，为了更好地促进大学生的心理健康，就要求家庭、学校、社会在充分掌握大学生心理特点的基础上，有针对性、有目的性地展开教育。其中，学校教育是主体，家庭和社会发挥着重要作用。只有家庭、学校、社会为大学生强身健体、心理健康创造良好的条件，才能更好地促进大学生的自我实现，为实现伟大复兴的中国梦提供人才保障。

---

① 习近平.做党和人民满意的好老师——同北京师范大学师生代表座谈时的讲话[N].人民日报，2014-09-10(2).

二、"三有"目标:大学生自我实现的价值旨归

党的十八大以来,以习近平同志为核心的党中央根据青年自身成长特点,结合国家发展的前景,对"新时代培养什么样的青年"这一重要问题进行了深入探索和研究。在党的十九大报告中明确提出:"青年一代有理想、有本领、有担当,国家就有前途,民族就有希望。"①"三有"目标对我国培养什么样的青年提出了更高标准,"三有"目标是一个有机整体,不可分割,也是当代大学生自我实现的价值旨归。

(一)坚定理想信念,做志存高远的追梦人

有理想为当代青年"往哪里去"指明了方向,理想信念是激励人们努力奋斗的精神力量,它为青年人生发展提供了内在动力。"理想指引方向,信念决定成败。"②习近平总书记曾在多次讲话中强调理想信念对于青年大学生和国家发展的重要性,他曾形象地将理想信念比喻成精神上的"钙",认为如果没有理想信念就会缺钙、就会得软骨病,由此可见,理想信念是青年健康成长和国家健康发展不可缺少的因素。社会历史的发展证明,广大青年对个人理想信念的追求与国家的命运息息相关。习近平总书记强调崇高的理想信念可以引领大学生成长成才,因此,大学生要坚定自己的理想信念,让理想信念在内心生根发芽,并为之奋斗终身。首先,新时代大学生要加强对科学理论的学习,坚定的理想信念是建立在对科学理论充分把握和对"四史"以及我国基本国情有一个全面认识基础之上的,这样树立起来的理想信念才会有牢固的基础。其次,新时代大学生要将个人理想信念与国家和民族的发展相结合,将个人目标与祖国命运密切结合起来。时代赋予大学生新的历史使命,大学生要义不容辞地承担起实现中国梦这一使命,他们是中国梦的追梦者和圆梦人,只有将个人成长成才之梦与国家民族复兴之梦相结合,才能最终成就一番事业。

① 习近平.决胜全面建成小康社会 夺取新时代中国特色社会主义伟大胜利——在中国共产党第十九次全国代表大会上的报告[M].北京:人民出版社,2017:70.

② 曲青山.让理想信念的明灯永远在心中闪亮[N].人民日报,2016-05-09(7).

（二）练就过硬本领，做勤勉务实的圆梦人

有本领强调了当代青年“怎么去”的现实问题，本领即能力，是青年成长成才的基础条件。理想信念为大学生成长成才指明了方向，走好这条路还需要具备过硬的本领。新时代大学生作为社会主义事业的建设者和接班人，要练就过硬本领，这不仅关系到个人的成长成才，还关系到中国梦的实现。正如习近平总书记所说：“青年的素质和本领直接影响着实现中国梦的进程，勤学苦练是青年学生成长成才的助推器。”[①]这说明青年练就过硬本领对实现中国梦意义非凡。那么，作为新时代大学生如何练就过硬本领呢？习近平总书记在和大学生们交流谈心时曾强调，学习对于大学生具有重要意义。大学生身处知识更新换代不断加快的时期，要把学习放在首位，树立终身学习的理念，在学习中不断增长自己的本领。当代社会，科学技术快速发展，要想跟上时代的步伐就必须不断学习。新时代大学生不仅要读好有字之书，学习各种理论知识，打牢知识基础，还需读好无字之书，将各种理论知识运用到实践中去，在实践中将理论知识转为素质和能力。实践是检验真理的唯一标准，大学生要积极参与社会实践，只有在中国特色社会主义实践中，掌握各种技能和真才实学，才能为实现中国梦贡献自己的青春力量。

（三）勇担历史重任，做勇立新时代的弄潮儿

有担当诠释了当代青年“敢不敢去”的精神状态问题，担当就是接受并承担起责任，在责任面前不退缩，勇往直前，有担当是影响当代青年实现理想的重要因素。习近平总书记指出“国家的前途，民族的命运，人民的幸福，是当代中国青年必须和必将承担的重任”[②]。这表明青年一代使命光荣，责任重大，因此，青年一定要有担当，不负国家，不负自己。当代大学生正处于成长发展的黄金期，肩负着时代重任，在实现个人价值的同时，要把个人理想与时代使命相结合，成为推动新时代不断向前发展的弄潮儿。当代大学生在成长成才过程中如何做到接受并承担起责任呢？习近平总书记强调要“坚定不移跟着中国共产党走，

① 习近平．给全国青年联合会第十二届委员会全体会议、中华全国学生联合会第二十六次代表大会的贺信[N]．人民日报，2015-07-25(1)．

② 习近平关于青少年和共青团工作论述摘编[M]．北京：中央文献出版社，2017:6.

勇做走在时代前列的奋进者、开拓者、奉献者”[①]。这一回答具有深刻的含义。首先,当代大学生要坚定不移地跟着中国共产党走,要担负起时代赋予的使命,要树立与时代发展同心同向的理想信念,这是有担当的基本政治方向。其次,当代大学生要走在时代前列,新时代是我国发展新的历史方位,是党和国家为大学生创造的广阔舞台,大学生要紧跟新时代,承担起时代的责任,走在时代前列,成为新时代的弄潮儿。最后,新时代大学生要做一个奋进者、开拓者和奉献者,要有敢为人先的锐气,不畏艰难,不断奋斗,保持积极向上的精神状态,和全国各族人民一起,共同担负起历史重任。

三、社会支持:大学生自我实现的外部保障

大学生的自我实现是一个长期过程,受内部因素和外部因素的共同影响,是内因和外因共同作用的结果。根据内外因辩证法原理,大学生想要获得自我实现除了要保持自身身心健康,坚定理想信念,增强自身本领,勇担历史重任以外,还需要外部力量为其提供保障。具体而言,在关于青年成长成才外部环境的建构中,习近平总书记从三个方面做出了科学的论述:首先,要注重家庭教育的引导;其次,要注重学校的引导;最后,要营造良好的社会环境。家庭、学校、社会这三方的共同支持为大学生的自我实现提供帮助,为他们的成才搭建舞台。

第一,大学生自我实现的第一阵营——家庭。家庭是大学生最初成长和学习的环境,家庭环境的好坏对大学生的成长成才具有重要作用。家庭是大学生自我实现的第一课堂,父母是孩子的第一任老师,家庭成员的言传身教对一个人的影响是至关重要的。习近平总书记指出:“家长要时时处处给孩子做榜样,用正确行动、正确思想、正确方法教育引导孩子。”[②]父母在教育下一代的同时也要不断提高自身的素质,这样才能不断拓宽下一代成长成才的道路。良好的家庭教育为大学生的自我实现创造条件、提供可能,父母要注重家教,为大学生培育良好的习惯,同时也要注重培育良好家风,为大学生营造良好家庭氛围。只有每一个家庭都营造良好的家庭环境,积极培育健康的下一代,青年大学生才能在家庭中体会到归

① 习近平.在庆祝中国共产党成立95周年大会上的讲话[M].北京:人民出版社,2016:27.

② 习近平.从小积极培育和践行社会主义核心价值观——在北京海淀区民族小学主持召开座谈会时的讲话[N].人民日报,2014-05-31(2).

属感和认同感,并积极投入到社会中,国家才能更好地发展。

第二,大学生自我实现的第二阵营——学校。学校教育环境的好坏直接影响大学生的自我实现。习近平总书记指出青少年阶段是学生成长的关键时期,他把这一时期形象地比喻为"拔节孕穗期",他认为这一时期的青少年最需要精心引导和栽培。学校是培养人才的地方,是帮助青年学生学习理论知识的地方。实现大学生的成长成才,高校首先要加强校园文化建设,做好思想引领,真正地使思想理论入脑入心。其次,高校要加强教师队伍建设。教师作为学校教育的主体之一,要积极发挥其育人的本质功能,要甘心做铺路石,这也是习近平总书记对新时代教师的嘱托和要求。高校教师要增强自身的综合素质,担负起育天下英才的责任,使大学生的自我实现多一层坚实的保障。最后,高校要加强校外实践活动,鼓励大学生积极参与社会实践活动。大学生应把在学校学习的理论知识运用到社会实践中,在社会实践中找到适合自己的定位。社会实践不仅是对大学生学习的理论知识与技能的检验,也是大学生融入社会实现自己理想的必经阶段。

第三,大学生自我实现的最后阵营——社会。马克思说:"人的本质不是单个人所固有的抽象物,在其现实性上,它是一切社会关系的总和。"①人不能离开社会而存在,大学生的自我实现也与其所生活的社会息息相关。习近平总书记高度重视社会对大学生自我实现的影响,号召社会要为大学生的成长成才提供良好的环境,为大学生在实践中成长成才做坚实铺垫。具体而言,首先,要发挥共青团组织的桥梁纽带作用。无论是在革命、建设还是在改革时期,共青团组织都在大学生成长成才的过程中发挥着重要作用,为党和国家培养大批新生力量。要发挥共青团的引领作用,做好大学生的思想引导,真正使思想理论入脑入心。其次,各级党委和政府要为大学生的成长成才搭建平台。各级党委和政府要重视青年,关心青年,通过各种举措为青年大学生的自我实现做好服务保障工作。最后,社会要为大学生组织多种实践活动。社会实践是大学生自我实现过程中的必经阶段,大学生只有到社会中进行实践,才能更快地增长才干,为社会发展贡献自己的一份青春力量。家庭、学校、社会是大学生自我实现的主要影响力量,因此,需要这三方的共同支持,帮助大学生成长成才。

(原文发表于《宿州教育学院学报》2021年第5期,收入本书有改动。)

① 马克思恩格斯选集:第1卷[M].北京:人民出版社,2012:35.

论新时代中国共产党坚持以人民为中心的三重逻辑

刘　英，傅文茹[①]

摘　要：坚持"以人民为中心"是新时代中国共产党的根本政治立场和鲜明特征，也是中国共产党人立党之基、执政之魂。中国共产党以人民为中心的发展思想的出场逻辑，既包含理论逻辑和历史逻辑，又包含面向现实的实践逻辑。中国共产党坚持以人民中心的思想，建立在唯物主义群众史观的基础之上，充分体现了马克思主义的理论逻辑；中国共产党自成立以来，以"为民"为初心，该初心贯穿中国革命、建设和改革的整个历史进程，充分彰显中国共产党坚持以人民为中心的历史逻辑；中国共产党以人民为主体，在治国理政的全部活动中，遵循一切为了人民，一切依靠人民，诚心诚意为人民谋利益的实践逻辑。

关键词：以人民为中心；理论逻辑；历史逻辑；实践逻辑

习近平总书记在2021年2月20日召开的党史学习教育动员大会上指出，我们党的百年历史，就是一部践行党的初心使命的历史，就是一部党与人民心连心、同呼吸、共命运的历史。历史充分证明，坚持以人民为中心，是中国共产党人立党之基、执政之魂。一百年来，中国共产党之所以能够由几十个人的小党发展成九千多万人的大党，之所以一路走来创造了世所罕见的奇迹，之所以在世界百年未有之大变局下表现出不同寻常的定力和活力，就在于坚持以人民为中心。坚持以人民为中心是马克思主义唯物史观的基本观点，是贯穿于中国共产党人治国理政全部活动的思想脉络和价值主线。"人民立场是中国共产党的根本政治立场，是马克思主义政党区别于其他政党的显著标志。"[②]中国共产党坚持以人民为中心，具有深厚的马克思主义理论逻辑、历史逻辑、实践逻辑，

---

① 刘英，合肥师范学院马克思主义学院副教授；傅文茹，合肥师范学院马克思主义学院副教授。

② 习近平谈治国理政：第2卷[M].北京：外文出版社，2017：40.

对其进行探究，有助于深刻理解和把握中国共产党坚持以人民为中心的精髓要义，探索中国共产党执政规律、社会主义建设规律，为坚持和发展中国特色社会主义、满足人民对美好生活的向往提供理论指导和实践遵循。

一、为人类求解放：中国共产党坚持以人民为中心的理论逻辑

“执政党与人民群众的关系问题，历来是政党政治最重视和关心的根本问题。‘民为邦本，本固邦宁’，人心向背，历来是决定一个政党、一个政权兴衰成败的根本因素。”[①]马克思恩格斯创立的历史唯物主义揭示了人类社会发展的一般规律，并认定人民群众是历史的创造者，是历史发展和社会进步的主体力量。中国共产党坚持以人民为中心的发展思想，既继承了历史唯物主义的群众史观，又立足中国具体实践进行理论创新，充分彰显了中国共产党实现人民对美好生活向往的奋斗目标。

第一，马克思主义唯物史观中的人民主体理论。历史唯物主义自创立起，就明确指出社会发展需要劳动人民从旧的精神枷锁和物质压迫中解放出来，成为自觉能动的主体。马克思在《1844年经济学哲学手稿》中指出，人作为历史主体能够从事“自由的有意识的活动”是人之为人的基本条件。他还指出，共产主义将消灭异化劳动，使人能够“以一种全面的方式，就是说，作为一个完整的人，占有自己的全面的本质”[②]。从实践的观点来看，马克思强调人类社会存在发展的基础是劳动实践，它集中体现着人的特性。人们能够在劳动实践中，在合规律性与合目的性的基础上认识世界，创造物质财富和精神财富，推动人类社会的发展和进步。“任何一个民族，如果停止劳动，不用说一年，就是几个星期，也要灭亡。”[③]因此，唯物史观承认物质生产是社会的发源地和物质承担者，就必然承认物质生产的主体——最广大的人民群众是社会历史的主体和创造者。人类社会发展的历史进程中，每一次重大革命和改革的深入推进，都离不开广大人民群众的支持。马克思恩格斯指出：“历史活动是群众的活动，随着历史活动

① 黄锦奎. 论长期执政——中国共产党长期执政的政党政治学与执政政治学研究[M]. 广东：广东人民出版社，2007：60.

② 马克思恩格斯文集：第1卷[M]. 北京：人民出版社，2009：189.

③ 马克思恩格斯文集：第10卷[M]. 北京：人民出版社，2009：289.

的深入,必将是群众队伍的扩大。”[①]历史是人民群众创造的,同时也是由世世代代无数个人的活动所造就的。任何个人只有在集体中,在人民群众创造历史的实践中,才能发挥好自己的作用。人类文明史本身就是人民参与其中并不断壮大自己队伍的历史。列宁在经过革命和内战的洗礼后,深刻认识到人民就是一切,他指出:“全人类的首要的生产力就是工人,劳动者。如果他们能活下去,我们就能拯救一切,恢复一切。”[②]毛泽东也认为:“人民,只有人民,才是创造世界历史的动力。”[③]习近平总书记强调:“人民是创造历史的动力,我们共产党人任何时候都不要忘记这个历史唯物主义最基本的道理。”[④]在中国革命实践以及现代化建设过程中,中国人民以超凡的智慧和丰富的创造力,向世人一次又一次证明人民群众是历史的创造者这一颠扑不破的真理。

第二,为人类求解放是共产党人的终极目标。马克思恩格斯在《共产党宣言》中指出:“无产阶级的运动是绝大多数人的,为绝大多数人谋利益的独立的运动。”[⑤]列宁强调,布尔什维克党是无产阶级的先进部队,要“为千千万万劳动人民”服务,代表他们的利益。这里的“绝大多数人”就是无产阶级,无产阶级即那个时代的最广大人民,无产阶级立场就是人民的立场,无产阶级的利益就是最广大人民的利益。这是马克思主义与历史上一切其他主义根本区别之处。马克思主义认为,无产阶级政权是为人民群众服务的政权、为保障广大人民群众利益的政权、为消灭私有和剥削不断奋斗的政权、为人类求解放的政权。那么其他阶级要建立的政权是什么性质呢?马克思在《法兰西内战》中明确指出:“随着时间推移,这些机关——为首的是国家政权——为了追求自己的特殊利益,从社会的公仆变成了社会的主人。”[⑥]这些以私有制为基础的国家政权都是为着本阶级和本利益集团发声的,代表着一部分人的利益,是一种狭隘的利益观。马克思主义是无产阶级翻身解放的哲学,无产阶级是一个不解放全人类就无法解放自身的阶级,代表着人民的价值尺度。马克思清醒地认识到,共产党的最高理想是消灭私有制和剥削,实现全人类解放,建立一个自由人的联合体。

① 马克思恩格斯文集:第1卷[M].北京:人民出版社,2009:287.

② 列宁全集:第36卷[M].北京:人民出版社,2017:346.

③ 毛泽东选集:第3卷[M].北京:人民出版社,1991:1031.

④ 郝永平,黄相怀.伟大梦想与立党兴党强党[M].北京:人民出版社,2021:225.

⑤ 马克思恩格斯文集:第2卷[M].北京:人民出版社,2009:42.

⑥ 马克思恩格斯文集:第3卷[M].北京:人民出版社,2009:110.

在《共产党宣言》中，马克思恩格斯指明“代替那存在着阶级和阶级对立的资产阶级旧社会的，将是这样一个联合体，在那里，每个人的自由发展是一切人的自由发展的条件”[①]。建立人的自由全面发展联合体的构想是马克思根据人民主体理论绘制的，它是一个充分尊重人民主体地位、充分保障人民主体利益的联合体。在这个自由人联合体中，人要自由地发展，不能被社会所压迫；人的全面发展，不仅包括人的需要的全面发展、人的能力的全面发展，而且包括作为人的生存和发展基础的社会关系的丰富和发展；每个人自由全面地发展，不再是社会部分人自由全面发展。纵观奴隶社会、封建社会、资本主义社会，总是统治集团获得发展，而真正的利益创造者饱受剥削压迫。共产主义社会就是要改变这种情况，让人民成为国家真正的主人，让每个个体真正享有自由全面发展的权利与机会，真正实现全民共享。中国共产党是以马克思主义为指导思想的政党。习近平总书记深刻指出：“马克思主义是人民的理论，第一次创立了人民实现自身解放的思想体系。马克思主义博大精深，归根到底就是一句话，为人类求解放。”[②]中国共产党成立100年来，始终坚持用马克思主义这一人民的理论锻造政治灵魂，始终坚持以人民为中心的根本政治立场，并把为人类求解放作为共产党人的终极目标。

二、以“为民”为初心：中国共产党坚持以人民为中心的历史逻辑

中国共产党自诞生之日起，就将为中国人民谋幸福，为中华民族谋复兴作为自己的初心和使命，在带领中国人民进行革命、建设和改革开放的波澜壮阔的历史进程中，始终保持初心和使命不动摇。1921年7月，在世界社会主义运动影响下，中国共产党应运而生。党一经成立，就义无反顾地肩负起救国救民、实现人民幸福的历史使命。党的一大纲领彰显了最终实现中国人民和全人类彻底解放的初心。党的二大强调“要组成一个大的‘群众党’”，“群众党”概念的提出充分彰显了中国共产党“为民”的初心和使命。

以毛泽东同志为主要代表的中国共产党人牢记“为民”的初心和使命，时刻关心广大人民群众的利益，提出“全心全意为人民服务”的宗旨，将“为人民服务”的理念深深镌刻在中国共产党的旗帜上，成为中国共产党人一脉相承的行

① 马克思恩格斯文集：第2卷[M].北京：人民出版社，2009：53.

② 习近平.在纪念马克思诞辰200周年大会上的讲话[M].北京：人民出版社，2018：8.

为规范和孜孜以求的奋斗目标。早在全民族抗战初期,毛泽东就声明:“我们共产党是无产阶级的先锋队,同时又是最彻底的民族解放的先锋队”。[①]1939年2月,在致张闻天的信中,毛泽东最早提出了“为人民服务”的概念。1944年,他在张思德追悼会上的讲话,以《为人民服务》为题发表在《解放日报》上。因一个具体人物而提出一个明确的思想,其本身就带有一种人民性。他说:“我们这个队伍完全是为着解放人民的,是彻底地为人民的利益工作的。”[②]1945年,他在《论联合政府》中再一次强调,中国共产党要“紧紧地和中国人民站在一起,全心全意地为中国人民服务”[③]。在党的七大上,全心全意为人民服务被写进了党章,定为党的宗旨。以人民为初心,为人民服务是毛泽东一贯坚持、倡导和反复论证的,贯穿了其领导革命、建设的全过程。新中国成立后,我们党带领人民恢复国民经济,巩固新生的人民政权,确立人民代表大会制度为根本政治制度等。党的八大对党章进行修改,提出党的一切工作的根本目的,是最大限度地满足人民日益增长的物质生活和文化生活需要,这再次明确中国共产党“为民”的初心和使命。

改革开放后,中国共产党制定了一系列符合人民群众利益要求的纲领、路线、方针、政策,而“为民”初心犹如一条红线贯穿始终。以邓小平同志为主要代表的中国共产党人始终把满足人民群众的物质文化需要摆在第一位,始终强调把人民拥护不拥护、赞成不赞成、高兴不高兴、答应不答应作为衡量改革和一切事业的根本标准。在南方谈话中,邓小平进一步提出以“三个有利于”作为判断改革开放和现代化建设得失成败的根本标准,其出发点和落脚点都是人民的利益。

以江泽民同志为主要代表的中国共产党人指出:“建设有中国特色社会主义全部工作的出发点和落脚点,就是全心全意为人民谋利益”[④],在探索“建设什么样的党、怎样建设党”的过程中形成并提出了“三个代表”重要思想,这一重要思想始终以人民利益作为出发点与落脚点。江泽民强调,党从始至终坚持人民的利益比什么都重要。中国共产党没有自己的私利,我们建立中国共产党的初心就是为人民谋利益。在执政时期更要坚守初心,为人民谋利益。

---

① 毛泽东文集:第2卷[M].北京:人民出版社,1993:42.

② 毛泽东选集:第3卷[M].北京:人民出版社,1991:1004.

③ 毛泽东选集:第3卷[M].北京:人民出版社,1991:1039.

④ 江泽民文选:第2卷[M].北京:人民出版社,2006:45.

进入21世纪，中国面临着更大的国内国外的压力考验，也有着更多的机遇与挑战，新形势下“实现什么样的发展、怎样发展”成为重中之重。以胡锦涛同志为主要代表的中国共产党人深知中国共产党的为民初心，强调“党的一切奋斗和工作都是为了造福人民”[①]。胡锦涛从中国实际出发，提出了科学发展观。其核心是以人本，从社会发展角度来看，就是把满足人的全面需求和促进人的全面发展作为经济社会发展的根本出发点，为人的全面发展赋能。他还提出要“继续推动科学发展、促进社会和谐，继续改善人民生活、增进人民福祉”[②]，以尊重人民、关心人民、造福人民的实际行动践行以人为本的发展理念。

党的十八大以来，以习近平同志为主要代表的中国共产党人传承“为民”的初心和使命，明确提出“人民对美好生活的向往，就是我们的奋斗目标”[③]。回顾历史，我们党干革命、搞建设、抓改革，都是为人民谋利益，都是为了让人民过上好日子。中国共产党提出“全面建成小康社会”“精准扶贫”“精准脱贫”，把脱贫攻坚摆在治国理政突出位置，充分发挥党的领导和我国社会主义制度的政治优势，采取了许多具有原创性、独特性的重大举措，组织实施了人类历史上规模最大、力度最强的脱贫攻坚战。在建党百年的重大历史节点，我国脱贫攻坚战取得全面胜利，现行标准下9899万农村贫困人口全部脱贫，832个贫困县全部摘帽，12.86万个贫困村全部出列，区域性整体贫困得到解决，完成了消除绝对贫困的艰巨任务[④]，取得了令全世界刮目相看的重大胜利。

从建党百年历史看，中国共产党来自人民、根植于人民，始终坚持以人民利益为出发点和落脚点，以人民对美好生活的向往为奋斗目标。在革命时期，中国共产党及时把握民意、关心群众生活、解决群众苦难；在改革开放和社会主义建设时期，中国共产党密切联系群众，执政为民、勤政为民、廉政为民，为人民用好权、掌好权，以良好政风取信于民，以实际政绩造福于民，是中国共产党牢记“为民”的初心和使命，不断践行全心全意为人民服务宗旨的重要体现。

---

① 胡锦涛文选：第2卷[M].北京：人民出版社，2016:624.

② 胡锦涛文选：第3卷[M].北京：人民出版社，2016:613.

③ 习近平关于社会主义文化建设论述摘编[M].北京：中央文献出版社，2017:4.

④ 朱隽，顾仲阳，常钦.创造彪炳史册的人间奇迹[N].人民日报，2021-11-03(1).

三、以人民为主体:中国共产党坚持以人民为中心的实践逻辑

习近平总书记指出:“必须坚持人民主体地位,坚持立党为公、执政为民,践行全心全意为人民服务的根本宗旨,把党的群众路线贯彻到治国理政全部活动之中,把人民对美好生活的向往作为奋斗目标,依靠人民创造历史伟业。”①正因为人民群众是历史的创造者,是历史的主人,所以我们要坚持人民至上,始终把人民放在心中最高位置;以人民为主体,依靠人民创造历史伟业;始终造福人民,促进全体人民共同富裕。中国共产党坚持以人民为主体,实现了中国共产党为了人民、依靠人民和造福人民三者之间相互促进、相辅相成的辩证统一关系。

第一,坚持人民至上,始终把人民放在心中最高位置。2021年3月1日,习近平在中央党校(国家行政学院)中青年干部培训班开班式上发表重要讲话,指出人民是我们党的力量源泉,我们党根基在人民、血脉在人民,必须把人民放在心中最高位置,始终以百姓心为心。可以说,2020年突如其来的新冠肺炎疫情就像一面镜子,折射出“人民”在党和国家领导人心中的分量。疫情期间,我们党始终把人民群众生命安全和身体健康放在第一位,各级党委和政府始终坚持人民至上、生命至上,想群众所想,急群众所急,万众一心、众志成城,打赢了这场新冠肺炎疫情的阻击战。在洪水、地震等重大灾难面前,“人在堤在,洪水不退,绝不后退”“不能丢下一个群众”的誓言掷地有声,为了人民生命和财产安全,共产党人从没有退缩,而是充分发挥党员先锋模范作用,始终将人民群众的生命安全和财产安全放在第一位。党的十九大报告明确提出,我们党必须始终同人民想在一起、干在一起,“多谋民生之利、多解民生之忧,在发展中补齐民生短板”,不断在“幼有所育、学有所教、劳有所得、病有所医、老有所养、住有所居、弱有所扶”上取得新进展。中国共产党人不仅说到了,而且做到了。全面建成小康社会,不是一个“数字游戏”或“速度游戏”,而是一个个实实在在的目标。人民群众最关心的问题,是孩子是否有地方上幼儿园、看病是否方便、食品药品是否安全、养老是否顺心、能不能租得起或买得起房、雾霾能不能少一点、能不能喝上干净的饮用水等。只有在持续全面深化改革过程中,瞄准人民群众普遍

① 习近平.决胜全面建成小康社会 夺取新时代中国特色社会主义伟大胜利——在中国共产党第十九次全国代表大会上的报告[N].人民日报,2017-10-28(1).

关心的突出问题，并一个一个解决这些问题，才能不断增强人民群众的获得感和幸福感。2020年，城镇新增就业取得成效，全年新增城镇就业1186万人；学前教育和职业技能教育水平大幅提高，高等教育从精英教育、大众化教育迈入普及化阶段；国家医保目录扩容升级让患者受益面更广、受益力度更大；全面完成建档立卡贫困户农村危房改造扫尾工程；全年新增减税降费超过2.5万亿元，广大小微企业和老百姓得到了实惠；生态环境保护发生历史性、全局性变化，美丽中国建设取得新进展①。"老百姓需要什么，我们就做什么"充分展现了中国共产党心系人民、为了人民的人民情怀。保障和改善民生是中国共产党坚持以人民为中心的题中应有之义。

第二，以人民为主体，依靠人民创造历史伟业。中国共产党人始终依靠人民。在任何时期，依靠人民，始终是中国共产党人战胜一切艰难险阻、不断取得成功的根本保证。革命战争时期，以毛泽东同志为主要代表的中国共产党人高度重视人民群众的积极性、主体性和创造性，紧紧依靠人民群众取得了中国革命的伟大胜利。毛泽东指出："只要我们依靠人民，坚决地相信人民群众的创造力是无穷无尽的，因而信任人民，和人民打成一片，那就任何困难也能克服。"②只有坚定地相信群众，依靠群众，才能取得革命的成功，也只有密切联系人民群众，才能实时掌握人民群众的真实诉求，才能真正做到为人民服务、从人民利益出发。人民群众既是社会活动的价值主体，也是价值的创造者。坚持人民群众主体地位、充分发动人民群众，是社会主义事业能够取得成功的关键因素。习近平指出："只要我们深深扎根人民、紧紧依靠人民，就可以获得无穷的力量，风雨无阻，奋勇向前。"③在抗击新冠肺炎疫情的伟大斗争中，在党中央的领导下，广大医务工作者、武警官兵和公安民警、应急救援人员、科技和新闻工作者、企事业单位职工、工程建设者、下沉干部、社区工作者、志愿者，以及广大人民群众响应国家号召，积极投身、参与到抗疫斗争中来，自觉遵守防疫规定，自发组成疫情治理共同体，赢得了抗疫战争的伟大胜利。在脱贫攻坚战中，我们党既把贫困群众作为反贫困斗争的扶助对象，又使其成为反贫困事业的主体，注重调动贫困群众的积极性、主动性和创造性。通过改变以往简单的给钱、给物等的

① 张忠华．百年大党与中国之治——以人民为中心的民生实践逻辑[EB/OL].(2021-05-17)[2021-11-10]. https://baijiahao.baidu.com/s?id=1699970396192247436&wfr=spider&for=pc.

② 毛泽东选集：第3卷[M].北京：人民出版社，1991：1096.

③ 习近平谈治国理政：第3卷[M].北京：外文出版社，2020：67.

"输血式"做法,采用生产奖补、劳务补助、以工代赈等"造血"机制,变"要我脱贫"为"我要脱贫"。一方面,通过经济发展、产业发展带动贫困人口脱贫;另一方面,通过教育扶贫,创业扶贫等政策,教育、引导贫困群众转变观念,实现务工技能和创业技能的提升,不仅激发了广大贫困群众奋发向上的精气神,实现了贫困人口的增产增收,还实现了群众生活富裕与发展能力提升的统一,为解决因缺乏生产技能而返贫问题创造了条件。

第三,始终造福人民,实现全体人民共同富裕。马克思恩格斯指出,在未来社会,"生产将以所有的人富裕为目的"①。习近平强调:"带领人民创造幸福生活,是我们党始终不渝的奋斗目标。"②坚持一切工作造福人民是包括中国共产党在内的马克思主义政党始终不渝的奋斗目标。改革开放40多年来,我们党始终坚守为民初心,努力发展经济、改善民生,着力提升人民群众的获得感、幸福感和安全感。"粮票、布票、肉票、鱼票、油票、豆腐票、副食本、工业券等百姓生活曾经离不开的票证已经进入了历史博物馆,忍饥挨饿、缺吃少穿、生活困顿这些几千年来困扰我国人民的问题总体上一去不复返了!"③尤其是党的十八大以来,以习近平同志为核心的党中央立足新的时代方位,科学把握社会主要矛盾的变化,落实以人民为中心的发展思想,更加强调人民的需求和权利,切实让人民群众得到看得见、摸得着的实惠,努力解决人民日益增长的美好生活需要和不平衡不充分的发展之间的矛盾,将破解矛盾的过程转化为不断提升人民群众获得感、幸福感、安全感的过程,在促进人的全面发展、全体人民共同富裕道路上不断迈进,"不断实现好、维护好、发展好最广大人民根本利益,使发展成果更多更公平惠及全体人民,在经济社会不断发展的基础上,朝着共同富裕方向稳步前进"④。邓小平同志指出:"社会主义的特点不是穷,而是富,但这种富是人民共同富裕。"⑤共同富裕是社会主义的本质要求,更是社会主义现代化的一个重要目标。党的十八大以来,党中央把贫困人口脱贫作为全面建成小康社会的底线任务,先后7次召开全国扶贫工作座谈会,把脱贫攻坚纳入"五位一体"总体布局和"四个全面"战略布局,出台了一系列重大政策措施,构建了一整套行

① 马克思恩格斯文集:第8卷[M].北京:人民出版社,2009:200.

② 十八大以来重要文献选编:下[M].北京:中央文献出版社,2018:352.

③ 十九大以来重要文献选编:上[M].北京:中央文献出版社,2018:726.

④ 习近平谈治国理政:第1卷[M].北京:外文出版社,2014:41.

⑤ 邓小平文选:第3卷[M].北京:人民出版社,1993:265.

之有效的精准扶贫政策体系、工作体系、制度体系,走出了一条中国特色减贫道路。自党的十八大以来,我国平均每年1000多万人脱贫,相当于一个中等国家的人口脱贫,创造了堪称人间奇迹的脱贫攻坚成果。当前抓紧抓牢民生根本,就是要接续推进巩固拓展脱贫攻坚成果与实现乡村振兴有效衔接,在全面建设社会主义现代化国家进程中加快农业农村现代化步伐;就是要推动全体人民共同富裕取得更为明显的实质性进展。

四、结语

人民群众是历史的创造者。一个政党能在历史发展中起多大作用,关键看其能在多大程度上动员人民群众,发挥人民的主体作用。中国共产党之所以“能”,是因为中国共产党不仅在理论上深刻认识人民的主体作用,而且在实践中通过制度机制建设充分发挥人民的主体作用,把党的群众路线贯彻到治国理政全部活动之中。世界上很少有政党能像我们党这样始终同人民群众保持血肉联系,凝聚人民、引领人民、依靠人民。这无疑是我们党立于不败之地、不断创造一个又一个奇迹的秘诀所在。

践行以人民为中心的发展思想

吴彩虹①

摘　要:本文通过学习习总书记在庆祝中国共产党成立100周年大会上的讲话,得出当前践行以人民为中心的发展思想的重要性;通过历史回顾,从四个方面来阐述怎样践行以人民为中心的发展思想,从而激发党员干部为人民干实事热情。

关键词:以人民为中心;根本原则;根本要求;根本目的;根本保障

在庆祝中国共产党成立100周年大会上,习近平总书记做了重要讲话,他说:"一百年来,我们取得的一切成就,是中国共产党人、中国人民、中华民族团结奋斗的结果"、"人民是历史的创造者,是真正的英雄"、"江山就是人民,人民就是江山"②。践行以人民为中心的发展思想,对于当前我们学习习总书记在中国共产党成立100周年大会上的讲话,准确把握习近平新时代中国特色社会主义思想,推进新时代中国特色社会主义伟大事业具有十分重要的理论意义和实践意义。

一、践行以人民为中心的发展思想的根本原则是坚持人民主体地位

坚持人民主体地位是马克思主义的一贯立场。早在马克思主义创立之际,马克思恩格斯就在《神圣家族》中明确指出"历史活动是群众的事业,随着历史活动的深入,必将使群众队伍扩大"③。这一观点科学地阐明了历史的真正创造

① 吴彩虹,中共蚌埠市委党校马克思主义基础理论教研部讲师。

② 习近平.在庆祝中国共产党成立100周年大会上的讲话[N].人民日报,2021-07-02(2).

③ 马克思恩格斯文集:第1卷[M].北京:人民出版社,2009:287.

者是广大人民群众。

党的十九大报告指出:“人民是历史的创造者,是决定党和国家前途命运的根本力量。必须坚持人民主体地位,坚持立党为公、执政为民,践行全心全意为人民服务的根本宗旨,把党的群众路线贯彻到治国理政全部活动之中,把人民对美好生活的向往作为奋斗目标,依靠人民创造历史伟业。”①

在庆祝中国共产党成立100周年大会上,习近平总书记说,中国共产党的初心是为人民谋幸福、为民族谋复兴。初心易得,始终难守。以史为鉴,可以知兴替。坚持人民主体地位,要求我们必须走以坚持党的领导、人民当家作主、依法治国有机统一为核心的中国特色社会主义政治发展道路,更加切实、更有成效地实施人民民主,进一步保证广大人民群众依法充分行使自己的民主权利,保障人民平等参与、平等发展权利,维护社会公平正义,团结一切可以团结的力量,充分调动人民群众的积极性主动性创造性,为推进新时代中国特色社会主义伟大事业而努力奋斗。

二、践行以人民为中心的发展思想的根本要求是全心全意为人民服务

中国共产党是以马克思列宁主义、毛泽东思想和中国特色社会主义理论体系为指导的全心全意为人民服务的无产阶级政党。马克思恩格斯早在《共产党宣言》中就指出:“过去的一切运动都是少数人的或者为少数人谋利益的运动。无产阶级的运动是绝大多数人的、为绝大多数人谋利益的独立的运动。”②全心全意为人民服务是我们党的根本宗旨,是我们党全部工作和一切行动的根本出发点、立足点和最终归宿,是共产党人践行以人民为中心发展思想的根本要求。一方面,党的性质决定了共产党人必须全心全意为人民服务。《中国共产党章程》规定:“党除了工人阶级和最广大人民群众的利益,没有自己特殊的利益。党在任何时候都把群众利益放在第一位,同群众同甘共苦,保持最密切的联系,坚持权为民所用、情为民所系、利为民所谋,不允许任何党员脱离群众,凌驾于群众之上。”③另一方面,党的百年历史实践证明,党的事业和中国特色社会主义

① 习近平.决胜全面建成小康社会 夺取新时代中国特色社会主义伟大胜利——在中国共产党第十九次全国代表大会上的报告[M]北京:人民出版社,2017:21.

② 马克思恩格斯选集:第1卷[M].北京:人民出版社,1995:283.

③ 改革开放三十年重要文献选编:下[M].北京:中央文献出版社,2008:1748.

事业只有根植于人民，赢得人民的拥护和支持，成为人民的事业，才能取得革命、建设、改革开放和社会主义现代化建设事业的伟大胜利。

当前，我国社会的主要矛盾已经转化为人民日益增长的美好生活需要和不平衡不充分的发展之间的矛盾。想要解决这个主要矛盾，必须坚持全心全意为人民服务的根本宗旨，不断提高对党和人民的事业的积极性和责任心，把握为人民服务的新时代要求，展现出为人民服务的新气象新作为。

三、践行以人民为中心的发展思想的根本目的是不断增强人民群众获得感、幸福感、安全感

中国共产党成立100年来，党始终把为人民谋幸福，为民族谋复兴的历史使命作为自己的奋斗目标。

在新民主主义革命时期，为了广大贫苦人民的利益，中国共产党人挺身而出，积极开展土地革命，担起救国救民的重任。在第二次国内革命战争期间，中国共产党就强调中国革命的根基是解决农民问题，强调维护工农利益的重大意义，开展打土豪、分田地、废除封建剥削和债务活动，在苏区建立人民政权，最大程度地维护人民群众的各项政治权利。抗日战争期间，中国共产党人对人民群众的赤胆忠心不仅表现在对敌作战英勇顽强、不怕牺牲的革命精神上，还体现在实行地主减租减息、农民交租交息的土地政策中。解放战争期间，在解放区开展土地改革运动，没收地主土地，废除地主土地制度，实行耕者有其田的土地制度，为解放战争的胜利提供了可靠保证。新中国成立后，中国共产党坚定选择社会主义发展道路，确立人民民主专政的国家政权，在国家制度层面上确保了人民群众真正成为国家的主人。在社会主义建设时期，为改善人民生活，中国共产党迅速带领全国人民开始医治战争创伤，颁布《中华人民共和国土地改革法》，开展土地改革，进一步解放农村生产力；经济上对农业、手工业和资本主义工商业进行社会主义改造，一穷二白的社会面貌得到基本改变，人民物质文化生活得到改善。在改革开放时期，中国共产党人总结过去的经验和教训，把党和国家的工作重心由“以阶级斗争为纲”转移到经济建设上来，人民群众的生活水平得到迅速提高，中国人民的面貌、社会主义中国的面貌、中国共产党的面貌发生了翻天覆地的变化。“党的十八大以来，中国特色社会主义进入新时代，我们坚持和加强党的全面领导，统筹推进‘五位一体’总体布局、协调推进‘四个全面’战略布局，坚持和完善中国特色社会主义制度、推进国家治理体系和治理

能力现代化，坚持依规治党、形成比较完善的党内法规体系，战胜一系列重大风险挑战，实现第一个百年奋斗目标，明确实现第二个百年奋斗目标的战略安排。”①

四、践行以人民为中心的发展思想的根本保障是党的群众路线

群众路线是党的根本工作路线，也是践行以人民为中心的发展思想的根本保障。回顾党的百年光辉历程，正是有了“一切为了群众、一切依靠群众”的群众观点，我们才赢得了亿万群众的信任和支持，才有人民群众曾经用小米哺育延安革命根据地、用小车推出中国革命的胜利、用手印开启改革开放的进程；正是有了“从群众中来、到群众中去”的领导方法和工作方法，党与群众心心相印，才有了把党的正确主张变成群众的自觉行动的实践力量，使中国特色社会主义进入新时代，使中华民族迎来了从站起来、富起来到强起来的伟大飞跃，迎来了实现中华民族伟大复兴的光明前景。践行党的群众路线，要求我们必须树牢群众观点，坚定社会主义和共产主义理想信念，践行正确的权力观、地位观、利益观，坚持以人为本、执政为民；必须依靠群众力量，充分相信群众的智慧和力量，积极宣传、发动群众、组织群众，充分调动广大人民群众的参与度。

习近平总书记在庆祝中国共产党成立100周年大会上说，“打江山，守江山，守的是人民的心。中国共产党根基在人民、血脉在人民、力量在人民”②，要求我们必须心系群众冷暖，切实增强责任感使命感紧迫感，把人民群众的需求当作自己的需求，更加奋发有为、兢兢业业工作，千方百计为人民群众办实事、做好事、解难事；必须夯实群众基础，把群众路线贯穿于党建工作始终，在党组织和党员干部队伍的自我净化、自我完善、自我革新、自我提高中保持和发展党的先进性、纯洁性，塑造为民务实清廉新形象，深化党群血肉联系，筑牢党的执政根基，奋力开创新时代中国特色社会主义伟大事业新局面。

（原文发表于《蚌埠日报（学而思）》2021年8月16日，收入本书有改动。）

① 习近平．在庆祝中国共产党成立100周年大会上的讲话[N]．人民日报，2021-07-02(2).

② 习近平．在庆祝中国共产党成立100周年大会上的讲话[N]．人民日报，2021-07-02(2).

马克思主义中国化研究

《共产党宣言》的思想政治教育价值
——基于资本伦理及其历史逻辑分析

张朝龙,邬旭东①

摘　要:《共产党宣言》(以下简称《宣言》)是世界无产阶级政党的第一个纲领。文章以《宣言》思想内容为依据,分析资本伦理、探究"两个必然"历史成因、澄清各种流行社会主义思潮的阶级属性,理论联系实际,承典塑新,明理达人,以培养大学生社会主义资本观、坚定共产主义理想信念和树立以人民为中心政治观。对于践行立德树人,把大学生培养成为我国社会主义现代化建设的接班人和中华民族伟大复兴的时代担当者,具有重要的教育价值。

关键词:《共产党宣言》;资本伦理;思想逻辑;教育价值

19世纪四五十年代,西方主要资本主义国家基本完成工业革命,欧洲一些主要国家确立资本主义生产方式,市场经济深入发展。中国改革开放后建立起社会主义市场经济体制并现实地融入世界经济大潮,走上与世界各国合作共存、互利共赢的发展道路。青年兴则国家兴,青年强则国家强。大学生是国家的希望,民族的未来。习近平总书记在全国教育大会上讲话指出:"我国是中国共产党领导的社会主义国家,这就决定了我们的教育必须把培养社会主义建设者和接班人作为根本任务,培养一代又一代拥护中国共产党领导和我国社会主义制度、立志为中国特色社会主义奋斗终身的有用人才。"②重读《宣言》,联系当代实际,分析资本罪恶及其伦理成因、探究"两个必然"历史根源、澄清各种流行社会主义思潮的阶级属性,对于发挥思想导师的时代引领作用,加强大学生思想政治教育,具有重要的现实意义。

---

① 张朝龙,蚌埠学院马克思主义学院副教授;邬旭东,蚌埠学院马克思主义学院教授。

② 十九大以来重要文献选编:上[M].北京:中央文献出版社,2019:647.

一、阐明资本伦理——教育大学生树立社会主义资本观

《宣言》考察了资产阶级产生和发展历史过程,阐明了资本属性、经济动因和伦理表现。

(一)资本伦理制度成因

资本主义私有制是在小商品私有制的经济基础上发展起来的。资产阶级为了维护自身利益,对商品经济进行改造,利用外部竞争压力和内在的逐利动机,发明极具效率的资本主义市场经济。资本主义最基本的制度是私有制及私有制基础上的雇佣劳动制,其中,私有制保护资本投资,雇佣制实现资本增殖。为了保护这一制度,资产阶级宣扬人性自私论,鼓吹“人不为己,天诛地灭”,其成为资产阶级意识形态的核心。

“文艺复兴”助力欧洲资本主义发展。欧洲封建社会后期的西欧和西北欧地区,手工业、商业和航海贸易发达,资本主义生产关系最早萌芽,特别是地中海沿岸的意大利,借助工商业和航海贸易发达的优势,孕育出人类历史上最早的“文艺复兴”运动。人文主义者对人的认识突破神权思想禁锢,提出人应该回归自身、回归世俗,反对神权、倡导人权,追求个性自由、物质享受和世俗幸福,反对宗教禁欲主义,把人从天国拉回世俗。“文艺复兴”为欧洲资本主义发展点燃第一把火,起到助推加速的精神作用。随后在“宗教改革”“启蒙运动”中,人们的思想更加解放,人的欲望完全被诱发出来,极大地释放财富冲动力。

人文主义思想局限性。科学技术发展水平有限和社会分工的狭隘性,造成人文主义世界观的局限性,人文主义者看到专制主义剥夺压制人性的一面,提出个性自由,把“个性”诠释为个人的个性,忽视人的社会性的另一面,形成个人主义价值观,并将其贯穿于启蒙时期“天赋人权”和“主权在民”思想,设计并确立以私有制为基础、以个人主义为价值导向的社会制度,为资本主义制度埋下祸根。个人是一切权力的核心,个人既是立足点,又是出发点和归宿点,人的需要是个人的需要,人的发展是个人的发展,人的幸福是个人的幸福,形成绝对的个人主义和利己主义,把人与人、人与社会的关系推向对立和战争状态。因此,马克思恩格斯笔下的资本主义社会充满剥削与奴役、掠夺与贩卖、杀戮与战争就不足为奇了。所以,回顾资本原始积累的历史,马克思评价说:“资本来到世

间，从头到脚，每个毛孔都滴着血和肮脏的东西”[①]。以致19世纪末20世纪初资本主义瓜分世界，把落后国家沦为殖民地、半殖民地以及引爆两次世界大战等，都是“理”当如此了。

（二）资本伦理罪恶批判

资本是工业生产力发展的结果，是历史产物，也是历史过程。马克思恩格斯在《宣言》中，立足19世纪中叶资本主义现实，通过资本扩张事实展现资本伦理，指出“资产阶级在它已经取得了统治的地方把一切封建的、宗法的和田园诗般的关系都破坏了。它无情地斩断了把人们束缚于天然尊长的形形色色的封建羁绊，它使人和人之间除了赤裸裸的利害关系，除了冷酷无情的‘现金交易’，就再也没有任何别的联系了”[②]。资本主义用金钱关系取代封建宗法关系，用金钱塑造一个新社会。一切都要经过市场考量，衡量是否有交换价值以及交换价值大小。“资产阶级抹去了一切向来受人尊崇和令人敬畏的职业的神圣光环。它把医生、律师、教士、诗人和学者变成了它出钱招雇的雇佣劳动者。”[③]职业被金钱玷污、收买，金钱一旦成为职业公害，会直接腐化危及国家经济基础和上层建筑。劳动者创造财富理应共享财富，然而，资产阶级在利润的驱使下，唯利是图，造成贫富分化和阶级对立。“正像它使农村从属于城市一样，它使未开化和半开化的国家从属于文明的国家，使农民的民族从属于资产阶级的民族，使东方从属于西方。”[④]时至今日，伴随国际垄断资本主义经济掠夺、政治渗透和军事侵略，南北发展不平衡日益加剧，资源浪费造成枯竭、环境污染严重、生态平衡破坏，资本主义陷入无法根治的经济危机、政治危机、社会危机、生态危机、意义危机等系统危机之中。

（三）大学生要树立社会主义资本观

市场经济是人类社会发展不可逾越的历史阶段，也是资本运动增殖的物质载体。随着市场化、全球化的深入发展，中国的社会主义市场经济与世界经济大潮接轨，进入资本化时代。在资本广泛渗透的社会环境下，财富虽然不等于

---

① 马克思恩格斯选集：第2卷[M].北京：人民出版社，2012：297.

② 马克思恩格斯选集：第1卷[M].北京：人民出版社，2012：402-403.

③ 马克思恩格斯选集：第1卷[M].北京：人民出版社，2012：403.

④ 马克思恩格斯选集：第1卷[M].北京：人民出版社，2012：405.

资本,但是人人希望财富增殖,实现财富资本化,投资、理财的热度不断攀升,财富向资本转化,财富伦理向资本伦理转化,普遍渗透在经济关系和社会关系之中。历史上我们一直把资本与剥削联系在一起,资本成为资本主义的代名词,成为剥削的化身。今天我们发展社会主义市场经济,需要教育大学生重新审视、看待资本。资本是市场经济的产物,市场经济的本质是交换和逐利,没有交换和利润,市场经济无法运行和健康发展。当今资本主义和社会主义同处于市场经济时代,都需要利用资本促进经济发展。如果说在资本主义社会,资本是能够带来剩余价值的价值,其实质是无偿占有;那么,在社会主义社会,资本作为能够带来剩余劳动的价值,其实质是共建共享。前者与私有制和按资分配联系在一起,后者与公有制和按劳分配联系在一起。在社会主义核心价值观主导下,在社会主义制度规范约束下,资本必然由自利转向互利和利他,只有互利、利他,资本才有出路和长久生命力,进而发挥资本在社会主义市场经济中的积极作用,规避其消极作用。加强大学生思想政治教育,引导大学生学原著、悟原理,发挥经典著作的思想导航作用,辩证地认识资本,正确认识社会主义市场经济离不开资本,通过规制资本,发挥资本的社会性,使其承担社会责任,树立社会主义资本观。

二、论证"两个必然"——教育大学生坚定共产主义理想

"两个必然"是资本主义制度体系自身运动的结果。所以,《宣言》指出:"这些原理不过是现存的阶级斗争、我们眼前的历史运动的真实关系的一般表述。"[①]

(一)"两个必然"提出的科学依据

社会基本矛盾运动及其规律为"两个必然"提供科学依据。《宣言》指出:"资产阶级的生产关系和交换关系,资产阶级的所有制关系,这个曾经仿佛用法术创造了如此庞大的生产资料和交换手段的现代资产阶级社会,现在像一个魔法师一样不能再支配自己用法术呼唤出来的魔鬼了。"[②]由于资本主义生产关系和上层建筑保护着资产阶级既得利益,改变资本主义所有制就要触动资产阶级利

① 马克思恩格斯选集:第1卷[M].北京:人民出版社,2012:414.

② 马克思恩格斯选集:第1卷[M].北京:人民出版社,1995:277-278.

益，必然招致资产阶级强力反抗。“生产力已经强大到这种关系所不能适应的地步，它已经受到这种关系的阻碍；而它一着手克服这种障碍，就使整个资产阶级社会陷入混乱，就使资产阶级所有制的存在受到威胁。”[①]为了解决危机，资产阶级“一方面不得不消灭大量生产力，另一方面夺取新的市场，更加彻底地利用旧的市场”[②]。资产阶级不愿意从根本上解决资本主义经济危机，害怕触动自身根本利益，而是通过不断扩大市场消解危机，采取饮鸩止渴的办法，不仅不能消除危机，反而为下次危机埋下祸根，扩大危机，扩大阶级矛盾和社会矛盾的范围。“资产阶级不仅锻造了置自身于死地的武器；它还产生了将要运用这种武器的人——现代的工人，即无产者。”[③]无产阶级在反对资产阶级的斗争过程中，逐步认识到科学理论和无产阶级政党的重要性。而后，在马克思主义指导和无产阶级政党领导下，团结带领广大人民群众，形成浩浩荡荡的劳动大军，推翻资产阶级统治，建立无产阶级政权。无产阶级政党是无产阶级的先锋队，具有大公无私的政治品格。“无产阶级的运动是绝大多数人的、为绝大多数人谋利益的独立的运动。”[④]“工人革命的第一步就是使无产阶级上升为统治阶级，争得民主。”[⑤]然后，利用无产阶级国家政权的力量，建立起社会主义生产关系，不断解放和发展生产力，满足人民日益增长的物质文化生活需要。“无产阶级将利用自己的政治统治，一步一步地夺取资产阶级的全部资本，把一切生产工具集中在国家即组织成为统治阶级的无产阶级手里，并且尽可能快地增加生产力的总量。”[⑥]无产阶级专政是向无阶级社会过渡的政治工具，“如果说它通过革命使自己成为统治阶级，并以统治阶级的资格用暴力消灭旧的生产关系，那么它在消灭这种生产关系的同时，也就消灭了阶级对立的存在条件，消灭了阶级本身的存在条件，从而消灭了它自己这个阶级的统治”[⑦]。资产阶级的剥削本性是相通的，无产阶级的历史命运是相同的，因此，全世界无产者应联合起来。“无产者在这个

① 马克思恩格斯选集：第1卷[M].北京：人民出版社，1995：278.

② 马克思恩格斯选集：第1卷[M].北京：人民出版社，1995：278.

③ 马克思恩格斯选集：第1卷[M].北京：人民出版社，1995：278.

④ 马克思恩格斯选集：第1卷[M].北京：人民出版社，1995：283.

⑤ 马克思恩格斯选集：第1卷[M].北京：人民出版社，1995：293.

⑥ 马克思恩格斯选集：第1卷[M].北京：人民出版社，1995：293.

⑦ 马克思恩格斯选集：第1卷[M].北京：人民出版社，1995：294.

革命中失去的只是锁链。他们获得的将是整个世界。”[①]

(二)“两个必然”历史实践

社会主义从理论到实践并在曲折中向前发展。1917年俄国十月革命成功,社会主义由理想变成现实。第二次世界大战后,社会主义由一国到多国迅猛发展。从20世纪50年代开始,许多社会主义国家纷纷改革。由于西方资本主义国家推行“和平演变”以及经济施压、政治瓦解,至20世纪八九十年代出现东欧剧变和苏联解体,国际共产主义运动陷入低谷,“历史终结论”甚嚣尘上。在中国,以邓小平同志为代表的中国共产党人,坚持把马克思主义基本原理同中国实际相结合,走自己的路,成功探索出适合中国国情的发展道路。改革开放40多年来,我国社会主义现代化建设取得辉煌成就,中国特色社会主义事业兴旺发达,呈现出前所未有的大好局面。尤其从党的十八大以来,在以习近平同志为核心的党中央领导下,中国共产党人高瞻远瞩,多方施策,多措并举,“解决了许多长期想解决而没有解决的难题,办成了许多过去想办而没有办成的大事,推动党和国家事业发生历史性变革”[②]。党的十九大报告提出中国特色社会主义进入新时代,“意味着科学社会主义在二十一世纪的中国焕发出强大生机活力,在世界上高高举起了中国特色社会主义伟大旗帜”[③]。

《宣言》警醒资本主义。《宣言》的发表和马克思主义的广泛传播,使无产阶级反对资产阶级的斗争不断深入,迫使资产阶级对生产关系和上层建筑进行改革调整。二战后,主要资本主义国家普遍加强宏观调控,进一步建立并不断完善社会福利和保障制度,缓解贫富分化、阶级矛盾和社会矛盾,使战后资本主义进入长达20年的黄金发展期。但是,好景不长,20世纪70年代,资本主义经济又出现“滞涨”现象,为了应对和解决“滞涨”问题,20世纪80年代开始,西方进入长达30年的新自由主义时期,新自由主义曾经有过发展繁荣的历史,如今已走向衰落并沦为社会诟病的话题。特别是2008年美国爆发金融危机,并蔓延至世界各地,引发资本主义系统性矛盾。在西方国家,不少人面对危机,在茫然中很自然地把目光转向中国,感叹马克思主义普惠中国,马克思主义经典著作《资本论》《共产党宣言》在西方再度热销,读者通过研读,不同程度地认识到马

① 马克思恩格斯选集:第1卷[M].北京:人民出版社,1995:307.

② 习近平谈治国理政:第3卷[M].北京:外文出版社,2020:7.

③ 习近平谈治国理政:第3卷[M].北京:外文出版社,2020:8.

克思主义依然是当今世界的真理，提出重回马克思。美国主流经济学家努里尔·鲁比尼认为马克思是对的，资本主义到了某些时候会自我摧毁[①]。美国斯坦福大学教授弗朗西斯·福山，面对危机现实，坦然道“美国式资本主义已经跌下神坛，自由主义市场或新自由主义模式将受到审判”[②]。2011年美国发生“占领华尔街”运动，2018年法国爆发“黄背心”运动等，说明当代资本主义“掘墓人”再度觉醒。当下在经济危机和新冠肺炎疫情交互作用下，资本主义经济持续低迷，中国经济很快恢复并持续增速，中国疫情防控成效显著，而西方疫情深陷“泥潭”……这一切充分证明资本主义治理体系的低效与衰颓，实证社会主义代替资本主义的必然性。

（三）大学生要坚定共产主义理想

马克思主义唯物史观把社会历史发展的动力归结为社会基本矛盾运动，把社会基本矛盾运动的基础归结到生产力上，强调生产力是社会发展的最终决定力量。人是生产力的主导因素，“人”又是“现实的人”，“现实的人”具有自然、精神和社会性需求，旧的需求满足后又会产生新的需求，需求促使人类发明、制造和改进生产工具，推动生产力不断向前发展。资本主义私有制基础上雇佣劳动制不断打破生产与需求的良性循环，破坏社会化大生产，引发经济危机，制造阶级、社会矛盾等，在此基础上马克思恩格斯得出“两个必然”的历史结论。马克思恩格斯在1859年《〈政治经济学批判〉序言》中进一步提出“两个绝不会”的著名论断，即“无论哪一个社会形态，在它所能容纳的全部生产力发挥出来以前，是决不会灭亡的；而新的更高的生产关系，在它的物质存在条件在旧社会胎胞里成熟以前，是决不会出现的”[③]。“两个绝不会”是对“两个必然”的条件限制，使“两个必然”更加科学严谨。在《思想道德与法治》教材“追求远大理想　坚定崇高信念”章节中，引导大学生加强理想信念教育；在《中国近现代史纲要》中，阐述中国选择马克思主义、走上社会主义道路的客观必然性；在《马克思主义基本原理》相关章节中，论述社会基本矛盾原理，论证“两个必然”历史规律；在《毛泽

① 马克思主义研究网．“马克思是对的，资本主义会自我毁灭”[EB/OL].(2011-08-15)[2021-11-10]. http://myy.cass.cn/sflw/201109/t20110909_1969209.shtml.

② 刘小源．让全球金融危机十年之变告诉世界[EB/OL].(2017-12-11)[2021-11-10]. http://www.rmzxb.com.cn/c/2017-12-11/1896058-2.shtml.

③ 马克思恩格斯：第2卷[M].北京：人民出版社，2012：3.

东思想和中国特色社会主义理论体系概论》中,阐述中国革命、建设和改革不断从胜利走向胜利的伟大实践;等等。都可以将《宣言》中的共产主义基本原理渗透其中,以更好筑牢大学生理想信念。

三、批判错误思潮,教育大学生坚持以人民为中心

《宣言》发表之际,欧洲正处于资本主义社会转型时期,工业革命深入发展,社会利益变动,社会关系调整,社会不同阶级、阶层命运沉浮,他们从各自的阶级利益出发,对资本主义制度及社会现实进行是非、功过评说,提出自己的思想观点,形成了各种社会主义思想流派。马克思恩格斯站在无产阶级立场上对各种思想流派进行分析批判。

(一)分析批判各种流行社会主义思潮

对反动的社会主义进行批判。“反动的社会主义”包括封建的社会主义、小资产阶级的社会主义、德国的或“真正的”社会主义,他们共同特点是不懂得或无视社会历史发展规律逆流而动。就“封建的社会主义”而言,他们无视资本主义取代封建主义的客观必然性,攻击资产阶级,拉拢无产阶级,试图恢复失去的封建主义并通过改良封建主义引导其走向社会主义,他们反对无产阶级暴力革命。正如《宣言》所指出的,封建的社会主义言论“半是挽歌,半是谤文,半是过去的回音,半是未来的恫吓”[①]。“小资产阶级的社会主义”同样不懂得现代社会生产方式,不明白大机器生产条件下的社会分工必然取代铁制工具时代的自然分工,却“用小资产阶级和小农的尺度去批判资产阶级制度”[②],梦想回到以家庭为单位的自然分工时代,反对无产阶级暴力革命,主张社会改良,解决经济、社会矛盾,调和阶级关系。马克思恩格斯指出:“这种社会主义按其实际内容来说,或者是企图恢复旧的生产资料和交换手段,从而恢复旧的所有制关系和旧的社会,或者是企图重新把现代的生产资料和交换手段硬塞到已被它们突破而且必然被突破的旧的所有制关系的框子里去。它在这两种场合都是反动的,同时又是空想的。”[③]“德国的或‘真正的’社会主义”反映德国小资产阶级知识分子

① 马克思恩格斯选集:第1卷[M].北京:人民出版社,1995:295.

② 马克思恩格斯选集:第1卷[M].北京:人民出版社,1995:297.

③ 马克思恩格斯选集:第1卷[M].北京:人民出版社,1995:298.

理想追求，用德国的世界观理解法国的社会主义，宣扬用人类之爱来实现社会主义，维护现存的封建专制主义制度，主张回到小市民时代，他们既害怕资产阶级的发展，又害怕无产阶级暴力革命。马克思恩格斯批判“德国的或‘真正的’社会主义”时这样说：“在这种著作从法国搬到德国的时候，法国的生活条件却没有同时搬过去。”①

对保守的或资产阶级的社会主义进行批判。他们是资产阶级的利益既得者，不愿意触动资本主义私有制和雇佣劳动制，主张社会改良，推行社会福利制度，为无产阶级“谋利益”，缓和阶级矛盾和社会矛盾，达到维护资本主义制度的目的。“社会主义的资产者愿意要现代社会的生存条件，但是不要由这些条件必然产生的斗争和危险。他们愿意要现存的社会，但是不要那些使这个社会革命化和瓦解的因素。他们愿意要资产阶级，但是不要无产阶级。”②

对空想社会主义进行批判。空想社会主义者对资本主义制度罪恶进行了无情揭露和批判，对未来社会进行美好设计。但是，他们看不到资本主义为无产阶级革命提供物质基础，看不到无产阶级代表先进的生产方式所具有的历史主动性，因此，找不到推翻资本主义制度的正确道路和革命力量。他们激情澎湃，大胆设计，大胆试验，最后都无果而终。马克思恩格斯评价：“他们逐渐地堕落到上述反动的或保守的社会主义者的一伙中去了。”③空想社会主义理论“是同不成熟的资本主义生产状况、不成熟的阶级状况相适应的”④。

（二）大学生要坚持以人民为中心

今天的中国不同于19世纪中期的欧洲，十月革命胜利后，中国人民历史地选择了马克思主义，选择了中国共产党，选择了社会主义。改革开放后，我国逐步建立了社会主义市场经济体制，坚持共同富裕的社会主义发展方向，短短40多年中国经济社会发生天翻地覆的变化。然而，中国的社会主义毕竟是从半殖民地半封建社会脱胎而来，资本主义没有得到充分发展，社会主义将长期处于初级阶段，我们从计划经济向市场化转型，改革开放过程中我们看到了经济快速发展、财富迅速积累和人民生活水平大幅度提高，同时也看到了不同所有制

① 马克思恩格斯选集：第1卷[M].北京：人民出版社，1995：298.

② 马克思恩格斯选集：第1卷[M].北京：人民出版社，1995：301-302.

③ 马克思恩格斯选集：第1卷[M].北京：人民出版社，1995：305.

④ 马克思恩格斯全集：第26卷[M].北京：人民出版社，2014：274.

存在、社会经济结构变化、社会利益调整、思想道德观念分化的现实。特别是以美国为首的西方资本主义国家推行和平演变政策,这导致我国意识形态领域不可避免地出现各种反马克思主义思潮,如新自由主义、民主社会主义以及历史虚无主义等,背后都存在隐蔽的阶级利益。面对纷繁复杂的社会思潮,我们要教育大学生学会马克思主义阶级分析法,认清各种社会思潮产生的历史条件、经济基础、阶级实质和政治目的,自觉维护人民当家作主的国家政权,坚定人民立场,维护人民利益,牢固树立以人民为中心的发展思想。

四、结论

工业革命使资本主义得到充分发展,形成资本伦理,导致阶级对抗,产生共产主义运动。《宣言》正是顺应这一历史潮流,敲响资本主义丧钟,唤醒世界劳工,揭开无产阶级反对资产阶级斗争的历史序幕,昭示社会主义代替资本主义历史规律。如今,中国经过40多年改革开放,建立了社会主义市场经济体制,成功地运用并发挥资本创造财富的历史作用,中国特色社会主义取得举世瞩目的辉煌成就。资本同样存在,但社会意识形态和制度环境不同,社会发展前途不同,资本作用结果不同。当代大学生要读《宣言》、悟原理,坚持马克思主义唯物史观,理论联系实际,用现实活化理论,树立社会主义资本观,坚持以人民为中心的政治观,筑牢社会主义和共产主义理想信念。

(原文发表于《蚌埠学院学报》2021年第4期,收入本书有改动。)

论马克思主义中国化的百年进程与经验

张　敏[①]

摘　要:中国化的马克思主义作为科学的理论成果对中国的革命、建设和改革有重要指导作用,了解马克思主义中国化形成、发展的历程和实践基础是学习和研究马克思主义中国化的必要条件。马克思主义中国化是中国共产党人在中国运用马克思主义的立场、观点和方法解决实际问题的具体体现,马克思主义中国化理论成果主要包括毛泽东思想、邓小平理论、"三个代表"重要思想、科学发展观和习近平新时代中国特色社会主义思想等内容。

关键词:马克思主义中国化;毛泽东思想;习近平新时代中国特色社会主义思想

马克思主义是科学、是真理,它是指引人类社会走向共产主义的理论指南,从它诞生之日至今已经传遍世界并成功地指引了多国建立社会主义制度。我国的仁人志士们在一百多年前为实现国家独立,广泛地寻找救国图存的方案,最终选择了马克思主义。马克思主义在中国的发展过程,也就是马克思主义不断中国化的过程。马克思主义中国化是党和人民智慧的结晶,要学好马克思主义中国化我们必须要了解它形成、发展的历程和实践基础。

一、马克思主义中国化的前奏曲——俄国十月革命一声炮响为中国送来了马克思主义

中国自1840年鸦片战争之后就一直处在内外交困的水深火热之中,在经历了近百年的屈辱历史后依然没有改变半殖民地半封建社会的状况,官僚资本主义、封建主义、帝国主义的压迫使劳苦大众喘不过气,人民迫切想要改变。中

① 张敏,宿州学院马克思主义学院讲师。

国的先进之士们不断寻找救世良方并一直在摸索中国的前进之路,无论是封建官僚的自强运动、资产阶级改良派的维新运动,还是资产阶级革命派的辛亥革命等实践都无法改变中国屈辱的状况。1915年陈独秀在上海创办《青年杂志》(后改名为《新青年》),标志着新文化运动开始,其是一场观念上的革命,它为解放人们的封建思想起到重要作用。"科学与民主"成为当时社会的主流思想,这场史无前例的思想革命也对马克思主义的传入具有积极意义。"新文化运动的发展已经引来了社会主义的思想体系。"①

1914年第一次世界大战爆发,这场帝国主义列强争霸的战争对俄国产生巨大影响,俄国人民在列宁的领导下取得了十月革命的伟大胜利。十月革命胜利的消息传到中国,使中国的有志之士和劳苦大众看到了社会主义胜利的曙光,他们意识到世界终究是属于人民的。无产阶级作为人民的代表,肩负社会主义革命的重任,他们开始了创世纪的革命运动！五四运动时期各种思潮纷至沓来,例如国家主义、自由主义、马克思主义等。早期的共产党人开始主动了解学习马克思主义,中国无产阶级也开始作为独立的政治力量登上历史舞台并逐渐把马克思主义作为自己的指导思想,事实证明"历史选择了社会主义,历史又以客观现实限制了主观愿望。这个矛盾,要求马克思主义中国化"②。

二、马克思主义中国化的第一个理论成果——毛泽东思想

在国内,早期的中国共产党人在中国的革命实践中经历了一些曲折,尤其是大革命的失败和第五次反"围剿"的失败,这些曲折使党的领导人意识到只有将马克思主义基本原理同中国的具体实际相结合才能领导革命取得成功。国际上,在第一次世界大战后以希特勒为首的法西斯主义逐渐盛行,后第二次世界大战爆发,日本帝国主义入侵中国,中国人民与世界人民一道开始了伟大的反法西斯斗争。"党和人民选择了毛泽东作为自己的领袖,选择了毛泽东思想作为自己的指导思想。"③

① 陈旭麓.近代中国社会的新陈代谢[M].上海:上海人民出版社,1992:407.

② 陈旭麓.近代中国社会的新陈代谢[M].上海:上海人民出版社,1992:409.

③ 毛泽东思想和中国特色社会主义理论体系概论[M],北京:高等教育出版社,2021:12.

(一)新民主主义革命时期(1919年至1949年)

1927年至1937年第二次国内革命战争时期(土地革命战争时期),国共两党决裂、大革命失败使中国共产党人意识到必须要掌握军队的领导权,毛泽东则明确指出“枪杆子里出政权”。南昌起义中国共产党建立了自己的军队,之后在毛泽东的领导下进行了秋收起义,井冈山会师后更成功开辟了井冈山革命根据地。中国革命走上农村包围城市、武装夺取政权的道路,建立了一系列的农村革命根据地。毛泽东发表的《星星之火,可以燎原》准确地分析了当时中国的形势,他指出中国革命要胜利必须走农村包围城市的道路,要坚决同教条主义、本本主义、经验主义等作斗争,强调马克思主义必须同中国实际相结合。

面对敌人的围追堵截,中共党内出现“左”倾错误,这些错误使中国共产党在第五次反“围剿”中遭遇了重大挫折。1934年至1936年中国工农红军进行了二万五千里长征,这是人类历史上无与伦比的英雄史诗,这一过程中中国共产党人表现出来的意志和精神被永远载入史册,激励人们前进。1935年遵义会议以后党中央领导人开始意识到要解决中国革命所面临的问题就必须把马克思主义基本原理同中国的具体实际相结合,以毛泽东为核心的党中央领导集体形成并把毛泽东思想确立为党的指导思想。1935年华北事变,中日民族矛盾上升为主要矛盾。1937年日本发动全面侵华战争,中日战争爆发,国共第二次合作成为可能。1937年8月中旬陕北的中央红军改编为国民革命军第八路军,中国共产党开始了与国民党的第二次合作,在与国民党合作抗击日本侵略者的斗争实践中,中国共产党人总结了一系列经验,逐步形成了统一战线的理论。

1938年,毛泽东在党的扩大的六届六中全会上做了《论新阶段》的报告,他指出:“没有抽象的马克思主义,只有具体的马克思主义。”[①]延安整风运动这个问题越来越被全党所重视,马克思主义中国化成为全党的思想共识。当时的中国的主要矛盾是帝国主义与中华民族的矛盾、封建主义和人民大众的矛盾,其中帝国主义和中华民族的矛盾是最主要的矛盾。根据这一实际1939年毛泽东在《中国革命和中国共产党》中提出新民主主义革命的概念和总路线,1948年在《在晋绥干部会议上的讲话》中对新民主主义革命的总路线进行了科学的表述:新民主主义革命是无产阶级领导的,人民大众的,反对帝国主义、封建主义和官僚资本主义的革命。这是对中国革命实践经验的科学总结。1949年新民主主

① 建党以来重要文献选编(1921～1949):第15册[M],北京:中央文献出版社,2011:651.

义革命取得伟大胜利,同年10月1日中华人民共和国成立了,从此中国开始新民主主义向社会主义过渡及社会主义建设时期的探索。

(二)新民主主义社会时期(1949年至1956年)

新中国成立初期我国经济主要有社会主义经济、个体经济、资本主义经济三种成分,此时中国处于新民主主义向社会主义过渡时期即新民主主义社会,一切都处在百废待兴的状态。1953年6月中央政治局会议上毛泽东正式提出社会主义过渡时期的总路线,可以将其概括为"一化三改"。"一化"是主体,"三改"是两翼,两者相辅相成、相互促进、缺一不可。社会主义过渡时期的总路线是根据中国具体的实际情况提出来的。第一,当时的中国已经完成土地革命,广大人民群众迫切要求脱贫致富,农村互助合作社与个体小农的落后生产相比有显著的优势,这也是在国民经济恢复时期被实践证实了的。第二,国家通过没收官僚资本迅速发展社会主义国营经济,国家已经掌握了国民经济的命脉为社会主义总路线提供了物质基础。第三,合理调整工商业的过程中协调处理好资本主义工商业与国营经济的关系为过渡时期的总路线的提出积累了丰富的经验。第四,第二次世界大战之后,世界各国和地区虽有冲突但总体格局是和平的,尤其社会主义国家正蓬勃发展,苏联社会主义的发展为我国提供了社会主义发展经验。

(三)全面建设社会主义时期(1956年至1966年)

1956年底三大改造完成标志着社会主义制度在我国初步建立,自此我国进入社会主义初级阶段,毛泽东在肯定了借鉴苏联经济建设经验的同时指出在新中国成立初期借鉴苏联经验"在当时是完全必要的,同时又是一个缺点,缺乏创造性,缺乏独立自主的能力。这当然不应当是长久之计"[①]。毛泽东思想在这一时期的理论成果主要体现在两个方面:一是《论十大关系》的重要讲话深刻揭示了经济建设的重要性,二是《关于正确处理人民内部矛盾的问题》提出要严格区分、正确处理敌我矛盾、人民内部矛盾两种不同性质矛盾的理论。1957年下半年党的社会主义建设道路因为国内外复杂多变的形势的影响出现偏差,出现"大跃进"的现象。虽然党的领导人也做出了部分纠正,但由于对中国国情的错误认识最终导致"文化大革命"爆发。毛泽东在这一时期仍提出了一些正确的

① 毛泽东文集:第8卷[M],北京:人民出版社,1999:305.

思想观点，如“三个世界”的理论、我国永不称霸等。1978年党的十一届三中全会召开确定了以邓小平同志为核心的党的第二代中央领导集体，中国开始改革开放的道路并取得了世界瞩目的成就。

三、马克思主义中国化的新篇章——中国特色社会主义理论体系

（一）邓小平理论的形成和发展

1978年党的十一届三中全会召开，此后，针对当时社会思想现状和人们的困惑，邓小平创造性地提出了社会主义本质的概念并对“什么是社会主义”“怎样建设社会主义”两个当时大家关注的焦点进行了科学的解答。邓小平指出：“社会主义的本质，是解放生产力，发展生产力，消灭剥削，消除两极分化，最终达到共同富裕。”[①]当时中国社会刚结束“文化大革命”，政治经济文化等遭受重大挫折，而与此同时，欧美国家处于发展的黄金期，科技、生产力都飞速发展，中国与世界的差距越来越大。针对这些情况，邓小平科学地分析了社会主义的现状和基本国情，根据当时的中国政治经济发展状况，做出改革开放的伟大决策，他提出“实践是检验真理的唯一标准”“解放思想，实事求是”等一系列的正确观点。针对当时“搞计划经济就是走社会主义道路，搞市场经济就是走资本主义道路”的错误观点给予纠正。在1981年党的十一届六中全会上通过了《关于建国以来党的若干历史问题的决议》，提出“计划经济为主、市场调节为辅”的方针。1984年十二届三中全会又通过了《中共中央关于经济体制改革的决定》，提出社会主义经济是在公有制基础上的有计划的商品经济，计划经济和市场经济都是手段，发展才是目的，计划经济、市场经济不是判断社会主义的标准。此后，针对生产力落后的现状，邓小平提出“科学技术是第一生产力”的科学口号，并提出要发展社会主义市场经济等，我国逐渐走出了具有中国特色的社会主义道路。

改革开放是中国共产党的伟大创举，是中国共产党对社会主义的全新探索。改革开放即对内改革不适应生产力发展要求的生产关系，对外毫不动摇地坚持对外开放。事实证明闭关锁国只会导致落后，中国想要发展必须坚持改革开放，坚持“引进来，走出去”相结合，学习外国的先进科技和管理经验来发展自

① 邓小平文选：第3卷[M]，北京：人民出版社，1993：373.

己。但在改革的过程中必须要坚持“四项基本原则”。我们党指出“发展是目的,改革是动力,稳定是前提”①。邓小平指出当今时代的主题依然是和平与发展,现在的世界是开放的世界,和平的国际环境为我们对外开放提供了良好的条件,“中国的发展离不开世界”②,要坚定不移地实施对外开放。

改革开放之后的几十年里中国经济政治得到飞速发展,取得了举世瞩目的成就,综合国力得到显著提高。1971年新中国恢复了在联合国的合法席位,台湾地区退出联合国。为解决台湾问题,邓小平创造性地提出“一国两制”的构想。1982年英国撒切尔夫人访华期间,邓小平明确指出“主权问题不是一个可以讨论的问题。中国在这个问题上没有回旋的余地”③。1997年香港回归、1999年澳门回归,香港和澳门的回归证明了“一国两制”的正确性。

(二)“三个代表”重要思想的形成和发展

20世纪80年代以来,以江泽民同志为核心的党的第三代中央领导集体自党的十三届四中全会以来,在对马克思列宁主义、毛泽东思想和邓小平理论的继承和发展的基础上,根据国内国际形势的变化不断加强党的领导,提高自己的执政能力,进一步回答了“建设什么样的党,怎样建设党”的问题。2000年2月江泽民首次提出了“三个代表”重要思想,即“我们党要始终代表中国先进生产力的发展要求,代表中国先进文化的前进方向,代表中国最广大人民的根本利益”。2001年至2002年又不断完善“三个代表”重要思想并在邓小平理论的基础上进一步回答了“什么是社会主义,怎样建设社会主义”的问题,创造性回答了“建设什么样的党,怎样建设党”的问题。2002年11月党的十六大召开,“三个代表”重要思想被写入党章,作为全党的指导思想,2004年3月其被写入宪法。

(三)科学发展观的形成和发展

党的十七大报告中指出我国仍然处于并将长期处于社会主义初级阶段的基本国情没有变,在判断我国社会的主要矛盾依然是人民日益增长的物质文化需要同落后的社会生产之间的矛盾的基础上提出科学发展观。科学发展观创

① 改革开放三十年重要文献选编:上[M].北京:中央文献出版社,2008:834.

② 改革开放三十年重要文献选编:下[M].北京:中央文献出版社,2008:1415.

③ 邓小平年谱(一九七五——一九九七):下卷[M].北京:中央文献出版社,2004:854.

造性地回答了“实现什么样的发展,怎样发展”的问题。科学发展观的第一要义是发展,核心是以人为本,基本要求是全面协调可持续,根本方法是统筹兼顾。科学发展观是与马克思列宁主义、毛泽东思想、邓小平理论以及“三个代表”重要思想一脉相承又与时俱进的科学理论,是马克思主义中国化的又一理论成果。

(四)马克思主义中国化的最新理论成果——习近平新时代中国特色社会主义思想

习近平新时代中国特色社会主义思想是马克思主义中国化的最新理论成果,是中华民族实现伟大复兴的行动指南,是新时代中国共产党的思想旗帜。在党和国家的领导下,中国人民真正实现了从“站起来”到“富起来”到“强起来”的伟大飞跃。

党的十八大召开之前,我国经过几十年的努力基本实现了小康社会,但那时的小康社会是低水平、不全面、发展很不平衡的小康。党的十六大我党根据实际提出,大概用20年的时间,全面建设惠及十几亿人口的更高水平的小康社会。党的十八大我党又对全面建成小康社会提出了在经济、政治、文化、社会、生态环境等五方面的明确要求。2012年习近平总书记在参观《复兴之路》展览时提出并阐述了中国梦。中国梦是国家富强、民族振兴、人民幸福的梦。要实现中国梦就必须坚持党的领导,坚持中国特色社会主义道路,坚持社会主义核心价值观,团结全国各族人民为中华民族的伟大复兴添砖加瓦。中国梦与世界梦是相通的。中国在国际交往中,向世界人民展示了大国责任和大国风范。新冠肺炎疫情发生以来,我们国家为世界抗击疫情做出了重要的贡献,真正践行了“人类命运共同体”的理念。党的十八大以来以习近平同志为核心的党中央对经济、政治、文化、社会、生态文明等方面进行了一系列的创新和发展,我国的综合实力得到了进一步提高。2021年7月1日,习近平总书记在中国共产党成立100周年庆祝大会上强调“我们实现了第一个百年奋斗目标,在中华大地上全面建成了小康社会,历史性地解决了绝对贫困问题”①。实践证明实现中华民族的伟大复兴就必须将马克思主义基本原理同中国的具体实际相结合,不断促进马克思主义的中国化。

① 习近平.在庆祝中国共产党成立100周年大会上的讲话[N].人民日报,2021-07-02(2).

马克思主义中国化探赜:内涵、进程、经验

潘雪雪[①]

摘　要:马克思主义中国化内涵丰富、意蕴绵长,实现了马克思主义基本原理与中国具体实际相结合的具体化、民族化、时代化。在中国革命、建设、改革的过程中实现了一次又一次历史性飞跃。中国共产党人在探索马克思主义及不断推进马克思主义中国化的实践中积累了丰富的经验:推进马克思主义中国化,要一切从中国实际出发;要与时俱进、与世俱进;继承中华优秀传统文化,发展民族化的马克思主义。

关键词:马克思主义中国化;内涵;历史进程;经验

一、马克思主义中国化的基本内涵

1938年10月毛泽东在党的扩大的六届六中全会上作题为《论新阶段》的报告,其具体表述是:"对于中国共产党说来,就是要学会把马克思列宁主义的理论应用于中国的具体的环境。"[②]此次全会上毛泽东还正式提出"马克思主义中国化"的命题,被视为马克思主义中国化命题的开端。此后,经过不断的探索与创新,马克思主义中国化又逐步增添了新的内容。

第一,马克思主义体现具体性。马克思主义中国化首先是要将马克思主义基本原理与中国具体实际相结合,是在中国具体环境中的具体实践。近代中国是受封建制度和帝国主义压迫的半殖民地半封建国家,俄国十月革命的道路在中国行不通。但是,十月革命一声炮响让先进的中国知识分子认识到了马克思主义蕴含的伟大能量,开始运用马克思主义指导中国革命的具体实践。半殖民

① 潘雪雪,阜阳师范大学在读研究生。

② 毛泽东选集:第2卷[M].北京:人民出版社,1991:534.

地半封建社会的中国，其特点是同其他国家不同的，中国革命就是“武装的革命反对武装的反革命”[①]，结合中国革命特点，走适合中国国情的农村包围城市、武装夺取政权的革命道路是符合中国实际的。只有深化对革命的认识，全面总结经验，才能将马克思主义理论运用到中国革命的实际中来。毛泽东说过：“马克思列宁主义来到中国之所以发生这样大的作用，是因为中国的社会条件有了这种需要，是因为同中国人民革命的实践发生了联系，是因为被中国人民所掌握了。”[②]马克思主义理论能够在中国发挥指导作用，是因为中国共产党人将其与中国具体实际相结合，根据中国的具体情况指导中国革命实践。新时代，马克思主义中国化继续在时代的浪潮中增添新的内涵。马克思主义是科学的、先进的理论，其本身就具有指导实践的能力，能够为分析、研究以及解决中国实践发展面临的现实问题提供指导。党的历史经验告诉我们，只有拿马克思主义理论、立场和方法来分析中国实际问题，实现马克思主义在中国的具体化，我们党才能顺利发展，党的事业才能不断进步；反之若是做不到马克思主义在中国的具体化，我们的党就可能会经历磨难，党的事业就可能会遭受损失。

第二，马克思主义蕴含民族性。“上升为民族的阶级，把自身组织成为民族，所以它本身还是民族的。”[③]马克思主义这一观点，揭示了工人阶级即无产阶级的世界性、国际性蕴含在民族性之中，其国际性和民族性是辩证统一的[④]。马克思主义是关于无产阶级解放的学说，其意义和作用是要在无产阶级的民族或国家的具体实践中体现出来的。各民族因为在地理位置、语言环境、生产力发展水平和生活方式上存在差异，在具体国情、思维方式和表达习惯上也各有不同，因此一个理论要想在其他国家或民族被很好地接受、实践，就要为这个理论增添新的内容，赋予其民族风格，使其成为带有本民族特征、体现民族性的理论。列宁在帝国主义链条较为薄弱的俄国实现了马克思主义具体化，在国际共产主义运动中把马克思主义民族化，建立了世界上第一个社会主义国家。这是把马克思主义民族化的第一个范例。毛泽东在《新民主主义论》一文中指出，只有把马克思主义“和民族的特点相结合，经过一定的民族形式，才有用处，决不能主

① 毛泽东选集：第4卷[M].北京：人民出版社，1991：974.

② 毛泽东选集：第4卷[M].北京：人民出版社，1991：1515.

③ 马克思恩格斯选集：第1卷[M].北京：人民出版社，2012：419.

④ 张远新，吴素霞.延安时期党对马克思主义中国化基本内涵的科学揭示[J].马克思主义与现实，2016(6)：184-189.

观地公式地应用它"[①]。中国共产党的诞生及中国革命、建设的成功实践都是马克思主义民族化的伟大成果。实现马克思主义民族化就是要赋予马克思主义中华民族的风格和特点,使其带有中国的民族形式,与中华民族的历史和文化相结合,以中国人民喜闻乐见、易于接受的"出场方式"亮相,使其在中国大地生根、发芽、开花、结果,成为适应中国国情的中国化的马克思主义。

第三,马克思主义具备时代性。马克思主义是发展的、开放的、与时俱进的,不是僵化的、教条的。实践性和发展性是马克思主义的鲜明特征。每个时代都有每个时代的主题、具有不同的条件和面对不同的挑战,只有准确地把握时代特征,总结时代规律,才能更好地迎接时代的挑战。时代是变动着的历史和变化着的世界,要想充分发挥马克思主义的当代价值,就需要把马克思主义同当前的时代发展、当前的时代特征结合起来,使之适应时代之需,回答时代之问。实践性是马克思主义最鲜明的特征之一,马克思主义既要与具体的实践活动相结合,又要随着时代的发展而发展。理论指导实践,实践丰富和发展理论。要用发展的眼光看待世界,看待世界的变化,在不同的历史时期把马克思主义同中国的具体国情相结合,运用马克思主义的观点、方法、原理处理新问题和应对新挑战。在新民主主义革命时期,中国共产党并没有一味地听从于共产国际,也没有把马克思主义在俄国的成功经验完完全全地照搬到中国的革命实践中,而是基于中国国情和总体特征,把马克思主义同中国革命的具体实际相结合,找到了一条不同于俄国的革命道路。在社会主义建设时期,中国的农业、工业、轻工业等都得到一定发展,为了更快实现现代化,党的十一届三中全会以后党中央决定将工作重心转移到经济建设上,开启了改革开放的新篇章。"马克思主义时代化是中国共产党立足于中国特色社会主义发展、着眼于实现自身的历史使命而进行的理论与实践创新活动。"[②]在不同的时间坐标轴上,中国共产党始终将马克思主义与中国各个时期的主题、特征、具体国情相结合,实事求是地从实践中总结经验,创造具有时代特色的新理论,提出新观点、新办法来解决中国实际面临的新形势、新问题、新矛盾,也促使马克思主义在新时代焕发新生机、新活力、新光彩。

马克思主义具体化、民族化、时代化统一于马克思主义中国化,在中国实现马克思主义的具体化、民族化、时代化就是实现马克思主义的中国化。马克思

① 毛泽东选集:第2卷[M].北京:人民出版社,1991:707.

② 李正兴.论马克思主义时代化的价值指向[J].江西财经大学学报,2013(4):96-103.

主义中国化的过程就是把马克思主义基本原理与中国的具体实际、与中华优秀传统文化相结合的过程。

二、马克思主义中国化的历史进程

一部中国共产党的历史就是把马克思主义基本原理与中国实际相结合，不断推进马克思主义中国化的历史。马克思主义中国化的历史进程，就是中国化的马克思主义理论成果的形成、发展、完善，以及不断创新的过程。中国共产党自成立之初就把马克思主义作为指导思想，致力于探索解决中国实际问题的方法。党在长期的革命、建设、改革的实践探索中，总结经验教训，实现了马克思主义与中国具体实际相结合的三次历史性飞跃。

在新民主主义革命时期，创立了毛泽东思想，实现了马克思主义与中国实际相结合的"第一次历史性飞跃"。以毛泽东同志为核心的党的第一代中央领导集体在结合中国社会具体实际的实践探索中，开辟出了不同于苏联的农村包围城市，武装夺取政权的革命道路，开创了新民主主义的理论，是马克思主义中国化具有奠基性意义的理论成果。毛泽东提出的马克思主义中国化是要把马克思主义同中国历史、中国革命、中国社会的实际情况相结合，指明中国未来发展的道路并由此提出解决中国问题的政治、经济、文化等各方面的方案[①]。在这一理论的指导下，1949年新中国成立，这标志着新民主主义革命的基本胜利，也证明了马克思主义中国化的巨大成功。新民主主义革命完成后，我国开始进行社会主义革命，建设社会主义社会。新中国成立之初，党面临着两方面的任务：一方面是完成新民主主义革命的遗留任务，另一方面是迅速恢复和发展国民经济，创造向社会主义过渡的物质基础。以毛泽东同志为核心的党的第一代中央领导集体依据在民主革命时期开辟中国革命道路所取得的宝贵经验，带领全国人民团结一心，艰苦奋斗，平稳恢复国民经济。1953年，党提出并实施了过渡时期总路线。将原来设想的先工业化后集体化和国有化，改为工业化和对生产资料私有制的社会主义改造"同时并举"。在社会主义探索初期，路线中尽管带有苏联模式的痕迹，但是毛泽东较早认识到其模式本身的弊端，并提出"以苏为鉴"。1956年底，社会主义改造任务基本完成，社会主义基本制度初步确立，我

① 中共中央文献研究室毛泽东研究组."毛泽东邓小平与马克思主义中国化"理论研讨会纪要[J].毛泽东邓小平理论研究，1999(1)：36-39.

国进入社会主义的初级阶段,实现新民主主义向社会主义转变的历史性胜利,开辟了一条在已完成民主主义革命的国家向社会主义过渡的道路。在中国这样一个经济文化十分落后的国家建设社会主义是一个全新的历史课题,只有具体分析新中国成立初期的具体情况,把马克思主义与中国社会主义革命、建设的实际相结合,才能找到适合中国基本国情的社会主义建设道路。

党的十一届三中全会之后,创立了中国特色社会主义理论体系,实现了第二次历史性飞跃。党在探索社会主义建设的过程中虽经历了一些波折,走了一段弯路,但是也取得了不少重要成果,为社会主义建设积累了教训,提供了经验。1978年党的十一届三中全会成功召开,重新确立了解放思想、实事求是的思想路线,实现党的历史的又一次伟大转折。中国共产党人拨乱反正,深入总结社会主义建设的经验教训,将党的工作中心转移到经济建设上来,迈出了改革开放与社会主义现代化建设的新步伐。紧紧抓住“什么是社会主义,怎样建设社会主义”这个核心问题作了一系列系统性、根本性回答,创造性提出社会主义初级阶段理论、社会主义改革开放理论、社会主义市场经济理论、社会主义本质理论等理论,坚持把马克思主义普遍真理同我国具体实际进行“第二次结合”。党的十二大提出明确提出“走自己的路,建设有中国特色的社会主义”,是坚持发展中国特色社会主义的良好开端。20世纪90年代,苏联解体,这对于世界上其他社会主义国家来说冲击很大。以江泽民同志为核心的党的第三代中央领导集体坚持中国共产党的领导,坚决捍卫中国特色社会主义信念,立足国内外形势的新变化,形成了“三个代表”重要思想,深刻回答了“建设什么样的党,怎样建设党”等重大问题,推动了马克思主义中国化的进一步发展,成功将中国特色社会主义推进到21世纪[①]。党的十六大以来,以胡锦涛同志为总书记的党中央,紧紧抓住新世纪我国发展遇到的战略机遇期,坚持实践创新,理论创新,结合国内实际发展现状,提出科学发展观,并回答了新形势下“实现什么样的发展,怎样发展”等重大问题。党的十七大指出,中国特色社会主义道路“既坚持了科学社会主义的基本原则,又根据我国实际和时代特征赋予其鲜明的中国特色。在当代中国,坚持中国特色社会主义道路,就是真正坚持社会主义”[②]。马克思主义与中国具体实际“第二次结合”时期取得的重要成果就是开辟了中国特色社会主义道路,形成了中国特色社会主义理论体系,确立了中国特色社

① 林默彪.马克思主义中国化的关系过程和形态[J].党史研究与教学,2002(5):25-28.

② 改革开放三十年重要文献选编:下[M].北京:中央文献出版社,2008:1717.

会主义制度，改变了中国人民、中国共产党、中国社会的面貌，实现了中华民族从站起来到富起来的伟大飞跃。

第三次飞跃是党的十八大以来，以习近平同志为核心的党中央立足我国发展新的历史方位，立足党情、民情、国情、世情，精准研判、科学分析，有效回应了中国特色社会主义深化发展所面临的重大理论与现实问题，提出一系列新思想、新理念、新战略，推进一系列工作的开展，解决了许多实际性问题。党的十九大用“八个明确”和“十四个坚持”对习近平新时代中国特色社会主义思想做了系统概括和深刻阐释。理论层面上从坚持和发展中国特色社会主义、社会主要矛盾、中国特色社会主义事业总体布局和战略布局、深化改革、依法治国、新时代强军目标、外交政策、中国共产党的领导八个方面回答新时代坚持和发展什么样的中国特色社会主义。实践层面上从党的领导、以人民为中心、全面深化改革、新发展理念、人民当家作主、依法治国、保障和改善民生、人与自然和谐共生、国家安全观、人类命运共同体、从严治党等十四个方面回答新时代怎样坚持和发展中国特色社会主义。党的十九届六中全会用“十个明确”对其进行进一步概括。“十个明确”和“十四个坚持”构成了习近平新时代中国特色社会主义思想的核心要义，其是全党全国人民为实现中华民族伟大复兴而奋斗的行动指南，是马克思主义中国化的最新理论成果，是当代中国马克思主义，推进了马克思主义中国化、时代化、大众化，使中华民族迎来了从富起来到强起来的伟大飞跃。

事实证明，马克思主义是历史和人民的正确选择，马克思主义中国化在中国革命、建设、改革的过程中彰显出强大的生命力。马克思主义就好比河流的“源头”，而以上这些理论就是各处“流域”中的支流，都统一于马克思主义，并与马克思主义一脉相承。中国共产党人推进马克思主义中国化的历史进程中，丰富和发展了毛泽东思想及中国特色社会主义理论体系，厘清了各成果之间存在的内在逻辑关系，在继承和发展的基础上结合所处时代的特点对马克思主义基本原理加以创新，使马克思主义中国化进程持续向前发展。

三、马克思主义中国化的经验总结

马克思主义中国化的经验是什么，如何总结，也是仁者见仁，智者见智。这从不同视角、不同层面，甚至在不同学科、不同领域来论述，都会有不同的经验总结。中国共产党成立以来,纵观其成功与挫折的正反两面,可以具体到从什么是中国化,怎样中国化,中国化的程度三个方面来总结经验。在党和人民坚持不懈、艰苦奋斗下,马克思主义中国化才能发展到今天。总结这个历史进程中的实践经验,有利于更加准确地把握马克思主义中国化的发展趋势,对于马克思主义中国化的后续发展具有重要的引领和启迪作用。

(一)深入了解中国实际,一切从中国具体国情出发

立足中国国情是把马克思主义基本原理与中国实际相结合的基本原则。毛泽东曾指出:"认清中国社会的性质,就是说,认清中国的国情,乃是认清一切革命问题的基本的根据。"①只有真正深入地了解中国具体国情,才能把马克思主义与中国社会更具体地结合起来。新民主主义革命时期,对于如何用马克思主义基本原理来解决中国革命具体实践问题,党在深刻领会了教训的基础上积累了经验,其中最重要的经验就是要正确认识中国国情。党的十一届三中全会以后,邓小平对于我国国情准确分析,提出我国仍然处于并将长期处于社会主义初级阶段的科学论断。现实国情是动态变化的,不是一成不变的,对国情的认识不能一劳永逸,要不断地分析研究,并坚持一切从实际出发的基本原则。认清中国国情是不断推进马克思主义中国化的实践基础。在社会主义初级阶段,中国共产党人对于我国社会主要矛盾变化的认识不断深入,充分说明这一观点的科学性。党的十一届三中全会以后,党的工作重心转移到经济建设上,党的十一届六中全会把社会主要矛盾表述为:人民日益增长的物质文化需要同落后的社会生产之间的矛盾。2017年10月,党的十九大明确指出:我国社会主要矛盾已经转化为人民日益增长的美好生活需要和不平衡不充分的发展之间的矛盾。在了解的基础上进行科学的调查研究也是非常必要的,只有查明了"病因"才能对症下药。正所谓没有调查就没有发言权,只有把现实情况完完全全地调查清楚了,才能实实在在地解决问题。在了解中国国情的基础上将中国具体实际与马克思主义基本原理相结合,才能够更贴合实际,更能反映真实状况。

(二)科学对待马克思主义,强调与时俱进、与世俱进

马克思主义是科学的、开放的理论体系,确立科学的马克思主义观,弄清马

① 毛泽东选集:第2卷[M].北京:人民出版社,1991:633.

克思主义的精髓是正确认识马克思主义的基本前提。中国共产党自成立之日起就将马克思主义确立为自己的根本指导思想和思想理论武器。中国共产党是用马克思主义理论武装起来的政党,“什么是马克思主义,怎样对待马克思主义”是中国共产党自成立起就一直思考和探索的根本问题。众所周知,马克思主义是关于全世界无产阶级和全人类彻底解放的学说,是无产阶级科学的世界观和方法论。正确认识和把握马克思主义基本原理,特别是马克思主义的基本立场、观点、方法,是党的一直以来的传统和态度,也是马克思主义中国化的理论前提。要想正确认识并科学地运用马克思主义理论,首要的前提就是要认真学习马克思主义基本原理,阅读马克思主义经典文献,从原著中才能真正领悟到马克思主义的价值,才能准确、灵活、科学地运用马克思主义分析解决中国社会的实际问题。马克思主义理论既是时代的产物,也必然会随着时代的发展进步而不断得到丰富和获得新的发展。中国共产党在领导革命的过程中根据具体的实际情况和时代特征,对马克思主义理论进行创造性发展,实现了历史性飞跃,形成了两大理论成果。新时代召唤出新思想,新思想反过来又引领这新时代。任何真正的哲学都是自己时代精神的精华。习近平新时代中国特色社会主义思想就是对当前时代特征和世界形势做出的科学论断,通过回答新时代的新问题,实现了理论上的与时俱进、与世俱进。时情不能脱离世情而单独存在。时间在不停地往前走,变化每时每刻都在上演,在动态变化中把握时代内核,创新发展理论,丰富马克思主义。理论如果不用来指导实践,那么只能是书本上抽象的教条,只有把马克思主义基本原理运用到现实的实践活动中,才能发挥其强大的力量。

(三)将马克思主义基本原理同中华优秀传统文化相结合,发展民族化的马克思主义

推进马克思主义中国化,不光是要学会弄懂马克思主义基本原理,还要对中国历史文化有深刻的认识和科学的把握,紧扣我国不同发展时期的具体国情和历史文化传统。每个民族都有其独特的文化底蕴和历史背景,实现马克思主义在中国的民族化就需要深入了解中华民族的历史底蕴,把握这一历史过程中孕育出的优秀的中国传统文化,分析各个历史时期的国情,分清主要矛盾和次要矛盾,了解中国传统文化的实际情况。对待中国传统文化要持取其精华、去其糟粕的态度,深刻理解中国革命实践、中国历史、中国文化,形成具有中国特

色、中国作风、中国气派的马克思主义。马克思主义是方法论,不是一成不变的,不能照搬照抄,决不能把马克思主义直接拿来与中国社会制度结合,要考虑中国的实际情况,不能用拿来主义的态度实现马克思主义与中国传统文化的硬性结合。随着社会的发展,传统文化中的部分内容已经不适用于当今中国的社会,要注意传统文化中消极因素对现实社会的渗入。马克思主义是不断发展的理论,是与时俱进的理论,要始终以发展的眼光看待马克思主义,把马克思主义运用到与中国具体实际中去。

中国共产党的历史就是马克思主义中国化的历史。世界在进步,中国在发展,马克思主义中国化也在不断推进。当前世界正经历百年未有之大变局,我们要坚定马克思主义指导思想,不断进行探索与创新。另外马克思主义中国化的历史进程与实践表明,只有社会主义才能救中国,我们要高举中国特色社会主义伟大旗帜,坚定不移地走中国特色社会主义道路,坚持中国特色社会主义理论、中国特色社会主义制度、中国特色社会主义文化。马克思主义中国化进程中总结的经验是新时代中国共产党人创造的宝贵精神财富。只有坚持马克思主义,完善中国化的马克思主义,发展中国特色社会主义,才能迎来一个又一个的胜利,中华民族伟大复兴的中国梦才将指日可待。

习近平新时代中国特色社会主义思想实现马克思主义中国化新的飞跃的科学依据

范秋雨[①]

摘　要：党的十九届六中全会提出“习近平新时代中国特色社会主义思想实现了马克思主义中国化新的飞跃”。这一重大论断是科学的、客观的，具有充分的理论依据、实践依据和历史依据。习近平新时代中国特色社会主义思想以理论上的彻底性、创新性、系统性推进马克思主义中国化进入新境界，以实践上的历史性成就、历史性变革提升中国特色社会主义发展的新高度，以历史发展上的新时代、强起来、大变局彰显当代中国马克思主义的新标识，从而实现了马克思主义中国化新的飞跃。

关键词：习近平新时代中国特色社会主义思想；马克思主义中国化；飞跃；理论；实践；历史

“飞跃”在马克思主义话语体系中具有特定的含义。恩格斯说：“从一种运动形式转变到另一种运动形式，总是一种飞跃，一种决定性的转折。”[②]列宁说：“实际生活和实际历史本身……既包含缓慢的演进，也包含迅速的飞跃即渐进过程的中断。”[③]毛泽东说：“质变是飞跃，在这个时候，旧的量变中断了，让位于新的量变。”[④]可见，“飞跃”就是渐进过程的中断，是质变。马克思主义中国化的飞跃，即马克思主义中国化的质变，是指在马克思主义基本原理与中国具体实际相结合的过程中实现的理论和实践的跨越式发展，使理论的发展和实践的推进都达到新的境界。

---

① 范秋雨，安徽省社会科学院马克思主义研究所助理研究员。

② 马克思恩格斯选集：第3卷[M].北京：人民出版社，2012：442.

③ 列宁选集：第3卷[M].北京：人民出版社，2012：275.

④ 毛泽东文集：第8卷[M].北京：人民出版社，1999：107.

党的十九届六中全会提出习近平新时代中国特色社会主义思想实现了马克思主义中国化新的飞跃①,这是对习近平新时代中国特色社会主义思想的新定位,在马克思主义中国化历史进程中具有里程碑式的意义,彰显了中国共产党与时俱进的理论品质和自觉。党的十九届六中全会的这一重大论断是科学的、客观的,是具有充分理论依据、实践依据和历史依据的。全面准确把握新时代马克思主义中国化新的飞跃的科学性和客观性,对我们深入理解党的十九届六中全会精神,深入学习贯彻习近平新时代中国特色社会主义思想,坚定捍卫"两个确立",坚决做到"两个维护",具有重要意义。

一、习近平新时代中国特色社会主义思想以理论上的彻底性、创新性、系统性推进马克思主义中国化进入新境界

"理论只要说服人,就能掌握群众;而理论只要彻底,就能说服人。所谓彻底,就是抓住事物的根本。"②"理论的生命力在于不断创新,推动马克思主义不断发展是中国共产党人的神圣职责。"③"什么是理论?就是有系统的知识。马列主义的理论,就是以马克思主义为基础的有系统的知识。"④思想理论有其内在特质,彻底性、创新性、系统性是飞跃型理论的基本特征。

习近平新时代中国特色社会主义思想在深刻把握现实本质中实现了理论的彻底性。一是紧紧抓住我国社会主要矛盾。社会主要矛盾是在一定社会发展阶段上起决定和支配作用的社会矛盾,它规定了党和国家工作的重心和方向。准确认识把握社会主要矛盾是党和国家事业发展的前提。党的十九大提出,"我国社会主要矛盾已经转化为人民日益增长的美好生活需要和不平衡不充分的发展之间的矛盾"⑤,这是关系全局的基础性、根本性、决定性判断。二是不断深化对共产党执政规律、社会主义建设规律、人类社会发展规律的认识。提出"全党要牢记中国共产党是什么、要干什么这个根本问题"⑥"中国特色社会

---

① 中共中央关于党的百年奋斗重大成就和历史经验的决议[N].人民日报,2021-11-17(1).

② 马克思恩格斯选集:第1卷[M].北京:人民出版社,1995:9.

③ 习近平.在纪念马克思诞辰200周年大会上的讲话[N].人民日报,2018-05-05(2).

④ 毛泽东文集:第3卷:[M].北京:人民出版社,1996:342.

⑤ 习近平.决胜全面建成小康社会 夺取新时代中国特色社会主义伟大胜利——在中国共产党第十九次全国代表大会上的报告[N].人民日报,2017-10-28(1).

⑥ 中共中央关于党的百年奋斗重大成就和历史经验的决议[N].人民日报,2021-11-17(1).

主义最本质的特征是中国共产党领导,中国特色社会主义制度的最大优势是中国共产党领导,党是最高政治领导力量”[①]“共同富裕是社会主义的本质要求,是中国式现代化的重要特征”[②]“发展是硬道理、发展应该是科学发展和高质量发展”[③]等重要规律性论述。三是科学把握各项具体工作实质,明确各项具体工作的意义、目标、途径等。以党的宣传思想工作为例,习近平提出“经济建设是党的中心工作,意识形态工作是党的一项极端重要的工作”[④],高度重视宣传思想工作的重要地位;明确“两个巩固”的根本任务,举旗帜、聚民心、育新人、兴文化、展形象的使命任务,建设具有强大凝聚力和引领力的社会主义意识形态的战略任务,为做好宣传思想工作指明方向;提出党要牢牢掌握意识形态工作领导权,弘扬主旋律、传播正能量,讲好中国故事、传播好中国声音等,为做好宣传思想工作找准切入点。

在认识新形势、作出新回答中实现了理论的创新性。以习近平为代表的中国共产党人不仅能够清醒地判断形势,提出经济发展新常态、新发展阶段、中国特色社会主义新时代等反映形势的新概念,而且能够积极应对各种风险挑战,提出新发展理念、新发展格局,新“两步走”等新理念新思想新战略,更能够对困扰党和国家事业发展的顽瘴痼疾作出新回答,特别是对在党的建设、意识形态工作、脱贫攻坚、生态文明建设等方面存在的问题提出卓有成效的解决对策。

在建构体系和严密逻辑中实现了理论的系统性。习近平新时代中国特色社会主义思想贯通马克思主义哲学、政治经济学、科学社会主义等领域,涵盖经济、政治、文化、社会、生态、外交等各个方面,是一个系统全面、内涵丰富的理论体系。同时,习近平新时代中国特色社会主义思想又是一个整体,其作为整体与各组成部分之间、各组成部分之间、各组成部分内部都具有极为严密的逻辑关系。以“全面从严治党”为例,首先,它既是“十个明确”核心内容之一,也与其他各部分内容紧密联系,以伟大自我革命引领伟大社会革命;其次,全面从严治党也是“四个全面”战略布局的主要内容之一,在“四个全面”中处于关键地位;最后,全面从严治党的具体内容又是内在统一的,政治建设是根本,思想建设是

① 习近平.决胜全面建成小康社会 夺取新时代中国特色社会主义伟大胜利——在中国共产党第十九次全国代表大会上的报告[N].人民日报,2017-10-28(1).

② 习近平.扎实推动共同富裕[J].求是,2021(20):4.

③ 习近平.在庆祝改革开放40周年大会上的讲话[M].北京:人民出版社,2018:31.

④ 习近平谈治国理政[M].北京:外文出版社,2014:153.

基础,制度建设管长远等。

二、习近平新时代中国特色社会主义思想以实践上的历史性成就、历史性变革提升中国特色社会主义发展的新高度

实践是理论之源泉,科学理论是实践之导向。理论飞跃与实践飞跃密不可分。新时代马克思主义中国化新的飞跃既包括新的理论飞跃,也包括新的实践飞跃。党的十八大以来,在全党全国各族人民共同努力下,党和国家事业取得历史性成就、发生历史性变革,实现了马克思主义中国化新的实践飞跃。

《中共中央关于党的百年奋斗重大成就和历史经验的决议》从党的全面领导、全面从严治党、经济建设、政治建设、文化建设、社会建设、生态文明建设、国防和军队建设、外交工作等党和国家发展的十三个方面梳理了新时代以来的历史性成就和历史性变革。这些历史性成就和历史性变革主要体现在五个层次:一是在物质层面,锻造了更为坚强的领导力量,打造了一支更为强大的人民军队,经济实力、科技实力、国防实力、综合国力极大提升;二是在精神文化层面,意识形态领域形势发生全局性、根本性转变,文化自信明显增强,文化软实力、中华文化影响力明显提升;三是在道路层面,拓展了发展中国家走向现代化的途径,开始在更具普遍性意义上探索社会主义建设道路①;四是在制度层面,中国特色社会主义制度更加成熟、更加定型,国家治理体系和治理能力现代化水平不断提高;五是在若干关系处理方面,妥善处理社会关系、人与自然关系、国内关系和国际关系。具体来说,我国社会建设全面加强,续写了社会长期稳定奇迹,美丽中国建设迈出重大步伐,生态环境保护发生历史性、转折性、全局性变化,坚持"一国两制",外交工作稳中有进,国际影响力、感召力、塑造力显著提升。

历史性成就和历史性变革各有不同的侧重。历史性成就强调继起性,在改革开放和社会主义现代化建设新时期取得的成就基础上"更上一层楼",在文本中通常表述为"增强""提升""提高";历史性变革强调转折性,在解决一个时期以来存在的深层次矛盾和突出问题的基础上了实现"无边光景一时新",在文本中通常表述为"变化""转变""重构""重塑"。二者又是统一的,成就能够带来变革,变革也是一种成就。这些历史性成就和历史性变革是马克思主义中国化的

① 张明.新时代与马克思主义中国化飞跃问题的学术思考[J].新疆师范大学学报(哲学社会科学版),2021,42(1):25-47.

实践飞跃，以雄辩的事实证明新时代马克思主义中国化新的飞跃的重大现实意义。

三、习近平新时代中国特色社会主义思想以历史发展上的新时代、强起来、大变局彰显当代中国马克思主义的新标识

习近平总书记指出："一个民族、一个国家，必须知道自己是谁，是从哪里来的，要到哪里去，想明白了、想对了，就要坚定不移朝着目标前进。"[①]在分析马克思主义中国化飞跃时，也应该坚持这种历史眼光。历史方位和时代背景回答"自己是谁"的问题，历史任务回答"从哪里来，到哪里去"的问题。时代背景是空间轴，历史任务是时间轴，历史方位是发展的坐标。"新时代""强起来""大变局"是新时代马克思主义中国化新的飞跃有别于另外两次飞跃的独特的历史标识。

新时代是新飞跃发生的历史时期。作为中共党史上第三个历史决议，《中共中央关于党的百年奋斗重大成就和历史经验的决议》与时俱进将党的历史划分为四个历史时期：新民主主义革命时期、社会主义革命和建设时期、改革开放和社会主义现代化建设新时期、中国特色社会主义新时代。马克思主义中国化的三次飞跃发生在党的四个历史时期。第一次飞跃发生在新民主主义革命时期，并在社会主义革命和建设时期继续深化。第二次飞跃发生在改革开放和社会主义现代化建设新时期，以邓小平同志为核心的第二代中央领导集体成功实现了这一飞跃，以江泽民同志为核心的第三代中央领导集体和以胡锦涛同志为总书记的党中央继续推进第二次飞跃。进入新时代，以习近平同志为核心的党中央成功实现马克思主义中国化第三次飞跃。新时代是我国发展新的历史方位，也是马克思主义中国化发展新的历史方位，为马克思主义中国化新的飞跃标明了历史坐标。

强起来是新飞跃面临的历史任务。中国共产党自成立起就自觉肩负起实现中华民族伟大复兴的历史使命。经过一百多年的艰苦奋斗，中华民族迎来了从站起来、富起来到强起来的伟大飞跃。站起来、富起来、强起来分别是马克思主义中国化三次飞跃的历史任务和成果。在新民主主义革命时期，中国共产党成功将马克思列宁主义与中国革命实际相结合，实现马克思主义中国化第一次

① 习近平.青年要自觉践行社会主义核心价值观——在北京大学师生座谈会上的讲话[M].北京：人民出版社，2014:8.

飞跃，找出了一条中国革命成功的道路，推翻了压在中国人民头上的“三座大山”，成立中华人民共和国，中国人民从此站立起来了；在改革开放和社会主义现代化建设新时期，中国共产党成功将马克思主义与中国社会主义建设实际相结合，实现了马克思主义第二次飞跃，开辟了中国特色社会主义道路，全面建设小康社会，经济总量跃升到世界第二位，中国人民实现富起来；在中国特色社会主义新时代，以习近平为代表的中国共产党人成功将马克思主义基本原理与中国具体实际相结合，实现了马克思主义中国化第三次飞跃，取得全面建成小康社会的伟大胜利，并开启全面建成社会主义现代化强国的新征程，中国人民迎来了从站起来、富起来到强起来的伟大飞跃。

大变局是新飞跃出场的时代背景。20世纪90年代以来，世界形势发生深刻变化，世界多极化、经济全球化、社会信息化不断发展，世界格局发生深刻变化，全球治理体系面临深刻调整。进入21世纪第二个十年以来，随着以中国为代表的新兴市场国家和发展中国家群体性崛起，以新一代信息技术为代表的新技术的广泛应用，以及全球金融危机的持续影响，上述趋势更加明显。党的十八大以来，习近平总书记多次强调，当今世界正处于百年未有之大变局。大变局具体体现为：“格局之变”——经济全球化、政治经济多极化程度不断加深；“体系之变”——全球治理体系、国际分工体系发生深刻变革；“文化之变”——文化多样化深入发展，意识形态终结论终结；“科技之变”——新科技改变人类生活和政治经济形态，新一轮科技革命蓄势待发。同时，变局中仍有变数，全球经济进入低迷期、经济全球化遭遇逆流、霸权主义、强权政治依然存在，传统安全和非传统安全问题复杂交织，世界发展的不稳定、不确定性显著上升。世界往何处去？人类社会往何处去？新时代中国共产党人作出响亮的回答：构建人类命运共同体，坚持真正的多边主义、反对单边主义和霸权主义，坚持开放融通、反对“筑墙”“脱钩”，坚持交流互鉴、反对“新冷战”和意识形态对抗。“时代是思想之母。”①大变局的时代背景为新时代马克思主义中国化新的飞跃打上鲜明的时代印记，大变局的时代之问为新时代马克思主义中国化新的飞跃注入新的内容，彰显习近平新时代中国特色社会主义思想作为二十一世纪马克思主义的鲜明特色。

---

① 习近平谈治国理政：第3卷[M].北京：外交出版社，2020：21.

四、结语

新时代马克思主义中国化新的飞跃的提出是科学的、客观的，具有充分的理论依据、实践依据和历史依据。习近平新时代中国特色社会主义思想以理论上的彻底性、创新性、系统性推进马克思主义中国化进入新境界，以实践上的历史性成就、历史性变革提升中国特色社会主义发展的新高度，以历史发展上的新时代、强起来、大变局彰显当代中国马克思主义的新标识，从而实现了马克思主义中国化新的飞跃。但也有学者认为，新的飞跃特别是新的实践飞跃仅仅只是开始，还远远没有完成，我们只是站在强的历史起点上①。质变之后是新的量变的积累，飞跃之后仍需对飞跃加以充实提升。但是，这并不能否定飞跃的发生。站上新的历史起点本身就是飞跃。习近平新时代中国特色社会主义思想在不断发展，新时代中国特色社会主义实践在持续推进。随着中华民族伟大复兴中国梦的实现，社会主义现代化强国的全面建成，呈现在世人面前的将是一番更加壮丽动人的图景，而新的飞跃已为之绘就雄伟的蓝图。

① 王让新，李弦.关于认识和判断马克思主义中国化历史性飞跃的几个问题[J].科学社会主义，2020(2):42-48.

坚持推进马克思主义基本原理与中华优秀传统文化相结合

吴晓云[①]

摘　要：习近平总书记在庆祝中国共产党成立100周年大会上创造性地提出了“坚持把马克思主义基本原理同中国具体实际相结合、同中华优秀传统文化相结合”。马克思主义具有优秀的理论品质，中华优秀传统文化蕴含独特的精神标识，马克思主义基本原理与中华优秀传统文化具有天然的契合相通之处。中国共产党是中华优秀传统文化的忠实继承者，在革命、建设和改革的伟大实践中不断推进马克思主义中国化。进入中国特色社会主义新时代，在坚持文化自信、坚持批判继承、坚持创造性转化和创新性发展的基础上，推进马克思主义与中华优秀传统文化的有机结合。

关键词：马克思主义；中华优秀传统文化；有机结合

习近平总书记在庆祝中国共产党成立100周年大会上的重要讲话中创造性地提出了“坚持把马克思主义基本原理同中国具体实际相结合、同中华优秀传统文化相结合”[②]的重大观点。以史为鉴，开创未来，就是要坚持实事求是，从实际出发，着力推动马克思主义基本原理与中华优秀传统文化深度融合，不断推进马克思主义中国化，继续用马克思主义观察时代、把握时代、引领时代。

一、马克思主义基本原理与中华优秀传统文化契合相通

马克思主义第一次站在人民立场上探求人类自由解放的道路，以科学的理论为最终建立一个没有剥削、没有压迫、人人平等、人人自由的理想社会指明了

---

① 吴晓云，中共安徽省委讲师团二级调研员。

② 习近平. 在庆祝中国共产党成立100周年大会上的讲话[N]. 人民日报，2021-07-02(2).

方向，其最高纲领是解放全人类，最终实现共产主义。中华优秀传统文化积淀着中华民族最深沉的精神追求，体现了“大道之行、天下为公”的优良政治基因，它既标志着一个独特文明体系的定力和凝聚力，也彰显着与世界其他文明互联互通的包容和开放。

（一）马克思主义具有优秀的理论品质

马克思主义以实现每个劳动者的幸福为己任，建设一个富裕、公平的幸福社会。正如习近平总书记指出的，马克思的思想理论源于那个时代又超越了那个时代，既是那个时代精神的精华，又是整个人类精神的精华[①]。马克思主义是科学的理论，创造性地揭示了人类社会发展规律；马克思主义是人民的理论，第一次创立了人民实现自身解放的思想体系；马克思主义是实践的理论，指引着人民改造世界的行动；马克思主义是不断发展的、开放的理论，始终站在时代前沿。

（二）中华优秀传统文化蕴含独特的精神标识

文化是一个民族的灵魂。五千年中华文化体现的中华民族的精神追求，已经成为中华民族区别于其他民族的精神标识，其中的核心观念构成了中国人的精神世界。《礼记》描述的“大道之行也，天下为公，选贤与能，讲信修睦。故人不独亲其亲，不独子其子，使老有所终，壮有所用，幼有所长，矜、寡、孤、独、废疾者皆有所养”的理想社会，孔子“老者安之、朋友信之、少者怀之”的仁者情怀，范仲淹“先天下之忧而忧，后天下之乐而乐”的忧患意识，张载“为天地立心，为生民立命，为往圣继绝学，为万世开太平”的豪言壮语，程颢、程颐“至公无私，大同无我”“天理至公”“廓然大公”的哲学思考，顾炎武“天下兴亡，匹夫有责”的责任意识，无不体现了中华优秀传统文化的精神品格与价值追求，支撑着中华民族几千年来生生不息、薪火相传。这在今天仍然是、而且未来必将也是我们发展壮大的强大精神力量，是凝聚中国力量、走稳中国道路的关键。

（三）马克思主义基本原理与中华优秀传统文化有着天然的契合相通之处

马克思主义与中华优秀传统文化的内在契合是马克思主义在中国能够广泛传播的重要原因。马克思主义的共产主义理想与中华优秀传统文化所追求

① 习近平.在纪念马克思诞辰200周年大会上的讲话[M].北京：人民出版社，2018：7.

的“大道之行、天下为公”“大同社会”的思想有着内在根源的一致性,都是人们对于美好社会形态的憧憬,而且两者在理想社会形态上有着极为相似的特性①。人民性方面,马克思主义唯物史观充分体现了对群众的高度重视,而中华优秀传统文化中的以民为本、以政裕民、安民富民思想同样表现出对人或者人民群众的高度重视。实践性方面,马克思主义的认识论、实践论与中华优秀传统文化中的知行合一、以行为本、知易行难的思想高度契合。思维方式上,马克思主义哲学的辩证思维是当时中国先进知识分子能够接受马克思主义哲学的深层原因,其与中华优秀传统哲学中朴素的辩证思维存在内在契合,比如道立于两、阴阳共生、物极必反的思想与马克思主义的辩证法,“一阴一阳谓之道”与马克思主义中矛盾的观点,“生生不息”的思想与运动的观点,“不法古,不循今”的思想与发展的观点,“天人合一”的思想与联系的观点,等等。

二、马克思主义基本原理与中华优秀传统文化实践相连

中国共产党是中华优秀传统文化的忠实继承者,这种继承不仅体现在最初选择和接受马克思主义、确立马克思主义对政党一切行动的指导地位上,也体现在推进马克思主义不断中国化的进程中,实现马克思主义与中国优秀文化的有机融合。

(一)在选择和接受中获得认同

中国共产党早期的马克思主义者几乎都具有浓厚的中华优秀传统文化的教育背景,当令国人耳目一新的马克思主义学说出现在灾难深重的中国大地时,由于倡导一种全新的世界观和方法论,全新的社会历史观、社会发展观与社会价值观,其立即受到深受中华传统文化滋养的、有着以天下为己任、立志为苍生救苦救难的先进知识分子的拥护,他们义无反顾地投身到为人民翻身求解放的事业中来。受中国传统文化的精神滋养,有着普济天下苍生、为万世开太平的宏图大志的先进知识分子代表们的儒者理想,一旦与马克思主义思想相结合,便熔铸出改天换地、为人民谋利益的新时代精神,最终推翻了旧社会,建立了体现大同理想的社会主义新中国。

① 黄瑾璨,蔡建明.论马克思主义与中华优秀传统文化的高度契合[J].学习月刊,2020(1):21-23.

(二)在革命和建设中结合发展

中国共产党人接受马克思主义指导并不是对马克思主义进行简单化和教条化地搬用,而是将其与中国的具体国情包括中华民族悠久的历史和优秀的文化遗产相结合,形成中国化的马克思主义。正如毛泽东所指出,中国共产党"就是要使得马克思列宁主义这一革命科学更进一步地和中国革命实践、中国历史、中国文化深相结合起来。这一运动表现了中国共产党人在思想上的创造才能"[①]。无论是马克思主义中国化还是中国化的马克思主义,自然内在地包含着对中国传统文化的继承,自然有中国传统文化的本义和内涵。例如,革命战争年代,《实践论》《矛盾论》正是毛泽东同志把马克思主义哲学的基本原理与中国的具体革命实际和实践,以及中华传统文化中朴素的认识论和辩证法的思想结合起来创作的光辉著作。

(三)在尊重和坚守中继承弘扬

马克思主义必须中国化,是中国共产党始终坚持的立场和原则,这实质上就意味着对中国实际、中国历史和中国传统文化的尊重与坚守。在新民主主义革命与社会主义革命和建设时期,毛泽东同志是马克思主义全面、系统地中国化的第一人,在以毛泽东同志为主要代表的中国共产党人的带领下,诞生了马克思主义中国化的第一个理论成果——毛泽东思想,实现了马克思主义与中国历史、中国传统文化、中国国情和中国实践的科学结合。改革开放后,在中国特色社会主义建设过程中,以邓小平同志为主要代表的中国共产党人坚持把马克思主义同中国改革开放和现代化建设相结合,形成了马克思主义中国化新的理论成果,即邓小平理论。以江泽民、胡锦涛、习近平等同志为主要代表的中国共产党人也都非常重视对中国传统文化的继承,都坚持在马克思主义中国化的实践进程和理论创新中,对中国传统文化加以创新性地继承、运用和弘扬。

三、新时代推进马克思主义基本原理与中华优秀传统文化深度相融

进入新时代,以习近平同志为核心的党中央十分重视继承和弘扬中华优秀传统文化,并把中华优秀传统文化作为治国理政的重要思想文化资源。

① 建党以来重要文献选编(1921～1949):第20册[M].北京:中央文献出版社,2011:318-319.

(一)坚持文化自信

中国特色社会主义与中华文化有着内在的承接关系,中国特色不是外在于中华文化的历史发展,而是中华文化自身发展的产物。2014年2月24日,习近平总书记在十八届中央政治局第十三次集体学习时,明确提出增强文化自信的重要命题。2016年5月17日,习近平总书记在哲学社会科学工作座谈会上强调,文化自信是更基本、更深沉、更持久的力量,坚定中国特色社会主义道路自信、理论自信、制度自信,说到底是要坚定文化自信。习近平总书记在系列重要讲话中,明确肯定中华文化是中国特色社会主义的沃土,是中国特色社会主义的历史渊源,中国特色社会主义要植根于中华文化之中。以土与根、源与流来说明中华文化对于当代中国特色社会主义的基础意义和重要性,把中国特色社会主义作为中华文化发展长河的内在延伸。中华民族五千年的悠久历史和丰厚优秀文化传统是我们坚持和发展中国特色社会主义的文化自信。

(二)坚持批判继承

对待传统文化,马克思主义的基本方法是"辩证的否定观",辩证否定观的精髓是继承与批判的辩证统一,即继承是批判中的继承,批判是继承中的批判,二者并非二元对立。这种辩证的态度和方法本质上是科学的、理性的。中国共产党人一贯运用马克思主义的科学立场、观点和方法分析和研究传统文化的继承问题,一直秉承这种理性态度和辩证方法对待传统文化。党的十八大以来,习近平总书记秉持了中国共产党人对待中华传统文化的一贯的理性态度,强调要将马克思主义基本原理与中华优秀传统文化相结合,强调要坚持古为今用、洋为中用,去粗取精、去伪存真,强调对中华传统文化要"有鉴别地加以对待,有扬弃地予以继承",经过科学的扬弃后使之为我所用。

(三)坚持创造性转化和创新性发展

习近平总书记高瞻远瞩,为在民族伟大复兴的实践中实现文化的繁荣发展指明了前进方向,强调"要使中华民族最基本的文化基因与当代文化相适应、与现代社会相协调",强调"要加强对中华优秀传统文化的挖掘和阐发,努力实现中华传统美德的创造性转化、创新性发展",强调要"把跨越时空、超越国度、富有永恒魅力、具有当代价值的文化精神弘扬起来,把继承优秀传统文化又弘扬时代精神、立足本国又面向世界的当代中国文化创新成果传播出去”。因此,中国共产党对传统文化的继承是创新发展的继承,是把中国传统文化与马克思主义和中国革命、建设与改革的具体实践相结合的创新发展。新征程上,坚持用马克思主义观察时代、把握时代、引领时代,更加需要大力传承和弘扬中华优秀传统文化,更好地把中国的历史经验、民族智慧和民族精神融入马克思主义,推动中华优秀传统文化实现创造性转化和创新性发展,让中华优秀传统文化展现新的时代风采,让马克思主义放射出更加耀眼的真理光芒。

加强理论修养需要深入学习马克思主义理论

徐　沈[①]

摘　要:习近平总书记在中央党校(国家行政学院)中青年干部培训班开班式上强调:要在常学常新中加强理论修养。为此,首先要学好马克思主义理论这门“必修课”,做到“三个必须”,即必须要在对理论的常学常新中感悟马克思主义的真理力量,必须坚定马克思主义信仰,必须提高运用马克思主义理论解决实际问题的能力。

关键词:理论修养;马克思主义理论;“三个必须”

习近平总书记在中央党校(国家行政学院)中青年干部培训班的开班式上强调:“在常学常新中加强理论修养,在真学真信中坚定理想信念。”[②]习近平总书记的谆谆话语和殷殷嘱托,为广大中青年干部注入了无穷动力,激荡起不懈奋斗的豪情壮志。在日常工作中,要把学习贯彻习近平总书记的这一重要讲话精神落到实处,加强理论修养,关键在于始终把握马克思主义理论这根主线,不断地在实践中深化对马克思主义理论的认识。具体来说,加强理论修养,需要做到“三个必须”,即必须要在对理论的常学常新中感悟马克思主义的真理力量,必须坚定马克思主义信仰,必须提高运用马克思主义理论解决实际问题的能力。把马克思主义理论蕴含的科学原理和科学精神运用到统揽伟大斗争、伟大工程、伟大事业、伟大梦想的实践中去,不断谱写新时代坚持和发展中国特色社会主义的新篇章。

---

① 徐沈,中共安徽省委党校(安徽行政学院)经济学教研部副教授。

② 张洋.在常学常新中加强理论修养 在知行合一中主动担当作为[N].人民日报,2019-03-02(1).

一、马克思主义理论是共产党人的"必修课"

习近平总书记指出:"学习马克思主义基本理论是共产党人的必修课。"[①]共产党人要提高自身的理论修养,就必须学好马克思主义理论这门"必修课",追溯马克思主义政党保持先进性和纯洁性的理论渊源。事实上,马克思主义理论一直以来都是我们党和国家的根本指导思想[②],是党治理国家的理论指导依据,中国共产党的成立就是马克思主义理论与中国具体实际相结合的产物[③]。目前我国共产党员数量已达到九千多万人,占全国总人口的比例近1/14,拥有如此庞大的党员数量,假如中国共产党人不认真学习掌握马克思主义理论,不将其作为共产党人安身立命的"必修课",就无法始终成为中国特色社会主义建设的中流砥柱,就无法始终成为带领群众实现共同富裕的领头雁。作为一名共产党员,如果不能将学习马克思主义理论作为"必修课",就不能算是一名真正合格的共产党员。

马克思主义理论专门探讨了马克思主义政党理论,不仅深刻阐述了作为马克思主义政党应当具备的先进品格和政治立场,而且充分阐明了马克思主义政党的革命纲领和国际主义精神。这些基本原理对于我们当前坚持用马克思主义中国化的最新理论成果武装全党,科学看待当代的马克思主义政党,正确处理马克思主义政党与其他政党之间的关系,做好新时代党建工作具有十分重大的现实意义。

二、加强理论修养必须感悟马克思主义理论的真理力量

马克思主义理论是指马克思、恩格斯、列宁等经典作家所创立、发展并最终形成的基本理论、基本观点等学说体系,其主要由三大部分组成,分别是马克思主义哲学、马克思主义政治经济学、科学社会主义,其中每一部分都包含了一系列基本理论和基本观点,而这些理论和观点都贯穿于马克思主义的系列经典著作当中。不学习马克思主义系列经典著作,就无法做到深刻感悟马克思主义理

① 习近平.学习马克思主义基本理论是共产党人的必修课[J].求是,2019(22):1-10.

② 李葳.坚持用马克思主义中国化最新成果武装全党[N].中国纪检监察报,2021-09-16(5).

③ 刘同舫.马克思主义"行"在能指导解决中国实际问题[N].长江日报,2021-09-16(4).

论的真理力量,也就自然无法做到提升自身的理论修养。这是因为马克思主义理论揭示了自然界、人类社会和思维发展奥秘的科学,是关于无产阶级和人类解放的学说体系,是迄今为止人类思想史上最科学、最严密、最有生命力的一整套世界观方法论体系。纵观人类思想发展史,至今还没有哪个理论学说能够达到马克思主义理论这样的水准,没有任何一门学科体系能够超越马克思主义理论这样的高度,马克思主义理论永远站在真理和道义的制高点[①]。

马克思主义理论具备的真理力量不是与生俱来的,而是在成功应对一系列风险挑战中逐步产生并发挥作用的。自中国共产党成立以来,我们在很多历史抉择的重要关头握紧了马克思主义这个强有力的理论武器,充分展现了真理的无穷力量。新中国成立前,中国人民生活在水深火热的半殖民地半封建社会,农民起义行不通,资产阶级改良运动无法救中国,是马克思主义理论指引我们选择新民主主义革命的道路。新中国成立之后,我们在探索社会主义道路的过程中走过弯路,是马克思主义理论指引我们走出一条中国特色社会主义现代化建设道路。在当代,面对以美国为主导的西方国家继续推行强权政治,同样是马克思主义理论指引我们打破西方国家的经济制裁和军事威胁,把新冠肺炎疫情的负面影响降到最低,不断战胜前进道路上的各种艰难险阻,把中国特色社会主义伟大事业不断推向新的高度。

马克思主义理论是马克思主义经典作家和大批马克思主义先辈留给我们的精神财富,连同各国马克思主义者在继承和发展中创造的理论成果,构成了无产阶级和全人类的思想宝库。它涉及诸多学科门类,无论在马克思恩格斯所处的时代,还是人类文明继续发展进步的新时代,都当之无愧地称得上博大精深。事实上,马克思恩格斯在经典著作中所阐述的马克思主义基本理论观点,受历史局限性影响,不可能在任何时代都能完美地指导人们解决难题,为解决任何时代之问都提供现成的标准答案。马克思主义理论不可能穷尽真理,但是它始终站在时代的最前沿,始终散发着真理的无穷力量,开辟出一条通向真理的康庄大道。

---

① 孔繁轲.马克思主义之所以行的内在逻辑[N].学习时报,2021-09-17(1).

三、加强理论修养必须坚定对马克思主义的理论自信

习近平总书记指出："中国共产党为什么能，中国特色社会主义为什么好，归根到底是因为马克思主义行！"[①]中国共产党选择以马克思主义为指导，并不是突然间如获至宝，而是全体中国人民在经历了长期的探索和徘徊，对各种主义和思潮反复比较之后的历史选择。1917年俄国十月革命取得胜利，刷新了中国人对于马克思主义的认识，证明了无产阶级完全可以信仰马克思主义，将马克思主义理论作为克敌制胜的理论武器。正是由于中国把马克思主义理论作为行动的指南，所以先后取得了新民主主义革命、社会主义革命的伟大胜利，战胜了前进道路中所遇到的一个又一个困难，取得了改革开放的历史性成就。随着中国特色社会主义进入了新时代，全面建成社会主义现代化强国、实现中华民族伟大复兴的中国梦，绝不是轻轻松松、敲锣打鼓就能实现的，越是面临情况复杂、任务艰巨、挑战严峻的形势，越是需要马克思主义理论的科学指导。

让彻底的理论说服人，让直抵灵魂的理论塑造人，充分彰显马克思主义理论的信仰力量。马克思指出："理论只要彻底，就能说服人。所谓彻底，就是抓住事物的根本。"[②]没有学术根基作为支撑的理论是肤浅的，是缺乏现实的解释力和说服力的，是不能被受众所认同的。只有以深厚的学术根基作为支撑，我们才能够从更高的学术视野和更深的理论层次上分析问题，从更宽广的视域观察现实，才能够提出更有说服力和感召力的观点和见解。

进入新时代以来，一大批重点院校通过开展广泛而深入的马克思主义理论研究体系的建设，培养造就了一批又一批的马克思主义研究人士，尤其是青年专家学者，他们在引领新时期高等院校马克思主义课程研究和教学当中发挥了重要作用。2021年是中国共产党成立100周年，面对新形势新任务，我们要以党史学习教育为契机，充分梳理党史学习教育与坚定马克思主义理论自信之间的内在逻辑，将党史学习教育中的先进典型及他们的珍贵经历转化为我们奋发向上的昂扬斗志，始终明确坚定马克思主义理论自信在当代的本质就是深入学习贯彻习近平新时代中国特色社会主义思想。这些做法不仅极大地推动了马克思主义理论的发展，而且有助于不断推动党的创新理论进入高等教育的课程

① 习近平．在庆祝中国共产党成立100周年大会上的讲话[N]．人民日报，2021-07-02(2)．

② 马克思恩格斯选集：第1卷：[M]．北京：人民出版社，1995：9．

体系,让21世纪马克思主义在广大青年学子心中生根发芽,让更多的人成为马克思主义的坚定信仰者和积极传播者,从而增强人们对新时代中国特色社会主义的理论自信和提升人们的马克思主义理论修养。

四、加强理论修养必须提高马克思主义理论的实践能力

加强理论修养,提升理论品质,就要在深入理解马克思主义理论的基础上,在立足中国国情的基础上以实际行动传播马克思主义理论,提高运用马克思主义基本原理解决中国现实问题的能力。

加强理论修养,必须要始终坚持维护马克思主义理论的基本观点。马克思主义的基本观点主要包括马克思主义哲学、政治经济学、科学社会主义当中所阐述的基本原理,这些观点都是被实践证明了的正确的理论。其中,马克思主义哲学主要表达辩证唯物主义和历史唯物主义的观点,有助于我们科学辩证地看待事物发展规律;马克思主义政治经济学中包含的剩余价值理论,有助于我们客观理性地看待当代资本主义的经济发展;科学社会主义基本原理所主张的“两个必然”让我们意识到社会主义代替资本主义的客观历史必然性,“两个绝不会”又让我们看到社会主义取代资本主义的客观历史曲折性。面对复杂多变的当代社会,始终坚持马克思主义理论的基本观点,将有助于我们看清国际政治经济格局深度调整的大势,以较高的理论修养去应对一切可能的变数,以不变应万变。

加强理论修养,必须要始终坚持马克思主义理论的根本政治立场。马克思主义理论植根于人民,是为广大劳动人民代言的理论,是无产阶级和人民群众的理论。人民立场是马克思主义的根本政治立场,也是马克思主义政党始终秉持的一贯立场,始终同广大的人民群众站在一起,想人民之所想,永远同人民心连心。马克思恩格斯所创立的马克思主义理论就是关于全人类解放的学说,是为广大的劳苦大众进行辩护的理论。如果抛弃人民立场,不走群众路线,就不算是真正坚持马克思主义,自然也就无法提升自身的马克思主义的理论学识和理论修养。因此,加强理论修养,必须要始终坚持人民立场,牢记为人民服务的根本宗旨。

加强理论修养,必须要始终坚持运用马克思主义理论的基本方法。实事求是是马克思主义理论中的核心观点,更是方法论层面的一项重要内容。邓小平

曾经指出:“实事求是,是无产阶级世界观的基础,是马克思主义的思想基础”①,是“马克思主义的精髓”。毛泽东在《改造我们的学习》中指出:“实事”就是客观存在着的一切事物,“是”就是客观事物的内部联系,即规律性,“求”就是我们去研究②。毛泽东的这一阐释包含了两层含义:一是我们的研究对象是客观存在着的一切事物,是不以人的意志为转移的;二是我们的研究任务是认识和把握客观事物发展的内在规律。回顾“文化大革命”,正是因为我们没有端正实事求是的态度,在社会主义建设的征程中走了弯路,造成了一定的损失。再看改革开放初期,正是我们坚持实事求是的思想路线,我们才及时止损,停止“以阶级斗争为纲”的错误路线,把工作的中心转移到社会主义现代化建设上来,创造了改革开放四十多年快速发展的历史奇迹。

加强理论修养,必须要始终坚持创新发展马克思主义理论。任何一门理论或学说都不可能“包治百病”,有观点认为马克思主义理论也存在着理论研究的盲点,如西方马克思主义理论界往往容易忽略对大众传播媒介及其派生机构的研究③。因此,照搬照抄马克思主义经典原著的原文或者马克思主义经典作家的原话是不可取的,中国近代革命史的失败经验告诉我们,“教条主义”行不通。站在新的历史发展阶段,展望第二个百年奋斗目标新征程,我们必须要始终坚持与时俱进,在实践中提炼和总结发展的规律性成果,把实践经验上升为系统化的理论学说,不断开拓当代中国马克思主义理论创新发展的新境界,让马克思主义理论在当代世界始终焕发生机活力。

① 邓小平文选:第2卷[M].北京:人民出版社,1994:143.

② 毛泽东选集:第3卷[M].北京:人民出版社,1991:801.

③ 达拉斯·W.斯麦兹.大众传播系统:西方马克思主义研究的盲点[J].国外社会科学前沿,2021(9):50-65.

伟大建党精神研究

坚持真理 坚守理想

——在新时代弘扬伟大建党精神

刘 杨[①]

摘 要：习近平总书记在庆祝中国共产党成立100周年大会上的重要讲话中指出："一百年前，中国共产党的先驱们创建了中国共产党，形成了坚持真理、坚守理想，践行初心、担当使命，不怕牺牲、英勇斗争，对党忠诚、不负人民的伟大建党精神，这是中国共产党的精神之源。"[②]习近平总书记首次概括了伟大建党精神，"坚持真理、坚守理想"是其重要内容。中国共产党从诞生之日起，就把马克思主义写在自己的旗帜上，就把共产主义确立为远大理想。正是因为中国共产党始终坚持真理、坚守理想，才能在一次次挫折中奋起，为实现中华民族伟大复兴接续奋斗。在新时代弘扬伟大建党精神，自觉做马克思主义真理、远大理想的实干力行者、忠实实践者和坚定信仰者，对马克思主义的信仰，对中国特色社会主义的信念，对实现中华民族伟大复兴中国梦的信心，是指引我们党团结带领人民站起来、富起来、强起来的强大精神力量。

关键词：坚持真理；坚守理想；建党精神

手握真理、胸怀理想，发端于建党之时，体现于百年征程，熔铸于精神血脉，承载着中国共产党人经受任何考验、穿越万水千山的精神密码。百年峥嵘，一个个"不可能"之所以变成"可能"，走过了上下求索、星火燎原、苦难辉煌、开创基业、改革发展，进入新时代，不断迈向新的胜利的伟大征程，靠的就是在黑暗中相信光芒、在绝境中开辟新路的力量，靠的就是一群始终保持强大的创造力、凝聚力、战斗力的共产主义战士，在实现中华民族伟大复兴的道路上始终坚持真理、坚守理想，践行初心使命，团结带领人民战胜各种艰难险阻、取得一个又

---

① 刘杨，中共安徽省委讲师团四级主任科员。

② 习近平.在庆祝中国共产党成立100周年大会上的讲话[N].人民日报，2021-07-02(2).

一个胜利。

一、自觉做马克思主义真理、远大理想的实干力行者

“于乱世探索真理,在至暗时刻寻找光明,虽千万人往矣!”陈延年、陈乔年两位烈士的事迹,此前在青年一代中流传不算很广。随着电视剧《觉醒年代》的热播,很多年轻观众才了解到,原来在一个世纪前,在那样一个列强虎视眈眈、军阀混战作乱、民众困苦凋敝、老少流离失所的乱世,有这样一群年轻人,如此地意气风发,如此地出类拔萃,为了坚守内心的理想和信念,甘愿吃苦受难、上下求索,将救亡图存当成人生唯一目标,并为之付出一切,直至献出年轻的生命。

真理的波涛,喷涌而出就奔流不息;理想的火焰,一经点燃就不会熄灭。瞿秋白、萧楚女等先烈高唱《国际歌》步入刑场,因为他们坚信“英特纳雄耐尔”的理想一定会实现。方志敏在狱中写道:“敌人只能砍下我们的头颅,决不能动摇我们的信仰!因为我们信仰的主义,乃是宇宙的真理!”①

实现中华民族伟大复兴,坚持和发展中国特色社会主义,关键在党,关键在人民,归根到底在培养造就一代又一代可靠接班人。在2021年秋季学期中央党校(国家行政学院)中青年干部培训班开班式上,习近平总书记对年轻干部提出“信念坚定、对党忠诚,注重实际、实事求是,勇于担当、善于作为,坚持原则、敢于斗争,严守规矩、不逾底线,勤学苦练、增强本领”②的明确要求,勉励年轻干部努力成为可堪大用、能担重任的栋梁之才,不辜负党和人民的期望和重托。

马克思主义揭示了人类社会发展的普遍规律,并以共产主义的理想境界,为每个人自由而全面的发展开辟无限广阔的前景。对于年轻干部来说,要自觉做马克思主义真理、远大理想的实干力行者,只有信念坚定、对党忠诚,筑牢信仰之基、补足精神之钙、把稳思想之舵,才能经得住各种考验,走得稳、走得远,不断把为崇高理想奋斗的实践推向前进;只有注重实际、实事求是,坚持一切从实际出发,把实事求是贯穿到各项工作中去,才能找到事物的本质和规律,找到解决问题的办法;只有勇于担当、善于作为,事不避难、义不逃责,大胆地干、坚

---

① 方志敏.方志敏全集[M].北京:人民出版社,2012:141.

② 信念坚定对党忠诚实事求是担当作为 努力成为可堪大用能担重任的栋梁之才[N].人民日报.2021-09-02(1).

决地干，才能创造无愧于党、无愧于人民、无愧于时代的业绩；只有坚持原则、敢于斗争，“不畏浮云遮望眼”，“乱云飞渡仍从容”，才能彰显共产党人不信邪、不怕鬼、不当软骨头的风骨、气节、胆魄；只有严守规矩、不逾底线，正心明道、怀德自重，做到自身正、自身净、自身硬，才能为大公、守大义、求大我；只有勤学苦练、增强本领，不断完善履职尽责必备的知识体系，做到既政治过硬又本领高强，才能担负起党和人民赋予的重任。

二、自觉做马克思主义真理、远大理想的忠实实践者

中国共产党之所以能够完成近代以来各种政治力量不可能完成的艰巨任务，就在于始终把马克思主义这一科学理论作为自己的行动指南，并坚持在实践中不断丰富和发展马克思主义。

当前，新冠肺炎疫情仍在全球肆虐，我们作为这场疫情的亲历者，能更深感受到党始终坚持人民至上、生命至上的执政理念。习近平总书记亲自指挥、亲自部署，各级领导干部坚守岗位、靠前指挥，迅速打响疫情防控的人民战争、总体战、阻击战，用1个多月的时间初步遏制疫情蔓延势头，用2个月左右的时间将本土每日新增病例控制在个位数以内，用3个月左右的时间取得武汉保卫战、湖北保卫战的决定性成果，进而又接连打了几场局部地区聚集性疫情歼灭战，夺取了全国抗疫斗争重大战略成果。白衣战士、社区工作人员、快递员等各司其职，创造出了一个又一个的生命奇迹，在此基础上，我们统筹推进疫情防控和经济社会发展工作，抓紧恢复生产生活秩序，取得显著成效。中国的抗疫斗争，充分展现了中国精神、中国力量、中国担当。

抗疫斗争伟大实践再次证明，中国共产党具有无比坚强的领导力，是风雨来袭时中国人民最可靠的主心骨。中国共产党来自人民、植根人民，始终坚持一切为了人民、一切依靠人民，得到了最广大人民衷心拥护和坚定支持，这是中国共产党领导力和执政力的广大而深厚的基础。这次抗疫斗争伊始，党中央就号召全党，让党旗在疫情防控斗争第一线高高飘扬，充分体现了中国共产党人的担当和风骨！在抗疫斗争中，广大共产党员不忘初心、牢记使命，充分发挥先锋模范作用，25000多名优秀分子在火线上宣誓入党。

正是因为有中国共产党领导、有全国各族人民对中国共产党的拥护和支持，中国才能创造出世所罕见的经济快速发展奇迹和社会长期稳定奇迹，我们

才能成功战洪水、防非典、抗地震、化危机、应变局,才能打赢这次抗疫斗争。历史和现实都告诉我们,自觉做马克思主义真理、远大理想的忠实实践者,毫不动摇坚持和加强党的全面领导,不断增强党的政治领导力、思想引领力、群众组织力、社会号召力,永远保持党同人民群众的血肉联系,我们就一定能够形成强大合力,从容应对各种复杂局面和风险挑战。

三、自觉做马克思主义真理、远大理想的坚定信仰者

伟大建党精神源自马克思主义科学理论,厚植于中华优秀传统文化,孕育于中国共产党人的奋斗实践,集中体现了中国共产党人的思想品质、道德风尚、优良作风和精神追求,生动展示了中国共产党人的精神特质。习近平总书记在庆祝中国共产党成立100周年大会上的重要讲话中指出:"一百年前,中国共产党的先驱们创建了中国共产党,形成了坚持真理、坚守理想,践行初心、担当使命,不怕牺牲、英勇斗争,对党忠诚、不负人民的伟大建党精神,这是中国共产党的精神之源。"①

今天,我们实现了第一个百年奋斗目标,在中华大地上全面建成了小康社会,历史性地解决了绝对贫困问题,正在意气风发向着全面建成社会主义现代化强国的第二个百年奋斗目标迈进——当中华民族伟大复兴呈现出前所未有的光明前景,当中国特色社会主义共同理想焕发出无比强大的感召力,我们对习近平总书记的重要论断有了更加深刻的体会:"中国共产党为什么能,中国特色社会主义为什么好,归根到底是因为马克思主义行!"②

真理之光与理想之光交相辉映,展现着一个政党的恢宏气象,照亮了一个民族的历史天空。

从为"青春中国之再生"的抗争与期待,到"根本的一个方法,就是民众的大联合"的决断与勇毅,再到"开创一个人人有饭吃、人人有衣穿的新天地"的执着与追求……一个个共产主义者犹如播火者,燃起黑暗中国的点点星火,点亮古老民族的复兴希望,展现着一个政党的行动逻辑、精神力量。

人无精神则不立,国无精神则不强。"坚持真理、坚守理想",从思想层面揭示我们党思想先进、信仰坚定的独特优势,彰显了中国共产党对马克思主义的

---

① 习近平.在庆祝中国共产党成立100周年大会上的讲话[M].北京:人民出版社,2021:8.

② 习近平.在庆祝中国共产党成立100周年大会上的讲话[M].北京:人民出版社,2021:13.

信仰，对社会主义和共产主义的信念，是共产党人的政治灵魂，是共产党人经受任何考验的精神支柱。我们要自觉做马克思主义真理、远大理想的坚定信仰者，唯有精神上站得住、站得稳，才能在历史洪流中屹立不倒、挺立潮头，才能全面建设社会主义现代化国家、实现中华民族伟大复兴。

论中国共产党伟大建党精神的时代价值

袁　泉[①]

摘　要：中国共产党在百年奋斗史中形成了坚持真理、坚守理想，践行初心、担当使命，不怕牺牲、英勇斗争，对党忠诚、不负人民的伟大建党精神。伟大建党精神是对中国共产党百年科学理论与实践的深刻总结，蕴含深刻的科学内涵与时代价值。坚持真理体现中国共产党人的求真精神，坚守理想体现中国共产党人的引领精神；践行初心体现中国共产党人的服务精神，担当使命体现中国共产党人的担当精神；不怕牺牲体现中国共产党人的无畏精神，英勇斗争体现中国共产党人的斗争精神；对党忠诚体现中国共产党人的团结精神，不负人民体现中国共产党人的奉献精神。

关键词：伟大建党精神；精神引领；民族复兴；中国梦

百年征程波澜壮阔，百年初心历久弥新。2021年7月1日是中国共产党成立100周年华诞。习近平总书记在庆祝中国共产党成立100周年大会上强调："一百年前，中国共产党的先驱们创建了中国共产党，形成了坚持真理、坚守理想，践行初心、担当使命，不怕牺牲、英勇斗争，对党忠诚、不负人民的伟大建党精神，这是中国共产党的精神之源。"[②]中国共产党伟大建党精神是百年来党的科学理论与实践的重大精神成果。从开天辟地创建中国共产党，到改天换地成立新中国，到翻天覆地实施改革开放，再到新时代习近平总书记带领全党、全国人民取得的历史性成就，发生的历史性变革，社会主义建设的历史进程每前进一步，伟大建党精神都会展现其时代价值。新时代，深入分析伟大建党精神的科学内涵，对发扬伟大建党精神的时代价值，全面建成社会主义现代化强国有重要意义。

---

① 袁泉，淮南联合大学马克思主义学院助教。

② 习近平．在庆祝中国共产党成立100周年大会上的讲话[N]．人民日报，2021-07-02(2).

一、坚持真理、坚守理想

(一)坚持真理体现中国共产党人的求真精神

马克思主义是科学的理论,是真理。坚持真理就是要坚持马克思主义的指导地位,坚定走中国特色社会主义道路的决心和信心。“100年来,中国共产党带领中国人民推翻了三座大山,迎来了从站起来、富起来到强起来的伟大飞跃。”[①]要深刻领会“中国共产党为什么能,中国特色社会主义为什么好,归根结底是因为马克思主义行”[②]。坚持真理就是要坚持解放思想、实事求是、与时俱进。我们党之所以能够取得新民主主义革命的胜利,归根结底是因为我们党不拘泥于具体的条条框框,始终能够做到解放思想、活学活用,最终找到了一条“农村包围城市、武装夺取政权”的正确革命道路。坚持真理要坚持把马克思主义基本原理同中国改革发展各个时期的实际相结合,坚持用马克思主义的立场、观点、方法去观察时代、把握时代、引领时代。马克思主义揭示了事物发展内在的本质的规律,是对人类社会发展规律的科学认识,能够深化我们对共产党执政规律、社会主义建设规律、人类社会发展规律的认识。坚持真理要充分认识到社会主义道路建设没有具体的模板可以借鉴,其道路具有独特性、曲折性,前途具有光明性。正如邓小平同志所说:“社会主义究竟是个什么样子,苏联搞了很多年,也并没有完全搞清楚……后来苏联的模式僵化了。”[③]因此,坚持真理要坚持马克思主义指导下的中国特色社会主义道路。

(二)坚守理想体现中国共产党人的引领精神

坚守理想是中国共产党鲜明的优秀品质。在新中国成立之前,实现民族独立、国家富强是人民的理想。1949年10月1日,随着毛泽东同志铿锵有力地宣告:“中华人民共和国中央人民政府今天成立了!”预示着所有受压迫的中国人从此站了起来。经过改革开放以来40多年的发展,我国综合国力显著增强,人民生活水平

① 于成文.中华民族“站起来”“富起来”“强起来”三次伟大飞跃的研究进展[J].当代世界与社会主义,2019(1):194-201.

② 习近平.在庆祝中国共产党成立100周年大会上的讲话[N].人民日报,2021-07-02(2).

③ 邓小平文选:第3卷[M].北京:人民出版社,1993:139.

显著提升。特别是党的十八大以来,以习近平同志为核心的党中央,始终坚持人民为中心的发展理念,推动了广泛而又深刻的社会变革,不断满足人民群众对美好生活的向往,完成了全面建成小康社会第一个百年奋斗目标,又乘势而上开启全面建设社会主义现代化国家新征程。习近平总书记说:"理想信念就是共产党人精神上的'钙',没有理想信念,理想信念不坚定,精神上就会'缺钙',就会得'软骨病'。"[①]坚守理想,一方面要坚持中国特色社会主义共同理想,坚定对中国共产党的信任,坚定走中国特色社会主义道路,坚定实现中华民族伟大复兴的中国梦。另一方面要坚守共产主义远大理想。共产主义远大理想是人类历史上最崇高的社会理想,实现共产主义理想是中国共产党的最高纲领。新时代,在中国特色社会主义共同理想和共产主义远大理想的指引下,中国共产党"解决了许多长期想解决而没有解决的难题,办成了许多过去想办成而没有办成的大事。中华民族比历史上任何一个时期都更接近实现中华民族伟大复兴的中国梦。"[②]

二、践行初心、担当使命

(一)践行初心体现中国共产党人的服务精神

中国共产党自成立之日起,就以民族独立与解放为己任,"中国共产党人的初心和使命,就是为中国人民谋幸福,为中华民族谋复兴"[③]。为了践行初心,党的十八大以来,党中央开展了五次党内集中教育学习,即:2013年开展了党的群众路线教育实践活动,2015年开展了"三严三实"专题教育,2016年开展了"两学一做"学习教育,2019年开展"不忘初心、牢记使命"主题教育,以及2021年开展的党史学习教育。每一次党内集中学习,都是对"以人民为中心"执政理念的坚守,都是对建党初心的践行。习近平总书记说:"上海党的一大会址、嘉兴南湖红船是我们党梦想起航的地方。我们党从这里诞生,从这里出征,从这里走向全国执政。这里是我们党的根脉。"[④]初心易得,始终难守。践行初心,首先要坚持用马克思主义中国化的最新理论成果统一思想、统一意志、统一行动。把

---

① 习近平谈治国理政[M].北京:外交出版社,2014:15.

② 本书编写组.中华人民共和国简史[M].北京:中共党史出版社,2020:461.

③ 习近平谈治国理政:第3卷[M].北京:外交出版社,2020:1.

④ 习近平谈治国理政:第3卷[M].北京:外交出版社,2020:498.

对人民的朴素感情转变成人民群众切切实实的利益。其次，要有刀刃向内、刮骨疗伤的勇气，做好批评与自我批评，在自我革命中不断完善自我，提升新时代党为人民服务的能力和水平。再次，要坚持斗争精神，要坚决同一切可能动摇党的根基、阻碍党的事业的行为做斗争，通过建章立制，把权力关进制度的笼子里。最后，要坚持领导带头，发挥“关键少数”的引领作用，越是形势严峻，越要保持定力，奋勇当先，向人民交出满意的答卷。

（二）担当使命体现中国共产党人的担当精神

“每个时代都有时代主题，每代人都有自己的使命任务。”[①]中国共产党在建党初期只有50多名成员的时候，就勇于承担起历史和人民赋予的使命。在每一次艰难险阻中，始终和人民站在一起。带领人民冲破敌人防线，以强烈的民族情怀和大局意识承担起反帝、反封建的历史任务，创造了新民主主义革命、社会主义革命和建设、改革开放和社会主义现代化建设、新时代中国特色社会主义四个方面伟大成就。担当使命就是要积极承担时代和人民赋予的使命，愿担当、敢担当。现实中存在一些党员顾虑干得越多、错得越多，为了不出差错，宁可不干事；甚至有些党员只想争功、不想出力，遇到矛盾惊慌失措，遇到斗争立场不坚定，在关键时刻没有立场、没有底线、没有原则。不担当、不作为，不仅成不了事，而且注定会坏了大事，阻碍党和国家事业的发展。新时代，党中央始终坚持党要管党，从严治党。从思想上和行为上规范党员干部的作风，为想干事、能干事的干部提供更广阔的作为空间，及时处置一些不作为、乱作为，不敢担当、不愿担当的干部。不作为、不担当现象在党内得到根本性解决。在抗击新冠肺炎疫情的伟大斗争中，广大党员干部始终奋斗在抗击疫情的第一线，离开本应该团圆的家庭，以一句“我是党员我得上”，赢得了全国人民的好评。迅速控制住的是疫情，守住的是中国共产党在人民心中的威望，赢得的是人民的心，体现的是中国共产党的担当精神。

---

① 眭依凡.对国家负责：大学必须牢记的使命[J].高等教育研究，2006，27(4)：1-6.

三、不怕牺牲、英勇斗争

(一)不怕牺牲体现中国共产党人的无畏精神

不怕牺牲是中国共产党人伟大的精神品质。中国共产党人为了民族独立与解放,为了实现国家富强、民族振兴,以"为有牺牲多壮志,敢教日月换新天"的大无畏气概书写了中华民族几千年来最恢宏的史诗。在抗日战争、解放战争、抗美援朝战争的各个时期,面对武器装备、交通运输、后勤补给等众多领域都优越于我们的强大敌人,中国共产党人没有因为害怕牺牲而抛弃人民,他们用坚强的意志挑战着人类肉体和精神上的极限,扭转了国民经济态势,赢得了反侵略战争的胜利,抵御了西方国家意识形态领域的渗透,进而又实现经济社会持续发展,社会长期和谐稳定的奇迹。革命充满艰难险阻,共产党人走过的每一片土地,都有许多动人故事。如张小康在其著作《雪域长歌》中说的一样:他们不是一个人,也不是几个人,而是整整一代人。在祖国和人民需要的时候,他们将属于自己的情感权、健康权乃至生命权无条件地割舍。至今,当我们走过他们曾经战斗过的地方,我们依然能够感受到那个虽然离我们远去,但同样激情燃烧的时代。作为入藏将军的女儿,张小康用最朴实的话语诠释了老一辈革命家不怕牺牲的精神品质。这种不怕牺牲、英勇斗争的精神,依然在新时代激励着我们。"不求功名利禄,一生躬耕在田野的'杂交水稻之父'袁隆平""不畏病毒感染,始终同患者心连心的党员干部、医护人员""敌众我寡绝不后退一步,为守护祖国西南边境而牺牲的解放军战士"等众多光荣事迹证明中国共产党永葆着不怕牺牲、英勇奋战的本色。

(二)英勇斗争体现中国共产党人的斗争精神

英勇斗争精神是党领导人民取得丰功伟绩的重要保障。当今时代,国际形势波谲云诡,西方资本主义国家对我国的文化渗透、军事恐吓、经济制裁等威胁并没有完全消除。面对严峻复杂局面,我们要继续保持英勇斗争的本色,敢于坚持真理,敢于同邪恶势力进行斗争。坚持英勇斗争要树立整体国家安全观,既要重视传统领域的安全,也要重视新兴领域的安全,要在涉及党和人民利益的所有领域同敌人开展斗争。坚持英勇斗争就是不向任何敌对势力妥协,坚持人民至上,国家利益至上。不惧怕任何威胁制裁,始终站在正义一边,维护国际社会和谐稳定,促进人类社会和谐共生。正如习近平总书记在庆祝中国共产党成立100周年大会上强调:“中国人民从来没有欺负、压迫、奴役过其他国家人民,过去没有,现在没有,将来也不会有。同时,中国人民也绝不允许任何外来势力欺负、压迫、奴役我们,谁妄想这样干,必将在14亿多中国人民用血肉筑成的钢铁长城面前碰的头破血流!”[①]习近平总书记的讲话,充分展示了中国共产党人不怕牺牲、英勇同邪恶势力斗争的无畏精神。新征程,我们要继续发扬伟大斗争精神,增强“四个意识”,坚定“四个自信”,做好“两个维护”,始终团结在以习近平同志为核心的党中央周围,为全面建成社会主义现代化强国,实现中华民族伟大复兴的中国梦不懈奋斗。

四、对党忠诚、不负人民

(一)对党忠诚体现中国共产党人的团结精神

坚持中国共产党的领导是中国特色社会主义最本质的特征。一方面,对党忠诚体现在政治上和组织上对党的绝对服从。“东西南北中,党政军民学”,党是领导一切的。要坚定政治立场,增强政治意识,保持政治观察力和鉴别力,提高政治判断力、政治领悟力、政治执行力,保证党中央对组织人事的领导,坚决服从党中央的决策部署。另一方面,对党忠诚体现在思想上和行动上与党中央保持一致。树立核心意识,坚决维护习近平总书记党中央的核心、全党的核心地位,坚决维护党中央权威和集中统一领导。坚持用马克思主义中国化最新理论成果——习近平新时代中国特色社会主义思想滋润心田,指导实践。始终做到令有所行,禁有所止,始终做到台上、台下一致,网上、网下一致,思想、行为一致。对党忠诚是中国特色社会主义事业取得成功的关键和保证。与西方资产阶级政党始终维护资本家等少数人利益不同,中国共产党始终代表最广大人民的根本利益,始终践行着全心全意为人民服务的宗旨。正如习近平总书记所说,共产党“打江山、守江山,守的是人民的心”[②],为的是让人民过上好日子。这句话深刻揭示了共产党忠诚为民的忠诚意识。中国共产党除了人民的利益之外,没有自己的特殊利益,始终能够做到与人民有福同享、有难同当。这种光荣

① 习近平.在庆祝中国共产党成立100周年大会上的讲话[N].人民日报,2021-07-02(2).

② 习近平.在庆祝中国共产党成立100周年大会上的讲话[N].人民日报,2021-07-02(2).

的优秀品质是世界上其他国家的政党所不能比拟的。

(二)不负人民体现中国共产党人的奉献精神

中国共产党成立100年来,始终践行着"不负人民"的理念。"不负人民"有其深刻的理论渊源,马克思主义认为,人民群众是历史的创造者,是社会物质财富和精神财富的创造者,是社会变革的决定性力量①。我们党从全国50多名党员的小党走到今天拥有9000多万名党员的世界第一大党,靠的就是人民。党的群众路线和群众观点把党和人民血肉相连,无论在哪一历史时期,我们党始终都把人民放在首位。2019年在回答意大利众议长菲科的提问时,国家主席习近平深情地说:"这么大一个国家,责任非常重、工作非常艰巨。我将无我、不负人民。"②"我将无我、不负人民"是新时代伟大人民领袖对人民的承诺。2021年在党史学习教育动员大会上习近平总书记说:"历史充分证明,江山就是人民,人民就是江山,人心向背关系党的生死存亡。赢得人民信任,得到人民支持,党就能够克服任何困难,就能无往而不胜。"③习近平总书记的讲话充分证明,建党100年来,中国共产党带领人民从站起来、富起来再到强起来,取得了丰功伟绩,归根结底是因为赢得了广大中国人民的心,赢得了全国56个民族的支持。中国共产党从群众中走出来,又要回到人民群众中去。走得再远,也不曾忘记走过的路,不曾忘记自己的初心。人民立场成为中国共产党区别其他国家政党的重要标志。

五、结语

"坚持真理、坚守理想,践行初心、担当使命,不怕牺牲、英勇斗争,对党忠诚、不负人民"的伟大建党精神是100年来中国共产党带领中国人民团结奋斗的真实写照。新时代,我们要继续弘扬伟大建党精神,把自己的青春融入党和人民事业,以实现中华民族伟大复兴为己任,增强做中国人的志气、骨气、底气,不负时代,不负韶华,继续谱写党和人民伟大事业的辉煌。

(原文发表于《青海师范大学民族师范学院学报》2021年第2期,收入本书有改动。)

① 杨谦,张婷婷.对"人民群众是历史的创造者"原理的再理解[J].思想理论教育导刊,2020(1):26-32.

② 习近平谈治国理政:第3卷[M].北京:外交出版社,2020:144.

③ 习近平.在党史学习教育动员大会上的讲话[M].北京:人民出版社,2021:15.

让伟大建党精神在新征程上再放异彩

马荣花,李全文[①]

摘　要:习近平"七一"重要讲话首次提出并概括了伟大建党精神,并强调其是中国共产党的精神之源,要永远继承下去、发扬光大。伟大建党精神的内涵科学丰富、内在逻辑严密,是启航新征程的宝贵精神给养。

关键词:伟大建党精神;新征程;初心与使命

2021年7月1日上午,习近平总书记在庆祝中国共产党成立100周年大会上发表重要讲话。讲话回顾了中国共产党百年光辉历程,正式提出"坚持真理、坚守理想,践行初心、担当使命,不怕牺牲、英勇斗争,对党忠诚、不负人民的伟大建党精神"[②],并强调其是党的精神之源。

一、伟大建党精神的科学内涵

伟大的中国共产党带领人民,进行伟大的革命实践,形成了伟大建党精神。习近平总书记将伟大建党精神精炼为三十二字,其内涵准确而深刻、逻辑严密而统一,集中体现了马克思主义的科学性、实践性、斗争性、人民性[③]。

(一)坚持真理、坚守理想

真理是客观的,不以人的意志为转移的。十月革命之后,马克思列宁主义普遍真理在中国传播开来。中国的一群仁人志士首先觉醒,率先在全国建立党

---

① 马荣花,阜阳师范大学马克思主义学院硕士研究生;李全文,阜阳师范大学马克思主义学院教授。

② 习近平.在庆祝中国共产党成立100周年大会上的讲话[N].人民日报,2021-07-02(2).

③ 艾四林.伟大建党精神集中体现了马克思主义世界观和方法论[N].延安日报,2021-07-15(7).

小组,他们以挽救民族危机为己任,以推翻旧世界、建立新世界为目的。中国共产党于外无独立、内无民主的旧中国夹缝中诞生,自成立之日起,就始终以马克思主义的客观真理为革命的指导思想,积极以唯物辩证法和历史唯物主义推进中国革命进程,探索马克思主义在中国的实践。革命道路的前景是光明的,而绝不是一片坦途。在"四一二"反革命政变中,许多优秀共产党员和革命群众遭到残忍杀害,有赵世炎、陈延年、汪寿华等,大革命受到严重摧残,第一次国共合作破裂。第五次反"围剿"的失败使得苏区日益缩小,红军被严重削弱,几乎置党于绝境。而在这样严峻的考验下,我们的党探索出将马克思主义与中国实际结合的新路,数次于绝境中开新局,展示出马克思主义的真理性。

理想是指引一个人、一个民族前进的航标。"中国共产党人的理想信念,建立在马克思主义科学真理的基础之上,建立在马克思主义揭示的人类社会发展规律的基础之上"①,实现中华民族的伟大复兴是每一位共产党人的孜孜追求。

(二)践行初心、担当使命

为中国人民谋幸福,为中华民族谋复兴就是中国共产党人的初心与使命。一百年前的中国,人民没有任何参与政治的权利,中国人无法管理中国人自己的事务,而军阀警察的枪支敢对着手无寸铁的劳苦大众。贫穷、疾病、战争、政治压迫,使得民不聊生、困苦不堪。中国共产党自诞生之日起,其性质就是无产阶级政党,就代表着新兴的无产阶级和人民的力量,并明确党的奋斗目标是以无产阶级革命军队推翻资产阶级统治。中国共产党在旧中国掀起一番改天换地的大事变,中国的革命面貌焕然一新。共产党领导的军队也始终牢记为人民服务的根本宗旨,坚决不拿老百姓的一针一线,即使在条件极其艰苦的长征途中,即使自己只有一条被子,也要扯下半条给老乡,军民如鱼水相亲。前有感人至深的"半条被子"的故事,现有素心托高洁的张桂梅校长。她创建免费女子高中,为解决贫困女孩入学难问题四处筹措资金,牺牲了自己的身体健康,贡献出自己的工资、奖金。已有将近两千名大山里的女孩走出来,接受高等教育,她们在张桂梅的引导下,铭记党恩,回报社会。张桂梅以顽强坚韧的拼搏和公而忘私的大爱,深刻诠释了共产党员的初心和使命。

百年的实践中,党团结带领人民赢得了新民主主义革命、社会主义革命、改革开放的伟大胜利,迎来了从站起来、富起来到强起来的伟大飞跃,创造出一个

① 习近平谈治国理政:第2卷[M].北京:外文出版社.2017:50.

又一个耀眼奇迹，我国成为世界第二大经济体，全面建成小康社会，国家治理现代化稳步推进……取得这一切成就，根本依靠的是党的英明、正确领导，依靠的是人民的力量，依靠的是每一位共产党人初心不移、使命在肩的坚持。

（三）不怕牺牲、英勇斗争

中国共产党人在确定了马克思主义信仰、共产主义信念后，就将自己完全置身到党和国家的各项事业中，将“为有牺牲多壮志，敢教日月换新天”的豪迈发挥到不寻常的高度。根据民政部门数据，1921年建党到1949年新中国成立之间，为革命献身的姓名可查的烈士达到370多万，而新中国成立之初党员总数也才440多万。无数优秀党员怀揣革命理想，忘我牺牲，战斗在第一线。

“砍头不要紧，只要主义真。杀了夏明翰，还有后来人。”夏明翰在被敌人杀害前，留下了这首就义诗，气壮山河、感天动地，感染了无数英雄儿女，为革命接续奋斗。郭瑞祥16岁就走上革命的道路，先后参加冀南战斗、反扫荡战役、肖渠战斗、曹县东南反顽战役等，作战英勇。1946年在东明县被敌人的增援部队围困时，在敌多我寡的紧要关头，他沉着应对，开始拉锯战，组建突击队寻机突围，带头冲锋陷阵，最终打退敌人。王占山，军功赫赫的战士，在解放战争、抗美援朝、对越自卫反击战中，出生入死，曾在抗美援朝金城战役中，带领战友连续4个日夜坚守阵地，击退了敌人的38次进攻，英勇杀敌400余人。

安徽合肥有一条路被命名为“延乔路”，是为纪念陈延年、陈乔年烈士做出的卓越贡献而命名的。延乔路只有1.2千米，象征着两位烈士短暂的生命（陈延年烈士就义时仅29岁，陈乔年烈士就义时仅26岁），而它的尽头则是绵长的繁华大道，象征着和平、安定、发展的美好今天。难以计数的革命先辈们前赴后继，以血肉之躯抵挡敌人的枪林炮弹，他们为新中国的诞生付出了巨大代价，他们的英雄事迹会永载史册，会永远印刻在每一位中华儿女的心中，他们敢于牺牲的大无畏精神，也将永远激励着我们。

（四）对党忠诚、不负人民

对党忠诚是对共产党员的基本要求，是共产党人的首要政治本色。《中国共产党章程》规定了“保守党的秘密，对党忠诚”“随时准备为党和人民牺牲一切，永不叛党”的誓词内容。回顾此前的入党誓词，也都强调了党员必须对党忠诚，永不叛党，而且要为人类的解放事业牺牲一切私利。党走过的这百年，筚路蓝缕,经历过无数的磨难,但没有任何困难能压垮我们的党,没有任何敌人能打倒我们的党,这正是因为有着千千万万忠于党、有信仰的中国共产党党员。1932年,局部抗战打响之后,杨靖宇受党中央委托,前往东北组织抗日联军,带领东北军民在白山黑水间与敌人进行激战。他与战士同甘共苦,牺牲前夕与战士们同吃雪水煮的糊糊,他告诉警卫员,即使他们都牺牲了,这伟大的事业还会有人继承,革命最终还是会成功的。在冰天雪地里、弹尽粮绝的情况下,他靠着顽强的毅力和忠诚的决心,独自与敌人周旋了五天五夜,面对敌人提出的劝降条件,杨靖宇坚守住了党员底线,坚决保守党的秘密。残忍的敌人剖开杨靖宇将军的腹腔,发现他的胃变了形,里面一粒粮食都没有,只有未消化的草根、棉絮。

新中国完全区别于旧中国,中国共产党之所以和其他政党不同,根本区别在于其坚持人民立场。新中国是人民当家作主的国家,党的宗旨是全心全意为人民服务。在社会主义革命和建设时期,中国共产党解决了农民心中最大的牵挂——土地问题。为了在识字水平不高的农村基层,公平开展选举,保障基层群众政治参与,产生了掷豆选举法。为了有效解决群众之间的矛盾,马锡五同志创立走群众路线、注重乡野调查、简化诉讼手续的审判方式,被称为“马锡五审判方式”,这在很大程度上便利了人民群众,对我国的司法史产生了重要影响。我将无我,不负人民,不仅是习近平总书记对人民的承诺,也是每一位共产党员的价值追求。

二、而今迈入新征程,吾辈皆是接班人

历史川流不息,精神代代传承。在庆祝中国共产党成立100周年大会上,习近平总书记将伟大建党精神精辟概括为“坚持真理、坚守理想,践行初心、担当使命,不怕牺牲、英勇斗争,对党忠诚、不负人民”三十二字,鲜明标定了党领导人民完成救国、兴国、富国、强国大业的宝贵精神谱系源头。百年风云激荡、波澜壮阔,党在中华大地上创造出一个又一个垂馨千祀的伟大奇迹,在社会主义发展史、人类发展史上,点亮了一座又一座永不熄灭的精神灯塔。过去的一百年,党已经向人民、向历史交出了一份优异的答卷。如今,踏上实现第二个百年奋斗目标新“赶考”路,我们要继续赓续百年红色血脉,自觉弘扬伟大建党精神。

（一）感悟真理永恒光辉，筑牢中华民族继往开来的信仰之基

马克思主义行，成就了中国共产党能，成就了中国特色社会主义好。党在长期奋斗中，积极探寻马克思主义的真谛，克服一切艰难险阻，创造历史伟业。迈进新征程，要“永远把伟大建党精神继承下去、发扬光大”[①]，担当民族复兴大任、传承红色血脉，以真理之光引领未来。

第一，始终把马克思主义写在自己的旗帜上。一百多年前，马克思列宁主义传入中国，指引着无数仁人志士，在黑暗中寻找光明，在乱世中探索真理。在马克思主义的科学指引下，我们党带领人民取得了许多历史性伟大成就。新征程，不仅要坚持用马克思主义理论武装头脑，认真学习马克思主义经典原著，与时俱进吸收马克思主义中国化的理论；还要知行合一，自觉做真理的忠实践行者，用马克思主义基本原理思考问题、解决问题。

第二，提振实现中华民族伟大复兴的自信自强。一支没有自信心的部队是打不了胜仗的，一个没有自信心的民族是无法继续前进的。以毛泽东、邓小平等为核心的几代中国共产党人团结带领人民浴血奋战、百折不挠，自力更生、发愤图强，解放思想、锐意进取，自信自强、守正创新，创造出“四个伟大成就”，为实现中华民族伟大复兴付出巨大努力，靠的就是对马克思主义的信仰，以及为实现中华民族伟大复兴锐意拼搏的强大精神力量。人民有信仰、国家有力量、民族有希望。新征程，必须要对实现共产主义的宏伟事业有成竹在胸的笃定，必须要对实现中国梦有“长风破浪会有时”的信心，不断加深对共产党执政规律、社会主义建设规律、人类社会发展规律的认识，让伟大建党精神历久弥坚。

（二）聚焦百年红色党史，凝合砥砺奋进新征程的精神之力

“无论我们走得多远，都不能忘记来时的路”[②]，历史是鉴古观今最好的教科书，党史是传承弘扬伟大建党精神最好的营养剂。百年来，以伟大建党精神为源头，在不同历史阶段，还形成了敢为人先的红船精神、星星之火可以燎原的井冈山精神、万水千山只等闲的长征精神、实事求是的延安精神、保家卫国的抗美援朝精神、敢于突破技术壁垒的“两弹一星”精神、敢闯敢试的特区精神、人民至上的抗“疫”精神、攻坚克难的脱贫攻坚精神等伟大精神。从百年党史中，我们

---

① 习近平.在庆祝中国共产党成立100周年大会上的讲话[N].人民日报，2021-07-02(2).

② 习近平.在“不忘初心、牢记使命”主题教育工作会议上的讲话[J].求知，2019(8):4-8.

可以汲取到源源不断的精神“原动力”和实践“创造力”。

2021年,全党展开了党史学习教育,利用好红色资源、讲好红色故事,为传承伟大建党精神提供坚实支撑。第一,警惕历史虚无主义,以正确的历史观为引领。历史观关系着整个国家和民族的前途和未来,要以唯物史观看待整个党史,把握正确的方法论,旗帜鲜明地反对一切污蔑、诋毁、歪曲,正本清源、固本培元。第二,积极开展大中小学红色研学系列实践活动,真切地走进党史事件和人物。红色资源是党和国家弥足珍贵的“宝库”,苦难而辉煌的百年党史中,红色故事数不胜数。实地体验红色文化,能够让红色资源“活”起来,让青少年回顾历史,重温党为人民办实事、解难题的生动事例,将红色基因融入血脉,兼具学习性和参与性。第三,打造党史学习教育的新模式,将守正与创新相结合。把党的成功经验传承好、发扬好,需要精心策划展开全方位、立体化宣传,依托红色党史故事,充分利用网站、报纸、微博、微信和抖音等全媒体矩阵,发掘出新动态、新成果和新经验,使伟大建党精神的丰富内涵“润物细无声”地融入家庭、学校、社会,让红色资源“火”起来。

(三)铭记初心担当使命,展示共产党员为群众办实事的执行之效

“积极工作,为共产主义奋斗终身,随时准备为党和人民牺牲一切”是党章对每一位共产党员的基本要求。每位共产党员既要有兢兢业业、立足本职岗位的平凡,也要有积极为群众办实事、办好事的不平凡。党将人民的利益放在最高位置,关切人民所关心的各种“大问题”“小问题”。中国共产党成立不久,就产生了掷豆选举法,保障了基层群众的政治参与;新中国成立后,真正实现“耕者有其田”,解决了几千年来农民最牵肠挂肚的土地问题;现在,党团结带领全国各族人民实现了全面建成小康社会的目标,消灭了绝对贫困。无论在革命年代还是和平年代,不负人民是一以贯之的价值诉求,党对人民的那种深厚情怀,是矢志不渝、无条件的。

习近平总书记指出“江山就是人民、人民就是江山,打江山、守江山,守的是人民的心。”①广大党员干部要紧跟党的步伐,坚守人民情怀,弘扬务实作风,为推动新征程取得实质性进展作出更多努力。在工作中坚守初心使命,首先,站稳人民立场,将以人民为中心的工作导向落到实处,永远遵循全心全意为人民服务的宗旨,永远保持同人民群众的血肉联系,永远同人民想在一起、干在一

① 习近平.在庆祝中国共产党成立100周年大会上的讲话[N].人民日报,2021-07-02(2).

起，风雨同舟、同甘共苦。其次，要甘于平凡，踏踏实实干好本职工作，在岗位上不断磨炼，拒绝任何形式的诱惑，永葆共产党员先进性和纯洁性的政治本色，增强政治自觉，投身基层实践，贯彻群众路线。最后，要敢于不平凡，敢于进行具有新的历史特点的伟大斗争，准确把握不同领域的矛盾，继续以人民对美好生活的向往为着力点，解决群众所需，不断锤炼担当本色，展现新作为。

基于新时代的视角下，赓续伟大建党精神

刘晓婷[①]

摘　要：2021年7月1日，习近平总书记在庆祝中国共产党成立100周年大会上的重要讲话详细阐述了伟大建党精神，对伟大建党精神进行了深刻诠释，鲜明指出了其是中国共产党的精神之源，深入阐明了传承这一精神的历史意义和时代价值。坚持真理、坚守理想是中国共产党人的昂扬信念。践行初心、担当使命是中国共产党人的具体实践。不怕牺牲、英勇斗争是中国共产党人的革命意志。对党忠诚、不负人民是中国共产党人的宗旨体现。在新时代的背景下，要用党的实践创造和历史经验启迪智慧、砥砺品格，激励广大共产党人永葆政治本色、为民初心，在新时代的伟大征程上继续斗志昂扬、奋勇前进。

关键词：新时代；伟大建党精神；理想信念；人民群众

一、坚持真理、坚守理想是中国共产党人的昂扬信念

中国共产党思想先进、信仰坚定的特质，体现的是中国共产党人始终追求真理、坚持理想的理论品格，马克思主义始终是中国共产党人的行动指南和价值引领。中国共产党不断把马克思主义中国化、时代化，是对“马克思主义行”的价值注解。自1840年伊始，为谋求民族独立和人民解放，在求富强、谋复兴的道路上，无论是资产阶级还是农民阶级抑或无产阶级，均在救国救民的道路上迈出了属于自己的坚实一步，但纵览全局，唯有坚持以马克思主义为指导的中国共产党人，才将中国从水深火热的内忧外患中解救出来。中国共产党人的理想信念就是对马克思主义的信仰，对社会主义和共产主义的信念。

马克思主义中国化的最新理论成果是习近平新时代中国特色社会主义思

---

① 刘晓婷，宿州学院马克思主义学院助教。

想，作为高校教师，我们要引导学生学习好中国特色社会主义理论体系。当前尤其要学习好习近平总书记系列重要讲话精神和治国理政新理念新思想新战略。当代青年，当勇担时代重任，通过学习，系统掌握马克思主义基本原理，学会用马克思主义立场、观点、方法观察问题、分析问题、解决问题，在人生的道路上运用马克思主义理论的智慧方法，解决好学习、生活等多个维度的问题。

在新时代的引领下，伟大建党精神将在理想信念层面指导我们日常工作和具体行动。空谈误国，实干兴邦，要想检验理想信念的有效性，必须要落实到实际行动上，依靠工作成果来检验。对理想信念的检验，和平年代不像战争年代那样。在新时代，坚定理想信念要坚持高标准与守底线统筹兼顾，中国共产党人的理想信念决定着全面从严治党的成效，严肃党的纪律与增强理想信念并不冲突，党的十八届六中全会强调，新形势下加强和规范党内生活的首要任务就是要坚定理想信念。

理想信念在联系党内政治生活中起到了心灵纽带的作用。坚定理想信念是中国共产党人的革命传统，关乎中国共产党人的前进方向，为社会主义现代化强国和中国梦的实现奠定思想基础[①]。共产党人的理想信念正如火炬与灯塔的作用一般，照亮前进的伟大征程，并指明正确方向。在党内政治生活的各个细节层面均有体现，是营造政治生态气正风清的“净化器”，是打开党内突出矛盾和问题枷锁的“金钥匙”。建党百年以来，我们党之所以能在重大危急关头，不断克服艰险、从胜利走向新的胜利，归根结底来说，就是依托着中国共产党人的远大理想和崇高的追求。从新民主主义革命时期的长征精神，伟大抗战精神等，到社会主义革命和建设时期的抗美援朝精神、雷锋精神等，再到改革开放和社会主义现代化建设新时期的改革开放精神、女排精神等，直至中国特色社会主义新时期的抗疫精神、脱贫攻坚精神……一代又一代共产党人用自身的青春与热血不断书写着壮丽的历史。在新时代，我们仍需坚持真理，坚持理想，向着第二个百年奋斗目标前进。

二、践行初心、担当使命是中国共产党人的具体实践

不忘初心，牢记使命，中国共产党人的初心和使命就是为中国人民谋幸福，

① 杨瑞艳．中国共产党人坚定理想信念的价值与路径探析[J].决策探索（下），2021（10）：4-5.

为中华民族谋复兴。2021年是中国共产党诞生一百周年,回首百年道路,党始终把自己的命运与中国人民与中华民族的命运紧密联系在一起。在实现中华民族伟大复兴的过程中,党团结带领中国人民创造了四个“伟大成就”。党的百年华诞之际,新冠肺炎疫情肆虐,无数共产党人前仆后继,坚持人民至上、生命至上的宗旨,勇于开辟逆行的道路,敢于担当、不负使命,冲锋在抗疫斗争的第一线,共同筑起生命的“长城”,为庆祝建党100周年交出了一份全国上下均满意的答卷。

展望新时代的征程,“不畏浮云遮望眼”,要在增强眼力上花力气。回望万里长征路,是什么在支撑着中国工农红军战胜一切而百折无悔?从1934年10月开始,中央红军共进行了380余次战斗,牺牲了营以上干部多达430余人,翻过18座大山,跨过24条大河,爬雪山,过草地,行程约二万五千里。在这些数字和事实的背后,其实隐藏着一个问题:是什么在支撑着中国工农红军战胜一切而百折无悔?答案就是中国共产党人拥有一双洞察现实的双眼,他们能够突破现实的枷锁,对共产主义充满信心。如果没有对共产主义的信仰,如果没有对中国共产党的信心,如果没有对革命目标的信念,如果没有对我们一定能够胜利的坚定决心,那长征途中最难征服的“拦路虎”不是残酷的战争环境,不是恶劣的自然条件,不是穷凶极恶的敌人,而是我们自己。

展望新时代的征程,“绝知此事要躬行”,要在增强脚力上下功夫。实践是检验认识真理性的唯一标准。当前,正处于社会转型期,新情况、新课题层出不穷,新经验、新创造活力迸发。这些“新”,折射着纷繁复杂的现实,反映着社会发展的新趋势。然而,“不入园林,怎知春色如许”,只有依靠深入调查研究,才能将这些“新”发掘出来,梳理清楚,从而感知时代的脉搏,集聚推动发展的脉动,才能够感知“今闻姑苏,才识风雅这般”的磅礴力量。

为中国人民谋幸福,谋的是脱贫攻坚取得全面胜利,幸福是拥有更好的教育、更稳定的工作、更满意的收入、更可靠的社会保障、更高水平的医疗卫生服务、更舒适的居住条件、更优美的环境,这是人民对美好生活的向往和追求。为中华民族谋复兴,无数仁人志士奋起抗争,但却一次又一次失败。中国共产党成立后,团结带领人民前仆后继、顽强奋斗,把贫穷落后的旧中国变成日益走向繁荣富强的新中国,中华民族伟大复兴展现出前所未有的光明前景。新时代,中国共产党人的责任,就是要团结带领全党全国各族人民,接过历史的接力棒,继续为实现中华民族伟大复兴而努力奋斗,使中华民族更加坚强有力地屹立于世界民族之林，为人类做出新的更大的贡献。新时代的征程上，实现中华民族伟大复兴的中国梦，凝聚几代中国人的夙愿，一代又一代中国共产党人前仆后继，承前启后、继往开来，把我们的党建设好。发扬伟大建党精神，“伟大建党精神是中国共产党的精神之源，是贯穿百年党史与兴国历程的精神命脉”①。持续践行初心使命，朝着中华民族伟大复兴的目标奋勇前进。

三、不怕牺牲、英勇斗争是中国共产党人的革命意志

中国共产党人意志顽强，作风优良，集中体现为中国共产党人敢于斗争、勇于斗争、敢于胜利的精神品格。这种革命意志是从何而来的呢？其源头还是要追溯到中国共产党人的真理、理想、初心和使命指导下的行动自觉。鸦片战争的爆发，中国近代史拉开帷幕，国家蒙羞、人民蒙难、文明蒙尘，帝国主义的铁蹄肆虐在神州大地，一系列的不平等条约接连签订，侵略者瓜分着中国的领土与财富，中国进入半殖民地半封建社会，遭受了前所未有的磨难。为谋求国家的前途与出路，不同阶级都在寻找着救亡图存的道路，却相继均以失败告终。地主阶级迈出了自强求富的步伐，但没有解救中国人民于水火之中；资产阶级的维新改良也没有从根本上改变中国半殖民地半封建社会的命运；当历史的车轮驶入二十世纪后，历史的舞台上，聚光灯照耀着新的阶级、新的指导思想，旧民主主义革命的断壁残垣上，中国共产党栉风沐雨，乘着南湖的红船，带着中华民族复兴的使命来到了人民面前。

中国共产党的性质和宗旨决定了中国共产党一经成立就要完成其他阶级所不能完成的历史使命。中国共产党人的历史使命是树牢“革命理想高于天”的坚定信仰，锤炼“烈火丹心铸忠诚”的政治品格；中国共产党人的历史使命是强化“敢教日月换新天”的使命担当，涵养“一枝一叶总关情”的深厚情怀；中国共产党人的历史使命是砥砺“咬定青山不放松”的坚韧意志，激扬“越是艰险越向前”的攻坚精神。星星之火，可以燎原，中国共产党经历了血雨腥风，在枪林弹雨中不断成长壮大，敢于斗争、敢于胜利、英勇无畏是中国共产党人的品格写照，面对多重压迫，中国共产党人以坚韧、果敢、顽强的意志绝处逢生，多次的反“围剿”没有困住中国共产党人，中国共产党的“火苗”在工农红军的脚步中愈发

① 唐兴军．中国共产党建党精神的生成逻辑、内涵意蕴与价值赓续[J].决策与信息，2021(11)：5-11.

壮大,直至燎原之势,使国家和民族在危亡之际有了希望,无论历经多少艰难困苦,英勇斗争后带来的终将是玉汝于成。

新时代的征程上,共产党员的世界观和价值观所在都将指引中国共产党向着辉煌前进,经历千锤万打,都无法熄灭英勇斗争的光芒,始终引领中国共产党人战胜各种风险与考验,在第二个百年奋斗目标的指引下勇往直前,在砥砺奋进中创造辉煌。

四、对党忠诚、不负人民是中国共产党人的宗旨体现

中国共产党的宗旨就是全心全意为人民服务,党的原则是对人民负责。"江山就是人民、人民就是江山"[①],中国共产党人立党为公、执政为民的品格,是中国共产党与人民生死相依、命运与共的根本依托,体现党品德高尚、情系人民的特质。打江山、守江山,守的是人民的心。中国共产党为人民而生、因人民而兴,自诞生之日起,就把为中国人民谋幸福、为中华民族谋复兴确立为自己的初心和使命。建党一百多年来,无论形势任务怎样变化,无论遇到什么样的惊涛骇浪,无论付出多大的牺牲和代价,一代代中国共产党人矢志不渝,坚守初心使命,团结带领中国人民为创造自己的美好生活进行长期艰辛奋斗。

对党忠诚、不负人民,是伟大建党精神的重要内核,是中国共产党一心为民情怀的崇高体现。在新时代的伟大征程上,中国共产党人始终饱含忠诚于党、忠诚于民的炽热情怀,能够真正体现中国共产党人与人民群众的鱼水深情,在危急关头挺身而出、不怕牺牲,为了共产主义伟大理想、为了马克思主义的信仰英勇斗争不断前行、不懈奋斗。

伟大建党精神是在党的百年华诞之际由习近平总书记提出的,是激励广大共产党员、共青团员、少先队员前行的思想引领,是马克思主义中国化、时代化的价值注解。从历史全局的视角来看,是对中国共产党带领人民摆脱水深火热、谋求民族独立复兴、实现人民幸福的价值表达,在建党百年之际,向中国共产党献礼,在新时代的伟大征程上,向着第二个百年奋斗目标奋勇迈进!

---

① 习近平.在庆祝中国共产党成立100周年大会上的讲话[N].人民日报,2021-07-02(2).

新时期基层党组织领导力建设探析[①]

胡　虹[②]

摘　要：自新冠肺炎疫情暴发以来，基层党组织在疫情防控中积极组织、协调、动员，积极发挥领导和组织作用，及时阻止了疫情的快速扩散和广泛蔓延，保障了人民群众的正常生活。基层党组织作为党在基层全部工作和战斗力的基础，其领导力的强弱直接关系到抗疫成果巩固和疫情常态化防控。新时期，需要切实把组织优势转化为工作优势，以提升领导力为重点加强基层党组织建设，使基层党组织成为疫情防控的坚强战斗堡垒。

关键词：新时期；基层党组织；领导力；建设

党的十九大报告提出，全党要“不断增强党的政治领导力、思想引领力、群众组织力、社会号召力”[③]。在抗击新冠肺炎疫情的过程中，基层党组织是最前线的战斗堡垒，是贯彻落实党中央决策部署的“最后一公里”。各级基层党组织充分发挥自身优势，建立起牢固的防控防线，成功有效地遏制了疫情的蔓延。提高基层党组织的领导力既是顺应时代发展、群众期盼的必然要求，也是创新基层党建工作、夯实党的执政组织基础的现实需要，更是全面落实“十四五”规划和2035年远景目标的重要内容。

---

① 本文为安徽省社会科学院2020年度青年课题基金项目“疫情背景下基层党组织领导力困境及其提升”（编号：QK202003）成果。

② 胡虹，安徽省社会科学院马克思主义研究所助理研究员。

③ 习近平.决胜全面建成小康社会　夺取新时代中国特色社会主义伟大胜利——在中国共产党第十九次全国代表大会上的报告[N].人民日报，2017-10-28(1).

一、新时期基层党组织领导力的现实彰显

新冠肺炎疫情是一场重大的突发公共卫生事件,是新中国成立以来我国发生的传播速度最快、感染范围最广、防控难度最大的一次疫情。基层党组织的领导力在这一过程中得到了充分证明和极大锻炼。从基层党组织在新冠肺炎疫情防控中组织、协调、动员等方面取得的成效来看,基层党组织及时阻击了疫情的快速扩散和广泛蔓延,守住了重要阵地。通过服务群众、团结群众、引导群众,进一步密切了基层党组织同人民群众的血肉联系,使党的执政基础深深植根于人民群众之中。

(一)加强政治领导,筑牢抗疫防线

基层党组织是直接面向群众的第一线,组织本身就具有鲜明的服务性。从疫情突发初期的应急处置、人员排查、舆论引导、物资供应等防控措施,到努力推动复工复产,每一个阶段的政策宣传、政策执行都曾遭遇过群众的不理解与不配合。经过艰苦的努力,疫情防控形势一直积极向好发展。现阶段,面对国外疫情局势,党中央再次调整部署,确定了“外防输入、内防反弹”的策略,继续抓好国内疫情防控工作,绝不松懈,堵住所有可能导致疫情反弹的漏洞。同时,加强陆海口岸疫情防控,科学有效应对境外疫情输入,完善从境外到国门、从国门到家门的全链条防控策略。这些决策巩固了国内疫情防控的成效,也为社会生活的正常发展提供了可靠保障。巩固持续向好的新冠肺炎疫情防控成果,就更需要发挥基层党组织和党员的作用,有序进行组织工作。

其次,疫情致使广大群众的生活遭遇许多困难,心理上也承受了许多挫折,基层党组织也只有做好疫情防控,努力保障好、服务好群众生活,才能够凝聚起强大的抗疫力量。各级基层党组织强化政治领导,把疫情防控作为重大政治任务,短时间内尽力提高处理复杂局势的能力和应变水平,正确寻找处理防疫工作的新方法、新途径,积极引导党员和广大人民群众把思想统一到中央的重要部署上来。广大党员在防疫斗争中切实担负起政治责任,发挥了先锋模范作用,身体力行获取了群众的信任。各级党组织有力确保组织统一、思想统一、行动统一,从而保障了各项防疫工作任务的无缝对接和高效运行。

(二)强化思想引领,凝聚抗疫合力

思想引领是基层党组织的重要职能之一。如今,人人可以通过微信、微博、抖音等社交平台发布消息、发表评论。新冠肺炎疫情防控期间,众多信息平台发布海量信息。面对突发情况,对于微信、微博、抖音等社交媒体平台上的信息,许多群众难辨真伪,盲目转发。这种大众化的自媒体,缺乏统一的规范标准,内容的真实性无法一一核实,尤其是一些自媒体为追求点击量、阅读量,发布一些虚假信息。在疫情防控期间,就有一些自媒体发布未经证实的、来源不明的虚假消息,带来社会恐慌和民众不安。基层党组织依靠着政治敏锐性和政治鉴别力,引导和督促广大党员群众多看主流媒体的新闻、多听中央媒体的报道。充分发挥与广大人民群众密切联系的组织优势,利用自身的新媒体平台,主动宣传党和国家的方针政策,弘扬主旋律、传播正能量,从而进一步净化网络空间。

(三)增强服务功能,保障民生

基层党组织是党和政府联系群众、服务群众的“最后一公里”。习近平总书记强调:“在联系服务群众上多用情,在宣传教育群众上多用心,在组织凝聚群众上多用力。”[①]新冠肺炎疫情肆虐,人民群众贯彻国家防疫政策,服从管理,进行居家“隔离”,原有的正常生活秩序被打乱,加上超市、餐馆等日常生活场所的关闭,给人民群众的生活带来了诸多不便。在这样的特殊时期,基层党组织及时了解群众之所需,切实维护正常的经济社会秩序,为了保持生产生活平稳有序而不懈努力。如今,疫情防控形势依旧复杂严峻,疫情反复再次警示我们,抗击疫情不可能一蹴而就。基层党组织必须从严把好疫情防控便民服务关,在常态化疫情防控基础上,可以立即进入疫情防控战时状态。创新工作方法,优化服务方式,为人民群众提供多样化、针对性的服务,切实解决群众的实际生活困难。抗击疫情和保障民生,两个都是“主战场”。在疫情防控中,基层党组织表现如何,民生保障最有发言权。基层党组织在做好疫情防控工作基础上,强化宣传引导,进一步提升了便民服务能力,探索创新便民服务措施,切实保障了人民群众生产生活安全便利。

① 人民日报评论员.多用情　多用心　多用力[N].人民日报.2020-04-06(1).

二、当前提升基层党组织领导力面临的突出问题

习近平总书记在党的十九大报告中指出,一些基层党组织存在弱化、虚化、边缘化问题,"'以问题为导向'是推动基层党建工作不断取得新成效的关键"①。党的十八大以来,我们党更加重视和不断加强基层党组织建设,着力强基层打基础,努力解决基层党建中存在的突出问题,使基层党组织在提升组织力与领导力方面获得了明显的提升与改善。但依旧存在一些不足,尤其是在应对新冠肺炎疫情这样的重大突发事件中,更是暴露出一些突出问题。

(一)组织能力弱化,政治功能不突出

随着经济社会的深刻变革,人民群众的服务需求日益增多,对基层党组织在自身能力、工作形式、业务水平等方面提出了更高的要求,基层党组织的建设必须适应当前工作的新形势、新任务。部分基层党组织引导群众、组织群众、动员群众的能力不足,导致基层工作进展不顺,党组织作用发挥不明显。社会思潮、思想观念、价值取向等日趋多元化,特别是新媒体平台下沉至基层越来越普遍,以传统的宣传模式来宣传党的路线方针政策,已无法应对新的挑战,与新兴的宣传媒介相比,传统的领导管理模式会显得被动和生硬。如果基层党组织基本上依靠上级的推动来做工作,对基层治理缺少因地制宜的规划、思路和与时俱进的工作方法,就起不到应有的政治核心作用。

(二)组织工作运行机制不够完善

基层党组织运行机制不畅,必然会影响领导力的发挥。首先是不能正确认识到抓基层党建工作与抓中心工作的关系,进而导致在党建与业务上时间与精力的分配不均,领导力发挥有限,进一步拉大与新时代全面从严治党要求的差距。部分基层党组织还尚未破除就党建抓党建的思维定式,简单地认为抓党建就是抓党员,党建和中心工作"两张皮"的情况。党建创新工作只能抓住"点",忽略了在"线"和"面"上的延伸和拓展,所以工作欠缺可操作性,党建覆盖面和影响力不大,整体效应发挥不足。另外,还存在基层党组织适应新形势能力不强、处理党组织运行中的个人权威与民主决策关系的能力不强、地方监督机制

① 刘安.以问题为导向加强基层党的建设[J].人民论坛,2019(2):100-101.

不够健全等问题。

（三）基层党组织之间缺乏互联互动

新冠肺炎疫情暴发初期，街道社区、农村等基层党组织，虽处统一行政区域，但也缺乏横向联系，基层党组织力量没有完全统筹整合，未能充分发挥出组织优势，服务资源、服务功能受限。如今，疫情防控形势仍然严峻复杂，面对大数据反馈核查、追踪来返人员、落实隔离措施、全民核酸检测等复杂繁重的疫情防控任务，基层党组织依然面临工作力量严重不足的考验。各基层党组织的力量还未能完全统筹整合起来，缺乏组织优势，在组织体系、协同协商机制方面缺乏创新，规范运行有待完善，在组织群众、凝聚群众的职责作用方面有待进一步提高。

（四）党员队伍建设不足

当基层党组织的领导班子、党员队伍整体发展受限，就很难再去思考基层党组织的建设问题、发展问题，以及提升领导力的问题。基层党组织队伍建设中普遍存在的一个问题就是党员队伍年龄老化，这导致党组织建设相对滞后，开展工作存在困难，在一定程度上制约了基层党组织工作水平的提升。其次，基层党组织中党员的学习教育存在一定的形式主义和随意性，依然有赖于开大会、学文件等传统单一的形式，与实际工作结合不紧密。由于客观条件限制，基层党员干部接受党的教育和培训的机会比较少，党员教育培养缺乏有效途径。这些问题都导致了基层党员存在理论素养不高、能力素质偏低、工作作风不实、落实工作不严等问题，这都制约着组织领导力的提升。再加上基层党组织还存在党员流动性强，党组织开展活动、监督党员难开展等普遍困难，进而使得基层党组织影响力有所下降。

三、新时期党组织领导力建设的有效路径

领导力建设只有抓在平时，才能用在战时。基层党组织作为党在基层全部工作和战斗力的基础，其领导力的强弱直接关系到抗疫成果巩固和疫情常态化防控。在贯彻中央重大决策部署和处理重大突发应急事件中，基层党组织都发挥出领导核心和组织群众、宣传群众、凝聚群众、服务群众的作用，在此过程中，他们也积累了许多实践经验。当务之急，是切实把基层党组织优势转化为打赢

新冠肺炎疫情阻击战的工作优势,必须牢牢以提升领导力为重点加强基层党组织建设,使基层党组织成为疫情防控的坚强战斗堡垒。

(一)强化基层党组织的政治功能

提升基层党组织的领导力,加强政治功能是首要前提和目的。要切实增强基层党组织履职能力,深入开展党史学习教育,增强"四个意识",坚定"四个自信",做到"两个维护",把党的全面领导贯彻到基层。坚持不懈用习近平新时代中国特色社会主义思想武装全体党员干部、教育全体人民群众。基层党组织领导班子要善于从政治的角度考虑问题,从政治上考虑如何把中央的决策部署落到实处,切实把企业、农村、机关、学校、科研院所、街道社区、社会组织等基层党组织建设成为宣传党的主张、贯彻党的决定、领导基层治理、团结动员群众、推动改革发展的坚强战斗堡垒。同时强化基层党组织的战斗堡垒作用,增强党组织的领导力和凝聚力。推动基层党组织紧紧围绕加快发展的第一要务,切实承担起联系群众、宣传群众、组织群众、团结群众的职责,勇挑重担、统一思想,团结和组织党内外干部群众努力完成工作任务。强化制度构建,提升基层党组织依章整治本领,健全党组织领导下的基层治理格局,进一步提升群众组织力,把广大人民群众紧紧团结在党的周围。

(二)提高基层党组织的政治执行力

党的十九大报告指出:"党的基层组织是确保党的路线方针政策和决策部署贯彻落实的基础。"[①]基层党组织的贯彻执行力是我们党执政能力的重要体现,是对基层领导干部和党员工作能力的重要检验。习近平总书记在抗疫斗争中多次强调:"各级党组织认真履行领导责任,特别是抓落实的职责,把党中央各项决策部署抓实抓细抓落地,让党旗在疫情防控斗争第一线高高飘扬。"[②]新冠肺炎疫情暴发以来的各项工作落实的速度、深度、广度到落实的积极性、有效性,都生动地展现了全党的贯彻执行力,也让我们深刻地认识到快速反应、高效落实、坚决执行是赢得抗疫胜利的关键所在。基层党组织尤其要重视强化制度意识,严格按照制度来履行职责、行使权力、开展工作,强化奋斗精神和实干作风,把中央的决策部

---

① 习近平.决胜全面建成小康社会　夺取新时代中国特色社会主义伟大胜利——在中国共产党第十九次全国代表大会上的报告[N].人民日报,2017-10-28(1).

② 坚决把党中央各项决策部署抓实抓细抓落地[N].人民日报.2020-02-28(1).

署不折不扣、因地制宜地落实在实践中。健全贯彻落实激励约束机制，把任务分解、考核奖惩、监督检查、责任追究等机制有机结合起来，形成贯彻执行的强大推动力和刚性约束力。不断强化基层党组织创造性开展工作的能力，创造性地抓好各项工作的落实；不断强化应急管理能力，特别是要加强战时状态下干部治理能力和专业能力建设，增强干部在斗争中学习的本领，以精准赋能强化担当，以增强基层党组织防范风险、应对和化解风险挑战的快速反应能力。

（三）加强基层党组织的自身建设

党组织战斗堡垒作用和政治功能的发挥是建立在组织健全完善的基础上的，为此，首先就要加强基层党组织带头人队伍建设，切实选拔政治强、业务精、作风好的优秀领导干部进入基层党组织领导班子。注重从产业工人、青年农民、高知识群体和非公有制经济组织、社会组织中发展党员，加强党内激励关怀帮扶，增强党员教育管理的针对性和有效性。坚持抓关键少数与全体覆盖相结合、坚持抓系统学习与重点研读相结合、坚持重点培训与全面提升相结合，全面提高党员队伍素质能力。抓精准发展强队伍。通过目标精准化、培养精准化和责任精准化，确保发展党员各个环节规范严谨。搭建党员有效发挥作用的领导平台，扩大党内基层民主，畅通党员参与党内事务、监督党的组织和干部、向上级党组织提出意见和建议的渠道，巩固党长期执政的组织基础。

（四）提升基层党组织的服务能力

基层党组织理应在服务群众、团结群众、引领基层工作这些方面充分发挥积极核心作用。比如抗击新冠肺炎疫情就是各级党组织动员群众防控疫情的过程，在此过程中，基层党组织不仅要充分发挥领导功能，还要服务群众，及时解决好群众生活上的困难，帮助群众排忧解难。面对严峻复杂的疫情防控形势，我们要把其放在全球国际大背景下考虑，依然得做好长期斗争的准备，这就要求必须加快推进服务型党组织建设。转变基层党组织领导方式和工作方式，及时应对疫情防控的突发状况，为群众提供疫情防控进展、疫情防控政策等方面的信息，解决群众生产生活上存在的困难与要求。整合和开发优势资源，合理调整基层党组织设置形式，争取有效整合各类组织资源、社会资源，切实发挥好党的领导核心作用。注重自身的服务功能建设，以服务作为党组织引领基层经济发展能力的基石，才能提高自身影响力和向心力。

全面从严治党背景下中国共产党人的家风建设

周　青①

摘　要：坚持以马克思主义为指导，在全面从严治党背景下深入探讨中国共产党人的家风建设意义重大。中国共产党人红色家风建设具有秉持政治性、突出高标准、强调严要求和注重自觉性的特点。家风建设与党的建设相互联系、相互影响，并能促进从严治党。要以"严的态度"加强共产党人家风建设的思想教育，以"严的要求"构建中国共产党人的优良家风，以"严的规定"强化中国共产党人优良家风的躬行实践。

关键词：全面从严治党；中国共产党人；家风建设

为深入推进全面从严治党，加强中国共产党人的家风建设，中共中央修订出台了一系列有关文件。2015年10月修订的《中国共产党廉洁自律准则》第八条要求，党员领导干部要"廉洁齐家，自觉带头树立良好家风"。2016年10月27日中国共产党第十八届中央委员会第六次全体会议审议通过的《关于新形势下党内政治生活的若干准则》规定："严格执行领导干部个人有关事项报告制度，进一步规范领导干部配偶子女从业行为。禁止利用职权或影响力为家属亲友谋求特殊照顾，禁止领导干部家属亲友插手领导干部职权范围内的工作、插手人事安排。"2021年7月中宣部、中央文明办、中央纪委机关等联合印发《关于进一步加强家庭家教家风建设的实施意见》，强调要加强习近平总书记关于注重家庭家教家风建设重要论述的学习宣传，把家风建设作为党员和领导干部作风建设重要内容，以纯正家风涵养清朗党风政风社风。修订后的《中国共产党党内监督条例》中也提到了要加强中国共产党人的家风建设。显然，这些文件对中国共产党人的家风提出了严格要求，同时，也为深入推进全面从严治党背景

① 周青，中共宿州市埇桥区委党校高级讲师。

下中国共产党人的家风建设提供了重要指导。

一、中国共产党人红色家风的独特性

红色家风，特指由老一辈无产阶级革命家在长期的革命实践中所造就的，是诞生于革命家庭中的、以马克思主义为指导的、由党的性质和宗旨所决定、由中华优秀传统家风精华所涵养而形成的具有鲜明的先进性和政治伦理属性的一种新型家风。红色家风不是凭空形成的，而是马克思主义家庭伦理观与中华传统优良家风、中国革命实践相结合的产物。中国共产党人形成红色家风是坚持党的性质和宗旨的应有之义，具有政治性、高标准、严要求和自觉性的特点。

（一）红色家风秉持政治性

与传统家风相比，红色家风具有鲜明的政治伦理属性，彰显了中国共产党人的先进性。红色家风与以往的传统家风有着质的不同，它集中体现出无产阶级的共产主义道德，即“建筑在无产阶级和广大劳动人民的利益的基础上，建筑在最后解放全人类、拯救世界脱离资本主义灾难、建设幸福美丽的共产主义世界的利益的基础上，建筑在马克思列宁主义的科学共产主义的理论基础上”①的道德。中国共产党的性质和宗旨从根本上决定了中国共产党在各方面的先进性和模范性，家风作为中国共产党人生活作风的重要组成部分，中国共产党人必然会严格要求自己及家人，做好优秀家风的表率。红色家风体现出共产主义道德风范，并在不同的历史时期有不同的具体表现。

（二）红色家风突出高标准

在革命战争年代，红色家风主要体现为中国共产党人及其革命家庭所展现的英勇无畏的革命英雄主义精神；在社会主义建设时期，红色家风突出表现为共产党人及其家庭成员积极投身于社会主义建设事业的奉献精神和不畏困难的艰苦奋斗精神；在改革开放时期，红色家风集中体现为中国共产党人高尚的道德修养和崇高的精神境界。《中国共产党章程》《中国共产党廉洁自律准则》等党的文件中要求和规定，共产党员要自觉将党的纪律纳入自身的家风之中。以高标准的党纪要求自己和家人，体现了中国共产党人家风纪律的高标准，展现

① 刘少奇选集：上卷[M].北京：人民出版社，1981：133.

出中国共产党人高尚的道德修养和崇高的精神境界。

(三)红色家风强调严要求

红色家风对中国共产党人及其家人的思想修养、道德操守、政治觉悟、生活作风、言行举止、廉洁纪律等方面都有着严格的要求。具体来说,共产党人的优良家风,特别是共产党员中领导干部的优良家风,更强调严以修身、严以用权、严以律己,强调廉洁从政、廉洁用权、廉洁修身、廉洁齐家,坚决反对以权谋私,还有对配偶子女的从业行为等都有着严格的规范[①]。

(四)红色家风注重自觉性

中国共产党人十分重视发挥主体在塑造和遵守优良家风中的自觉性和能动性,强调共产党人要自觉发挥模范带头作用,将思想自觉和行动自觉紧密地联系在一起,自觉严守优良家风。此外,共产党人优良家风的形成离不开其家庭成员的共同支持和努力,从某种程度来说,共产党人的家庭成员在塑造优良家风中发挥了巨大的作用,他们用自己的实际行动自觉践行和维护了中国共产党人的优良家风传统。

二、全面从严治党背景下中国共产党人家风建设的重要依据

党的十八大以来,以习近平同志为核心的党中央高度重视管党治党。全面从严治党被纳入"四个全面"战略布局,成为习近平新时代中国特色社会主义思想的重要内容之一。推进全面从严治党,必然要求加强党在各个方面的建设,而共产党人的家风建设作为党的作风建设的重要组成部分,对于落实全面从严治党要求具有重要意义,因此,必须要重视共产党人的家风建设。

(一)家风建设与党的建设相互联系

家风建设与党的建设是相互联系的。家风建设连着党的建设,是党的作风建设的一部分。一个政党要想保持优良的作风传统,保持凝聚力和战斗力,就要不断地加强自身在各个方面的建设。开展中国共产党人的家风建设是十分有必要的,不仅可以使优良的作风传统在党内得到弘扬,而且还可以在共产党

① 魏继昆,崔保锋.红色齐家实践视角下党员干部家风建设研究[J].理论导刊,2019(1):36-41.

人的家庭中得到传承。共产党人的家风建设是对整个党的建设的有效补充和完善,而且家风本身蕴含着有益于党的建设的诸多要素和资源,家风中关于个人的道德修养、理想信念、精神品质等方面的要求与党的建设的要求相对来说在大方向上具有一定的一致性。例如,家风所蕴含的廉洁精神与党的建设所倡导的廉洁纪律是一致的,共产党人树立廉洁的家风更有利于维护和加强党的廉政建设。共产党人的家风正,则党的党风正。共产党人必须要进行家风建设,这是每位共产党人义不容辞的责任,因为共产党员的家风是与党的作风紧紧联系在一起的,可以说共产党员的家风在某种程度上体现着党的作风,党员的家风会影响人民群众对党的评价。因此,加强共产党人的家风建设并非无足轻重的小事,而是意义重大的大事,它既关乎党的作风,又关乎党在人民群众中的形象和地位,甚至关乎党的前途和命运。

(二)家风建设与党的建设相互影响

家风建设与党的建设是相互作用、相互影响的,我们不能割裂二者之间的关系。一方面,家风建设离不开党的建设,党的建设对家风建设具有深刻的影响,良好的党风对共产党人的优良家风的形成具有促进作用,加强党的建设不仅可以起到促进党的发展的作用,而且可以为广大党员形成良好家风营造有利的外部条件。对于一个政党来说,党的建设是关乎其前途命运的大事、要事,如果一个政党不重视自身的建设,就必然会出现党风败坏的现象,一党之风尚且如此,很难说党员的一家之风不会受到不良影响;相反,如果一个政党十分重视自身的建设,就会形成优良的党风,在好的党风的熏陶和净化下,其党员的家风也不会差。另一方面,党的建设离不开家风建设,形成优良家风是维护好党风的前提。共产党人的家风建设对党的建设具有深远影响,特别是共产党领导干部的家风建设对党的建设具有更加重要的意义,党员干部的家风在一定程度上发挥着引导示范作用,党员干部的地位和作用决定了其家风对普通党员的家风具有深远影响。党员干部的家风是党风的缩影,其在一定程度上体现着党的作风,甚至会影响到党在人民群众心中的形象。因此,广大党员干部更应该自觉加强自身的家风建设,坚持严于律己,坚持以上率下,带头搞好自身的家风建设,树立良好的家风,维护好党的形象。

(三)红色家风建设促进从严治党

党的十九大报告指出:“打铁必须自身硬。党要团结带领人民进行伟大斗争、推进伟大事业、实现伟大梦想,必须毫不动摇坚持和完善党的领导,毫不动摇把党建设得更加坚强有力。”[①]党的作风建设不仅包括党的工作作风建设,而且也包括共产党人的生活作风建设。党的第十八届六中全会通过的《关于新形势下党内政治生活的若干准则》明确指出:“领导干部特别是高级干部必须注重家庭、家教、家风,教育管理好亲属和身边工作人员。”作为共产党人生活作风建设的重要组成部分,共产党人的家风建设对于进一步强化党的作风建设具有特殊意义。第一,家风建设有助于增强共产党人对家风重要性的认识,强化共产党人的家风意识,使共产党人在生活中也能自觉遵守党的各项纪律和规定,保持优良的生活作风,从而避免因家风不正而使自己及家庭成员步入腐化堕落的深渊。第二,开展共产党人的家风建设有利于将党的各项纪律和规定融入、落实到共产党人的家风中,使共产党人及其家庭成员在生活作风等各方面严格要求自己。第三,进行共产党人的家风建设有利于传承家风文明,弘扬家庭美德,陶冶共产党人的情操,提升共产党人的精神境界,增强共产党人的党性修养,使其形成良好的生活作风和生活习惯。纵观被查处的党员干部,我们会发现这些党员干部丧失理想信念、出现腐化堕落等问题往往是先从日常生活的腐败开始的。显然,这些党员干部在日常生活中过于放松了对自身的要求,他们没有严格遵循党章和党的各项规定。生活上的无纪律、无规矩的涣散状态容易使这些党员干部一步步突破底线、丧失原则,出现家风败坏和生活作风问题,导致他们最终走上贪污腐败的道路。

三、全面从严治党背景下中国共产党人家风建设的路径

加强共产党人的家风建设是一项复杂的工程,我们需要从多方面探究全面从严治党背景下中国共产党人家风建设的路径。抓好中国共产党人的家风建设关键在于一个“严”字,需要从以下三个方面着手:

① 习近平.决胜全面建成小康社会　夺取新时代中国特色社会主义伟大胜利——在中国共产党第十九次全国代表大会上的报告[M].北京:人民出版社,2017:61.

(一)以“严的态度”加强共产党人家风建设的思想教育

坚持以思想教育影响人一直是中国共产党的一大优势和传统,也是中国共产党在不同历史时期能够不断取得各项胜利的重要保证。思想教育所产生的力量是伟大的,正确的思想能够引领人、塑造人、鼓舞人。因此,在推进共产党人家风建设的过程中,要充分发挥思想教育的作用,不断增强共产党人家风建设的主动性。坚持以“严的态度”加强共产党人家风建设的思想教育,必须先做到思想层面从严,要提升共产党人对家风建设的重要性的认识,端正共产党人对家风建设的态度。同时,还要积极营造浓厚的学习优良家风的氛围,增强共产党人对家风建设的学习热情,要充分整合对共产党人的家风建设有益的思想资源,补足共产党人的“精神之钙”,要将中华民族优良家风、共产党人的红色家风和社会主义核心价值观等优秀的思想文化资源充分融入共产党人家风建设的思想教育的全过程①。

1.继承中华民族优良家风

进行中国共产党人家风建设的思想教育必须继承中华民族优良家风。中华民族十分注重家风传承,有着悠久的家风历史和深厚的家风底蕴。在开展中国共产党人家风建设的过程中,必须加强对中华民族优良家风文化的宣传,必须把中华民族优良家风融入对中国共产党人的思想教育的过程中,进一步发挥中华民族优良家风对人的教育感化作用。此外,还必须有效整合中华民族优良家风资源并加以利用,要充分挖掘、整理关于中华民族传统优良家风的人文历史、文物古迹等文化资源,并在新的时代条件下结合实际情况对中华民族优良家风进行新的解读和研究。

2.弘扬共产党人的红色家风

开展中国共产党人的家风建设,必须加强对共产党人关于红色家风方面的思想教育。首先,要通过开展广泛的思想教育引导共产党人追寻红色家风记忆,使他们真正从红色家风中受到教育和启发。其次,要积极引导共产党人自觉传承和弘扬红色家风,注重加强自身的家风建设。再次,要系统收集、整理关于共产党人红色家风的事迹、文物、史料等,并在此基础上进一步加深对红色家风的研究和宣传教育。最后,要坚持与时俱进,以创新精神加强和改进对共产

---

① 包志国,刘占祥.新时代中国共产党人价值观的基本内容、建设路径及时代价值[J].学术探索,2019(3):30-36.

党人红色家风的宣传教育,要结合网络信息化时代的发展趋势,借助新媒体的有利条件,创新对红色家风的宣传手段和宣传方式,通过喜闻乐见的方式增进人们对红色家风的认知。

3.践行社会主义核心价值观

开展中国共产党人的家风建设,必须加强对共产党人在社会主义核心价值观方面的思想教育。要把社会主义核心价值观作为共产党员学习教育的重要内容中,引导广大共产党员自觉坚守社会主义核心价值观,让社会主义核心价值观成为无处不在的正能量。此外,还要把社会主义核心价值观与中国共产党人的家风建设紧密结合,以社会主义核心价值观指导共产党人的家风建设。让社会主义核心价值观成为共产党人的日常行为规范,使他们在生活中严格要求自己的一言一行。

(二)以“严的要求”构建中国共产党人的优良家风

全面从严治党背景下推进中国共产党人的家风建设,根本在于以“严的要求”构建中国共产党人的优良家风,增强共产党人家风建设的针对性。作为家风的重要载体和表现形式,家规、家教、家训在一定程度上影响和促进了整个家风的形成和发展。厚植优良家风离不开家规、家教、家训,因此,在以“严的要求”构建中国共产党人的优良家风的过程中,必须要从细化共产党人的家规、强化共产党人的家教和秉承共产党人的家训做起,这也是构建中国共产党人优良家风的必经之路。

1.细化共产党人的家规

“不以规矩,不能成方圆。”在以“严的要求”构建中国共产党人的优良家风的过程中,必须从立定规矩、从细化共产党人的家规开始做起。首先,共产党人应强化家规意识,在思想上提升对家规的重要性的认识,自觉遵守家规。其次,共产党人要认真制定家规,使家规更具有操作性和实用性,并明确告知每一位家庭成员应积极学习和遵守家规。再次,共产党人确立家规的过程中,还需要批判继承中华民族的传统家规文化,做到“取其精华,去其糟粕”,积极借鉴有益的经验,不断细化、丰富、完善家规。

2.强化共产党人的家教

家教不严,则家风不正。在构建中国共产党人的优良家风的过程中,必须强化共产党人的家教。中国共产党人必须抓好对子女的家教,特别是广大党员干部,更要管好自己的子女。对于子女的教育应该从小抓起,家长有责任帮助子女树立正确的世界观、人生观和价值观。要坚持从严教子,做到慈严相济,处理好慈爱和严教的关系，特别是党员干部要从严管好自己的子女、配偶、亲属等，教育他们不准借着自己的权力和影响力搞特殊照顾，不准有任何违法乱纪的行为。总之，共产党人要把对子女的良好教育融入日常生活，坚持做到行于点滴。

3.秉承共产党人的家训

在构建中国共产党人的优良家风的过程中，除了要细化共产党人的家规、强化共产党人的家教外，还要秉承共产党人的家训。随着全面从严治党的不断深入，中国共产党人应该更加重视发挥家训的积极作用，要学会运用家训从严治家，要认真学习老一辈无产阶级革命家的优良家训，要坚持以马克思主义家庭伦理观为指导，批判继承传统家训的有益成分，自觉树立共产党人的优良家训，严格秉承共产党人的家训去做人做事①。

（三）以“严的规定”强化中国共产党人优良家风的躬行实践

“纸上得来终觉浅，绝知此事要躬行。”进行中国共产党人的家风建设，必须注重发扬实践精神，坚持知行合一，不仅要让优良家风内化于心，更要让其外化于行。共产党人必须要把优良家风落实到一点一滴的实践中，以“严的规定”强化中国共产党人优良家风的躬行实践，增强共产党人家风建设的实效性，坚持做到严于“立廉”、严于“立志”、严于“立行”。

1.家风建设之严于“立廉”

清廉是值得人们学习的美德，也是家风建设中的重要内容。进行共产党人的家风建设，必须树立廉洁家风。清正廉洁是中国共产党人必须具备的宝贵美德。在强化中国共产党人优良家风的躬行实践的过程中，必须坚持严于“立廉”，树立廉洁家风。中国共产党人自己必须时刻遵守党的廉洁纪律，始终牢记全心全意为人民服务的宗旨，不仅要保持廉洁的工作作风，还要抓好廉洁家风建设，加强对家人的廉洁教育，树立清廉家风，筑牢家庭拒腐防变的堤坝。广大党员干部必须带头遵守廉洁自律规范，坚持廉洁从政，保持人民公仆本色；坚持廉洁用权，维护人民根本利益；坚持廉洁修身，自觉提升思想道德境界；坚持廉洁齐家，带头树立良好家风②。

① 官绍刚，付玉祥.全面从严治党背景下廉政文化建设思考[J].创造，2019(7)：44-47.

② 黄存金.新时代加强领导干部家风建设的思考[J].探求，2018(6)：24-29，40.

2.家风建设之严于“立志”

在推进中国共产党人家风建设的过程中,必须坚持强化共产党人优良家风的躬行实践,做到严于“立志”。每一位中国共产党人都必须坚定共产主义信仰,补足“精神之钙”,树立为共产主义理想而奋斗终身的远大志向,永葆共产党人的政治本色。特别是广大党员干部,应牢记入党誓词,做到忠于党、忠于人民、忠于职守,立志做为人民服务的事情,充分发扬埋头苦干的实干精神,将严于“立志”与脚踏实地相结合,用实际行动去实现宏伟志向。在家风建设中,共产党人还应该从严教育子女,引导他们从小立志,使他们成为有志向的人。

3.家风建设之严于“立行”

在进行家风建设的过程中,中国共产党人应该强化对优良家风的躬行实践,坚持严于“立行”。一方面,要以优秀共产党员为榜样,向焦裕禄、杨善洲等同志学习,学习他们的优良家风,将优良家风内化于心;另一方面,要增强共产党人践行优良家风的自觉性,共产党人应自觉发挥先锋模范作用,做传承优良家风的表率,将优良家风外化于行,以实际行动带头践行优良家风。要强化自我约束,从言行举止各个方面严格要求自己,经常对照党章及党的各项规定检查自己的言行,加强党性修养,培养高尚的道德情操,要强化纪律观念,坚持慎独自律、省察克制,守住底线,坚定原则,自觉抵制不良生活作风的侵蚀,做忠诚、干净、有担当的共产党人。此外,共产党人还要担负起建设良好家风的责任,要重视对子女、亲属的家庭教育,引导家人共同践行优良家风。

综上所述,作为中华精神文明的重要标志之一,优良家风在当前仍然具有重要的时代价值。中国共产党人为促进家风的传承与发展作出了积极贡献。中国共产党人不仅继承了中华民族的传统优良家风,而且开创了共产党人的红色家风。在新的历史条件下,家风仍然发挥着其独特作用,中国共产党人仍然需要发扬红色家风传统,特别是在全面从严治党逐渐深入的背景下,加强中国共产党人家风建设的紧迫性和重要性日益凸显。进行中国共产党人的家风建设,无论是对维护健康的政治生态、推进党的作风建设,还是对促进社会主义核心价值观的践行,都具有深远的意义。进行共产党人的家风建设是一个长期的过程,需要持之以恒地坚持与努力,更需要结合全面从严治党的背景,从知、情、意等多个方面入手,切实提升共产党人家风建设的主动性、针对性和实效性。

(原文发表于《齐齐哈尔大学学报》(哲学社会科学版)2021年第4期,收入本书有改动。)

新时代高校宣传思想工作主要任务的逻辑理路

马和平[①]

摘　要：中共中央办公厅、国务院办公厅印发的《关于进一步加强和改进新形势下高校宣传思想工作的意见》明确规定了高校宣传思想工作的主要任务：坚定理想信念；巩固共同思想道德基础；壮大主流思想舆论；推动文化传承创新；立足学生全面发展。五大任务内容丰富、层次分明、重点突出、逻辑清晰，构成了一个有机的任务体系，有着严密的内在逻辑，是当前高校宣传思想工作的主要契入点、着力点和落脚点。紧扣五大任务，扎实做好宣传思想工作，为社会主义培养建设者和接班人，是新时代高校"为党育人、为国育才"的时代责任和历史使命。

关键词：高校宣传思想工作；主要任务；逻辑理路

《关于进一步加强和改进新形势下高校宣传思想工作的意见》(下简称《意见》)指出："做好高校宣传思想工作，加强高校意识形态阵地建设，是一项战略工程、固本工程、铸魂工程。"[②]新时代高校做好宣传思想工作，必须以习近平新时代中国特色社会主义思想为指导，以习近平总书记关于宣传思想工作的重要论述为根本遵循，对标对表《意见》规定的各项任务，实事求是、加强改进、创新作为。《意见》规定，新时代高校宣传思想工作主要任务有：坚定理想信念；巩固共同思想道德基础；壮大主流思想舆论；推动文化传承创新；立足学生全面发展。这些任务构成了一个相辅相成、相互作用、有机统一的任务体系，有着严密的内在逻辑，是当前高校宣传思想工作的主要契入点、着力点和落脚点。

---

① 马和平，芜湖职业技术学院教授。

② 中共中央办公厅、国务院办公厅印发.《关于进一步加强和改进新形势下高校宣传思想工作的意见》[EB/OL].(2015-01-19)[2021-11-10].http://www.gov.cn/xinwen/2015-01/19/content_2806397.htm.

一、坚定理想信念,增强理论认同、政治认同、情感认同,凝心聚力共筑中国梦

走中国特色社会主义道路,是历史的必然、人民的选择,更是被我们党领导人民进行的革命、建设和改革的伟大实践证明了的,具有无法撼动、不可替代的现实逻辑。历史已经证明了中国共产党能,未来怎样才能继续能呢?中华民族伟大复兴的中国梦,需要一代又一代青年的持续奋斗。“未来属于青年,希望寄予青年。”[①]高校是青年汇聚之地、是他们成长成人成才之所,大学时期是他们人生“拔节孕穗期”和“扣好人生第一粒扣子”的关键期,必须坚定大学生理想信念,补足他们精神上的“钙”。

“革命理想高于天。”[②]坚定理想信念,就要深入开展中国特色社会主义和中国梦宣传教育。中国梦是中华民族伟大复兴的同义语。追求中华民族伟大复兴是中国近代史发展和中华民族历史发展的必然,也是以马克思主义为指导的中国共产党人的初心和使命,“中国共产党一经诞生,就把为中国人民谋幸福、为中华民族谋复兴确立为自己的初心使命。一百年来,中国共产党团结带领中国人民进行的一切奋斗、一切牺牲、一切创造,归结起来就是一个主题:实现中华民族伟大复兴”[③]。要实现中国梦,必须坚持和发展中国特色社会主义,“中国特色社会主义是改革开放以来党的全部理论和实践的主题,是党和人民历尽千辛万苦、付出巨大代价取得的根本成就”[④]。因此,高校开展宣传思想工作就是要深入开展中国特色社会主义和中国梦宣传教育,坚定学生理想信念,固本铸魂。

要而言之,第一,高校要加强马克思主义学院建设,加强马克思主义理论学科建设和马克思主义理论研究和宣传,充分发挥思想政治理论课主渠道、主阵地作用,推动中国特色社会主义理论体系进教材、进课堂、进头脑,理直气壮、讲深讲透中国共产党为什么能,中国特色社会主义为什么好,马克思主义为什么行,让学生从历史逻辑、理论逻辑和实践逻辑统一中理解和认识到中国共产党能、中国特色社会主义好,归根结底在于马克思主义行。第二,运用各种宣传方

---

① 习近平.在庆祝中国共产党成立100周年大会上的讲话[N].人民日报.2021-07-02(2).

② 习近平谈治国理政:第2卷[M].北京:外文出版社,2017:34.

③ 习近平.在庆祝中国共产党成立100周年大会上的讲话[N].人民日报.2021-07-02(2).

④ 习近平谈治国理政:第3卷[M].北京:外文出版社,2020:13.

式方法，加强思想政治教育，引导学生将个人利益与集体、国家、民族利益，个人梦与国家梦、民族梦有机结合起来，为梦而行、逐梦而生，在圆梦中实现自己人生价值。第三，切实加强高校各种形式的实践活动和实践教育，组织学生到红色教育基地、社区、企业、农村等开展实践教育活动，亲身感受民情、社情和国情，使他们正确认识国家前途命运和自身社会责任，使他们坚信："无论过去、现在还是将来，对马克思主义的信仰，对中国特色社会主义的信念，对实现中华民族伟大复兴中国梦的信心，都是指引和支撑中国人民站起来、富起来、强起来的强大精神力量"①。

二、巩固共同思想道德基础，画出团结奋斗的最大同心圆，汇聚实现中华民族伟大复兴的磅礴力量

人心齐，泰山移。"中国人民从亲身经历中深刻认识到，团结就是力量，团结才能前进，一个四分五裂的国家不可能发展进步。"②巩固共同思想道德基础，画出团结奋斗的最大同心圆，将全国各族人民像石榴籽一样紧紧团结在一起，汇聚成坚持和发展中国特色社会主义事业的磅礴力量，是我们党之所以能的力量之源和成功秘诀。

坚持和发展中国特色社会主义是新时代的主题，加强和改进高校宣传思想工作必须巩固共同思想道德基础。坚持和发展中国特色社会主义，就需要用社会主义核心价值体系铸魂育人，因为社会主义核心价值体系是兴国之魂，是社会主义意识形态的本质体现，是全党全国各族人民团结奋斗的共同思想道德基础。社会主义核心价值观是社会主义核心价值体系的内核，高校培育和引导学生践行社会主义核心价值观是巩固共同思想道德基础，画出团结奋斗最大同心圆的需要。习近平总书记强调，"核心价值观是一个国家的重要稳定器"。"我们要从巩固全党全国各族人民团结奋斗的共同思想基础、巩固党的执政地位的战略高度，持续加强社会主义核心价值体系建设，把培育和弘扬社会主义核心价值观作为凝魂聚气、强基固本的基础工程，作为一项根本任务，切实抓紧抓好。"③

培育和弘扬社会主义核心价值观，高校要将社会主义核心价值观教育渗透

① 习近平. 在庆祝改革开放40周年大会上的讲话[M]. 北京：人民出版社，2018：42-43.

② 习近平谈治国理政：第3卷[M]. 北京：外文出版社，2020：141.

③ 习近平关于社会主义文化建设论述摘编[M]. 北京：中央文献出版社，2017：107.

到教育教学全过程、各环节、各方面。首先,要坚守课堂这个主渠道,发挥好课程育人功能,建设好思想政治理论课这一关键课程;同时,把思想政治教育贯穿人才培养体系,全面推进课程思政建设,协同推进课程育人功效,提高人才培养质量。其次,以学生为中心,大力构建全员、全程、全方位的"三全育人"体系,构筑"三全育人"新格局,将社会主义核心价值观贯穿、渗透、融通于学生生活、学习、社会实践等各方面,使培育和践行社会主义核心价值观达到"百姓日用而不知"的境界。最后,打造一支政治强、情怀深、思维新、视野广、自律严、人格正的教师队伍,使教师成为社会主义核心价值观的坚定信仰者、积极传播者、模范践行者,真正成为学生锤炼品格、学习知识、创新思维和奉献祖国的引路人,做到"学为人师,行为世范"。教育要发展,教师是关键。习近平总书记坚持"两点论"和"重点论"的统一,高度重视教师队伍建设,对师德师风建设做出了系列重要论述和指示批示,为教师队伍、师德师风建设提供了根本遵循和指导。教师作为传道授业解惑者,其自身学识、观点和立场对于学生的成长成人成才起着关键性,甚至决定性作用。因此,传道者必先明道,教育者必先受教育,要用社会主义核心价值观培育和塑造学生,教师首先要被社会主义核心价值观所培养和塑造。所以,建设政治过硬、业务精湛、育人高超的高素质教师队伍,既是高校建设的基础性工作,也是高校宣传思想工作主要任务的题中之义。

三、壮大主流思想舆论,强化意识形态阵地意识,抓牢意识形态领导权、话语权

高校是意识形态的前沿阵地,必须要占领好。在中华民族伟大复兴战略全局和百年未有之大变局之下,意识形态工作面临着诸多严峻挑战,各种思潮之间的激荡和冲突从未停息。习近平总书记明确划分了我国思想舆论领域红色、黑色和灰色三个不同地带,并对其总体态势和阵地格局做了全面分析,指出"红色地带是我们的主阵地,一定要守住;黑色地带主要是负面的东西,要敢于亮剑,大大压缩其地盘;灰色地带要大张旗鼓争取,使其转化为红色地带"①。

巩固拓展"红色地带"、转化"灰色地带"、改变"黑色地带",坚守住意识形态工作前沿阵地,高校宣传思想工作必须弘扬主旋律,传播正能量,壮大主流思想舆论。"团结稳定鼓劲、正面宣传为主,是党的新闻舆论工作必须遵循的基本方

① 习近平谈治国理政:第2卷[M].北京:外文出版社,2017:328.

针。”[1]主旋律、正能量是推动社会发展的动力源、精气神。中华文明源远流长，文化根脉从未中断；我们党历经百年，构建而成的以伟大建党精神为核心的精神谱系，贯穿其中的就是那百折不挠、勇往直前、其命维新、心怀天下的精气神。高校宣传思想工作壮大主流思想舆论的首要之举就是牢牢把握正确政治方向，以红色文化为底色、以中华优秀文化为基色，以社会发展成就为亮色，通过各种途径弘扬主旋律，传播正能量。第二，通过创新宣传内容和形式，运用科技新成就，立足学生新特点，高奏主旋律，坚守主战场，用主流价值观引领人、培育人、塑造人；大力推进“四史”教育宣传，尤其是党史教育宣传，用足用好党史这一“最好营养剂”“最好教科书”，传承红色基因，赓续红色血脉。第三，高校必须提高自身宣传能力和水平，建立高校、宣传部门、新闻媒体三方联动宣传机制，建优建强宣传思想工作队伍，增强脚力、眼力、脑力、笔力，把握好时、度、效，构筑大宣传格局。

“我国社会积极正面的事物是主流，消极负面的东西是支流”[2]，高校做好宣传思想工作，壮大主流思想舆论，强化阵地意识，就要辩证认识主流和支流之间关系，“集中反映社会健康向上的本质，客观展示发展进步的全貌”[3]，力避支流掩盖、湮没、消解、丑化主流。主流和支流是对立统一的。高校宣传思想工作的任务就是要通过加强制度建设、强化宣传手段、改革创新育人方式方法、营造积极向上校园文化等，让激动人心、催人奋进、引人向上向善的主流舆论占领高校意识形态的制高点和主阵地，提高新闻舆论传播力、引导力、影响力、公信力；让消极、颓废、低俗、庸俗、媚俗，以丑化社会为能事、混淆视听、颠倒黑白的支流声音无处发声，无人理睬，让支流在主流面前自惭形秽、无处遁形、无地自容。如此，红色地带会不断巩固拓展，黑色地带会不断败退缩小，灰色地带也将向红色地带快速转化。

正确处理好消极负面现象的宣传报道，是壮大主流舆论阵地不可或缺的另一面。消极负面现象是客观存在的，高校宣传思想工作必须足够重视消极负面现象，认真分析研究它为何发生、怎样发生、发生的后果，以及今后如何避免等。“好事不出门，坏事传千里。”针对消极负面现象，第一，高校宣传部门要抢占先机，先人一步、先声夺人、主动作为，尤其要精准掌控好宣传思想工作的时效度，

① 习近平谈治国理政：第2卷[M].北京：外文出版社，2017：333.

② 习近平关于社会主义文化建设论述摘编[M].北京：中央文献出版社，2016：44.

③ 习近平关于社会主义文化建设论述摘编[M].北京：中央文献出版社，2016：44.

赶超消极负面消息流传的速度,对负面现象做到心中有数、胸中有谱、行中有方,牢牢把控事态发展的过程和趋势,掌控主动权和话语权,不让它有被人随意丑化、恶意渲染甚至歪曲的机会。第二,针对学生对消极负面现象的困惑疑问,要做好答疑解惑工作,引导学生用客观、正确、理性的态度对待,不掩耳盗铃地“捂盖子”,不欲盖弥彰地“灭火”;对于那些想利用负面现象恶意丑化、诋毁我们的势力和个人,要敢于斗争,善于斗争。态度上要坚定正确立场,不回避、不躲闪地给予有力回击,方法上要讲究策略,对负面现象要少渲染事件本身,多报道党和政府的积极态度和应对措施。第三,要认真贯彻党的宣传思想工作方针,遵守宣传思想工作纪律,“涉及重大政策问题的批评,可以通过内部渠道向上反映,不宜公开在媒体上反映”[①]。

四、推动文化传承创新,坚定文化自信,以文化人

“文化自信是更基本、更深沉、更持久的力量。”[②]“兴文化”是高校宣传思想工作的职责和使命,《意见》把“推动文化传承创新,建设具有中国特色、体现时代要求的大学文化,培育和弘扬大学精神,把高校建设成为精神文明建设示范区和辐射源,继承和发扬中华优秀传统文化,促进社会主义先进文化建设,增强国家文化软实力”规定为高校宣传思想工作的主要任务之一。

高校宣传思想工作“兴文化”,推进以文化人,要大力推动文化传承创新,即推动中国特色社会主义文化的传承创新。中国特色社会主义文化主要包含中华优秀传统文化、革命文化和社会主义先进文化,因此,高校宣传思想工作“兴文化”,要大力推动以这三种文化为基本内容的中国特色社会主义文化的传承创新。

“中华文化是我们提高国家文化软实力最深厚的源泉,是我们提高国家文化软实力的重要途径。”[③]它构成了当代中国人的精神底蕴,承载着浓郁的民族情结、民族认同和民族自豪感,也是中华民族生生不息、永续发展的精神力量源泉。它从未中断的历史和“苟日新,日日新”的禀赋和特质,赋予了中华民族独特的精神气质和创新能力。“加强对青少年学生的中华优秀传统文化教育,对于

① 十八大以来重要文献选编:下[M].北京:中央文献出版社,2018:218.

② 十八大以来重要文献选编:下[M].北京:中央文献出版社,2018:323.

③ 习近平关于全面建成小康社会论述摘编[M].北京:中央文献出版社,2016:109.

培养中华优秀传统文化的继承者和弘扬者，推动文化传承创新，建设社会主义先进文化具有基础作用。”[①]革命文化内蕴着丰富的革命精神和厚重的历史文化内涵，是中国共产党带领人民在新民主主义革命实践和革命文化创造的过程中形成的精神追求、精神品格和精神力量[②]。社会主义先进文化具有社会主义一般属性，又与中国实际和中华优秀传统文化相结合而生成，因而具有中国特质和风格，代表先进生产力的发展要求和先进文化的前进方向，具有科学性、时代性和人民性。革命文化和社会主义先进文化都是我们党在马克思主义指导下，立足中华大地，植根中华优秀传统文化，领导中国人民历经革命、建设和改革锻造铸就而成的，承载着中国共产党人的初心和使命，伟大建党精神是革命文化和社会主义先进文化的坚固内核。

高校推动文化传承创新，第一，要对以中华优秀传统文化、革命文化、社会主义先进文化为基本内容的中国特色社会主义文化充满自信，因为唯有对一种文化坚定自信，才有传承创新它的志气、骨气和底气，而且，文化自信更能从内心深处激发、唤起和坚定对这种文化所承载和内蕴的道路、理论、制度的自信。第二，要严格认真落实“加强党对宣传思想工作的全面领导，旗帜鲜明坚持党管宣传、党管意识形态”[③]，确保文化传承创新宣传不走形、不变样、不缺位。党管宣传、党管意识形态，既是我们党的优良传统和宝贵经验，也是马克思主义政党的内在规定和根本特征。历史上无数案例反复证明，一旦意识形态阵地失守，所犯的错误就是大错误，所出的问题就是大问题。如苏联解体、东欧剧变就是如此。第三，要分清辨明三种文化的独特内涵、不同特征、各自呈现和表达方式，结合具体学情、校情，遵循文化宣传传播规律，创新转化中华优秀传统文化的当代价值和时代意义，挖掘和用好红色资源，赓续红色血脉，讲好新时代中国故事。第四，要提高业务素养、舆论宣传能力，提升文化传播意识和能力，用现代科学技术助推宣传思想工作走实走心。第五，大力弘扬正气，宣传榜样先进，选树身边优秀典型，尤其要用红色人物、红色故事启迪和激励大学生进德修业、创先争优、净化心灵。第六，要营造安全、健康的大学校园文化，精心设计建设校园内基础设施；结合校情，打造能彰显学校特色的文化品牌；加大提升数字

① 教育部.完善中华优秀传统文化教育指导纲要[EB/OL].(2014-03-26)[2014-03-28].http://www.moe.gov.cn/srcsite/A13/s7061/201403/t20140328_166543.html.

② 秦洁.革命文化：中华民族最为独特的精神标识[J].红旗文稿，2016(17)：13-14.

③ 习近平谈治国理政：第3卷[M].北京：外文出版社，2020：314.

化、智能化校园建设,丰富校园文化内涵等。“刚柔交错,天文也。文明以止,人文也。观乎天文,以察时变;观乎人文,以化成天下。”(《周易·贲卦》)文化宣传要符合文化自身特点和发展规律,采取如盐入水、春风化雨、润物无声的方式方法,使学生在文化宣传中有浸润感、融入感、亲切感。

中国特色社会主义文化以中华优秀传统文化为根基,以马克思主义为指导,历经中国共产党领导中国人民进行革命、建设、改革的淬炼和精取,是人类文明的优秀成果,用这种文化“化成天下”,涵育青年,既是社会主义社会中高校的职责和使命,更是培育时代新人的必然选择。

五、立足学生全面发展,全面落实立德树人根本任务,培养社会主义建设者和接班人

人的全面发展是马克思主义的崇高社会理想,马克思主义所确立的共产主义远大理想,其价值目标就是人类解放和人的自由而全面发展。“代替那存在着阶级和阶级对立的资产阶级旧社会的,将是这样一个联合体,在那里,每个人的自由发展是一切人的自由发展的条件。”[①]以马克思主义为指导的中国共产党从诞生起,就将为中国人民谋幸福、为中华民族谋复兴作为自己的初心使命,确立了以人民为中心的发展理念,其深层内涵就是在党的领导下,实现全体人民共同富裕和自由全面发展。

“我国是中国共产党领导的社会主义国家,这就决定了我们的教育必须把培养社会主义建设者和接班人作为根本任务,培养一代又一代拥护中国共产党领导和我国社会主义制度、立志为中国特色社会主义奋斗终身的有用人才。”[②]高校宣传思想工作主要任务落脚点就是学生全面发展,全面落实立德树人根本任务,为中国特色社会主义培养德智体美劳全面发展建设者和接班人,为实现中华民族伟大复兴培育“奋斗终身的有用人才”。

培养德智体美劳全面发展的时代新人既是高校宣传思想工作的根本任务,也是必须遵循的基本原则,因此,必须辩证对待德智体美劳的关系,充分认识到它们之间有主次之分,但无重要不重要之别,也不是平分秋色。它们之间的关系,可用“为政以德,譬如北辰。居其所而众星拱之”(《论语·为政》)喻之。五者中德为先、为核心、为根本,居于统领地位,恰如“居其所”的“北辰”,而其他四者

① 马克思恩格斯选集:第1卷[M].北京:人民出版社,2012:422.

② 十九大以来重要文献选编:上[M].北京:中央文献出版社,2019:647.

则如“众星拱之”。“‘才者，德之资也；德者，才之帅也。’人才培养一定是育人和育才相统一的过程，而育人是本。人无德不立，育人的根本在于立德。这是人才培养的辩证法。”[1]

德在不同历史时期、不同属性社会具有不同的内涵和规定，它是一般性和特殊性的统一。如今，我们所培育时代新人的德当然具有独特的时代内涵和规定，“社会主义建设者和接班人，定语就是‘社会主义’，这是我们对培养什么人的本质规定”[2]。所以，我们立德树人是要培育和弘扬社会主义核心价值观，用社会主义的德把学生立起来，使学生成为明大德、守公德、严私德的有用人才；成为坚定听党话、跟党走的有理想、有本领、有担当的有用人才。同时，智美体劳与德有机统一，由德统帅，体现德之意蕴，又各具内涵，具有独立性。

高校宣传思想工作要立足学生全面发展，全面落实立德树人根本任务，培养一代又一代社会主义建设者和接班人，必须做到：第一，以习近平新时代中国特色社会主义思想为指导，以习近平总书记关于宣传思想工作重要论述为根本遵循，全面贯彻党的教育方针，坚持“两个巩固”，将政治方向、政治立场、政治定力和政治标准置于首位，用新时代的新理念新思想新观点武装学生头脑，使学生增强“四个意识”、坚定“四个自信”、做到“两个维护”，牢记“国之大者”。第二，整合协调好所有方面和力量，充分调动所有资源，提升宣传思想工作的合力和质量。高校党委要举旗定向，将宣传思想工作领导权、管理权和话语权牢牢抓在手里，将主体责任落到实处，建立健全高校党建和宣传思想工作责任制和工作机制，构筑宣传思想工作与教学、科研、管理、服务等的全面融合，这既是不可推卸的职责，更是严格落实党管宣传、党管媒体、党管意识形态的必然要求。同时，高校党委要着力建立健全党委统一领导，做好顶层设计，协调学校各方，构建各司其职、各负其责的大宣传、大教育格局，为“育新人”提供制度、组织和管理保障，以及人财物支持。第三，必须以学生为中心，围绕学生、关照学生、服务学生，将遵循学生成长成人成才规律和遵循宣传思想工作规律统一起来，既要用学生喜闻乐见、易懂易行的内容和方式将社会主义核心价值观贯通于宣传思想工作中，使宣传思想工作具有感染力、亲和力和凝聚力，引导学生向上向善追求人生价值、立志报效祖国，又要强化政治意识、责任意识、阵地意识和底线意识，不哗众取宠，不刻意逢迎，为了吸引关注度而降低宣传思想工作的底线，

---

① 习近平.在北京大学师生座谈会上的讲话[N].人民日报，2018-05-03(2).

② 十九大以来重要文献选编：上[M].北京：中央文献出版社，2019：648.

甚至触碰红线。总之,新时代高校宣传思想工作要紧扣主要任务,坚持把围绕中心、服务大局作为基本职责,大力培育出以实现中华民族伟大复兴为己任,不负时代,不负韶华,不负党和人民殷切期望的、有志气骨气底气的“时代新人”。

(原文发表于《高校辅导员导刊》2021年第6期,收入本书有改动。)

壮大发展力量　促进科学社会主义成长

汤国强[①]

摘要：科学社会主义指引工人阶级先锋队不断地壮大力量，工人阶级先锋队在斗争中不断地发展革命力量，从而有力地促进了科学社会主义事业茁壮成长。150年前成立的巴黎公社在斗争中壮大力量，建立了第一个工人阶级政府，促进了科学社会主义事业发展。由于没有工人阶级先锋队的坚强领导，没能持续地壮大革命力量，在强大的敌人面前失去了政权。100年前成立的中国共产党在斗争中努力发展革命力量，成长为领导着全球五分之一人民的最强大的科学社会主义执政党，在社会主义建设中取得了史无前例的伟大成就。党的领导力、号召力及在全球的影响力日益增长，有力地促进了科学社会主义事业茁壮成长。纪念巴黎公社，要吸取其深刻教训，坚定地跟党走社会主义道路；纪念中国共产党一百周年，总结党的丰富经验，建设一支战无不胜的伟大的工人阶级先锋队。

关键词：科学社会主义；中国共产党；巴黎公社

170多年来，科学社会主义事业从无到有，从小到大，由弱变强。它不断成长壮大，向前发展，取得了历史性伟大成就。150多年前，巴黎公社成立，促进科学社会主义事业发展。100年多前，中国共产党成立，努力壮大力量，不断丰富成果，积极应对挑战，发挥着重要的作用，有力促进科学社会主义伟大事业不断向前发展。

① 汤国强，原蚌埠铁路党校讲师。

一、在斗争中壮大力量

科学社会主义事业的成长发展需要工人阶级先锋队共产党努力壮大力量,发挥重要作用,领导人民群众不断取得胜利成果。科学社会主义事业发展的历程表明,壮大力量对于发挥作用并取得胜利是十分重要的,也是艰难困苦的。

人类历史上第一个工人阶级政府巴黎公社的创建就特别艰苦。1870年初,法国巴黎工人奋起斗争,组织以工人为主体的革命队伍国民自卫军,很快就发展壮大到约30万人,还购置了数百门大炮。敌人要解除工人武装。国民自卫军中央委员会组织革命力量击溃了敌人,占领市政府,宣告巴黎公社成立。国民自卫军中央委员会成为实际上的临时革命政府。

巴黎公社在成立后的两个月里施行了许多具有深远影响的重大措施:在政权建设上,宣布公社委员会是取代旧政府的唯一政权,新建10个委员会以取代过去政府的各部门;在军队建设上,取消征兵制和常备军,宣布以工人为主体的国民自卫军是唯一的武装力量;在制度建设上,实行民主选举与群众监督相结合的民主制度,废除高薪,实行兼职不兼薪的制度。公社还颁布了一系列保护劳工的法令。这些措施为无产阶级政权建设提供了宝贵经验,丰富和发展了科学社会主义理论。

巴黎公社革命力量虽然迅速壮大起来但却没能发挥出重要作用乘胜消灭敌人。他们忙于选举,沉浸在胜利的欢乐中。敌人却重新纠集武装力量攻入巴黎市区。经过激烈的战斗,巴黎公社战士弹尽粮绝,最后一批社员在"巴黎公社战士墙"下被敌人全部杀害。

马克思认为巴黎公社实质上是工人阶级的政府。工人的巴黎及其公社将永远作为新社会的光辉先驱受人敬仰,逝去的英烈们已永远被工人阶级铭记。巴黎公社虽然存在的时间不长但精神永存,在科学社会主义事业发展过程中的历史作用和经验教训明显而深远。由于没有工人阶级先锋队共产党的坚强领导,面对强大的敌人,巴黎公社的革命队伍没能努力发展工农联盟的强大力量,没能在巩固政权的斗争中发挥出重要作用。他们仅仅取得了暂时的胜利,难以建立起社会主义的国家。

二、在斗争发展力量

科学社会主义事业在成长，它不可阻挡地继续向前发展。1921年中国共产党刚刚成立时仅有50多名党员。万事开头难。党的力量发展壮大不是一帆风顺的。党在成立四年后，党员人数接近1000人。中共四大以后，党的力量在革命斗争中迅速壮大。到中共五大召开时，党员队伍在两年时间里就发展到将近58000人，成为斗争中成长壮大起来的真正的人民群众的党。

力量越壮大，敌人越害怕。1927年，敌人发动反革命政变，大肆屠杀共产党人和革命群众。党的力量受到很大损失，党员人员锐减至一万多人。党继续坚持科学社会主义基本原理，迅速建立人民武装，不断壮大革命力量。在党诞生十多年时，革命力量已经发展壮大到能够多次战胜敌人对根据地的围剿。

革命越深入，斗争越激烈。在20世纪30年代中期，敌人的疯狂镇压，革命的斗争失误使党领导的革命力量遭受重大损失。但是，党不畏艰险始终坚持科学社会主义基本原理，一面加强党的建设，一面壮大革命力量。到建党二十多年时候，党领导的人民军队已经从几千人的队伍成长为百万雄师，战胜了国内的敌人，赶走了帝国主义侵略者。经过长期艰苦努力，党领导人民取得了全国的政权。为了新中国的建立，革命力量付出了巨大的代价，2100多万革命者捐躯，有名可查的烈士370余万人。新中国成立时全国党员将近450万人。科学社会主义事业在中国成长起来十分不易。

中国共产党迅速发展壮大促进了科学社会主义事业在中国快速成长。从50多人到1000万人，党员队伍历经35年艰苦奋斗。社会主义建设进入新高潮，10年多时间，党员队伍便由1000万人发展到2000万人①。

新中国经过七十多年发展，力量不断壮大。在建党一百年时，党员总数已超过9500万人，比1949年执政时党员人数增长约20倍。中国共产党已经成长为全球最大的科学社会主义执政党。科学社会主义事业的发展因此更有信心更有力量。

在党中央的坚强领导下，党的力量不断发展壮大。党发挥着卓越的领导核心作用，经济社会发展取得了史无前例的巨大成就，有力地促进了科学社会主

---

① 中国共产党简史[M].人民出版社，2021：16，33，170，202，481.

义事业茁壮成长。

中国经济实力大幅提升,国内生产总值从1952年的679.1亿元跃升至2020年的101.6万亿元。经济总量占全球经济比重超过17%,连续四十多年以全球最高速度增长,超越英国、德国和日本,稳居世界第二大经济体。

中国人均国内生产总值从1952年的几十美元增至2020年的超过1万美元,实现从低收入国家到中等偏上收入国家的历史性跨越。制造业增加值多年位居世界首位,220多种工业产品产量居世界第一。

中国在国防科技领域取得了原子弹、氢弹、核潜艇及卫星等标志性成就。人民军队力量大大增强。建设世界一流的军队,有力地巩固了社会主义国家政权。

不断迈向共同富裕的14亿多人,其中有超过4亿人是不断扩大的中等收入群体。中国已是全球最具成长性的超大规模市场,有全球一流的基础设施,全球最大的信息通信网络,令欧美国家惊诧的物流配送速度。网民人数已经突破10亿,形成了全球最为庞大、生机勃勃的数字社会。

百年来,中国实现了从生产力相对落后的一穷二白状况到经济总量跃居世界第二的历史性突破,实现了人民生活从温饱不足到总体小康、奔向全面小康的历史性跨越,为实现中华民族伟大复兴提供了充满活力的体制保证和高质量发展的物质保障。

三、中国共产党强有力地促进社会主义事业茁壮成长

科学社会主义同资本主义进行了长达170多年的较量。在东欧剧变、苏联三十年后,世界范围内发生了有利于科学社会主义事业茁壮成长的深刻转变。东欧剧变和苏联解体以来,世界现有的几个社会主义国家继续坚持科学社会主义目标,努力探索适合本国国情的发展模式,取得社会主义建设事业的胜利。中国是最有力量、最有影响的典范。科学社会主义在中国的胜利对世界社会主义发展具有十分重大的意义。

当今世界有不少拥有百年历史的政党,但像中国共产党这样在执政过程中跨过一个个艰难险阻,始终作为领导核心,不断进行自我革命,持续做大做强的政党极少。

中国共产党一如既往地坚持科学社会主义基本原理,充分发挥集体智慧和

群众力量,为实现国家富强和民族振兴不懈努力。世界各国共产党为此感到自豪和振奋,对科学社会主义事业更有信心。

中国正成为21世纪科学社会主义事业发展的旗帜,成为振兴世界社会主义的中流砥柱。目前世界上约有100个国家的130多个政党仍保持共产党名称或坚持科学社会主义性质,他们也积极借鉴中国共产党治国理政的成功经验。中国经验给世界上希望加快发展又要求独立自主的国家和民族提供了全新选择。中国道路、中国制度和中国力量不断发展,拓展了发展中国家走向现代化的途径。中国智慧和中国方案为解决人类问题做出贡献。

截至2022年初,中国与140多个国家和30多个国际组织签署200余份共建"一带一路"合作文件。如今,"一带一路"已成为当今世界范围最广、规模最大的国际合作平台,为世界各国带来巨大机遇和红利。世界银行研究报告显示,共建"一带一路"倡议将使相关国家760万人摆脱极端贫困、3200万人摆脱中度贫困。中国走共同富裕道路建设人类命运共同体的全球号召力持续扩大。

从最初的党员代表大会秘密召开到如今在世界上有着14亿人的最大的社会主义国家长期执政,从建党时的零起点到现在拥有空前巨大的全球影响力,经过百年发展的中国共产党已成为全球最强大的科学社会主义政党。

170多个国家的600多个政党和政治组织等就中国共产党成立100周年发来1500多封贺电、贺信,这在一定程度上体现了中国共产党强大的吸引力。中国共产党与世界政党领导人峰会上,来自160多个国家的500多个政党和政治组织等领导人、逾万名政党和各界代表共聚"云端",探讨"为人民谋幸福与政党的责任"重大命题,这也在一定程度上体现了中国共产党强大的引领力。中国共产党始终坚持促进科学社会主义事业发展,既彰显了党和国家的强大力量,也彰显了科学社会主义的强大力量。在100多年波澜壮阔的斗争中,中国共产党团结带领人民迎来了中华民族从站起来、富起来到强起来的伟大飞跃,在中国历史上、在科学社会主义历史上、在人类历史上继续书写着光辉的篇章。

150年前,巴黎公社开创了人类历史上第一个工人阶级政权,发展了科学社会主义事业。

100多年来,中国共产党建成了人类历史上第一个最大的科学社会主义执政党,领导着14亿多人民走社会主义道路,过幸福美好生活。

科学社会主义是历史潮流,正在浩浩荡荡向前发展!

红色文化融入青少年爱国主义教育的现实路径探索[①]

周思山，徐敬亮[②]

摘　要：爱国主义教育是社会主义教育的重要组成部分。爱国主义精神属于民族精神的核心理念，也是渗透于我国发展进程中的原动力，红色文化是革命时代的物质产物，又是精神集合，文化和爱国主义有直接联系，又或者说是爱国主义的直接体现和最为直观的产物。在新时代的发展背景下，青少年爱国主义教育面临新的问题，这需要社会深入关注，也需要学校和老师进行多方探索、和红色文化地区形成合作，积极落实青少年阶段的爱国主义教育，探索具有可行性的现实路径。

关键词：红色文化；青少年；爱国主义教育

一、开展青少年爱国主义教育的意义

爱国主义所说的是人民对祖国的热爱之情，代表着对国家的热爱，对民族的热爱，并把这种爱国情感上升为独一无二的信念，在这样的情感支配下出现爱国主义行为，这也是新时代爱国主义教育的主要目标和真正理念。

爱国主义的内涵包括许多方面，首先要坚持爱党敬业，相信社会主义的道德观念理念。只有坚持在中国共产党的领导下热爱社会主义才能体会到真正意义上的爱国主义，才能感受到当代中国的爱国主义精神内涵。只有认识到这一点，才能正确领悟爱国主义的含义。要引导青少年明确爱国主义和社会主义之间的联系，了解社会主义与国家命运的统一，感受爱国主义的真正意义。在

① 本文是安徽省教育厅高校人文社会科学研究重点项目“社会主义核心价值观融入大学文化建设研究（编号SK2020A0541）”的阶段性成果。

② 周思山，宿州学院马克思主义学院副教授；徐敬亮，宿州学院马克思主义学院讲师。

党的领导下，坚持走中国特色社会主义道路，是实现国家发展强大的最根本道路，只有认识到这一点，才能真正坚持爱国主义，才能真正地热爱国家。

真正的爱国主义要维护国家利益，要团结民心。在新时代的发展背景下，我们要坚持走社会主义道路和弘扬爱国主义精神，坚持维护国家的根本利益，只有维护了祖国的和谐和统一，才能促进民心统一，每一个中国人才能从中受益。要让青少年深刻认识到民族团结的重要性，感受全中国人民站在同一战线的伟大力量，感受到凝结在一起的民族力量是多么宏大。他们对此有了深刻认知，就会在一言一行中维护社会主义国家，像维护自己的家人、维护自己的身体健康那样，去维护祖国的利益和民族的利益。在这个过程中，青少年也会自然而然生发出民族自豪感，对中华民族产生认同感、自信感和责任感。开展爱国主义教育的目的是巩固国家统一，促进社会的稳定发展。青少年作为国家未来的发展力量，有必要从小接受爱国主义教育，养成一颗热爱祖国的心。

爱国主义是炎黄子孙最真切也是最真实的情感，爱国情感凝结在内心的最深处。在开展爱国主义教育的过程中，要实现理论武装的全面覆盖，也要展现核心要点，在潜移默化中将理论和现实结合起来。将爱国主义教育渗透到各个年龄阶段的思想政治课程中，积极引导青少年学生感受国与家的密切联系，感受爱国主义的根本性质。在理论学习和爱国实践中，让青少年深刻体会爱国情感，将爱国主义情感内化为内心的自然情感，在日常的言行举止中体现爱国主义精神。

以史为鉴，我们可以了解到国家和民族只有开放和包容，才能真的发展壮大。进行青少年的爱国主义教育，要从不同角度发扬爱国主义精神，帮助青少年建立正确的价值观体系，提升青少年的鉴赏能力，尊重历史，尊重文化传统。教会青少年用辩证唯物主义和历史唯物主义思想来看待历史、分析历史，探究不同国家的发展情况，从中获取经验。新冠肺炎疫情期间我国人民众志成城，团结一心共同抗击疫情，在最短时间内控制了疫情。青少年在此阶段也会设身处地感受到，爱国主义情感是一种怎样宏大又充满凝聚力的情感。学校在开展爱国主义教育时，要认识到教育的正确意义，向青少年开展道德教育，提升学生的道德水平。在这个过程中，学生的思想能力和行为建设能力也会有所提升。爱国主义教育应从娃娃抓起，应当从小对国人进行爱国主义教育，让爱国主义思想深植于每个中国人的内心。青少年正处于成长的关键时期，也处在构造思想观念体系的重要阶段。分析青少年爱国主义精神的培育现状，将红色文化融入青少年爱国主义教育中，满足社会主义发展需求，推动爱国主义教育取得显著成效，这是目前阶段大中小学校的教学任务，也是社会主义现代化建设的重要工作。

二、青少年爱国主义精神的培育现状

从现阶段来看，青少年爱国主义教育中仍存在一系列的问题。这体现在多个方面，自我国实行改革开放以来，市场经济不断发展，人们的生活质量得到普遍提升。但经济的发展也带来一定的奢靡之风，现代青少年的价值观念受到了威胁，不利于当代青少年的未来发展。这体现了多方面不足，要加强对青少年爱国主义精神的培育，就要积极开发利用红色文化资源，实现有效的爱国主义教育，给予青少年良好的精神教育，实现教育指导，培养出符合社会发展需求的爱国主义人才。

(一)缺乏基础的爱国主义教育

从历史发展的过程中总结经验教训，我们认识到，一个国家如果无法团结一心，共同对抗外敌，内部管理不善，可能会使国家变得四分五裂，必然会影响到国家发展。在我国上下五千年的发展过程中，爱国主义对祖国的统一发展有重要影响。虽然是一种无形的精神口号，但对国家发展来说，当国家主权受到侵犯时，爱国主义却是一种无形的护盾，维护着国家利益的基础底线。我国实行改革开放以来，人们的生活质量不断提升。离革命时代越远，学生对革命先烈的事迹就很难感同身受，这不利于开展爱国主义教育。但随着我国教育体制的改革发展，在开展教学工作中，学校越发注重爱国主义教育。但如果爱国主义教育只是纸上谈兵的话，那其教育效果必然不尽如人意。这都是非常重要的问题，也体现了我国有关爱国主义教育的基础工作进行不到位，教师和学校没有做好充足的准备，难以满足学生的学习需求。

(二)爱国主义教育的现实价值不足

在现阶段的爱国主义教育中，一般仍采用较为落后的教学素材呈现模式，过于书面化。改革开放以来，我国的教育质量和教育模式也发生了很大程度的改变。现阶段青少年爱国主义教育要求也随着时代变化不断提高。爱国主义教育越发注重现实价值,如果无法体现现实价值,那么爱国主义教育就没有实质意义。要想开展高质量的爱国主义教育,就要跟上时代发展步伐,跟上学生的思想变化,需要体现爱国主义教育的现实价值,这也是现阶段非常重要的爱国主义教育任务。

三、红色文化融入青少年爱国主义教育的现实路径

(一)做好校园红色文化的基础建设

爱国主义精神体现的是人们对国家的忠诚情感,也是人民对祖国最深厚的热爱之情。在我国,爱国主义精神更体现为中华儿女对祖国的充分热爱,是一种坚定不移的信念和永远存在的民族认同感。中共中央国务院于2019年11月印发了《新时代爱国主义教育实施纲要》,明确提出各地区的教育部门要贯彻落实相关工作。青少年通常包括中学学生,他们正处在成长发展的重要阶段,在此阶段开展爱国主义教育,是各个学校的重要责任。红色文化是中国共产党在革命战争年代,由中国共产党人、先进分子和人民群众共同创造并极具中国特色的先进文化,其在爱国主义教育中具有重要的作用。首先,将红色文化融入爱国主义教育可以体现新时代的创新和传承,也是理论与实践的结合象征。其次,将红色文化融入爱国主义教育,体现了理论学习和实践学习目标的一致性。再者,红色文化在融入爱国主义教育的过程中也具有历史和现实发展相结合的意义。从以上方面都可以体现红色文化融入爱国主义教育的重要性。

为了将此工作落实到日常教学中,更好营造校园爱国主义教育氛围,其一,要发挥课堂教学的主体作用,实现爱国主义教育的意义。课堂是开展教学工作的主要场所,对爱国主义教育来说同样适用。学生通过课堂上的爱国主义学习,能够直接受到精神熏陶,也能够更深入地进行理论学习。在这一过程中,学生在课堂中能充分感受到爱国主义精神,也能体会到爱国主义学习的重要意义。要增强学生爱国主义意识,建构爱国主义精神体系,可以丰富课堂教学模式,采用多种方式,让学生在多种活动中感受爱国主义情感。可以进行竞赛演讲,也可以让学生分享自己在接受爱国主义教育后的感受。每个人的想法都不同,对爱国主义学习的感想也不同,在交流学习的过程中可能会产生新的灵感,也会激起情感共鸣。要将教材中的爱国主义内容,和国家时政进行联系,将传

统的教学素材和现实生活充分联系,让学生感受到爱国主义精神就在我们身边,爱国行为要从我做起。

其二,完善校园红色文化的物质建设。可以利用校园环境,比如食堂走廊、楼道走廊、园林长廊、操场周边等,设置宣传栏普及红色文化知识。利用一些细节实现红色校园文化的宣传和教育。在这个过程中构建校园文化体系,宣传红色文化,让学生在日常活动中就可以感受到红色文化的魅力。在潜移默化中学生也会对红色文化产生兴趣。也可以借助校园中的景物,设立具有特殊含义的红色文化景观。这样会使学生有更好的视觉体验,也有更多了解红色文化的机会。外来游客来校参观时,也会对学校有新的认识。

其三,要积极举办校园红色文化活动。要在特定时期举办爱国主义活动,例如演唱红歌的歌唱比赛,编排红色文化话剧,开展红色文化主题征文比赛。在这个过程中,学生会对红色文化有新的认识,也会去查询有关红色文化的内容。要充分利用校园的宣传平台,建立教育专栏,实现对青少年的爱国主义教育。在日常的学习生活中完成爱国主义教育,形成校园内部学习机制,将内部学习和外部学习同步,实现红色文化的合理灌输,实现爱国主义一体化教育。

(二)实现校园和红色文化地区的有效合作

其一,要抓住机遇,和红色爱国主义实践基地创建合作关系。可以定期组织学生前往基地进行学习,除了要了解革命文化知识,也要实现社会主义核心价值观的教育。青少年正处于身心发展的重要阶段,在这段时间里做好多方面的文化教育,协助开展爱国主义教育,让孩子们理解社会主义现代化建设的重要性,感受我国在发展过程中面临的困难和付出的努力,激发学生们的爱国情感。可以开展多种活动激发学生爱国热情,可以组织学生参观红色文化基地,参加座谈、演讲。在现实环境中,学生会更容易受到感染,也更容易理解爱国主义精神和爱国主义教育的重要性。

其二,将红色教育资源引入校园。在课堂上教师可以通过相关网站为学生展现红色文化相关信息,在这个过程中给予学生自由提问的权利。在自由探讨的过程中,学生的学习兴趣也会被激发。学校也可以请红色资源地区的讲解员到学校来开展讲座,让学生有身临其境的感受,也可以运用多媒体手段,采用多种方式进行爱国主义教育。在有条件的情况下也可以开展更为全面的红色文化教育,让学生可以远距离接触红色资源。

(三)利用多媒体技术实现爱国主义教育

其一,要持续地发挥教育媒介的教育传播性,在网络时代利用多媒体技术和大数据开展爱国主义教育。在传统教育模式下,主要采用报刊和书籍的方式传播红色文化。如今,这依旧是一种主要的传播方式。可以在教室一角布设"红色书籍读书角",让学生可以自由取阅;也可以在一些特定节日开展校园红色文化活动,将校园走廊作为红色文化的宣传平台;也可以将课间广播作为红色故事的宣传方式,让学生在耳濡目染中感受红色文化。

其二,利用红色影音资源,实现校园爱国主义教育。青少年的兴趣爱好广泛,多感官的体验能让他们更有学习兴趣,如果只采用简单的文本输出或语言输出,学生很可能不会深入其中进行探索,很难感同身受。电影和音乐都是现代社会中人们常见的娱乐方式,采用这种视觉和听觉充分结合的方式,可以有效激发学生兴趣。在这个过程中,爱国主义教育能够更加深入进行,在潜移默化中给学生留下更深刻的印象。

教师也可以利用好线上资源平台为学生播放与红色文化有关的视频,让学生对此有更深入的感受,定期给学生分享红色资源的人物故事和历史书籍,介绍红色文化根据地。在日复一日的接触中,学生就会对红色文化有更深入的了解。对一些教龄长、阅历丰富的教师而言,他们可以积极了解一些和青少年年龄相仿的红色人物故事,从他们自身入手,青少年会更容易理解,也更容易感受到爱国主义情感,成功接受爱国主义教育,心生深厚的爱国主义情感。

(四)完善多方合作的红色教育机制

从政府角度来说,要对爱国主义教育基地实现有效监管,制定好合理的管理制度。爱国主义教育基地要免费对青少年开放,为青少年的爱国主义教育提供更有效的支持,也要积极推动绿色资源的一体化整合,积极开展红色教育资源建设。在开展爱国主义教育的过程中,要树立保护意识,发挥红色教育资源的价值,实现真正有意义的爱国主义教育。

从高校角度来说,要编写更有价值的爱国主义教育教材。选择有意义和有价值的内容,收录到教材中,积极构建思想政治课程的教育体系。完善教育内容,将红色精神教育纳入学校教育之中,可在思想政治课程中适当展开精神文化教育,包括长征精神、延安精神等,也可以运用更加多样化手段,让思想政治课程变得更有吸引力和感染力。学校还要积极做好辅助资源的开发利用,积极开展不同种类的校园文化活动,维护校园形象,构建校园独有的红色教育氛围。红色资源有其利用价值,也有丰富的思想教育意义。首先,要正确认识红色资源的价值,将其应用到爱国主义教育中,为爱国主义教育提供新的动力。其次,要实现多样化教学,满足学生的学习需要和提升其学习兴趣。避免只进行简单的文本输出,利用有感官的刺激手段,帮助学生更快进入学习状态。再者就是要跟上时代发展的步伐,随着时代的发展,中国共产党人的精神谱系不断丰富。实现红色资源的合理开发能够为青少年的爱国主义教育提供支持,给予青少年更多的爱国主义教育指导。

从社会角度来说,社会有正向引导的作用,要积极推进青少年爱国主义教育,管理部门应当做好相关法规的完善工作,然后根据市场发展规律,展开思想建设。在城乡地区都要做好基层服务工作。根据发展情况,进行客观地评价和分析。红色教育资源可作为基本的教育素材,为青少年的成长和发展提供精神指导,在这个过程中也要优先树立爱国主义精神,给予学生更多更好的精神教育,根据爱国主义教育的整体性要求,实现多个角度的红色联合教育。

四、结语

爱国主义属于社会主义核心价值体系,体现了个体以及集体对祖国的热爱情感和支持态度,这属于公民道德之一。具体表现是人们具有强烈的民族认同感和民族自信心,在这样的状态下人们能够为国家发展奉献自己的力量,也能为争取祖国的独立而献身。在开展爱国主义教育时,尤其是开展青少年爱国主义教育,要和青少年的年龄特点相吻合,不但要做好课堂教学工作,也要积极开展爱国主义教育实践活动。社会主义核心价值观体现了我国的社会理念,也体现了当今时代的社会内涵,积极开展核心价值观的弘扬工作,对我国来说也是非常重要的思想建设任务。爱国主义教育,也属于我国思想建设的重要组成部分,是公民层面的价值观念教育,是践行社会主义核心价值体系的重要内容。爱国主义精神体现的整体内涵与社会主义核心价值观一致,这也为我国的思想观念教育提供了理论素材。爱国主义精神在发展进步的过程中受到了社会各界的高度关注,在传承与发扬的过程中也进一步推动核心价值观的有效建立。在社会主义现代化的进展过程中,树立爱国主义精神体现了核心价值观的根本内涵。在发展过程中，我们要强化核心价值观的培育弘扬工作，让国民在爱国主义教育中得到精神熏陶，真正树立对自己国家的信心，产生民族认同感，为自己作为一名中国人而感到骄傲。

论伟大建党精神融入大中小学思政课

傅文茹，葛守稳，刘世凯[①]

摘　要：伟大建党精神是中国共产党立党兴党强党的精神基石，它集中体现了中国共产党人的理想信念、初心使命、顽强意志和价值追求，是对中国共产党在百年奋进历史进程中所体现出来的精神品质的高度凝练。将伟大建党精神融入大中小学思政课是落实立德树人根本任务的时代要求，是筑牢学生理想信念根基的时代应然，是丰富大中小学思政课课程内容的时代资源，是改革创新大中小学思政课教学的时代必选题。将伟大建党精神融入大中小学思政课要做到一体设计分层融入、情境优化主题融入、实践体验生活融入、方法多样多维融入、科学评价合力融入，让伟大建党精神在有机融入大中小学思政课中展现真理魅力和精神品质。

关键词：伟大建党精神；大中小学思政课；有机融入

2021年7月1日，在庆祝中国共产党成立100周年大会上，习近平总书记指出："一百年前，中国共产党的先驱们创建了中国共产党，形成了坚持真理、坚守理想，践行初心、担当使命，不怕牺牲、英勇斗争，对党忠诚、不负人民的伟大建党精神。"[②]伟大建党精神是中国共产党立党兴党强党的精神基石，它集中体现了中国共产党人的理想信念、初心使命、顽强意志和价值追求，是对中国共产党在百年奋进历史进程中所体现出来的精神品质的高度凝练。将伟大建党精神融入大中小学思政课具有重要的时代价值，大中小学思政课教师要在深入学习领会中，将伟大建党精神主动地、生动活泼地融入思政课。

---

① 傅文茹，合肥师范学院马克思主义学院副教授；葛守稳，合肥市第六十八中学教师；刘世凯，合肥市第五中学教师。

② 习近平．在庆祝中国共产党成立100周年大会上的讲话[M]．北京：人民出版社，2021：8.

一、伟大建党精神融入大中小学思政课的时代价值

(一)伟大建党精神融入大中小学思政课是落实立德树人根本任务的时代要求

思政课是落实立德树人根本任务的关键课程①,是培养社会主义建设者和接班人的主渠道和主阵地。把伟大建党精神融入大中小学思政课,培养有志气、有骨气、有底气,有理想、有本领、有担当的强国一代,是新时代大中小学思政课老师应该担负的时代重任。大中小学思政课教师肩负着学生品格锤炼、知识学习、思维创新和奉献祖国引路人的责任和使命,要自觉做坚定信仰的坚守者、初心使命的践行者、坚毅斗争的拥护者、为民服务的领航者,要理直气壮地在思政课上宣传和阐释伟大建党精神,努力将马克思主义信仰的种子植入学生心灵,用远大理想坚定大中小学生始终听党话跟党走的信念,用建党百年的辉煌历史增强大中小学生为国奋斗的信心,赓续红色血脉,用中国共产党百年历史中的红色光荣传统激励大中小学生践行初心使命,守正创新,全面发展自己,为将来担当民族复兴大任打牢基础。

(二)伟大建党精神融入大中小学思政课是筑牢学生理想信念根基的时代应然

中共中央办公厅、国务院办公厅印发的《关于深化新时代学校思想政治理论课改革创新的若干意见》强调,新时代思政课的指导思想是"全面贯彻党的教育方针,坚持马克思主义指导地位,贯彻落实习近平新时代中国特色社会主义思想,坚持社会主义办学方向"②。百年中国共产党发展史充分证明,中国共产党为什么能,中国特色社会主义为什么好,归根到底在于马克思主义行,在于马克思主义中国化两大理论成果——毛泽东思想和中国特色社会主义理论体系行,在于马克思主义中国化最新理论成果——习近平新时代中国特色社会主义思想行。中国共产党在新的征程上,要继续"坚持真理、坚守理想",就要从大中

① 习近平.思政课是落实立德树人根本任务的关键课程[M].北京:人民出版社,2020:2.

② 中共中央办公厅、国务院办公厅.关于深化新时代学校思想政治理论课改革创新的若干意见[EB/OL].(2019-08-14)[2021-11-10].http://www.gov.cn/zhengce/2019-08/14/content_5421252.htm.

小学生做起,筑牢大中小学生对马克思主义与共产主义的信仰体系。大中小学思政课教师要充分利用思政课这一阵地,用典型案例和生动事实引导学生深刻理解马克思主义基本原理,科学把握人类社会发展规律,深刻理解习近平新时代中国特色社会主义思想,引导学生自觉做共产主义远大理想和中国特色社会主义共同理想的坚定信仰者和忠实实践者,从小做起,以饱满热情追求真理和坚守理想,自觉把马克思主义基本原理与中国具体实际和中华优秀传统文化相结合,为丰富和发展马克思主义、进一步推进马克思主义中国化积累力量,奠定基础。

(三)伟大建党精神融入大中小学思政课是丰富思政课课程内容的时代资源

《关于深化新时代学校思想政治理论课改革创新的若干意见》强调:“统筹推进思政课课程内容建设。坚持用习近平新时代中国特色社会主义思想铸魂育人,……系统开展马克思主义理论教育,系统进行中国特色社会主义和中国梦教育。”[①]伟大建党精神是中国共产党的精神之源,是新时代中国共产党人继续前行的强大动力,中国共产党的百年奋斗和拼搏史是优秀的教育素材,其政治引领的作用和意义非凡。将伟大建党精神融入大中小学思政课,既能有效丰富大中小学思政课的课程资源,又能有益引导大中小学生在学习思政课和深刻理解伟大建党精神形成的历史背景、科学内涵和时代价值的基础上,做到从小自觉坚定理想信念,坚守初心使命,弘扬光荣传统,强化对中国共产党和中国特色社会主义的政治认同,坚定“强国有我”的使命和责任。

(四)伟大建党精神融入大中小学思政课是改革创新思政课教学的时代必选题

大中小学思政课作为落实立德树人的关键课程,在长期的教学过程中基本形成了相对规范和完善的教学体系,但是思政课不受学生欢迎的现象仍然较为普遍,思政课中教师“一言堂”、纯理论讲授现象仍然居多,改革创新思政课教学成为培育时代新人的必选题。如果教师能够借助比较完善的思政课教学体系,将伟大建党精神融入大中小学思政课,结合思政课重点难点讲好中国共产党的

① 中共中央办公厅、国务院办公厅.关于深化新时代学校思想政治理论课改革创新的若干意见[EB/OL].(2019-08-14)[2021-11-10].http://www.gov.cn/zhengce/2019-08/14/content_5421252.htm.

奋斗探索故事和丰富精神谱系，引导学生在生动的思政课实践中亲身体悟马克思主义真理“有点甜”的味道，改革创新思政课教学方法，丰富思政课堂内堂外教学场域，让思政课在伟大建党精神的引领下，坚持守正和创新相统一，就能促进思政课更好地在大中小学生中入耳、入脑又入心，真正地增强思政课的思想性、理论性、亲和力和针对性，助力大中小学生健康成长。

二、伟大建党精神融入大中小学思政课的主题内容

伟大建党精神最生动和最深刻地阐释了中国共产党百年来不懈奋斗、不怕牺牲、积极开展理论探索、为民造福和自我革命的光辉历史，集中体现了中国共产党的坚定信念、根本宗旨和价值追求，凝聚着中国共产党人艰苦奋斗、开拓进取和牺牲奉献的坚毅品格，是中国共产党的精神源泉。将伟大建党精神融入大中小学思政课，包含丰富的内容。

（一）坚持真理、坚守理想，加强信仰教育

坚持真理、坚守理想，其实质就是中国共产党坚持马克思主义的科学真理，坚守共产主义远大理想和中国特色社会主义共同理想。中国共产党在百年征程中之所以能够完成其他各种政治力量不可能完成的艰巨任务，带领中国人民取得革命、建设、改革和复兴的辉煌成就，在于它始终把马克思主义作为行动的指南，始终用马克思主义中国化的最新理论成果来武装全党，始终保持统一的思想、顽强的意志、协调的行动和强大的战斗力。中国共产党不仅把马克思主义理论作为科学的行动指南，还注意将马克思主义基本原理同中国具体实际相结合、同中华优秀传统文化相结合，不断推动马克思主义中国化向前发展。中国共产党的能，中国特色社会主义的好，归根到底就是因为马克思主义的行！

坚持以马克思主义为指导，坚持用马克思主义的基本立场、观点和方法去观察事物、发现问题、解决矛盾，是大中小学思政课的应有之义，思政课教学要努力让信仰、信念、信心在大中小学生心中深深扎根并开花结果，思政课教师要加强思想引领和价值引领，坚持以习近平新时代中国特色社会主义思想铸魂育人，注意从理论和实践、现实和历史、国内和国际的结合和比较中，给大中小学生讲清楚马克思主义为什么行、中国共产党为什么能、中国特色社会主义为什么好等系列问题，特别是要运用当代中国马克思主义的基本理论和基本观点，

深入分析当代世界的重大理论热点和社会问题,对大中小学生进行理论武装,切实解惑释疑,教育引导大中小学生运用马克思主义的基本立场、观点和方法,不断分析和解决现实问题,坚定理想信念,矢志不渝听党话、跟党走,全面提升素养,努力成为社会主义现代化建设的合格建设者和可靠接班人。

(二)践行初心、担当使命,加强责任教育

践行初心、担当使命,其实质就是中国共产党坚持为中国人民谋幸福、为中华民族谋复兴。中国共产党的初心使命,既鲜明地标注在自己的旗帜上,也真切地落实在各项行动中。中国共产党自成立以来,团结带领中国人民推翻了三座大山,完成了新民主主义革命,建立了人民当家作主的中华人民共和国,进行了社会主义革命和建设的探索,实施了伟大的改革开放,完成了全面建成小康社会的任务,出色地实现了第一个百年奋斗目标,让中华民族实现了从站起来、富起来到强起来的伟大历史飞跃,鲜明地表现和回答其初心和使命从未改变和动摇过。一如既往地保持初心和使命,是中国共产党在其奋斗征程上克服一个又一个困难、取得一个又一个胜利的根本动力。

大中小学思政课教师不仅要将初心使命扛在肩上,自觉用信仰、信念、信心武装自己的头脑,潜心治学,立德树人,同时还要改革创新思政课,以高质量的思政课为培养担当民族复兴大任的时代新人做贡献。大中小学思政课教师要将思政课内容和社会生活有效衔接,搜集并凝练经典案例,运用自主、合作、探究等教学方法,激发大中小学生积极参与思政课教学,激励大中小学生主动担当责任,引导大中小学生在自己的人生旅程中,将个人的奋斗目标同民族复兴的伟大目标结合起来,把爱国情、报国志和强国行自觉融入新时代坚持和发展中国特色社会主义事业、建设社会主义现代化国家和实现中华民族伟大复兴的奋斗之中,不断弘扬和丰富党的初心和使命。

(三)不怕牺牲、英勇斗争,加强意志教育

不怕牺牲、英勇斗争,其实质就是中国共产党始终保持斗争精神、顽强意志和优良作风,毫无畏惧地面对一切困难和挑战,坚定不移地开天辟地。中国共产党的百年发展史中,能在抗日战争、解放战争、抗美援朝战争中创造以弱胜强、以少胜多的壮举和奇迹,能在短暂时间内实现“一化三改”,确立社会主义制度,能在改革开放以来的较长时间中保持快速发展并在十四亿多的人口大国实现消除绝对贫困的经济社会奇迹，能创造载人航天、探月工程等科技奇迹，能比较成功地应对新冠肺炎疫情等人间灾难，离不开中国共产党人勇于舍生忘死、杀身成仁的献身精神和敢于斗争、敢于胜利的精神品质，以及“为有牺牲多壮志，敢教日月换新天”的英雄气概。面对新的征程，中国共产党还会有许多困难需要征服，仍要不断增强忧患意识，克服“躺平”症、软骨症、恐惧症等各种意志薄弱现象，一如既往地保持顽强意志和优良作风，不断展现党在新时代的强大精神优势。

大中小学思政课教师要立足新时代，关注社会，关爱青少年学生的成长，要在思政课教学中积极传播正能量，弘扬主旋律，引导广大青少年学生深刻认识我国社会主要矛盾的新变化和错综复杂的国际环境带来的新挑战，不断弘扬伟大建党精神，坚定地与历史虚无主义、民主社会主义、新自由主义等错误思潮作斗争，坚定地维护祖国统一。大中小学思政课教师要在教学过程中，善用大思政课，以正反典型案例启发引导青少年学生科学观察和认识百年未有之大变局，在运用中国智慧讲好中国故事中，唱响中国特色社会主义主旋律，不断锻造和淬炼青少年的意志品质和斗争精神。

（四）对党忠诚、不负人民，加强价值教育

对党忠诚、不负人民，其实质就是中国共产党人既要无条件地对党的信仰忠诚，又要忠诚党的组织，还要忠诚党的理论路线方针政策，并始终坚持全心全意为人民服务的根本宗旨。中国共产党虽然历经艰难困苦却不断发展壮大，并在一次次挫折中奋起，原因就在于它始终坚守人民情怀，站稳人民立场，始终做人民群众的“贴心人”和“暖心人”，始终牢记对党和人民的忠诚和热爱。正如习近平总书记所说：“人民就是江山，共产党打江山、守江山，守的是人民的心，为的是让人民过上好日子。我们党的百年奋斗史就是为人民谋幸福的历史。”①新时代新征程，要求中国共产党人继续弘扬伟大建党精神，对党忠诚，为党分忧，为国尽责，不断造福人民，以实际行动表达对党的忠诚和对人民的衷情，继续带领广大人民群众共同创造新征程上的历史伟业。

大中小学思政课教师要扎根思政课教育事业，不断为高质量的思政课建设服务，努力上好广大中小学生满意的思政课。思政课教师要在教学中加强价值观的教育和引领，创新教学方式方法，挖掘百年党史中的红色资源，生动有趣地

① 汪晓东，李翔，马原．江山就是人民　人民就是江山[N]．人民日报，2021-06-28(1)．

阐释伟大建党精神的魅力,不断启发和引导大中小学生自觉践行“我将无我,不负人民”①的人生境界和追求。

总之,在将伟大建党精神融入大中小学思政课的过程中,要引导广大中小学生认识到“坚持真理、坚守理想”是伟大建党精神的前提和立足点,是伟大建党精神科学性的充分体现;“践行初心、担当使命”是“坚持真理、坚守理想”的实践表达,是伟大建党精神实践性的充分体现;“不怕牺牲、英勇斗争”是“践行初心、担当使命”的意志支撑和精神品质,是伟大建党精神斗争性的充分体现;“对党忠诚、不负人民”是伟大建党精神的归宿和落脚点,是伟大建党精神人民性的充分体现。四个方面的内容相互联系,相互促进,相互贯通,相辅相成,是一个具有丰富内涵意蕴的有机整体。大中小学生在学习伟大建党精神时要整体理解和把握,既不重视一个忽视其他,也不顾此失彼,而是做到整体弘扬、综合展现伟大建党精神的魅力。

三、伟大建党精神融入大中小学思政课的实践策略

“充分发挥思想政治理论课在立德树人中的关键课程作用,循序渐进、螺旋上升地开设好大中小学思政课”②,需要对思政课课程教材教法等进行全方位的改革创新。思政课改革创新过程中,积极融入伟大建党精神,积极探讨因地制宜地融入实践策略具有重要意义。

(一)一体设计分层融入:伟大建党精神融入大中小学思政课的根本

办好思政课关键在中国共产党的领导,思政课建设要加强党的领导。大中小学思政课建设不仅要严格落实地方党委思政课建设主体的责任,积极推动党委书记、校长带头抓思政课的机制,还要积极拓展思政课建设格局,坚持开门办思政课,推动思政课实践教学与学生社会实践活动、志愿服务活动互相融合,学校思政小课堂和社会大课堂密切相连,要把伟大建党精神有机融入教学的各个环节中。在具体融入的过程中,要发挥党委领导、总揽全局的作用,针对大中小学思政课各个阶段的不同特征,一体化设计目标和内容,分层次随机融入,引导

① 肖伟光.“我将无我,不负人民”:共产党人最高人生境界[J].红旗文稿,2019(4):40.

② 中共中央宣传部、教育部.时代学校思想政治理论课改革创新实施方案[EB/OL].(2020-12-29)[2021-11-10].https://www.eol.cn/zhengce/guizhang/202012/t20201229_2064060.shtml.

学生立德成人、立志成才，牢固树立正确的世界观、人生观和价值观，坚定对马克思主义的信仰，坚定对社会主义和共产主义的信念，增强中国特色社会主义“四个自信”。例如，围绕理想信念，在小学阶段，可以通过讲故事、做游戏等方式开展启蒙教育，引导学生从小树立向往共产主义、听党话、跟党走的美好愿望；在初中阶段，可以通过角色扮演等形式开展体验性学习，打牢学生理想信念思想基础，强化学生做社会主义建设者和接班人的思想意识；在高中阶段，可以通过项目研究等方式，围绕项目主题，培养和提高学生政治素养，引导学生感受马克思主义真理的魅力，形成坚定做社会主义合格建设者和可靠接班人的政治认同；在大学阶段，可以采用围绕社会重大热点问题进行专题理论学习或理论探究等形式，坚定学生的理想信念，增强学生的使命担当，激励引导学生争做社会主义的合格建设者和可靠接班人。通过一体设计分层融入，让伟大建党精神在融入大中小学思政课的过程中更加充分尊重学生的成长和学习规律，帮助明确理想信念方向，筑牢信仰根基。

（二）情境优化主题融入：伟大建党精神融入大中小学思政课的基础

伟大建党精神的教育意义重大，是大中小学思政课一体化建设守正创新的领航灯和助推器，可以为大中小学思政课一体化建设打好信仰底色、品格底色、精神底色和价值底色。但是，将伟大建党精神融入大中小学思政课，也不能生搬硬套、牵强附会，要根据大中小学生的兴趣爱好和理论基础，重视融入的情境创设和优化，聚焦马克思主义中国化理论成果的重要主题和内容，生动融入，以更好地激发大中小学生学习伟大建党精神，上好思政课的主动性、积极性和创造性。例如，围绕初心使命，教师可以设计“我说初心”词语汇（小学）、“我说初心使命好党员”故事会（初中）、“我说共产党员初心使命”群英会（高中）、“我说初心使命”理论研讨会（大学），围绕伟大建党精神和思政课重点和难点，充分调动大中小学生的学习兴趣和充分挖掘其学习潜能，不断提高伟大建党精神融入大中小学思政课的形象性和趣味性，让大中小学生愿听、愿学和爱学、乐学。

（三）实践体验生活融入：伟大建党精神融入大中小学思政课的主线

生活化是新时代大中小学思政课改革的一大重要特征。大中小学思政课教学中，教师不仅要关注和研究学生生活中的所思所想，更要对学生生活的价值理念进行正确的激发和引领。产生于中国共产党百年奋斗历程中的伟大建党精神正是一部生动的生活教科书,学生体会和领略其中的品质和韵味,能从中汲取不竭的奋进力量。因此,在大中小学思政课的教学中,教师要在深入研究伟大建党精神的科学内涵和时代价值、大中小学思政课的目标和内容体系、大中小学生的成长特征和内在规律的基础上,设计有针对性的生活化的实践体验活动,将伟大建党精神融入大中小学思政课。例如,围绕英勇斗争,教师可以设计"我的战疫小精囊"经验介绍(小学)、"我战疫中的一个难忘故事"经历分享(初中)、"我战疫中的一次志愿服务"活动组织(高中)、"我战疫中的一次数据扫描"理论研究(大学),引导大中小学生把战疫与生活连接,把伟大斗争精神与做负责任公民、做坚毅好学生的思政课要求结合起来,让伟大建党精神和大中小学思政课充满理论温度和生活气息,温暖和滋润大中小学生。

(四)方法多样多维融入:伟大建党精神融入大中小学思政课的创新

新时代,伴随着经济社会和科技的迅速发展,教育教学不断创新,思政课建设也不例外。想要让大中小学思政课真正实现内涵式发展,需要思政课教师紧跟时代步伐和密切关注学生所需,创新教学理念和方法手段,创新伟大建党精神融入大中小学思政课的载体和形式,提升其生动性和形象性。在具体融入过程中,可以将传统讲授和现代活动体验有机结合,可以将课堂理论学习和伟大建党历程中的红色场地遗址观览有机结合,可以将教师主讲和学生主讲有机结合,可以将故事讲述和红色影视欣赏有机结合,可以将静态理论思考和活动探究有机结合,可以将线下学习和线上搜索展览有机结合,可以将显性教育和隐性教育有机结合,让伟大建党精神和大中小学思政课的融入动起来、活起来、亮起来。例如,围绕人民至上,教师可以设计"我画中华民族一家亲"小画展(小学)、"我说脱贫攻坚一个民族不能少"小故事(初中)、"我看各民族脱贫攻坚创新策"小项目(高中)、"我思各民族共同富裕新路径"小论坛(大学),引导大中小学生在贴近学生特点的生动有趣地融入活动中体会"人民至上""脱贫攻坚、全面建成小康社会、现代化强国建设路上一个民族不能少"的深邃意蕴和时代意义,激发大中小学生热爱人民,关注人民,关爱人民的热情,关心中华民族一家亲的大团结,形成伟大建党精神融入的强大力量。

(五)科学评价合力融入:伟大建党精神融入大中小学思政课的保证

伟大建党精神融入大中小学思政课是否能持久进行,是否具有实效,需要建立科学合理的融入评价机制。具体融入过程中，各级教育主管部门和学校在严把教师政治关、师德关和业务关的同时，可以针对融入情况，将融入的量数和品质有机结合进行评价，可以将教师、学生、家长、党建先进人物、党史名人结合起来共同参与融入评价，可以将问题测验和活动设计有机结合进行评价，将大中小学各段融入衔接有机结合进行评价等，尽可能地调动一切可以调动和利用的人、财、物等资源参与融入活动，通过科学合理评价形成融入的大思政课格局，促进伟大建党精神融入大中小学思政课有力度、有长度，让伟大建党精神融入大中小学思政课生动有趣，充满魅力和吸引力。

综上所述，主动将伟大建党精神融入大中小学思政课，是积极贯彻落实把党史教育融入大中小学①、把习近平总书记“七一”讲话精神融入大中小学的切实举措，对展现伟大建党精神的理论光辉和精神魅力、对提高大中小学思政课的针对性和实效性都具有重要意义。大中小学思政课教师要积极担当好伟大建党精神融入思政课的关键责任和使命，要在不断提高自己政治强、情怀深、思维新、视野广、自律严、人格正的学科素养中，努力提高伟大建党精神融入思政课的信度和效度。

① 中华人民共和国教育部办公厅关于在思政课中加强以党史教育为重点的“四史”教育的通知[EB/OL].(2021-04-20)[2021-11-10].http://www.moe.gov.cn/srcsite/A13/moe_772/202105/t20210511_530840.html.

中国共产党百年光辉历程及基本经验研究

中国共产党从严治党的百年探索、经验启示及历史贡献

杨根乔[①]

摘　要：中国共产党的百年历史就是一部从严治党的历史。建党百年来，从严治党经历了一个从执政初期提出“党要管党”到改革开放后强调“从严治党”再到“全面从严治党”不断演进发展的历史过程。百年来，从严治党取得了重大成就，积累了丰富经验，其中主要经验有：必须以自我革命精神推进全面从严治党；必须以政治建设为统领推进全面从严治党；必须以思想建党与制度治党相结合推进全面从严治党；必须以从严治吏为关键推进全面从严治党；必须以人民群众积极参与监督为动力推进全面从严治党。奋进新时代，我们要深刻认识中国共产党从严治党的理论贡献、实践价值和深远的世界意义，不断推动全面从严治党向纵深发展。

关键词：中国共产党；从严治党；百年探索；经验启示；历史贡献

2021年是中国共产党百年华诞。百年征程波澜壮阔，从严治党初心如磐。中国共产党历来十分重视从严治党，党的百年历史就是一部从严治党的历史。习近平总书记在庆祝中国共产党成立100周年大会上的重要讲话中指出：“我们党历经千锤百炼而朝气蓬勃，一个很重要的原因就是我们始终坚持党要管党、全面从严治党。”[②]从严治党是中国共产党建设的基本原则，是我们党从革命、建设和改革实践中总结出的宝贵经验。站在“两个一百年”奋斗目标的历史交汇点上，回望中国共产党从严治党的百年历程，总结从严治党的历史经验，从中汲取接续奋斗的前进动力，对于全面推进党的建设新的伟大工程，从而团结和带领人民开启全面建设社会主义现代化国家新征程、向第二个百年奋斗目标

---

① 杨根乔，安徽省社会科学院马克思主义研究所所长、研究员。

② 习近平．在庆祝中国共产党成立100周年大会上的讲话[N].人民日报，2021-07-02(2).

进军,实现中华民族伟大复兴的中国梦,具有十分重要的意义。

一、中国共产党从严治党的百年探索

从严治党是中国共产党的优良传统,它像一条主线贯穿于党的建设始终。纵观中国共产党百年历程,我们党之所以能担负起领导人民进行伟大社会革命的重任,其重要原因就在于我们党在领导人民进行革命、建设、改革的宏伟事业中始终以高度的思想自觉推进从严治党,其中虽然有过失败的教训,也出现过严重的挫折,但我们党始终以自我革命精神推进从严治党,不断奋力谱写从严治党的新篇章。

(一)新民主主义革命时期从严治党的艰辛尝试

中国共产党一经成立,就明确了从严治党方针。1921年,党的一大通过的《中国共产党纲领》,规定了党员的入党条件和应遵守的组织纪律。1922年,党二大通过的《中国共产党章程》和《关于共产党的组织章程决议案》,制定了严格纪律并采取重大举措保证纪律的执行,首次阐释了民主集中制的建党原则。1926年8月,党中央发布了党史上首份坚决清除贪污腐化分子的通告。1927年,党的五大首次设立中央监察委员会这一党的纪律检查机构。1928年,党的六大通过的党章首次将民主集中制作为党的组织原则。这些为从严治党打牢了思想根基、奠定了牢固的组织基础。

以毛泽东同志为核心的党的第一代中央领导集体,在艰难困苦的革命斗争中,坚持将思想建设放在首位,从思想、组织和作风上成功地解决了在无产阶级人数很少、农民和小资产阶级出身的党员占绝大多数的特殊情况下怎样从严治党的问题。1929年召开的古田会议通过了《关于纠正党内的错误思想》决议案,号召全军彻底肃清个人主义、主观主义、绝对平均主义和享乐主义等非无产阶级思想。1942年开展的延安整风运动始终坚持从严治党的基本原则,创造了采取批评与自我批评的方法开展马克思主义教育的管党新形式;着力抓好党的作风建设,形成了理论联系实际、密切联系群众、批评与自我批评的优良作风;健全完善制度,制定了党章、民主集中制、党的代表大会制度等制度体系,为夺取新民主主义革命的胜利提供了坚强的政治保证。1949年,在新中国成立前夕党的七届二中全会上,毛泽东向全党发出"两个务必"的号召,以"进京赶考""决不当李自成"告诫全党,不要重蹈因胜利而腐败、因腐败而失败的覆辙。

(二)社会主义革命和建设时期从严治党的有益探索

新中国成立后,如何在夺取政权后巩固党的领导地位成为一个新的课题。1950年5月,党中央在全党和全军开展了解决命令主义、贪污腐化、政治堕落和违法乱纪的整风运动。1951年底到1952年上半年,党中央发动"三反"(反贪污、反浪费、反官僚主义)运动,坚决惩处决了刘青山、张子善等一批特大贪污犯,颁布实施《中华人民共和国惩治贪污条例》等法规,对教育党员干部始终保持艰苦奋斗的优良作风,防止各级干部腐化堕落发挥了极其重要的作用。

社会主义改造基本完成之后,针对我们党在全国执政后面临的新形势,毛泽东提出要着力加强执政党的建设。1956年,党的八大通过的党章对党的群众路线、党的组织原则、党的集体领导、党内外监督与党员的具体要求等作出了新规定,对党的政治纪律提出了新要求,对党的执纪机构制定了新规范。从1957年春开始,在全党开展了第二次全党规模的整风运动,以克服党内存在的官僚主义、宗派主义和主观主义。1963年2月到1966年上半年,党中央在农村开展"四清"(清账目、清仓库、清财物、清工分)运动;在城市开展"五反"(反贪污盗窃、反投机倒把、反铺张浪费、反分散主义、反官僚主义)运动。这些从严治党的重大举措,对于坚持党的政治方向、强化党的领导地位、维护党的团结统一发挥了非常重要的作用。

从"文化大革命"到党的十一届三中全会召开之前,党内政治生活偏离了正常化轨道以至遭到严重破坏,从严治党在这一阶段走过了一段艰难曲折的历程。

(三)改革开放和社会主义现代化建设新时期从严治党的创新实践

党的十一届三中全会之后,以邓小平同志为核心的党的第二代中央领导集体,全面系统深刻地总结了我们党管党治党的历史经验,开启了从严治党的新征程。针对改革开放后商品经济的发展,党内出现奢靡浪费、以权谋私、贪污腐化有所蔓延的现象,邓小平告诫全党要防止中国出问题,"关键是我们共产党内部要搞好,不出事"[①]。1987年,党的十三大报告首次提出"从严治党"一词。邓小平反复强调从严治党,在思想建设方面,必须毫不动摇地始终坚持四项基本

① 邓小平文选:第3卷[M].北京:人民出版社,1993:381.

原则。“如果动摇了这四项基本原则中的任何一项,那就动摇了整个社会主义事业,整个现代化建设事业。”①在组织建设方面,全面整顿基层党组织和党员,坚决把“三种人”清除出党,制定了干部队伍“四化”方针。在作风建设方面,提出“党风问题是关系到党的生死存亡的问题”②,狠抓党的作风建设。在制度建设方面,强调“领导制度、组织制度问题更带有根本性、全局性、稳定性和长期性”③。要通过深化改革,消除制度弊端,不断完善制度。在党风廉政建设和反腐败方面,坚持“长期抓”和“两手抓、两手都要硬”,不再搞政治运动,将反腐败纳入法制化、制度化的轨道。

党的十三届四中全会之后,以江泽民同志为核心的党的第三代中央领导集体,根据世纪之交新的国际国内形势、党所肩负的历史使命和在新的历史条件下的艰巨任务,以及党的自身状况和存在的问题,强调要坚定不移地贯彻从严治党的方针。1992年,党的十四大首次把“坚持从严治党”写入党章的总纲中,标志着“从严治党”以党的根本法规形式成为党的建设的根本准则。1996年至1999年,在县处级以上领导干部中开展了以“讲学习、讲政治、讲正气”为主要内容的党性党风教育,开创了新时期党员干部马克思主义教育的有效形式。1997年,党的十五大强调各级党委“要坚持‘党要管党’的原则,把从严治党的方针贯彻到党的建设的各项工作中去”④。2000年,在十五届中央纪委第四次全会上,江泽民将“不断提高领导水平和执政水平、增强拒腐防变和抵御风险的能力”明确为党的建设的“两大历史性课题”。2001年,在庆祝中国共产党成立80周年大会上,江泽民不仅强调“治国必先治党,治党必须从严”⑤,把治国与治党紧密地联系起来,而且深刻阐述了“三个代表”重要思想的科学内涵与精神实质,从根本上回答了新世纪我们应该“建设一个什么样的党”和“怎样建设党”的问题。

党的十六大以来,以胡锦涛同志为总书记的党中央,面对新世纪严峻复杂的国内外形势,从党的自身建设实际出发,大力推进党的执政能力建设和先进性、纯洁性建设,积累了丰富的管党治党新经验。2002年,党的十六大提出了要建设“制度化、规范化和程序化的体制”,进一步明确了“党要管党、从严治党”的

① 邓小平文选:第2卷[M].北京:人民出版社,1994:173.

② 邓小平文选:第2卷[M].北京:人民出版社,1994:403.

③ 邓小平文选:第2卷[M].北京:人民出版社,1994:333.

④ 十五大以来重要文献选编:上[M].北京:人民出版社,2000:50.

⑤ 江泽民文选:第3卷[M].北京:人民出版社,2006:290.

方针。2004年,党的十六届四中全会明确地提出了坚持“标本兼治、综合治理、惩防并举、注重预防”反腐倡廉建设的战略指导方针,构建了教育、惩治、预防并重的防治腐败体系。2007年,党的十七大将反腐倡廉建设从作风建设中单列出来形成“五位一体”的党建新布局,将从严治党贯穿于党的建设的各个方面,先后在全党范围内开展了保持共产党员先进性教育、学习实践科学发展观活动以及创先争优活动。2009年,党的十七届四中全会提出要把我们党建设成为马克思主义学习型政党的重大战略任务,把党的各级党组织建设成为学习型党组织。2012年,党的十八大进一步完善了党的建设“五位一体”总体布局,“继续从严从实加强党的思想建设、组织建设、作风建设、反腐倡廉建设、制度建设”[①]。

(四)中国特色社会主义新时代从严治党的全面推进

党的十八大以来,以习近平同志为核心的党中央,根据世情、国情、党情的新变化,从巩固党的执政地位和实现中华民族伟大复兴的高度,将全面从严治党纳入“四个全面”战略布局、列入新时代坚持和发展中国特色社会主义的十四个基本方略,以“打铁还需自身硬”的坚强决心和非凡勇气,把党要管党与从严治党的要求贯彻落实于党的建设全过程和各方面。“党要管党,才能管好党,从严治党,才能治好党。”[②]在政治建设上,强化党的全面领导,把“党政军民学,东西南北中,党是领导一切的”写进党章,将“中国共产党领导是中国特色社会主义最本质的特征”写入宪法,通过深化党和国家的机构改革,切实把党的全面领导落实到治国理政全过程各方面。同时,把加强党的政治建设作为党的根本性建设,强调新时代党的政治建设的首要任务就是做到“两个维护”。在思想建设上,提出理想信念是共产党人精神之“钙”,没有理想信念或者理想信念不坚定,精神上就会“缺钙”、得“软骨病”[③]。在作风建设上,颁布了“八项规定”,开展了党的群众路线教育实践活动,对形式主义、官僚主义、享乐主义和奢靡之风等“四风”方面存在的突出问题进行集中整治。在纪律建设上,将纪律建设作为全面从严治党的治本之策,始终在紧绷纪律之弦上下功夫,持之以恒正风肃纪。在制度建设上,稳妥推进党的建设制度改革,先后出台一系列党内制度和法规,开创了党的制度建设新局面。在反腐败斗争方面,坚持标本兼治,做到既打“老

① 十八大以来重要文献选编:下[M].北京:中央文献出版社,2018:388.

② 十八大以来重要文献选编:上[M].北京:中央文献出版社,2014:467.

③ 十八大以来重要文献选编:上[M].北京:中央文献出版社,2014:339.

虎"又打"苍蝇",通过建立健全"不敢腐、不能腐、不想腐"保障机制,从源头上防止和杜绝腐败的滋生蔓延。

二、中国共产党从严治党的经验启示

中国共产党从严治党经历了一个从执政初期提出"党要管党"到改革开放后强调"从严治党"再到"全面从严治党"不断演进发展的历史过程。在这一历史过程中,我们党在从严治党的实践中,特别是在党的十八大以来的创新实践中,积累了丰富的历史经验。

(一)必须以自我革命精神推进全面从严治党

中国共产党是最具有革命精神的党。我们党在进行伟大社会革命的同时勇于自我革命,这是中国共产党区别于其他政党最突出的特点和最独特的优势。中国共产党的百年奋斗历史,就是一部波澜壮阔的伟大社会革命与党的自我革命相辅相成、相互促进的历史,也是以革命精神不断将从严治党不断推向深入的历史。从严管党治党,不断检视自己、净化自己,用一次次刀刃向内、壮士断腕的自我革命解决自身存在的问题,是我们党不断从胜利走向新的胜利的根本原因,也是我们党永葆青春活力的内在动力。回顾从严治党的百年历程,从八七会议纠正右倾投降主义错误、制定武装反抗国民党反动派的总方针,到遵义会议结束"左"倾冒险主义错误、确立毛泽东同志在党和红军中的领导地位,再到反对主观主义、宗派主义、党八股的延安整风运动,全党上下达到了空前团结和统一;从党的十一届三中全会拨乱反正、重新确立实事求是的思想路线到党的十八大后我们党勇于直面问题、消除一切损害党的先进性和纯洁性的因素,反腐败斗争取得压倒性胜利①,这些都是我们党以自我革命精神推进从严治党的具体体现。可以说,自我革命是我们党百年奋斗锤炼出的最鲜明的品格。打铁必须自身硬。新时代新征程,夺取新的伟大胜利,必须以高度的历史责任感和使命感,发扬自我革命精神,通过扎实推进全面从严治党,在世界形势深刻变化的历史进程中确保我们党始终走在时代前列,在应对国内外各种风险挑战的历史进程中确保我们党始终成为全国人民的主心骨。

---

① 陈一新.在新时代把党的自我革命推向深入[N].人民日报,2022-02-24(9).

(二)必须以政治建设为统领推进全面从严治党

中国共产党作为马克思主义政党从不讳言自己的政治属性和政治使命,旗帜鲜明讲政治是其一以贯之的优良传统,通过抓好政治建设,带动从严治党落到实处。新民主主义革命时期,党的第一个纲领,就旗帜鲜明地确立了实现共产主义的政治目标,对党员干部的第一要求是政治坚定。党的一大、二大、三大都围绕党的政治属性,明确列出组织和纪律建设的要求。1929年12月,在福建省上杭县古田村召开的红四军党的第九次代表大会上,毛泽东提出思想建党、政治建军的重大政治原则。1945年,刘少奇在党的七大上总结党的建设历史经验时,第一次明确使用"政治上建党"这一概念。社会主义建设初期,毛泽东提出不仅要大力发展经济,而且要将经济工作与政治工作相结合,将政治视为统帅和灵魂,"政治工作是一切经济工作的生命线"①。党的十一届三中全会以后,随着计划经济向市场经济转轨,邓小平深刻认识到,要善于从政治上观察和处理问题,并根据工作重心的转移提出"社会主义现代化建设是我们当前最大的政治"②"到什么时候都得讲政治"③。江泽民、胡锦涛等中央领导同志也高度重视党的思想政治建设,强调党员干部尤其是领导干部一定要讲政治。党的十八大以来,在党的建设布局中,党的政治建设上升到统领和根本地位,习近平总书记更是反复强调,党的政治建设是党的根本性建设,决定党的建设方向和效果。历史启示我们,无论党面临的形势和任务如何变化,重视党的政治建设始终是不变的鲜明主题和重要原则。新时代推动全面从严治党取得更大成果,必须树立全面从严治党永远在路上的理念,坚持以党的政治建设为统领,全面推进党的各项建设,不断净化政治生态,着力推动全面从严治党向纵深发展。

(三)必须以思想建党与制度治党相结合推进全面从严治党

重视从思想上建党是中国共产党的伟大创造,也是党自身建设的鲜明特色和光荣传统。中国共产党一经诞生,就鲜明地将马克思主义写在了自己的旗帜上,把实现共产主义作为党的最高理想。从井冈山时期加强无产阶级思想领导、古田会议确立思想建党原则、延安时期开展整风运动,到改革开放新时期的

① 毛泽东文集:第6卷[M].北京:人民出版社,1999:449.

② 邓小平文选:第2卷[M].北京:人民出版社,1994:163.

③ 邓小平文选:第3卷[M].北京:人民出版社,1993:166.

“三讲”教育、保持共产党员先进性教育,再到党的十八大以来党的群众路线教育实践活动、“三严三实”专题教育、“两学一做”学习教育、“不忘初心、牢记使命”主题教育等;从毛泽东思想到邓小平理论、“三个代表”重要思想、科学发展观,再到习近平新时代中国特色社会主义思想,我们党始终将思想建党牢牢抓在手上,体现了先进科学理论的强大引领作用。同时,我们党一贯坚持把制度建设贯穿于党的建设的全过程和各方面。党的一大通过的党纲,就对建立自上而下分级管理的组织体制做出了具体规定。毛泽东对制度建党进行了积极探索,确立了有关制度建设的基本框架。随后,党制定和逐步完善了党的章程,确立了民主集中制和党的领导、活动、纪律、监督等一系列制度。新中国成立后,我们党曾开展了一系列的制度建设工作。改革开放以来,邓小平在总结正反两方面经验与教训的基础上,强调领导和组织制度是更具有根本性、全局性、稳定性和长期性的制度。此后,江泽民和胡锦涛把制度建设贯穿于党的思想、组织、作风和反腐倡廉建设之中,以健全民主集中制为重点加强制度建设,党的制度建设进入快车道。党的十八大以来,习近平总书记提出要坚持思想建党和制度治党相统一,既要解决思想问题,也要解决制度问题,把坚定理想信念作为根本任务,把制度建设贯穿到党的各项建设之中,做到坚持思想建党和制度治党同向发力、同时发力。历史昭示我们,思想建党是我们党的独特优势,是全面从严治党的基础和前提;制度治党是全面从严治党的根本保证。只有将思想建党与制度治党紧密结合起来,相辅相成,互动发展,才能为新时代全面从严治党打下牢固的思想基础、提供可靠的制度保障。

(四)必须以从严治吏为关键推进全面从严治党

党的历史是从严治党的历史,党的历程是从严治吏的过程。我们党之所以带领人民不断从胜利走向新的胜利,一条基本经验就是始终坚持从严治党、从严治吏。从严治党是根本,从严治吏是关键。作为党员中优秀群体代表的各级领导干部,是从严治党的关键,从严治党必须从领导干部严起。在党的历史上,毛泽东、周恩来等老一辈无产阶级革命家身体力行、严于律己、率先垂范,为全党作出了榜样。遵义会议之后,正确的干部路线得以确立,毛泽东不仅提出了“才德兼备”的干部标准,而且制定了“任人唯贤”的干部路线。为了从严管理干部,这一时期还确立了党管干部的原则和干部交流制度。新中国成立之后,我们党确立了执政条件下党管干部原则,建立了干部学习培训、管理以及干部选拔、任免、奖惩等制度。同时,还开展了整风运动解决干部思想和作风问题,严厉查处干部违纪违法行为。党的十一届三中全会之后,为适应改革开放新形势新任务提出的新要求,我们党加强干部工作制度化规范化建设,建立健全干部任期、交流、任职回避以及考核等制度。邓小平反复强调,中国的事情能不能办好,关键在人;党要管党,一管党员,二管干部。江泽民把从严治吏比作是从严治党的“牛鼻子”,把这个关键抓好了才能在下级和基层中有说服力。胡锦涛强调只有首先把党员、干部队伍教育管理好了,党自身巩固和加强了,我们才能执好政、治好国。党的十八大以来,习近平总书记提出“从严治党,关键是从严治吏”的重要论断,强调抓“关键少数”,始终做到严管厚爱。历史和现实都告诉我们,新时代全面从严治党必须把从严治吏作为从严治党的重中之重和当务之急,从明确新时代“好干部”标准入手,在从严选拔、从严教育、从严管理、从严监督干部方面抓落实;立标尺、定规矩,为从严治吏提供基本遵循;严选拔、重导向,着力铲除吏治腐败的土壤;抓教育、紧约束,筑牢思想和组织管理防线;正作风、严惩治,保持“零容忍”的高压态势,干部清正廉洁,党内风清气正,带动全面从严治党向纵深推进,在新时代坚持和发展中国特色社会主义的历史进程中确保党的坚强的领导核心地位。

(五)必须以人民群众积极参与监督为动力推进全面从严治党

人民群众积极而广泛的监督,既是从严治党的生命线,也是从严治党的动力源。一个政党要真正做到从严治党,离不开广大人民群众的积极参与、评判和监督。高度重视人民群众监督,是中国共产党的优良传统,是党密切联系群众、全心全意为人民服务宗旨的重要体现。我们党历来高度重视对人民群众民主监督的积极引导。以毛泽东同志为主要代表的中国共产党人,明确强调共产党应该接受人民群众的广泛的民主监督。1945年7月,毛泽东在回答黄炎培关于共产党如何跳出历史上的政权由盛到衰的“历史周期率”的问题时说,我们已经找到新路,这条新路,就是民主。只有让人民来监督,政府才不敢松懈。我们党执政后,更加注意自觉地接受人民群众的民主监督,并在宪法这个根本大法中明确了人民群众有监督权。改革开放以来,以邓小平同志为主要代表的中国共产党人,明确强调实行人民群众监督能够为政党发展提出建设性意见,人民群众广泛的民主监督是中国共产党从严治党的关键环节,共产党行使权力必须坚持为人民服务、对人民负责并自觉接受人民监督。党的十八大以来,习近平总书记指出，要“发挥人民监督作用”，强调“只有织密群众监督之网，开启全天候探照灯，才能让‘隐身人’无处藏身。各级党组织和党员、干部的表现都要交给群众评判”①。全面从严治党，需要引导人民群众积极开展民主监督，“认真执行民主集中制，健全施政行为公开制度，保证领导干部做到位高不擅权、权重不谋私”②。奋进新时代，迈向新征程，全面从严治党必须充分发挥人民群众的监督作用，做到思想上重视群众监督，制度上涵盖群众监督，畅通群众监督渠道，坚持党内监督和群众监督的有机结合。

三、中国共产党全面从严治党的历史贡献

奋进新时代、迈向新征程，中国共产党领导人民统揽伟大斗争、伟大工程、伟大事业、伟大梦想，需要从历史、现实与未来的发展脉络中，从当代中国和当今世界面临的时代课题中，深刻认识中国共产党从严治党的理论贡献、实践价值和深远的世界意义，进一步增强开启新征程的必胜信心，以永远在路上的执着和韧劲，不断推动全面从严治党向纵深发展。

（一）全面从严治党开辟了马克思主义政党管党治党的崭新境界

无产阶级政党理论是马克思主义的重要组成部分，是指导无产阶级政党建设的根本原则和思想武器。中国共产党作为马克思主义政党，马克思主义是党的指导思想，党的建设也必然遵循马克思主义的根本原则、基本立场和内在要求。在从严治党的百年历程中，我们党始终将马克思主义政党理论与中国具体国情相结合，在从严治党的实践中不断丰富和发展马克思主义政党建设理论。在新民主主义革命、社会主义革命与社会主义建设时期，以毛泽东为主要代表的中国共产党人，从思想、组织与作风等方面狠抓党的建设，取得了丰硕成果。改革开放以来，以邓小平、江泽民、胡锦涛等同志为主要代表的中国共产党人，从改革开放新时期新的历史特点出发，紧紧围绕“建设一个什么样的党，怎样建设党”这一主题，进一步丰富了党建理论，为全面从严治党奠定了坚实的根基。党的十八大以来，习近平总书记立足新时代，以马克思主义政治家、思想家和战略家的非凡理论勇气、卓越政治智慧和强烈使命担当，以“我将无我，不负人民”

① 习近平.在党的群众路线教育实践活动总结大会上的讲话[N].人民日报，2014-10-09(2).

② 习近平谈治国理政[M].北京：外文出版社，2014：388.

的赤子情怀，科学运用马克思主义立场观点方法，分析和解决我们党所面临的复杂执政环境、严峻风险挑战，以及存在的突出问题，提出了一系列具有开创意义的关于全面从严治党的新思想新观点新论断。如抓住全面从严治党的根本性问题，首次提出党的政治建设是党的根本性建设，决定着党的建设的方向和效果，把党的政治建设纳入党的建设的总体布局并摆在首位，强调加强党的政治建设的首要任务是坚决做到“两个维护”；首次明确提出党的纪律建设，并将其作为全面从严治党的治本之策摆在更加突出的位置，强调党面临的形势越复杂、肩负的任务越艰巨，就越要加强纪律建设，越要维护党的团结统一；提出党的领导是中国特色社会主义最本质的特征和最大优势，强调党是最高政治领导力量，坚持和完善党的领导，是党和国家的根本所在、命脉所在，是全国各族人民的利益和幸福所在，进一步明确了党在中国特色社会主义伟大事业中的核心领导地位；统筹推进党的政治、思想、组织、作风、纪律等建设，把思想建党、理论强党与制度治党有机统一起来，使新时代党的建设新的伟大工程的科学内涵得到进一步丰富和发展；提出把推进党的建设新的伟大工程与进行伟大斗争、推进伟大事业、实现伟大梦想有机结合起来，使新时代党的建设具有了鲜明的时代特征；提出党要管党、从严治党首先要从党内政治生活管起严起，为新形势下党内政治生活注入新的内容；提出把制度建设贯穿于党的各项建设之中，强调把权力关进制度的笼子里，拓宽了制度治党的新视野等，科学回答了新时代“为什么推进全面从严治党、怎样推进全面从严治党”这一根本问题。党的十九大之后，我们党在总结党的建设历史经验特别是党的十八大以来全面从严治党成功经验的基础上，又把“坚持全面从严治党”作为新时代中国特色社会主义的基本方略之一，提出新时代党的建设总要求和新时代党的组织路线，完善了自我净化、自我完善、自我革新、自我提高的科学内涵，形成了党长期执政条件下实现“四个自我”的有效途径，进一步丰富和发展了马克思主义党建理论，为马克思主义党建理论宝库增添了新的时代内容，使我们党对马克思主义执政党建设规律的认识达到新的高度。

（二）全面从严治党承载起党团结带领人民实现民族复兴伟业的历史使命

全面从严治党是实现中华民族伟大复兴中国梦的根本保证。实现伟大梦想，必须推进伟大工程建设。只有通过从严治党把党建设好、建设强，才能引领承载着中国人民伟大梦想的历史巨轮劈波斩浪驶向光辉的彼岸。回顾历史，我们党自成立之日起,就把实现共产主义作为党的最高理想和奋斗目标,把"为人民谋幸福、为民族谋复兴"作为自己的初心和使命,自觉肩负起带领中国人民实现中华民族伟大复兴这一神圣的历史使命。中国共产党自成立以来,无论是弱小或是强大、顺境或是逆境,我们党都矢志不渝、初心不改,带领中华民族迎来了从站起来、富起来到强起来的历史性飞跃,迎来了实现中华民族伟大复兴无限光明的前景。同时,我们党把坚持党要管党、从严治党作为党的建设的根本方针和一贯要求,始终坚持党要管党、从严治党,为实现民族复兴伟业提供根本政治保证。当前,中国特色社会主义进入新时代,我们党要有新气象新作为,关键是党的建设新的伟大工程要开创新局面,而我们党仍然面临着长期而复杂的执政、改革开放、市场经济与外部环境的考验,面临着尖锐而严峻的精神懈怠、能力不足、脱离群众和消极腐败的危险,党内在一定程度上仍然存在着领导弱化、党的建设缺失、管党治党宽松软等问题,党要团结带领人民实现民族复兴伟业,就必须毫不动摇坚持和完善党的领导,毫不动摇把党建设得更加坚强有力,推动全面从严治党向纵深发展。这是党担负起新时代历史使命的必然要求。党的十八大以来,以习近平同志为核心的党中央以力挽狂澜的浩然气魄和卓越胆识,以坚毅的政治勇气和历史担当,把全面从严治党提升到了前所未有的战略高度,强调治国必先治党、治党务必从严,坚持以党的自我革命引领伟大社会革命,着力解决管党治党宽松软的突出问题,夯实立身之本,突出政治引领作用,政治建设迈上新台阶;补足精神之钙,筑牢理想信念根基,思想建党写就新篇章;匡正吏治之失,着力打造高素质干部队伍,组织建设展现新作为;扫除作风之弊,密切党同人民群众的血肉联系,党群干群关系呈现新气象;绷紧纪律之弦,持之以恒正风肃纪,党的纪律建设取得新成效;扎紧制度之笼,用制度治党管权治吏,制度治党迈出新步伐;清除腐败之瘤,营造良好政治生态,反腐败斗争开创新局面,从而开启了全面从严治党的新时代。但取得这些成就并不意味着全面从严治党已经大功告成,我们可以沾沾自喜、高枕无忧了。因为当今世界正经历百年未有之大变局,我国正处于实现中华民族伟大复兴关键时期,我们面临着许多可以预料和难以预料的风险与挑战。当前我们已经全面建成小康社会,实现了第一个百年奋斗目标,正在向全面建成社会主义现代化强国的第二个百年奋斗目标迈进。而领导人民全面建成社会主义现代化强国这场伟大的社会革命,涵盖领域之广泛、触及利益格局调整之深刻、涉及矛盾问题之尖锐、突破体制机制障碍之艰难、进行伟大斗争形势之复杂,都给我们党提出前所未有的严峻挑战。开启新征程、奋进新征程，必须一如既往地发扬彻底的革命精神，着力增强全面从严治党永远在路上的政治自觉，始终保持“赶考”的清醒和坚定，不断坚持以新时代党的自我革命引领新的伟大社会革命，继续书写中华民族五千年历史上最恢宏的史诗，最终实现中华民族伟大复兴。

（三）全面从严治党提供了世界政党治理的中国智慧

政党治理，是政党政治时代一种特有的政治现象和政治行为。通过政党治理可以增强执政党执政本领，提升执政党权力运作制度化和规范化水平，从而实现政党整合社会、形成良治、增强活力的目的。纵览世界政党发展历史，执政党治理具有极其重要的理论和实践意义。无论是发达国家还是发展中国家的执政党，都曾有过因放松对执政党的有效治理而导致腐败蜕化、亡党亡国的惨痛教训。如日本自民党连续执政38年，墨西哥革命制度党连续执政长达71年，印尼专业集团连续执政30多年，也都因未能对执政党进行有效治理而导致政权易手。中国共产党是一个拥有9600多万名党员、领导着14亿多人口、具有全球影响力的世界第一大执政党。回首中国共产党的百年历史，我们党之所以能够战胜一切艰难险阻，从小到大、由弱变强，始终成为中国人民和中华民族的主心骨，根本原因就在于我们党始终如一推进党的自我革命，一以贯之坚持党要管党、从严治党，同一切影响党的先进性、弱化党的纯洁性的问题做坚决斗争，不断实现自我净化、自我完善、自我革新、自我提高，这既是我们党长期以来形成的优良传统和成功经验，也是我们党区别于世界上其他政党最显著的标志。新民主主义革命、社会主义革命与社会主义建设时期，我们党以马克思主义中国化为突破口，以端正党的思想路线和政治路线为重点内容的政党治理，使党在思想上、政治上、组织上达到了完全巩固，夺取了新民主主义革命、社会主义革命和建设的伟大胜利。改革开放新时期，以党和国家领导制度改革为切入点，全面推进以思想建党和制度治党相结合为显著标志的政党治理，使我们党经受住了长期执政、改革开放、市场经济和外部环境的严峻考验，取得了党领导改革开放与开拓中国特色社会主义伟大事业的辉煌成就。中国特色社会主义进入新时代，我们党以不忘初心、牢记使命、人民至上、自我革命为出发点，全面推进以正风肃纪、反腐倡廉、把权力关进制度笼子为鲜明特色的政党治理，迎来了党团结和带领人民实现中华民族伟大复兴的光明前景①。在这里，尤其需要

① 包心鉴.严格政党治理：中国共产党百年辉煌的关键要素［J］.政治学研究，2021(3)：3-12，159.

强调的是,党的十八大以来,以习近平同志为核心的党中央创造性地提出全面从严治党,并将其纳入“四个全面”战略布局,汇聚全党上下步调一致全面从严治党的强大力量;既要抓“全面”,也要抓“从严治吏”这个重点,找准全面从严治党的突破口;以解决突出问题为导向,抓好建章立制,营造全面从严治党的良好氛围;以“钉钉子”精神,久久为功,持续发力,形成全面从严治党的战略定力和持久耐力;遵循管党治党的基本规律,做到继承和创新的有机统一,激发全面从严治党的内生动力和生机活力;坚持思想建党和制度治党紧密结合,实现人与制度之间的有效互动,培育全面从严治党的良好政治生态。这一系列重大举措前呼后应、协调联动,集科学性、可操作性、实效性于一体,充分展示了中国共产党的政治责任和历史担当,积累了政党治理的中国经验,为如何解决执政党自身治理这一世界性难题提供了一个全新治理模式,为世界政党治理贡献了中国智慧和方案。

(原文发表于《学术界》2021年第8期,收入本书有改动。)

实事求是:中华民族实现伟大复兴的法宝

沈玉梅,周 允[①]

摘 要:实事求是是中国共产党的思想路线,是马克思列宁主义普遍真理同中国实际的结合,是马克思主义的精髓。中国共产党成立以来的实践反复证明,坚持实事求是,就能兴党兴国;违背实事求是,就会误党误国。实事求是是党团结带领中国人民推动中华民族伟大复兴事业不断取得胜利的法宝。面向第二个百年奋斗目标,只要坚持中国共产党的领导,坚持实事求是的思想路线,中华民族伟大复兴的中国梦就一定能够实现。

关键词:实事求是;马克思主义的精髓;中华民族伟大复兴;法宝

习近平总书记在庆祝中国共产党成立100周年大会上的讲话中指出:"一百年来,中国共产党团结带领中国人民进行的一切奋斗、一切牺牲、一切创造,归结起来就是一个主题:实现中华民族伟大复兴。"[②]回顾党的百年历史,坚持实事求是,我们党就能够形成正确的路线、方针、政策,中华民族伟大复兴的事业就能够不断取得胜利;反之,离开了实事求是,我们党的路线、方针、政策就会出现问题,这一事业就会受到损失甚至遭遇严重挫折。中国共产党成立以来的实践反复证明,坚持实事求是,就能兴党兴国;违背实事求是,就会误党误国[③]。作为党的思想路线,实事求是是中国共产党团结带领中国人民推动中华民族伟大复兴事业不断取得胜利的法宝。

当前,学界对实事求是这一"法宝"在百年党史中作用的研究已经形成一批质量较高的科研成果。比如,曹健华的《实事求是:中国共产党不断取得胜利的

---

① 沈玉梅,宿州学院马克思主义学院教授;周允,宿州学院马克思主义学院讲师。

② 习近平.在庆祝中国共产党成立100周年大会上的讲话[N].人民日报,2021-07-02(2).

③ 习近平.坚持实事求是的思想路线[N].学习时报,2012-05-28(1).

重要法宝》[①],石仲泉的《实事求是:百年大党铸就辉煌的法宝》[②],巩永丹、徐斌的《新中国70年的历史成就与实事求是思想路线》[③],张明军的《实事求是:实现中华民族伟大复兴的根本思想保证》[④],等等。这些研究成果,一方面拓展了实事求是的研究视野,另一方面对党在迈向第二个百年奋斗目标的实践中继续坚持实事求是具有重要的借鉴意义。不过这些研究成果对于实事求是的实质及其渊源并没有进行深入的马克思主义的探讨,这使关于实事求是作用的研究没有能够真正切中它作为"法宝"的现实。鉴于此,本文依据马克思主义经典文本,对实事求是思想路线的实质内涵进行探讨,在此基础上梳理归纳实事求是思想路线能够成为"法宝"的理论渊源和实践逻辑,以期在学界现有研究成果的基础上,把对作为党的思想路线的实事求是的研究向前再推进一步。

一、实事求是是马克思列宁主义普遍真理同中国实际的结合

关于实事求是,学界普遍的认识是:它是中国古代成语,毛泽东对其进行马克思主义的改造后将其提升为我们党的思想路线。而关于这一思想路线的内涵,学界也基本都是援引毛泽东在《改造我们的学习》中对"实事""求""是"等的哲学阐释来进行说明。

1961年1月的中央经济工作会议上,毛泽东指出:"我们党是有实事求是传统的,就是把马列主义的普遍真理同中国的实际相结合"[⑤]。这句话有两个含义:一是实事求是是我们党的传统;二是这一传统的实质就是"马列主义的普遍真理同中国的实际相结合"。换言之,我们党从成立之日起就一直秉持着实事求是的原则,致力于把"马列主义的普遍真理同中国的实际相结合",以解决我们党面临的一切问题,实现党的最终目标。实事求是真正成为我们党的传统,是在党真正理解、接受并做到把"马列主义的普遍真理同中国的实际相结合"之后。

中国共产党成立后,党的早期领导人也提出过要把"马列主义的普遍真理

① 曹健华.实事求是:中国共产党不断取得胜利的重要法宝[J].理论视野,2021(7):84-90.

② 石仲泉.实事求是:百年大党铸就辉煌的法宝[J].党建,2021(7):113-116.

③ 巩永丹,徐斌.新中国70年的历史成就与实事求是思想路线[J].红旗文稿,2019(21):12-13.

④ 张明军.实事求是:实现中华民族伟大复兴的根本思想保证[J].理论探讨,2019(1):5-10.

⑤ 毛泽东文集:第8卷[M].北京:人民出版社,1999:237.

同中国的实际相结合”，即把马列主义应用到中国实际中去，但中国革命环境的复杂，反革命力量的过于强大，以及共产国际的远程指挥，使幼年时期的党对这一问题的认识还不够深入彻底，还不能够把马克思列宁主义普遍原理和中国革命具体实际结合起来。特别是大革命后期和土地革命战争时期，党的指导思想出现了把马列主义教条化、把共产国际决议和苏联经验神圣化的“左”、右倾错误，使中国革命遭遇多次挫折，甚至陷入绝境。错误和挫折教育了党，使党明白：“马克思的‘本本’是要学习的，但是必须同我国的实际情况相结合。”①

1935年的遵义会议确立了以毛泽东同志为主要代表的马克思主义正确路线在党中央的领导地位，党的中央领导成熟了。此后我们党开始从理论上系统地总结中国革命的成功经验和失败教训，为中国革命提供合乎实际的理论、路线、方针和政策，“马列主义的普遍真理同中国的实际相结合”的思想逐渐被我们党接受。经过延安整风，这一思想成为全党共识。1945年，刘少奇在党的七大所作的报告中对这一思想作了进一步阐述，认为毛泽东站在全体人民利益的立场上，把马克思列宁主义与中国革命具体实际相结合，在理论上敢于进行大胆的创造，抛弃掉马列主义中已经过时的、不适合中国实际的个别原理和结论，代之以适合中国实际的新原理和新结论，使“马克思主义从欧洲形式变为中国形式”②，创立了毛泽东思想。

当以毛泽东同志为主要代表的中国共产党人把“马克思主义从欧洲形式变为中国形式”，创立了毛泽东思想时，这意味着实事求是才真正成为党的传统。也就是说，当我们党真正做到把“马列主义的普遍真理同中国的实际相结合”时，实事求是才真正做到了。党能够做到这一点，就是坚持实事求是，做不到这一点，就不是坚持实事求是。因此，作为党的传统，实事求是的实质就是“马列主义的普遍真理同中国的实际相结合”。也因为如此，实事求是成了“马克思主义的精髓”。

二、实事求是是马克思主义的精髓

所谓精髓，是指精气真髓，比喻事物最重要、最核心的部分，即精华。关于“马克思主义的精髓”之说，这在马克思主义创始人马克思恩格斯那里并没有明

① 毛泽东选集：第1卷[M].北京：人民出版社，1991：111-112.

② 刘少奇选集：上[M].北京：人民出版社，1981：335.

确提出过,第一次明确提出这一命题的是列宁。

1920年6月,在《共产主义》一文中,列宁批评了匈牙利的库·贝·同志所犯的"共产主义运动中的'左派'幼稚病"。列宁说,库·贝·同志在批评德国共产党中央委员会1920年3月21日的声明时援引了马克思的话,但是他没有具体分析马克思的话在当时所指的含义,就以此"全盘否定了德国共产党中央委员会的策略"。由此列宁认为,他的这种做法"忽略了马克思主义的精髓,马克思主义的活的灵魂:对具体情况作具体分析"①。在这里,列宁把"马克思主义的精髓"概括为"对具体情况作具体分析"。在列宁看来,应用马克思主义必须要和当时的具体情况相结合,即要"对具体情况作具体分析"。列宁的这一思想,马克思在19世纪70年代后期的"历史环境论"中已经作了阐述。

历史环境论是马克思在思考东方社会的历史命运时提出来的。1877年,在《给〈祖国纪事〉杂志社编辑部的信》中,马克思提出"历史环境"这一概念。马克思指出,他在《资本论》中"关于西欧资本主义起源的历史概述"并不是适用于一切民族的"历史哲学理论",也就是说,并不是一切民族,不管它们所处的历史环境如何,都必然要走这条道路。因为,"极为相似的事变发生在不同的历史环境中就引起了完全不同的结果"②。1881年当维·伊·查苏利奇就俄国历史发展前景特别是俄国农村公社的命运问题请教马克思时,马克思详细研究了俄国的农村公社,深入分析了这一农村公社的二重性和两种可能的前途。在这里,马克思的"历史环境论"得到了充分阐发。马克思认为,俄国"农村公社"最终会向哪种前途发展,这"一切都取决于它所处的历史环境"③。同时马克思再次指出,他的《资本论》中关于经济运动的"历史必然性"明确地限于西欧各国,并不适宜于俄国,因为在欧洲,"俄国'农村公社'的历史环境是独一无二的"④。历史环境论启示我们:理论和实践必须紧密结合,具体地分析具体情况,切不可教条主义地滥用马克思主义。

正是基于马克思列宁主义的如上原则,毛泽东指出,我们要有目的地去研究马克思列宁主义的理论,"要把马、恩、列、斯的方法用到中国来,在中国创造出一些新的东西"。因为,"只有一般的理论,不用于中国的实际,打不得敌

① 列宁全集:第39卷[M].北京:人民出版社,2017:128.

② 马克思恩格斯文集:第3卷[M].北京:人民出版社,2009:466.

③ 马克思恩格斯文集:第3卷[M].北京:人民出版社,2009:574.

④ 马克思恩格斯文集:第3卷[M].北京:人民出版社,2009:579.

人”[①]。秉持这一理念，毛泽东从中国半殖民地半封建社会的国情出发，应用马克思主义的辩证唯物论与历史唯物论，依靠中国近代革命以及党领导人民斗争的十分丰富的经验，在同国内外各种敌人、党内各种错误的机会主义思想以及后来的“左”倾路线、投降路线、教条主义、经验主义等进行斗争中，生长发展出了党对待中国革命的科学态度——实事求是。这“是毛泽东同志用中国成语对辩证唯物主义和历史唯物主义世界观和方法论所作的高度概括”[②]。在1992年的南方谈话中，邓小平将实事求是定位为“马克思主义的精髓”。这一定位道出了实事求是与马克思的“历史环境论”、列宁的“对具体情况作具体分析”思想的看似不同但实质相通的马克思主义之本质属性。

而当这一“马克思主义的精髓”被确立为我们党的思想路线，成为我们党的基本思想方法、工作方法和领导方法后，党就开始在它的指导下，带领中国人民不断取得中国革命、建设、改革事业的伟大胜利，实事求是也就成了中华民族实现伟大复兴的法宝。

三、实事求是是中华民族实现伟大复兴的法宝

邓小平指出：“我读的书并不多，就是一条，相信毛主席讲的实事求是。过去我们打仗靠这个，现在搞建设、搞改革也靠这个。”[③]一部中国共产党的百年历史，其实就是一部实事求是的百年坚持史。实事求是是党团结带领中国人民推动中华民族伟大复兴事业不断取得胜利的法宝。

（一）实事求是思想路线的确立与新民主主义革命的伟大胜利

中国共产党自成立之日起就以马克思列宁主义为指导，致力于“实事求是”地解决党面临的一切问题。但是，党真正懂得实事求是这一马克思主义精髓的实质，并将之确立为党的思想路线，经历了一个过程。

大革命时期，实事求是思想路线萌芽。大革命是在国共合作的前提下展开的，这一革命沉重打击了帝国主义列强在华势力，基本推翻了北洋军阀的反动统治。但由于年轻的中国共产党还不能够“实事求是”地解决中国革命遭遇的

① 毛泽东文集：第2卷，北京：人民出版社，1993:408.

② 习近平.坚持实事求是的思想路线[N].学习时报，2012-05-28(01).

③ 邓小平文选：第3卷[M].北京：人民出版社，1993:382.

问题,犯了右倾机会主义错误,致使大革命失败。不过在这一时期,党的实事求是思想已经开始萌芽,主要表现在李大钊、毛泽东、瞿秋白、刘少奇等人对中国革命的性质、前途与革命的对象、动力、领导力量以及无产阶级领导权等问题的分析上。最具代表性的是毛泽东,比如,他在《中国社会各阶级的分析》中对革命的首要问题的分析,《中国农民中各阶级的分析及其对于革命的态度》中对农村阶级的分析,《国民革命与农民运动》中对农民运动与国民革命关系的论述,《湖南农民运动考察报告》中对农民斗争同革命成败关系的分析,等等。

土地革命战争时期,实事求是思想路线开始形成。大革命失败后,年轻的中国共产党在白色恐怖中带领中国人民继续战斗。从南昌起义、秋收起义、广州起义等一系列起义到井冈山革命根据地、中央革命根据地的建立,从四次反"围剿"的胜利、第五次反"围剿"的失败到红军长征,从八七会议、古田会议到遵义会议、瓦窑堡会议,从井冈山《土地法》到兴国县《土地法》,从中华苏维埃共和国临时中央政府到陕北"落脚点"……一路走来,我们党坚持把马克思列宁主义与中国革命具体实际相结合,同中华优秀传统文化相结合,不断地同党内存在的教条主义、经验主义的错误倾向作斗争,在总结革命胜利与失败正反两方面经验与教训的基础上,逐步认识到了脱离实际的"本本主义"是"完全错误的,完全不是共产党人从斗争中创造新局面的思想路线"①。1935年的遵义会议确立了以毛泽东为主要代表的马克思主义正确路线在党中央的领导地位,开启了党独立自主解决中国革命实际问题的新阶段,标志着党的实事求是思想路线的初步形成。

全面抗战时期,实事求是思想路线走向成熟并确立。遵义会议后,为了向全党说明教条主义错误的思想根源,1937年毛泽东撰写了《实践论》和《矛盾论》,对党的实事求是思想路线做了系统的哲学论证。1938年,在《论新阶段》中,毛泽东借用我国传统文化中的"实事求是"来提倡马克思主义同中国实际相结合的科学态度,指出"共产党员应是实事求是的模范","因为只有实事求是,才能完成确定的任务"②。1941年,在《改造我们的学习》中,毛泽东对"实事求是"作了马克思主义的界定,指出实事求是的态度"就是理论和实际统一的马克思列宁主义的作风",强调坚持实事求是"是一个共产党员起码应该具备的态

① 毛泽东选集:第1卷[M].北京:人民出版社,1991:116.

② 毛泽东选集:第2卷[M].北京:人民出版社,1991:522.

度”，“是党性的表现”[①]。经过延安整风和党的七大，实事求是的思想路线走向成熟并在全党得到了确立。

实事求是思想路线确立的过程就是中国新民主主义革命道路探索并取得胜利的过程。在这一过程中，党团结带领中国人民，以武装的革命反对武装的反革命，经过二十八年浴血奋战，建立了中华人民共和国，创造了新民主主义革命的伟大成就，为实现中华民族伟大复兴创造了根本社会条件。

（二）实事求是思想路线的坚持与社会主义革命和建设的伟大成就

新中国的成立，开辟了中华民族历史的新纪元。实现中华民族复兴，是近代以来中国人民和中华民族最伟大的梦想。如何结合国情，在一个经济文化落后的半殖民地半封建社会的国家里，探索中国自己的社会主义革命和建设道路，是党面临的巨大考验。实事求是思想路线的坚持与否直接决定了这条道路能否顺利进行。

新中国成立后的前七年，我们党领导全国各族人民有步骤地实现了从新民主主义到社会主义的转变，取得抗美援朝战争的伟大胜利，迅速完成国民经济的恢复任务，开展了有计划的社会主义经济建设，在全国绝大部分地区基本上完成了对生产资料私有制的社会主义改造。这一时期，在实事求是思想路线的指引下，党确定的指导方针和基本政策是正确的，取得的胜利也是辉煌的。

1956年至1966年，党对实事求是思想路线的坚持历经波折，社会主义建设在曲折中发展。《论十大关系》的提出与党的八大的召开，表明党对社会主义建设道路的探索有了良好开端。1957年反右派斗争开始后，党的指导思想发生变化。为了尽快改变中国贫穷落后的面貌，党力图在探索社会主义建设道路中打开一个崭新的局面，全国掀起了“大跃进”与人民公社化运动。实践证明，这样的运动只是凭主观愿望和意志办事，背离了党一向倡导的实事求是的原则，结果使党探索社会主义建设道路的良好开端遭遇挫折。面对如此形势，党中央和毛泽东决心纠正错误，调整政策。1961年党的八届九中全会决定对国民经济进行调整，并号召全党恢复实事求是、调查研究的作风。1962年“七千人大会”进一步调整经济措施。1964年年底到1965年初召开的第三届全国人民代表大会，提出要努力把我国逐步建设成为一个具有现代农业、现代工业、现代国防和现代科学技术的社会主义强国的号召。但是，这个号召由于实事求是思想路线

① 毛泽东选集：第3卷[M].北京：人民出版社，1991：801.

的再次背离,即“文化大革命”的发动而没有得到施行。

1966年至1976年,是“文化大革命”的十年。这一时期,在“左”的指导思想指引下,我国社会主义建设遭遇挫折和损失。尽管如此,党内存在的一股坚持实事求是的领导力量,对“左”倾错误进行了尽力抵制和奋力抗争。

从新中国成立到“文化大革命”结束,尽管社会主义革命和建设遭遇了挫折,但是成就还是主要的。在这一时期,党团结带领中国人民,在实事求是思想路线的指引下,自力更生、发奋图强,完成社会主义革命,确立社会主义基本制度,推进社会主义建设,完成了中华民族历史上最广泛而深刻的社会变革,为实现中华民族伟大复兴奠定了根本政治前提和制度基础。

(三)实事求是思想路线的重新恢复与改革开放和社会主义现代化建设的伟大成就

“文化大革命”结束后,由于“左”的错误思想的长期严重影响,加上“两个凡是”指导方针的限制,党和国家建设事业一度处于徘徊局面。1978年12月召开的党的十一届三中全会,重新确立实事求是的思想路线,实现了新中国成立以来党的历史上具有深远意义的伟大转折,使中华民族踏上了改革开放和社会主义现代化建设的新征程。此后,我们党始终坚持实事求是的思想路线,把中华民族伟大复兴事业不断向前推进。

以邓小平同志为主要代表的中国共产党人,解放思想,实事求是,团结带领中国人民深刻总结中国社会主义建设正反两方面的经验,借鉴外国历史经验,以巨大的政治勇气和理论勇气,作出把党和国家工作的中心转移到经济建设上来、实行改革开放的历史性决策,创造性地提出“一国两制”构想,深刻揭示社会主义本质,确立社会主义初级阶段的基本路线,提出建设中国式现代化的小康社会,擘画国兴民富三步走战略,深刻回答了什么是社会主义和怎样建设社会主义这一重大问题,形成邓小平理论,成功开创了中国特色社会主义。

以江泽民同志为主要代表的中国共产党人,面对当代世界和中国的发展变化对党和国家工作的总要求,团结带领中国人民,解放思想,实事求是,与时俱进,确立社会主义市场经济体制的基本框架和社会主义初级阶段的基本经济制度,实施跨世纪经济发展战略,推进党的建设“新的伟大工程”,回答了新的历史条件下建设一个什么样的党、怎样建设党这个重大问题,形成“三个代表”重要思想,使中国特色社会主义事业较快发展,人民生活总体上实现了由温饱到小康的历史性跨越。

以胡锦涛同志为主要代表的中国共产党人,顺应国内外形势发展变化,抓住重要战略机遇期,团结带领中国人民,解放思想,实事求是,求真务实,开拓进取,制定全面建设小康社会纲领,推动经济从又快又好向又好又快发展,推进党的执政能力建设和先进性建设,全面提高党的建设科学化水平,正确应对各种风险挑战、突发事件以及自然灾害,形成科学发展观,人民生活向全面小康迈进。

从党的十一届三中全会到党的十八大,党团结带领中国人民,解放思想,实事求是,改革创新,锐意进取,我国经济得到快速发展,社会保持长期稳定,经济总量超过日本跃居世界第二位,改变了我国生产力相对落后的状况,跨入中等收入国家的行列,为实现中华民族伟大复兴提供了充满新活力的体制保证和快速发展的物质基础。

(四)实事求是地继续坚持与新时代中国特色社会主义的伟大成就

党的十八大以来,以习近平同志为核心的党中央,继续坚持解放思想,实事求是,谋篇布局,治国理政,把中国特色社会主义事业不断向前推进,中国特色社会主义进入新时代。

习近平总书记指出,坚持实事求是,最基础的工作在于搞清楚“实事”,关键在于“求是”[①],本质是坚持群众路线。基于此,我们党胸怀“两个大局”,准确把握我国社会主义初级阶段的基本国情,以人民为中心,不驰于空想,不骛于虚声,坚持调查研究,既把“实事”弄清楚,又把“求是”搞透彻。党的十八大以来,从贯彻新发展理念到构建新发展格局,从社会主要矛盾变化到我国进入新发展阶段,从全面建成小康社会到全面建设社会主义现代化国家,从全面从严治党到推进国家治理体系和治理能力现代化,从共建“一带一路”倡议到构建人类命运共同体理念……党在对“实事”清醒而全面认识的基础上不断提出一系列新思想、新论断、新理念,在对“求是”坚定而执着的追求中不断实践一系列重大改革举措,敢于斗争,敢于胜利,解决了许多长期想解决而没有解决的难题,办成了许多过去想办而没有办成的大事,创造了新时代中国特色社会主义的伟大成就,为实现中华民族伟大复兴提供了更为完善的制度保证、更为坚实的物质基

① 姚龙其.把实事求是贯穿监督执纪始终[EB/OL].(2019-02-21)[2022-10-11].http://www.qstheory.cn/llwx/2019-02/21/c_1124143579.htm.

础、更为主动的精神力量。

第一,我们党团结带领中国人民,自信自强、守正创新,统揽“四个伟大”,践行初心使命,统筹推进“五位一体”建设,协调推进“四个全面”战略布局,坚定不移贯彻新发展理念,构建新发展格局,推动经济高质量发展,战胜一系列重大风险挑战,历史性地解决了绝对贫困问题,全面建成了小康社会。中华民族迎来了从站起来、富起来到强起来的伟大飞跃。

第二,我们党准确把握中国特色社会主义的历史新方位、时代新变化、实践新要求,把马克思主义基本原理同中国具体实际相结合,同中华优秀传统文化相结合,不断扩大开放,深入推进创新,推进国家治理体系和治理能力现代化,不断赋予中国特色社会主义以鲜明的实践特色、理论特色、民族特色、时代特色,形成了中国特色社会主义道路、理论、制度、文化,创立了习近平新时代中国特色社会主义思想,使科学社会主义的伟大旗帜始终在中国大地上高高飘扬。中国特色社会主义迎来了从创立、发展到完善的伟大飞跃。

第三,我们党以巨大的政治勇气和强烈的责任担当,不断完善和优化中国特色社会主义整体布局,使建设社会主义现代化国家在认识上不断深入、在战略上不断成熟、在实践上不断丰富,推动物质文明、政治文明、精神文明、社会文明、生态文明协调发展,创造了人类文明新形态,走出了一条不同于西方的中国式现代化新道路,打破了“现代化就是西方化”的神话,为解决人类问题贡献了中国智慧和中国方案。中国现代化迎来了从落后时代、赶上时代到引领时代的伟大飞跃。

第四,我们党面对新形势下的“四大考验”和“四种危险”,以前所未有的政治勇气和政治定力推进全面从严治党,深入推进党的自我革命,坚持依规治党,形成了比较完善的党内法规体系,不断提高党的建设质量,使党成为始终走在时代前列、人民衷心拥护、经得起各种风浪考验、朝气蓬勃的、具有重大全球影响力的世界第一大执政党。中国共产党迎来了从立党、兴党到强党的伟大飞跃。

总之,党自成立以来,始终团结带领中国人民,坚持实事求是的思想路线,积极进行伟大斗争,建设了伟大工程,推进了伟大事业,努力实现伟大梦想,书写了中华民族几千年历史上最恢宏的史诗,实现中华民族伟大复兴进入了不可逆转的历史进程。没有党对实事求是的坚持,就没有中国革命、建设、改革等重大成就的取得。实事求是是党团结带领中国人民推动中华民族伟大复兴事业不断取得胜利的法宝。在迈向第二个百年奋斗目标的历史进程中,只要我们坚持中国共产党的领导,坚持实事求是的思想路线,中华民族伟大复兴的中国梦就一定能够实现!

(原文发表于《宿州学院学报》2021 年第 10 期,收入本书有改动。)

百年大党对我国社会主要矛盾的探索:历史进路、价值意蕴与经验启示

田天亮[1]

摘　要:建党百年来,中国共产党坚持将马克思主义理论与中国实际相结合,在深入总结历史经验教训的基础上,领导人民群众不断解决我国社会主要矛盾。这一伟大探索在创新党的理论、指导实践发展、维护人民群众根本利益、为人类社会发展贡献中国智慧和中国方案等多重向度上取得了重大成果,留下了诸多宝贵的经验启示。这些经验启示包括:要科学认识和解决我国社会的主要矛盾,必须以马克思主义社会主要矛盾思想为理论指导,以审视我国基本国情与时代主题变化为现实依据,以在社会矛盾全局中把握社会主要矛盾为重要参照,以促进社会主要矛盾的有效解决为最终目标,以坚持中国共产党的领导为根本保证。

关键词:中国共产党;建党百年;主要矛盾;历史进程;经验启示

2021年7月1日,习近平总书记在庆祝中国共产党成立100周年大会上的讲话中指出,"新的征程上,我们必须增强忧患意识、始终居安思危……深刻认识我国社会主要矛盾变化带来的新特征新要求,深刻认识错综复杂的国际环境带来的新矛盾新挑战,敢于斗争,善于斗争,逢山开道、遇水架桥,勇于战胜一切风险挑战"[2]。习近平总书记这一重要讲话,为我们准确把握社会主要矛盾的转化、不断推进社会主要矛盾的解决指明了方向、提出了要求。一定程度上来说,中国共产党领导人民群众进行革命、建设和改革的历史,就是一部不断认识和解决我国社会主要矛盾的历史,是一部不断同各种困难、挑战和风险进行伟大斗争的历史。中国共产党要对我国社会主要矛盾的分析判断准确,并以此为依

---

① 田天亮,安徽大学马克思主义学院讲师。

② 习近平.在庆祝中国共产党成立100周年大会上的讲话[N].人民日报,2021-07-02(2).

据制定路线方针政策，这样才能引领党和国家事业取得重大成就。反之，则往往会遭受挫折和损失。建党百年之际，遵照马克思主义理论与中国实际相结合的理论和实践逻辑，分析党探索我国社会主要矛盾的历史进路、价值意义与经验启示，对在新的条件下推进社会主要矛盾的解决、引领全面建设社会主义现代化强国实践的发展、实现中华民族伟大复兴的中国梦具有重要意义。

一、在斗争中不断奋进：中国共产党探索我国社会主要矛盾的历史进路

马克思指出："历史从哪里开始，思想进程也应当从哪里开始，而思想进程的进一步发展不过是历史过程在抽象的、理论上前后一贯的形式上的反映。"①百年来党对我国社会主要矛盾的理论和实践探索，同党领导人民群众进行革命、建设和改革的历史相衔接，并在与不同时期社会主要矛盾的"斗争"中引领党和国家事业不断奋进。

（一）解决帝国主义与中华民族的矛盾、封建主义与人民大众的矛盾

鸦片战争后，中国逐步沦为半殖民地半封建社会，中华民族、中国人民备受欺凌。"帝国主义和中华民族的矛盾，封建主义和人民大众的矛盾"②成为我国社会的主要矛盾。为救亡图存，不同阶层的仁人志士尝试了各种救国方案，但因没有认清国内主要矛盾，各种尝试均以失败而告终。1921年7月诞生的中国共产党，自创立之日起就明确了消灭阶级斗争、推翻阶级剥削和阶级压迫来实现共产主义的奋斗目标，成为引领认识和解决国内主要矛盾的核心领导力量。中共二大提出"消除内乱，打倒军阀，建设国内和平""推翻国际帝国主义的压迫，达到中华民族完全独立"③，明确了反帝、反封建的民主革命纲领。1923年6月召开的中共三大继续倡导反帝、反军阀的主张，确立了国共合作的路线。此时中国共产党已认识到代表帝国主义和封建势力的北洋军阀同人民大众之间的矛盾占据主导地位。

北伐战争给北洋军阀带来沉重打击，但以蒋介石为代表的国民党势力在革命后期叛变革命，最终导致大革命失败，国内主要矛盾转化为中国共产党及代

① 马克思恩格斯选集：第2卷［M］.北京：人民出版社，1995：43.

② 毛泽东选集：第2卷［M］.北京：人民出版社，1991：631.

③ 建党以来重要文献选编（1921～1949）：第1册［M］.北京：中央文献出版社，2011：133.

表的人民与国民党反动派及其势力之间的矛盾。1927年8月发动的南昌起义打响了武装反抗国民党反动派的第一枪,随后召开的八七会议确定了土地革命、武装起义的方针,并作出工作重点由城市转移到农村的决定,建立了以井冈山为代表的革命根据地,粉碎了敌人多次“包围会剿”,后因受“左”倾错误影响导致反“围剿”失败,红军不得不进行长征来实现战略转移。1935年1月召开的遵义会议,实现了党的军事、组织路线之转变,此后党战胜了一系列困难并成功转战至陕北。九一八事变后,党中央迅速制定了北上抗日的方针,并在瓦窑堡会议上明确了抗日民族统一战线的方针,后来又促成“西安事变”和平解决,推动国共再次合作。毛泽东此时指出,中日矛盾成为主要矛盾,国内矛盾降到次要、服从地位①。抗战期间,中国共产党建立了多个抗日根据地,积极开展敌后游击战争配合国民党作战,促进抗日战争胜利,解决了日本帝国主义与中华民族的矛盾。抗战胜利前夕,毛泽东认为“从整个形势看来,抗日战争的阶段过去了,新的情况和任务是国内斗争”②。1945年8月抗战胜利后,受美帝国主义支持的国民党为推行独裁统治、压迫和剥削人民,悍然发动内战。党在各解放区人民的全力支持下推动土地改革,依靠农民建立统一战线,通过三大战役、渡江战役等推翻了反动统治,解决了“国民党反动派及其势力同人民大众之间的矛盾”。总而言之,这一时期,中国共产党在把握我国社会主要矛盾的基础上,坚持走新民主主义革命道路,经过北伐战争、土地革命战争、抗日战争、解放战争,总体上解决了帝国主义与中华民族、封建主义与人民大众的矛盾,实现了我国由半殖民地半封建社会向独立自主的民主社会的转变。

(二)解决无产阶级与资产阶级之间的矛盾

1949年10月新中国的成立,使中国共产党站在了探索国内主要矛盾的新起点上。早在新中国成立前的七届二中全会上,毛泽东就指出在全国胜利以后我国还存在两种基本矛盾,国内矛盾是工人阶级和资产阶级的矛盾,国外矛盾是中国和帝国主义国家的矛盾。这里提到的基本矛盾就是新中国国内主要矛盾。新中国成立初期,依附帝国主义的国民党残余势力尚存且破坏性较大,中国共产党在短期内仍将人民大众与帝国主义、封建主义与官僚资本主义残余势力之间的矛盾作为国内主要矛盾。毛泽东指出,当时的斗争对象“主要是帝国

① 毛泽东选集:第1卷[M].北京:人民出版社,1991:252.

② 毛泽东选集:第4卷[M].北京:人民出版社,1991:1130.

主义、封建主义及其国民党反动派残余，而不是民族资产阶级”[①]。党领导人民通过武力清除国民党残余势力、推行土地改革、开展抗美援朝、镇压反革命等，解决了民主革命的遗留任务。

随着国民经济的恢复，中国共产党在对向社会主义过渡问题的认识上发生了变化。1952年6月，毛泽东审阅各民主党派工作决定时指出，在地主阶级与官僚资产阶级被打倒后，中国内部的主要矛盾是工人阶级与民族资产阶级的矛盾，故不应再将民族资产阶级视为中间阶级。1953年7月，毛泽东在中央政治局会议上指出，使独立的私人资本主义企业变为受限制的国家资本主义是一个大进攻。1953年年底，中央印发毛泽东修改的关于过渡时期总路线的学习和宣传提纲，认为革命胜利后我国就进入由新民主主义革命向社会主义革命的过渡时期，提出了以“一化三改”为主要内容的总路线。中国共产党对农业、手工业的改造采取了由临时互助组到初级社再到高级社的过渡形式，对资本主义工商业的改造运用了“和平赎买”的方式。在党和人民的努力下，资产阶级与无产阶级的矛盾得到解决，我国确立了社会主义基本制度，实现了中华民族由近代不断衰落到根本扭转命运的伟大飞跃，为当代中国一切进步与发展奠定了根本政治前提与制度基础。

（三）解决人民日益增长的物质文化需要同落后的社会生产之间的矛盾

三大改造完成后，社会主义基本制度在中国确立起来。如何认识和解决社会主义社会的主要矛盾成为党和人民面临的新任务。1956年4月毛泽东作了《论十大关系》的讲话，阐述了社会主义建设中的十大关系，认为“这十种关系，都是矛盾”，“我们的任务，是要正确处理这些矛盾”[②]。1956年中共八大通过的政治报告指出，国内主要矛盾“已经是人民对于建立先进工业国的要求同落后的农业国的现实之间的矛盾，已经是人民对于经济文化迅速发展的需要同当前经济文化不能满足人民需要的状况之间的矛盾”[③]，实质是“先进的社会主义制度同落后的社会生产力之间的矛盾”[④]。这一表述基本思想是正确的。毛泽东在中共八大后多个场合的讲话中肯定了这一思想。1957年2月，在《关于正确

① 毛泽东选集：第6卷［M］.北京：人民出版社，1996：49.

② 毛泽东选集：第7卷：［M］.北京：人民出版社，1999：44.

③ 建国以来重要文献选编：第9册［M］.北京：中央文献出版社，1994：341.

④ 建国以来重要文献选编：第9册［M］.北京：中央文献出版社，1994：341.

处理人民内部矛盾的问题》讲话中，毛泽东进一步论述了社会发展中存在的矛盾问题，揭示了敌我矛盾、人民内部矛盾两类性质不同的矛盾，将处理人民内部矛盾作为党和国家政治生活的主题。自反右派斗争开始，党中央逐步错估了国内外阶级斗争形势，将无产阶级与资产阶级、社会主义道路与资本主义道路的矛盾作为主要矛盾，在社会主义建设中还发生了"大跃进"、人民公社化运动等失误。因"左"倾思想未纠正，导致"文革"爆发，其间推行的以"阶级斗争为纲"的路线，给党和国家事业造成严重损失。

1978年12月召开的十一届三中全会作出停止"以阶级斗争为纲"、将工作重点转移到现代化建设上来的战略决策，拉开了中国共产党重新认识社会主要矛盾的帷幕。1979年3月，邓小平在党的理论工作务虚会议上提出，"我们的生产力发展水平很低，远远不能满足人民和国家的需要，这就是我们目前时期的主要矛盾"[①]，首次在改革开放新时期较为准确地研判了国内主要矛盾。1981年6月党的十一届六中全会通过的《关于建国以来党的若干历史问题的决议》指出，我们的社会主义制度还是处在初级的阶段，"我国所要解决的主要矛盾，是人民日益增长的物质文化需要同落后的社会生产之间的矛盾"[②]，从而在改革开放新时期首次对国内社会主要矛盾作出准确而全面的界定。1982年9月，中共十二大将这一判断载入党章总纲，此后通过的1982年宪法总纲也坚持了这一思想。1987年召开的中共十三大将这一论断同社会主义初级阶段相结合，强调"现阶段所面临的主要矛盾，是人民日益增长的物质文化需要同落后的社会生产之间的矛盾"[③]。中共十四大在阐释社会主义根本任务问题时深化了这一认识。中共十五大在阐明初级阶段特征的基础上从纵向的时间向度与横向的空间向度相结合的角度进一步揭示了国内主要矛盾同初级阶段的关联。中共十六大结合人民生活水平达到"总体小康"的现状，坚持和深化了对社会主要矛盾的认识。2007年10月召开的中共十七大揭示了初级阶段特征在新世纪新阶段的主要表现，认识到我国社会生产力与生产关系、经济基础与上层建筑发生了深刻变化，但又强调初级阶段的国情没有变、现阶段社会主要矛盾没有变，提出了"两个没有变"的经典判断。此后，2011年7月胡锦涛在庆祝建党90周年大会上的讲话中将这一思想与"我国是最大发展中国家的地位没有变"的观点相衔

① 邓小平文选:第2卷:[M].北京:人民出版社,1994:182.

② 三中全会以来重要文献选编:下[M].北京:人民出版社,1983:839.

③ 改革开放三十年重要文献选编:上[M].北京:中央文献出版社,2008:476.

接,形成了关于社会主要矛盾的“三个没有变”的思想。这一时期,中国共产党围绕改革开放和现代化建设制定了一系列路线、方针、政策,开创、坚持和发展了中国特色社会主义,成功解决了人民日益增长的物质文化需要同落后的社会生产之间的矛盾。

(四)解决人民日益增长的美好生活需要和不平衡不充分的发展之间的矛盾

进入新时代,党中央在认识我国生产发展与人民需要深刻变化的基础上,提出社会主要矛盾转化的新研判,逐步推进这一矛盾解决。2012年11月召开的十八大重申了“三个没有变”的思想,但又揭示了我国发展面临的不平衡、不协调和不可持续的问题,阐释了改善需求结构、扩大消费需求、促进内需增长对发展生产力的意义。2012年11月,习近平在中央政治局常委记者见面会上的讲话中提出了“人民对美好生活的向往就是我们的奋斗目标”①的论断,在后来参观《复兴之路》展览时将实现民族复兴归纳为“中国梦”,将满足人民对美好生活的向往升至党和国家奋斗目标的高度。此后,习近平先后在十八届三中全会、十八届四中全会、十八届五中全会、庆祝建党95周年大会等讲话中,沿用了社会主要矛盾没有变的表述,但又强调了我国发展不平衡、不协调、不可持续的问题突出,作出了人民群众的“个性化、多样化消费渐成主流”②,“我国不是需求不足,或没有需求,而是需求变了,供给的产品却没有变,质量、服务跟不上”③,“社会生产力水平明显提高;人民生活显著改善,对美好生活的向往更加强烈,人民群众的需要呈现多样化多层次多方面的特点”④等研判,归纳了初级阶段特征的新变化以及人民需要、社会生产水平的变化。

2017年10月召开的十九大立足新时代的历史方位指出,“中国特色社会主义进入新时代,我国社会主要矛盾已经转化为人民日益增长的美好生活需要和不平衡不充分的发展之间的矛盾”⑤,将之作为习近平新时代中国特色社会主义思想的核心内容。之后,中国共产党进一步完善了这一认识。从十九届三中全会强调,我国发展所处的新方位、“社会主要矛盾的新变化迫切要求深化党和国

① 习近平谈治国理政[M].北京:外文出版社,2014:101.

② 习近平谈治国理政:第2卷[M].北京:外文出版社,2017:230.

③ 习近平谈治国理政:第2卷[M].北京:外文出版社,2017:253.

④ 习近平谈治国理政:第2卷[M].北京:外文出版社,2017:61.

⑤ 十九大以来重要文献选编:上[M].北京:中央文献出版社,2019:8.

家机构改革”[1],到十九届四中全会要求“坚持和完善统筹城乡的民生保障制度,满足人民日益增长的美好生活需要”[2],再到十九届五中全会提出我国发展不平衡不充分问题仍然突出,要以满足人民日益增长的美好生活需要为根本目的,党中央在把握社会主要矛盾转化新要求的基础上提出了一系列新理念。2021年5月,《求是》杂志发表习近平总书记的文章《论把握新发展阶段,贯彻新发展理念,构建新发展格局》,指出社会主要矛盾的变化是关系全局的历史性变化,强调进入新发展阶段,要贯彻新发展理念、构建新发展格局,更加精准地贯彻新发展理念[3]。这些认识和判断,将我国社会主要矛盾转化与深化党和国家机构改革、贯彻新发展理念等相结合,逐步推进了新时代社会主要矛盾的解决。

二、在奋进中创造价值:中国共产党探索我国社会主要矛盾取得的重大成果

马克思主义认为,价值评价要以真理为依据,要与社会历史发展客观规律相一致,要以实现人民需要和利益为根本,这是价值评价应遵循的基本原则。中国共产党在探索社会主要矛盾征程中坚持立足主体需要,把握社会主要矛盾的功能属性,从实现理论创新、引领实践发展、维护人民利益、为人类社会发展贡献智慧等多角度取得了重大成果。

(一)实现党的理论的重大创新

社会主要矛盾是揭示国家基本国情、标注我国历史发展方位、体现生产力水平的范畴、推进理论创新的关键参照物。党在探索社会主要矛盾的过程中始终坚持理论创新并取得了一系列成果。

一方面,中国共产党对社会主要矛盾的探索,坚持并发展了马克思主义社会主要矛盾理论。对社会主要矛盾的范畴及思想的阐发,是中国共产党人的重大贡献。革命年代,以毛泽东为代表的共产党人就立足中国实际系统阐释了矛盾、主次矛盾、矛盾的主次方面原理,以此为指导揭示了帝国主义与中华民族、封建主义与人民大众的矛盾,论述了其在不同时期的表现形式。新中国成立后,在解决革命遗留任务的基础上,通过对农业、手工业、资本主义工商业特点

① 中共十九届三中全会在京举行[N].人民日报,2018-03-01(1).

② 十九大以来重要文献选编:中[M].北京:中央文献出版社,2021:285.

③ 习近平.把握新发展阶段,贯彻新发展理念,构建新发展格局[J].求是,2021(9):4-18.

的分析,实施了“一化三改”的总路线,形成了中国特色的社会主义改造理论,解决了资产阶级与无产阶级的矛盾。社会主义基本制度确立后,八大、十一届六中全会、十九大对国内主要矛盾作出三次研判,形成了“阶级斗争不再是国内主要矛盾”“从生产发展与人民需要研判社会主要矛盾”“根据社会主要矛盾制定党和国家的目标任务、路线方针”“依靠社会主义改革开放来解决社会主要矛盾”等一套理论体系,形成了中国化马克思主义社会主要矛盾理论。另一方面,中国共产党在探索中丰富并发展了马克思主义中国化的理论成果。基于对帝国主义与中华民族、封建主义与人民大众的矛盾的分析,中国共产党弄清了革命的对象、动力、性质和前途等问题,形成了新民主主义革命理论、新民主主义社会理论,促进了毛泽东思想的形成;基于对民族资产阶级和无产阶级矛盾的认识,使得从低级互助组向高级合作社过渡、和平赎买方针得以实现,推进社会主义改造思想理论形成;基于对阶级斗争不再是主要矛盾,特别是遵循生产发展与满足人民需要的逻辑来认识社会主要矛盾,回答了一系列坚持和发展社会主义的难题,助推邓小平理论、“三个代表”重要思想、科学发展观、习近平新时代中国特色社会主义思想形成,推进马克思主义中国化不断发展。

(二)引领中国革命、建设和改革事业发展

只有当人们的思想理论在实践中达到预想结果时,其才能被证实是否正确。对社会主要矛盾的探索,不能仅停留在理论逻辑推演层面,还应依据社会主要矛盾的功能,确定党和国家的大政方针,引领革命、建设和改革事业的发展。

探索过程中形成的解决社会主要矛盾的路线、方针、政策,推进了社会主要矛盾的解决。没有新民主主义革命时期的总路线的贯彻,找不到武装斗争、党的建设、统一战线三大法宝,就很难推翻“三座大山”;没有社会主义过渡时期总路线的实施,不能制定个体农民、手工业者和民族资产阶级的政策方针,就无法解决民族资产阶级与无产阶级的矛盾;不能落实改革开放和现代化建设的一系列政策,就难以解放和发展生产力,落后的社会生产与人民需要之间的矛盾就难以解决。当前,党中央聚焦发展不平衡、不充分的问题,统筹推进“五位一体”总体布局、协调推进“四个全面”战略布局,立足新发展阶段、贯彻新发展理念、构建新发展格局,推进新时代社会主要矛盾逐步解决。党领导人民探索解决社会矛盾的实践,助推革命、建设和改革事业不断发展。我国在不同时期开展的

革命、建设和改革的实践,本身就是围绕解决社会主要矛盾展开的。以改革开放以来党对社会主要矛盾的探索为例,从改革开放之初中国共产党重新认定国内主要矛盾,推进改革开放初步展开;到逐步深化这一认识,推进改革开放由农村拓展到城市、由经济延伸到政治、文化、社会等各个领域;再到十八大以来作出社会主要矛盾的新研判,将全面深化改革放在战略地位,坚持供给侧结构性改革主线,促进我国发展迎来新的高潮。

(三)维护人民群众的根本利益

党与人民生死与共、风雨同舟,是战胜一切矛盾和困难的根本保证。探索过程中,中国共产党坚持从维护人民利益角度研判社会主要矛盾、从实现人民利益角度解决社会主要矛盾。将维护和实现、发展好人民根本利益作为价值追求,是探索社会主要矛盾的主旋律。

毛泽东早在革命年代就指出依靠人民力量的重要性,强调"获得人民的真心拥护,任何反动派的进攻是能够战胜的"[①]。民主革命时期,党为解决国内主要矛盾制定了一系列革命方针,坚持不怕牺牲与敢于奉献的精神、服务人民的宗旨,形成了一套群众工作的路线方法,战胜了民族敌人、阶级敌人,满足了人民实现民族独立、人民解放的需要。新中国成立后,特别是在社会主义制度确立后,中国共产党根据经济文化较为落后的现实,通过发展工业化、合理调整产业结构、保持农轻重比例协调,以实现人民对发展经济文化的需求。改革开放以来,社会主要矛盾得以重新认定,中共从人民面临的诸多问题中抓住普遍贫困状态下的生存难题,认为人民的根本利益诉求为"追求物质生活的满足以及适当的精神生活的满足",明确了解决社会主要矛盾所达成的社会价值目标——实现全体人民共同富裕。新时代,党中央认识到我国社会生产水平总体提升,人民需要不单纯局限在"物质文化"层面,还包括政治、社会、生态等其他层面,提出了"人民对美好生活的向往,就是我们的奋斗目标""坚持以人民为中心""为人民造福"等新思想,助推社会主要矛盾不断解决。建党以来,中华民族实现了从站起来、富起来到强起来的飞跃,人民生活水平发生了翻天覆地的变化,证实了党对社会主要矛盾的探索、坚持维护人民根本利益的主旋律。

---

① 毛泽东选集:第4卷[M].北京:人民出版社,1991:1173.

(四)为人类社会发展作出重大贡献

对社会主要矛盾的准确研判,是对世界形势、时代潮流、国家基本国情整体发展状况进行科学认知的结果。中国共产党探索社会主要矛盾的实践,不但引领中国革命、建设和改革事业发展,还为人类社会发展做出了重大贡献,具有世界性意义。

探索过程中,党领导人民通过解决帝国主义与中华民族、封建主义与人民大众的矛盾,推进新中国成立。这是十月革命后的一个世界性大胜利,冲破了帝国主义东方战线,建立了独立民主的国家,引领了殖民地、半殖民地国家和民族寻求独立解放的革命浪潮。在完成革命遗留任务的基础上,中国共产党解决了资产阶级与无产阶级的矛盾,推进社会主义制度建立。这是世界社会主义发展史上的伟大创举,鼓舞了全世界被剥削、被压迫的民族积极开展社会革命,壮大了世界和平、民主的力量。改革开放以来,苏联解体、东欧剧变使社会主义陷入"低潮",中国聚焦落后的社会生产与人民的物质文化需要,推进中国特色社会主义道路、理论、制度、文化发展,为世界上那些既希望发展经济又希望保持自身独立的国家和民族提供了借鉴。新时代,党中央立足国内外形势变化,围绕社会主要矛盾转化提出一系列新理念、新思想、新战略,拓宽了中国特色社会主义道路,拓展了发展中国家走向现代化的路径,对于构建新型国际关系秩序、参与全球开放合作、改善全球经济治理体系、促进全球共同发展繁荣、解决人类社会发展难题贡献了中国智慧。整体来看,在探索过程中形成的富有中国特色的革命、建设和改革之路,给被剥削民族和人民指明了方向,为各国解决本国发展难题、实现现代化目标提供了新路径,为维护人类和平与发展贡献了中国力量。

三、在价值中获得启示:中国共产党探索我国社会主要矛盾的经验启迪

人的实践活动是由人类在既定的、从过去继承下来的条件下所创造的追求自己目的的活动,是有规律可循、经验可鉴的。中国共产党领导人民群众在探索我国社会主要矛盾的过程中引领各项事业取得了辉煌成就,也曾因为探索我国社会主要矛盾的失误付出了沉痛的代价,这为认识和解决新时代乃至此后的国内主要矛盾提供了宝贵经验。

(一)坚持科学理论指导:科学对待马克思主义社会主要矛盾理论

理论是行动的先导。马克思主义关于社会主要矛盾的理论,为中共探索社会主要矛盾提供了行动指南。比如,在新民主主义革命时期,中共坚持主要矛盾的科学方法,以无产阶级革命理论、阶级与阶级斗争理论、民族解放理论等为指导,成功解决了具有对抗性质的阶级矛盾、民族矛盾;改革开放以来,中国共产党进一步以马克思主义社会基本矛盾、生产与需要、人民内部矛盾等思想为指导,在重新认定社会主要矛盾的基础上,逐步深化对落后社会生产与人民需要之间矛盾的认知,适时提出社会主要矛盾转化的判断,引领中国人民和中华民族踏上了新征程。与之相反,革命和建设时期探索国内主要矛盾造成的失误则是由于教条、僵化、本本地理解了马克思主义理论。

准确认识并不断推进社会主要矛盾的解决,必须努力学习和运用马克思主义社会主要矛盾的相关理论。要立足经典原著,深耕马克思主义关于社会主要矛盾的相关论断,包括社会基本矛盾理论、阶级与阶级斗争理论、社会生产理论与人的需要理论等等,为认识和解决我国社会主要矛盾提供行动指南;要重点学习和研究其中蕴含的立场、观点和方法,避免教条、僵化、本本地运用马克思主义的论断,坚决避免再犯新民主主义革命时期的“左”、右倾错误和“文革”时期的“以阶级斗争为纲”的错误;要坚持以运用为导向,在实践中不断坚持和发展马克思主义社会主要矛盾理论,重视将中国共产党探索我国社会主要矛盾的经验提升为科学理论,以此来指导认识和把握我国社会主要矛盾的新实践。

(二)把握主要现实依据:认清我国基本国情及时代主题的变化

社会主要矛盾判断与基本国情判断之间是辩证统一的关系。只有认清不同时期我国的基本国情及其变化,才能准确认识和处理国内主要矛盾。新民主主义革命时期,王明等人所犯的“左”倾错误给革命事业造成重大损失,就是由于在当时未认识到复杂的国情。1957年反右派斗争开始后,由于缺乏深入思考,将无产阶级与资产阶级的矛盾作为社会主要矛盾,没有很好地从全局把握国情和阶级斗争情况,导致了阶级斗争扩大化。而在百年征程中能够在绝大多数时间科学研判国内主要矛盾,正是因为认清了国情及其变化。另外,中国共产党在把握“革命与战争”向“和平与发展”的时代主题变迁的情况下,对我国社会主要矛盾的认识实现了由民族矛盾、阶级矛盾向生产发展与人民需要矛盾的转变。

科学认识社会主要矛盾要以把握我国基本国情为主要现实依据。一方面,要充分认识到我国社会的根本性质,进而确认社会主要矛盾的性质。社会主义社会是消灭了剥削阶级和剥削制度的社会,在大规模外敌未入侵、国内没有群聚性敌对阶级制造内乱的情况下,其主要矛盾只能是生产发展不能满足人民需要之间的矛盾,解决社会主要矛盾只能通过改革开放不断解放和发展生产力。另一方面,要根据社会主义所处的发展阶段及其变化,科学认识和处理社会主要矛盾。新民主主义革命时期帝国主义与中华民族、封建主义与人民大众之间的矛盾,在不同时期有不同的表现,社会主义初级阶段不同时期的国内主要矛盾同样具有这一特点。要在把握基本国情的基础上,感知社会生产发展和人民需要的变化,适时研判国内主要矛盾,依据矛盾变化调整解决社会主要矛盾的方针政策,推进我国社会主要矛盾不断解决。此外,要将认识我国基本国情同世情、党情变化相结合,通过掌握时代的潮流和发展趋势,通过深化对党的自身状况、面临的形势任务的认识,准确认识和处理国内主要矛盾。

(三)找准参照系:在社会矛盾全局中把握我国社会主要矛盾

探索中,中国共产党善于从盘根错节的社会矛盾中找出“牵一发而动全身”的主要矛盾,集中力量推动社会主要矛盾的化解。新民主主义革命时期,中国共产党在把握中华民族与帝国主义、无产阶级与资产阶级、地主阶级与农民等多种复杂社会矛盾的基础上,找到了帝国主义与中华民族、封建主义与人民大众的矛盾;改革开放以来,中国共产党在考察农民之间的矛盾、工人之间的矛盾、工农之间的矛盾、干群之间的矛盾、集体与个人的矛盾等的基础上,找到并推进落后的社会生产与人民物质文化需要的矛盾得到解决;新时代,党中央面对社会结构分化带来的阶层矛盾、群体矛盾和干群矛盾等,重点关注社会发展与人民需要变化,做出新时代社会主要矛盾转化的研判,引领党和国家事业取得历史性成就。这启示我们,准确认识我国社会主要矛盾,要站在社会矛盾全面全局的基础上深化对国内主要矛盾的认识。

一方面,要从社会主要矛盾自身变化出发,重点考察矛盾的双方及其相互关系的变化。要考察主要矛盾双方即社会发展与人民需要的各自变化及其关系的变化,聚焦矛盾的主要方面即生产发展的变化,不能忽视人民群众的多层次多样化需要对矛盾的影响。善于从提升发展质量与效益、发挥需求引领发展的角度来推进新时代社会主要矛盾的解决。另一方面,必须在洞悉其他层次社会矛盾的基础上处理和解决国内主要矛盾。要注重分析社会基本矛盾,特别是改革开放引领的生产力与生产关系的重大变化,向科技创新、技术变革借力,不断解决新时代社会主要矛盾;要在考察贫富矛盾、城乡矛盾、劳资矛盾、干群矛盾等社会具体矛盾的基础上,来认识和解决新时代社会主要矛盾。善于运用阶级分析方法区分两类矛盾,防止将人民内部矛盾上升为对抗性矛盾,同时纠正阶级斗争熄灭论,积极同当下国内外反党、反社会主义、反人民的敌对势力作斗争。

(四)明确目标方向:始终致力于推进社会主要矛盾的不断解决

认识和把握社会主要矛盾的最终目的和归宿,是为了更好地推进社会主要矛盾的解决。民主主义革命时期,为了解决阶级矛盾、民族矛盾中的带有强烈冲突、明显对抗性的敌我矛盾,中国共产党将通过暴力革命、武装斗争来开展反帝反封建革命作为主要任务。阶级与阶级之间的主要矛盾在我国建立社会主义制度后退出历史舞台,国家倡导大力发展生产与满足人民需要之间的矛盾占据主导地位,其性质发生了从"对抗性"到"非对抗性"的转化,通过坚持改革开放、解放和发展社会生产力而非暴力革命来解决国内主要矛盾成为必然之举,也确实发挥了不错的效果。依据社会主要矛盾的变化并制定正确的路线方针来推进社会主要矛盾解决,是百年来党探索社会主要矛盾一以贯之的实践逻辑。

做好以下方面的工作应成为推进社会主要矛盾解决的重要思路。其一,要在认定社会主要矛盾对抗性、非对抗性属性的基础上,明确解决社会主要矛盾的正确方法。不同质的矛盾,只能用不同的方法才能解决。新时代社会主要矛盾是非对抗性的矛盾,解决这一矛盾只能通过深化改革开放,解放和发展社会生产力,变革机制体制的弊端来解决,不能通过带有暴力性质的革命方式来解决。其二,要在界定社会主要矛盾的基础上谋划解决我国社会主要矛盾的思路。通过明确奋斗目标、制定战略规划、落实方针政策、充实主体力量等不同方式来推进社会主要矛盾解决。其三,要适时根据社会主要矛盾的变化,调整其解决思路、更新发展理念。在把握社会发展与人民需要的各自变化及其相互关系变化的基础上,抓住矛盾的主要方面,推进供给侧结构性改革、提升发展质量和发展效益,不断推进我国社会主要矛盾的解决。

(五)依靠主体力量:坚持将党的领导和依靠人民群众相结合

“江山就是人民、人民就是江山,打江山、守江山,守的是人民的心。中国共产党根基在人民、血脉在人民、力量在人民。”①只有把坚持党的领导与依靠人民群众相结合,充实解决社会主要矛盾的主体力量,才能不断推进社会主要矛盾的解决。新民主主义革命时期,中国共产党高度重视加强党的思想建设、组织建设、作风建设等,坚定不移走群众路线,团结了推翻帝国主义、封建主义的强大力量,能推进阶级矛盾、民族矛盾得以解决;改革开放以来,中国共产党通过持续加强党的各方面建设、不断增强党的领导能力和执政水平,维护人民根本利益,坚持以人为本,以满足人民物质文化需要作为制定路线、方针、政策的出发点和落脚点,推进社会主要矛盾解决;新时代,党中央提出了党是最高政治领导力量、党的领导是中国特色社会主义最本质特征和最大的制度优势等思想,认识到满足人民美好生活需要、坚持以人民为中心思想的战略意义,提出了新时代社会主要矛盾的研判,并推进这一矛盾不断解决。

准确认识和处理国内主要矛盾,要继续坚持将党的领导和依靠人民群众相结合,充实解决社会主要矛盾的主体力量。一方面,准确把握社会主要矛盾,要坚持中国共产党的领导,持续增强党处理社会主要矛盾的能力和水平。要根据新时代党的建设的总要求,全面加强党的建设、改善党的领导,确保党始终总揽全局、协调各方;提升中国共产党认识和把握社会主要矛盾的能动性意识,运用马克思主义理论来阐释社会主要矛盾的变化,增强解决社会主要矛盾的自觉意识;增强中国共产党认识和把握社会主要矛盾的理论素养和实践能力,提升贯彻解决社会主要矛盾的路线方针政策的水平。另一方面,要坚持依靠人民群众,发挥人民群众的主体地位与首创精神。要致力于满足人民群众需要,让人民在认识和解决社会主要矛盾的实践中获得利益与实惠;最大限度地调动人民群众在认识和把握社会主要矛盾过程中的积极性、主动性和创造性,凝聚并汲取群众的智慧和力量;从群众中来、到群众中去,把党对社会主要矛盾的认识和判断,特别是新理念、新战略的贯彻转化为人民群众的自觉行动。

(原文发表于《党的文献》2021年第6期,收入本书有改动。)

---

① 习近平.在庆祝中国共产党成立100周年大会上的讲话[N].人民日报,2021-07-02(2).

峥嵘岁月追梦　百年铸就辉煌

曹旭婷，王亚帆，王昌生，吴晓虹[①]

摘　要：“中国梦”凝聚了中国人民对中华民族伟大复兴的憧憬和期待。本文回顾了中国近现代180多年来的历史，特别是中国共产党人带领整个中华民族不断奋斗、谋求解放的历史。无论旧民主主义革命、新民主主义革命，还是社会主义革命与建设，历史证明资本主义在中国行不通，只有中国共产党才能领导中国，开辟中国特色社会主义道路。本文通过百年坎坷历史，回顾中国共产党所铸就的辉煌，论证了中国特色社会主义制度和国家治理体系的鲜明特色、优势，以及实现伟大复兴中国梦的必然性，指出中国共产党是伟大的光荣的党。我们坚信在党的领导下，中国人民将继续发展和完善中国特色社会主义制度体系，为早日实现中国梦努力奋斗！

关键词：建党百年；铸就辉煌；根植于民；中国梦

一、“中国梦”溯源

中国封建社会延续了两千多年，到18世纪中叶，英帝国主义用鸦片敲开了中华民族的大门。1840年鸦片战争，中国战败，签订不平等条约，割地赔款，丧失主权，导致中国走向了半殖民地、半封建社会。

（一）救国救民梦

马克思指出：“鸦片没有起催眠作用，反而起了惊醒作用。”[②]鸦片战争揭开

① 曹旭婷，安徽师范大学生命科学学院学生；王亚帆，芜湖市镜湖区范罗山街道青山街社区党委副书记；王昌生，芜湖市镜湖区范罗山街道青山街社区第一支部书记；吴晓虹，安徽交通职业技术学院副教授。

② 马克思恩格斯全集：第15卷[M].北京：人民出版社，1963：545.

了中国近代史的序幕。为了拯救中华民族,救民于水火,中国人民开展了反帝反封建的旧民主主义运动,无数仁人志士、革命先驱为实现救国救民梦前赴后继,进行了近80年的旧民主主义革命。在两次鸦片战争、中日甲午战争、八国联军侵华战争、日俄战争等战争中,中国屡屡战败,被迫签订了诸多丧权辱国的不平等条约。为了追求民族解放,爆发了太平天国运动、百日维新运动、义和团运动、辛亥革命。辛亥革命只赶走了一个皇帝,军阀混战不休,民不聊生。路茫茫,中华民族出路何在?十月革命一声炮响,给我们送来了马克思主义!在中国,资本主义道路走不通!五四运动爆发,宣告了资产阶级领导的旧民主主义革命的结束,揭开了无产阶级领导的新民主主义革命的序幕。

(二)实业救国梦

鸦片战争后,先进的仁人志士认为中国落后挨打的局面是经济落后造成的,实业救国成为他们所追求的梦。各帝国主义国家利用鸦片战争胜利取得的治外特权,在中国兴办了一批近代工业企业,中国最早的工人阶级也由此产生。在第一次世界大战期间,中国民族工业趁各帝国主义国家忙于战争,有了很大发展。海运、煤矿、邮政、面粉业,特别是纱厂,发展迅速,卷烟、造纸等行业也有了发展。工人阶级也发展迅速。工人阶级与最先进的经济形式相联系,没有私人占有的生产资料,富于组织纪律性,他们在革命斗争中坚决彻底。中国没有欧洲国家那样的社会改良主义经济基础,这也就决定了中国工人阶级的革命性是最强的,其随着历史发展成为革命的领导阶级也绝非偶然。中国工人阶级当时人数虽然不多,却集中在少数较大的城市的大企业中,如上海、天津、武汉、广州等,哪里有压迫,哪里就有反抗。20世纪初中国工人阶级就自发地组织了为改善生活待遇的罢工斗争,如1916年天津近1700名工人为反对法国占领老西开而罢工,1917年7月上海英美烟厂工人罢工。可见,中国共产党产生的经济基础和阶级基础已经具备。

十月革命一声炮响,给中国送来了马克思主义,让中国的先进分子将无产阶级的宇宙观作为观察国家命运的工具,重新考虑中国的问题。李大钊、陈独秀、毛泽东就是那个时代的领路人,五四运动前后是马克思主义在中国广泛宣传的时期,也是马克思主义理论同各种流派理论的决战时期,最终马克思主义理论战胜了其他流派理论。五四运动加快了马克思主义在中国的传播,为中国共产党成立提供了思想和组织条件。五四运动标志着资产阶级旧民主主义革命的结束,无产阶级领导的新民主主义革命的开始。1921年7月,中国共产党第一次全国代表大会在上海举行,宣告中国共产党诞生!中国共产党成立是中国翻天覆地的事变,揭开了中国现代史的新篇章!

(三)社会主义梦

中国共产党从成立那天开始,就把实现共产主义作为自己理想和奋斗目标,把解放全中国人民、为中国人民和世界人民谋幸福、为中华民族谋复兴作为毕生奋斗使命。从1921年到1949年,党用28年领导人民进行了第一次国内革命战争(北伐战争),第二次国内革命战争(土地革命战争),抗日战争和第三次国内革命战争(解放战争),打败了日本帝国主义和国民党反动派,建立了以马克思列宁主义、毛泽东思想为指导,以中国共产党为领导核心的崭新的社会主义国家中华人民共和国。新中国成立以后,我们研制成功原子弹、氢弹,成功发射第一颗人造卫星等,国防实力大大提升,新中国还初步建立了完整独立的国家工业体系,这些使我国更加自信地屹立于世界民族之林。

改革开放以来,国家发展更是突飞猛进,人们生活显著提高,由基本实现温饱,到追求吃得营养、穿得时尚。从嫦娥一号到嫦娥五号,再到自主设计建造航空母舰,我国经济总量居世界第二。"社会主要矛盾已经转化为人民日益增长的美好生活需要和不平衡不充分发展之间的矛盾。"[①]中华民族迎来了从站起来、富起来到强起来的伟大飞跃!

二、实践中国梦的新时代

党的十八大后,习近平总书记总结中华民族近两个世纪奋斗史提出的执政理念和施政纲领,就是实现"中华民族伟大复兴的中国梦"。

(一)中国梦的内涵

习近平总书记在十九大报告中提出,实现中华民族伟大复兴,是近代以来中华民族最伟大的梦想[②]。

"中国梦"的核心目标是"两个一百年"的目标,也就是:在中国共产党成立

① 习近平谈治国理政:第3卷[M].北京:外文出版社,2020:9.

② 习近平关于青少年和共青团工作论述摘编[M].北京:中央文献出版社,2017:13.

100年时，全面建成小康社会；在新中国成立100年时，建成富强民主文明和谐的社会主义现代化国家，即“到本世纪中叶中国将建成富强民主文明和谐美丽的社会主义现代化强国”[1]，实现国家富强、民族振兴、人民幸福。实现途径就是在中国共产党领导下，弘扬中华民族精神、凝聚中国力量，坚持中国特色社会主义理论体系、坚定不移地走中国特色的社会主义道路；实施手段就是政治、经济、文化、社会、生态文明五位一体建设。中国共产党一经成立，就把实现共产主义作为党的最高理想和最终目标，义无反顾肩负起实现中华民族伟大复兴的历史使命，团结带领人民进行了艰苦卓绝的斗争，谱写了气吞山河的壮丽史诗。中国梦的最大特点就是把国家、民族和个人作为一个命运的共同体，把国家利益、民族利益和每个人的具体利益都紧紧地联系在一起。“中国梦”关乎着中国未来的发展方向，凝聚了中国人民对中华民族伟大复兴的憧憬和期待；它是整个中华民族不断追求的梦想，是亿万人民世代相传的夙愿。每个人都是实现中国梦的参与者、创造者、践行者，是公民权利、义务、责任的统一体。

（二）“中国梦”的价值

“中国梦”是一种理念、理想，更是一种信仰，其可以给人积极向上的动力，是让人为其奋斗终身的信念。中国梦诞生在积贫积弱的近代中国，承载了无数中华民族仁人志士血与泪的艰辛探索。以共产主义为崇高理想的中国共产党，不仅为中国梦的实现开辟了一条崭新的通道，而且赋予中国梦以崭新的内涵与价值。一个世纪以来，中国共产党和中华民族仁人志士携手朝着实现中国梦的目标不懈努力。

回望百年历史，在血雨腥风、硝烟弥漫的革命战争年代，一批批革命者以“苟利国家生死以”的责任担当前赴后继、流血牺牲，为中国革命贡献出自己的宝贵生命。如高唱《国际歌》微笑着走向刑场的瞿秋白；力战众敌，顶天立地的中国抗战将军杨靖宇；烈火烧身仍一动不动最终英勇就义的邱少云……他们信念坚定，矢志不渝，为了党和人民的利益，用血与肉的牺牲为我们换来今天的幸福。在激情燃烧的社会主义建设时期，一批批英雄模范人物在国家“一穷二白”时奋发图强、艰苦创业，如为新中国默默耕耘的大国脊梁：钱学森、邓稼先、钱三强等一批又一批杰出的科学家；平凡岗位上的时传强、蔚凤英、雷锋、王进喜、王杰等，他们是各条战线上的英模，为“中国梦”实现树立了一个个积极奋发向上

① 习近平谈治国理政：第3卷[M].北京：外文出版社，2020：437.

的榜样。在波澜壮阔的改革时代,一批批领军人物勇立时代潮头,推进经济和科技发展。在抗洪、防非典、抗震救灾、阻击新冠肺炎疫情等国家危难时刻,总有英雄积极站出来舍生忘死、为人民鞠躬尽瘁。这就是中国梦的价值所在。“我们中华民族有同自己的敌人血战到底的气概,有在自力更生的基础上光复旧物的决心,有自立于世界民族之林的能力。”[①]中国梦一定能实现!

(三)中国梦的力量源泉

中国梦最深沉的根基在人民心中。中国共产党“是阶级的、觉悟的、先进的阶层,是阶级的先锋队。这个先锋队的力量比它的人数大10倍,100倍或者更多”[②]。新中国成立以来,我们党领导人民战胜了国际资本封锁、敌对势力的破坏,创造了经济快速发展的奇迹和社会长期稳定的奇迹,这是历史的铁的事实。中国共产党以自己的伟业在人类文明发展史上勇敢地证明正是在中国共产党的领导下,我们成功开辟了中国特色社会主义道路,形成了中国特色社会主义理论体系、制度和文化。

1.“中国共产党是全中国人民的领导核心。没有这样一个核心,社会主义事业就不能胜利”[③]。在党的集中统一领导下,坚持党的科学理论,保持政治与社会稳定,确保国家始终沿着社会主义方向奋勇前进。

2.坚持人民当家作主,发展人民民主,密切联系群众,紧紧依靠人民的力量,是推动国家又好又快发展的群众基础。

3.坚持全面依法治国,切实维护社会公平正义和保障人民当家作主的权利,是建设社会主义法治国家的保证。

4.坚持全国一盘棋,发扬大局意识,调动各方面积极性,集中力量办大事;坚持各民族一律平等,增强中华民族共同利益整体意识,是实现各民族共同繁荣的动力。

5.坚持公有制为主体、多种所有制经济共同发展和按劳分配为主体、多种分配方式并存,把社会主义制度和市场经济有机结合起来,不断解放思想,使生产关系与生产力协调发展。

6.坚持共同的理想信念、价值理念、道德观念,弘扬中华优秀传统文化、革

---

① 毛泽东选集:第1卷[M].北京:人民出版社,1991:161.

② 列宁全集:第19卷[M].北京:人民出版社,1959:407.

③ 毛泽东文集:第7卷[M].北京:人民出版社,1999:303.

命文化、社会主义先进文化，促进全体人民在思想上、精神上紧紧团结在一起，同心协力。

7. 坚持以人民为中心的发展思想，不断保障和改善民生、增进人民福祉，走共同富裕的发展道路。

8. 坚持改革创新、与时俱进，善于自我完善、自我发展，使社会机制始终充满生机活力。

9. 坚持德才兼备、选贤任能，聚天下英才，培养造就更多更优秀的人才为实现中国梦服务。

10. 坚持党指挥枪，确保人民军队绝对忠诚于党和人民，有力保障国家主权、安全、发展利益的显著优势。

11. 坚持"一国两制"，保持香港、澳门长期繁荣稳定，积极做好解放台湾各项工作，促进祖国早日和平统一。

中国共产党始终代表最广大人民的根本利益。保障人民当家作主，体现人民共同意志，维护人民合法权益，是我国国家制度和国家治理体系的本质属性，也是我国国家制度和国家治理体系有效运行、充满活力的根本所在。

三、抗疫斗争展现出制度优势

（一）中国特色社会主义制度的优势

习近平总书记指出："衡量一个国家的制度是否成功、是否优越，一个重要方面就是看其在重大风险挑战面前，能不能号令四面、组织八方共同应对。"[①]在世界性新冠肺炎疫情面前，中国特色社会主义制度充分体现了以人民为中心的发展思想，能够有效体现人民意志、保障人民权益、激发人民创造力，凝聚起同心同德、奋勇前行的磅礴力量。在这次抗疫斗争中，中国特色社会主义制度展现出非凡的组织动员能力、统筹协调能力、贯彻执行能力，发挥出集中力量办大事、办难事、办急事的独特优势，有力彰显了我国国家制度和国家治理体系的优越性。一方有难八方支援，全民动员、全民防疫。

抗击新冠肺炎疫情是一场艰苦卓绝的历史考验，要经受住这场历史大考，必须广泛动员各方面力量。在党中央的坚强领导下，我们充分发挥制度优势，迅速

① 习近平.在全国抗击新冠肺炎疫情表彰大会上的讲话[M].北京：人民出版社，2020：19.

组织动员各方面的力量。各行各业都自觉扛起疫情防控的责任,国有企业、公立医院勇挑重担,460多万个基层党组织冲锋陷阵,400多万名社区工作者在全国65万个城乡社区日夜值守,各类民营企业、民办医院、慈善机构、养老院、福利院等组织积极出力,广大党员、干部带头拼搏,人民解放军指战员、武警部队官兵、公安民警奋勇当先,广大科研人员奋力攻关,数百万快递员冒疫奔忙,180万名环卫工人起早摸黑,千千万万志愿者和普通人在各自岗位上默默奉献①。中国共产党依靠非凡的组织动员能力、非凡的统筹协调能力,在很短的时间内把数量庞大、构成多元的社会群体团结凝聚起来,全国人民心往一处想、劲往一处使,形成万众一心、同甘共苦的团结伟力,筑成抗疫铜墙铁壁,有效地控制住了新冠肺炎疫情。

我们伟大的党准确地把握疫情形势变化,立足全局、着眼大局,及时作出统筹疫情防控和经济社会发展的重大决策,依法防控、科学防控,推动落实分区分级精准复工复产,最大限度保障人民生产生活。各项工作有条不紊全面展开,展现了我国社会主义制度非凡的统筹协调能力、非凡的贯彻执行能力。在这次抗疫斗争中,我们党的防控措施是正确、科学的,展现了中国特色社会主义制度非凡的贯彻执行能力。人民军队医务人员牢记我军宗旨,视疫情为战斗,召之即来,来之能战,战之必胜。

(二)马克思主义基本原理与中国具体实际相结合

习近平总书记指出:“我国国家制度和国家治理体系之所以具有多方面的显著优势,很重要的一点就在于我们党在长期实践探索中,坚持把马克思主义基本原理同中国具体实际相结合,把开拓正确道路、发展科学理论、建设有效制度有机统一起来,用中国化的马克思主义、发展着的马克思主义指导国家制度和国家治理体系建设,不断深化对共产党执政规律、社会主义建设规律、人类社会发展规律的认识,及时把成功的实践经验转化为制度成果,使我国国家制度和国家治理体系既体现了科学社会主义基本原则,又具有鲜明的中国特色、民族特色、时代特色。”②而这样的中国特色社会主义制度是当代中国发展进步的根本政治保障,这些特点的显现和优势的释放为中国梦的早日实现带来了无限的可能性和现实性。

1.中国特色社会主义制度是效率与公平兼顾的制度。从效率上讲,中国特

① 申少铁.伟大抗疫精神是中国精神的生动诠释[N].人民日报,2021-10-14(6).

② 习近平谈治国理政:第3卷[M].北京:外文出版社,2020:122.

色社会主义制度使国家政治优势与市场经济体制的优势有机结合，形成推动经济社会又好又快发展的综合优势；公平正义是中国特色社会主义制度的内在要求，我们要在全体人民共同奋斗、经济社会发展的基础上，加紧建设能有效保障社会公平正义的制度，逐步建立以权利公平、机会公平、规则公平为主要内容的社会公平保障体系。

2. 中国特色社会主义制度是民主与集中相结合的制度。民主集中制是既要有民主，又要有集中，实行民主集中制可以使决策更加谨慎，可以少犯错误。民主集中制有利于使广大人民群众形成共同的理想信念，有利于克服彼此的分歧，凝聚一股强大的建设社会主义的力量，形成高的总效率。

3. 中国特色社会主义制度是活力与秩序相统一的制度。其包括的具体制度充满着生机活力，根本制度与基本制度则保持着秩序与稳定，我国根本政治制度、基本政治制度、基本经济制度符合我国国情，是充满稳定性、秩序性的制度。中国特色社会主义制度是能够促进人的全面发展与社会文明进步的制度，它要求个人的权益和幸福得到满足的同时要兼顾他人和社会整体权益的发展，并把两者统一在制度之中，个人权益必须服从整体和社会的权益。中国特色社会主义制度把促进人的全面发展作为内在的要求，在经济建设、政治建设、文化建设、社会建设、生态文明建设等各个领域为人们的发展创造条件。

（三）发展完善制度优势，实现中华民族伟大复兴的中国梦

大事难事看担当，广大党员应当牢记党的初心和使命，全身心地投入工作学习的第一线，全身心地发挥好党的优良传统。广大党员共同携手、全心全意践行党的宗旨，把党的路线方针转化为自觉行动，把党和国家的惠民政策落实到千家万户，在积极推进第二个百年奋斗目标实现过程中再立新功！

新时代要有新气象。第二个百年奋斗目标，令人神往；中国共产党确定的宏伟蓝图，催人奋进。观望等待、畏首畏尾，被动应付、行动迟缓，是不可能抓住机遇的。面对新征程，容不得彷徨、犹豫和懈怠，需要以只争朝夕、奋进者的姿态披荆斩棘，不断开辟新的局面。一个任务一个任务地完成，一个时间节点一个时间节点地往前推进，一个目标接着一个目标地如期实现。

空谈误国、实干兴邦，一分部署、九分落实。习近平总书记反复强调："面向未来，全面建成小康社会要靠实干，基本实现现代化要靠实干，实现中华民族伟

大复兴要靠实干。”[①]要沉下心来抓落实。进入新时代,改革发展任务越来越重,我们必须准备付出更多的努力。

四、百年追梦铸辉煌

忆往昔峥嵘岁月稠,党的百年发展史,是一部政治建党的历史,是一部来自人民、根植于人民,为人民而生、为人民而兴、为人民谋幸福,百年奋斗追梦,百年铸就辉煌的历史。

百年弹指一挥间,中国共产党发展到今天拥有9600多万党员的世界第一执政大党,其伟业令世人瞩目。党用28年时间从农村包围城市武装夺取政权到建立中华人民共和国,又在新中国成立后的70多年间全面建成小康社会,使我们工业、农业、军事、科学、文化、教育、卫生各项事业都走在世界民族之林的前列,经济总量跃升至世界第二。

百年来,坎坷铸就辉煌。中国共产党在民主革命、社会主义建设、改革开放历史时期,在同国内外、党内外敌人作斗争中也犯过错误、有过失误。中国共产党人“不怕承认它在革命过程中哪些事情做得非常好,哪些事情没有做好。过去所有灭亡了的革命政党所以灭亡,就是因为它们骄傲自大,看不到自己力量的所在,也怕说出自己的弱点。而我们是不会灭亡的,因为我们不怕说出自己的弱点,并且能够学会克服弱点”[②]。

放眼未来,在以习近平同志为核心的党中央领导下,中国共产党将系统总结一百年来各个时期的历史经验,丰富马克思列宁主义理论宝库。我们将高举习近平新时代中国特色社会主义思想伟大旗帜、全面贯彻落实“十四五”规划,不断推进社会主义现代化建设。到中华人民共和国成立100周年之际,我们伟大的党、伟大的国家、伟大的民族将更加辉煌、更加灿烂!

① 习近平关于全面建成小康社会论述摘编[M].北京:中央文献出版社,2016:187.

② 列宁全集:第43卷[M].北京:人民出版社,2017:119.

中国共产党的“根”与“魂”

贾　蜜，胡婷婷①

摘　要：习近平总书记的“七一”重要讲话蕴含着浓厚的政治分量、理论分量、精神能量、实践力量。习近平总书记“七一”重要讲话全面回顾了中国共产党领导中国人民进行革命、建设和改革的历史进程，对中国共产党的执政规律、社会主义建设规律、人类社会发展规律的认识提升到新的高度，评价了中国共产党与中国人民所创造的伟大成就，庄严宣告我们完成了全面建成小康社会的第一个百年奋斗目标。此次讲话中习近平总书记指出：“中国共产党为什么能，中国特色社会主义为什么好，归根到底是因为马克思主义行！”②一句“归根到底”，道出了“中国共产党为什么能”“中国特色社会主义为什么好”的根本原因。

关键词：中国共产党；马克思主义；根与魂

习近平总书记站在统筹中华民族伟大复兴战略全局和世界百年未有之大变局的高度，在庆祝中国共产党成立100周年大会上发表重要讲话。此次讲话全面回顾了中国共产党百年奋斗的光辉历程，系统总结了中国共产党百年取得的伟大成就，庄严宣告在中华大地上全面建成小康社会，提出伟大建党精神，阐明如何以史为鉴、开创未来，展望中华民族伟大复兴的光明前景。在总结过去展望未来的讲话中闪耀着辩证唯物主义和历史唯物主义的真理光芒，彰显出马克思主义中国化的蓬勃力量。

马克思主义为什么行？这要从近代以来中国的基本国情与马克思主义的题中应有之义中去寻找答案。

---

① 贾蜜，宿州学院马克思主义学院助教；胡婷婷，宿州学院马克思主义学院副教授。

② 习近平．在庆祝中国共产党成立100周年大会上的讲话[M]．北京：人民出版社，2021：13.

一、从近代中国国情看马克思主义为什么行

历史的偶然中蕴含着必然。当古老的中国还沉浸在天朝美梦中时,西方列强用坚船利炮打开了中国的大门,中国人民、中华民族从此陷入内忧外患的境地。与此同时,马克思恩格斯在资本主义发展方兴未艾的欧洲开始了对科学社会主义、对人类解放进步事业的伟大探索。

鸦片战争后,古老中国的财富任人分割,文化任人摧残。面对国将不国的现实,谭嗣同发出"四万万人齐下泪,天涯何处是神州"的世纪之问。无数仁人志士走上救亡图存之路,太平天国运动、戊戌变法、义和团运动、辛亥革命……但最终都以失败告终,他们一次次地用生命和灵魂发问:中国的出路在哪里?民族的希望在哪里?

十月革命一声炮响,给中国送来了马克思列宁主义,这是一场美丽的邂逅。1921年7月,在上海石库门的旭日里、在嘉兴南湖的碧波中,一个以马克思主义为指导思想、以共产主义为奋斗目标的政党——中国共产党诞生了,怀揣着信念与信仰,在世界的东方燃烧起社会主义的火种,困顿无望的中国有了坚定的方向。

马克思主义点燃了中华民族的希望。中国共产党成立后,以马克思主义为根本指导思想,用马克思主义的立场、观点、方法分析中国国情、解决中国问题,带领中国人民取得了中国革命、建设和改革的伟大胜利,带领中国人民实现了从站起来、富起来到强起来的伟大飞跃。中国共产党的奋斗历史是在马克思主义指引下实现中华民族伟大复兴的历史,马克思主义从传入中国到传播开来,再到创新发展,其精髓已经深深融入中国共产党人的血脉,深刻影响着中国实践的进程,并诠释着民族的未来与希望。

中国特色社会主义是中国社会发展的必然选择。科学社会主义从空想到科学,从理论到实践,在21世纪的中国焕发出强大的生机与活力。中国特色社会主义赓续了科学社会主义的基因与血脉,凝结着中国共产党和中国人民的伟大创造,根植于中国大地、反映中国人民意愿、适应中国和时代发展的进步要求,中国特色社会主义道路是我们全面建成社会主义现代化强国,实现中华民族伟大复兴中国梦的必由之路。党和人民历尽千辛万苦、付出巨大代价推动中国特色社会主义实现从创立、发展到完善的巨大飞跃,铺就了当代中国大踏步

赶上时代、引领时代发展的康庄大道。历史和人民选择了中国特色社会主义，中国特色社会主义以其独特的魅力和巨大的优越性，回答了“马克思主义为什么行”的时代课题。

二、从马克思主义的题中应有之义诠释马克思主义为什么行

马克思主义具有鲜明的科学性、革命性、人民性、实践性和发展性，自传入中国起就与中华民族、中国人民的命运紧密联系在一起。

马克思主义是具有强大生命力的科学真理。诞生于19世纪的欧洲的马克思主义，穿越时空展现真理的光芒。它是创造性地揭示了人类社会发展规律的科学理论，它是包含人民实现自身解放的思想体系的理论，它是指引人们不断前进的科学理论，它是始终站在时代前沿、不断解决现实问题的理论。马克思主义在不断探索时代发展提出的新课题、回应人类社会面临的新挑战中展现出强大的生命力。正如习近平总书记所言：“在人类思想史上，没有一种思想理论像马克思主义那样对人类产生了如此广泛而深刻的影响。”①马克思主义以其强大的生命力深刻地改变了世界，极大地推动了人类社会的发展。

我们党的灵魂和旗帜是马克思主义。灵魂关乎生命，旗帜指引方向。马克思主义是我们立党立国的根本指导思想。选择什么主义，是举什么旗、走什么路的政治问题。中国共产党百年的奋斗史，是在马克思主义指引下实现中华民族伟大复兴的壮丽史诗；新中国70多年的成就史，是在马克思主义指引下克服艰难险阻的奋进史；改革开放40多年的蜕变史，是在马克思主义指引下冲破体制藩篱的跨越史；党的十八大以来发生的历史性变革、取得的历史性成就，是在马克思主义指引下迈向民族复兴的崭新篇章。

中国特色社会主义进入新时代，新征程。百年风华大党，不管走到何处，“精神之钙”不可或缺，马克思主义不可或缺。故而，我们必须毫不动摇地坚持马克思主义的指导地位。

我们党坚持“以史为鉴、开创未来”，不断推进马克思主义中国化。习近平总书记在党的十九大报告中指出：“时代是思想之母，实践是理论之源。”②中国

① 习近平.在纪念马克思诞辰200周年大会上的讲话[N].人民日报，2018-05-05(2).

② 习近平.决胜全面建成小康社会　夺取新时代中国特色社会主义伟大胜利——在中国共产党第十九次全国代表大会上的报告[M].北京：人民出版社，2017:26.

共产党的历史,是一部马克思主义中国化的推进史,是一部理论创新与创造的历史。我们在实现第一个百年奋斗目标的基础上将不断推进马克思主义中国化,以全新的视野深化对共产党执政规律、社会主义建设规律、人类社会发展规律的认识。

中国特色社会主义取得的伟大成就,雄辩地证明习近平新时代中国特色社会主义思想为丰富和发展马克思主义做出了原创性贡献,为激活中华优秀传统文化的生命力做出了历史性贡献,为推进人类文明进步事业做出了世界性贡献。

综上所述,马克思主义以其科学性、时代性、真理性成为中国共产党带领中国人民创造一个个中国奇迹的强大的思想武器,马克思主义必将永远是我们开创未来的思想指南。

加强党史学习教育的三个向度

李　敏①

摘　要:中国共产党向来是注重反思、善于总结的政党。现阶段,我国十分注重党史学习教育。从历史向度来看,加强党史学习教育可以继承和发扬党的宝贵思想传统;从现实向度来看,加强党史学习教育可以为改革与发展提供参考借鉴;从未来向度看,加强党史学习教育意在指向更加灿烂辉煌的未来。

关键词:党史学习教育;历史;现实;未来

中国共产党的一百年,是饱经风霜、遭受苦难的一百年,同时也是成就非凡、波澜壮阔的一百年。2021年是中国共产党成立100周年,值此关键时刻,我们加强党史学习教育可以更好地分析和理解现实问题,进而为未来的社会发展提供方向性指引。只有站在历史唯物主义的立场,从历史、现在与未来三个向度加以把握,才能更好地领会加强党史学习教育的意义所在。

一、历史向度:加强党史学习教育,继承和发扬党的宝贵思想传统

近代以来的中国饱经风霜、深受苦难。无数仁人志士尝试诸多救国道路,最终都宣告失败。中国共产党的诞生使当时处于困惑的中国人民看到了希望。转眼间,中国共产党已经走过百年。百年党史中蕴含的社会主义理想信念、革命精神和创新精神是中国共产党人留下的宝贵精神财富,加强党史学习教育有利于继承和发扬这些思想传统。

① 李敏,阜阳师范大学马克思主义学院硕士研究生。

(一)信念信仰坚定崇高

坚定崇高的信念信仰是实现中华民族伟大复兴的重要精神支撑。自1840年鸦片战争以来,帝国主义列强用坚船利炮打开了中国古老腐朽的大门。从那时起,中华民族和中华儿女深受封建主义、帝国主义和官僚资本主义三重大山的压迫和剥削,陷入"大厦倾颓"的不可挽回之境地。无数仁人志士穷其一生探寻救亡图存的出路,但却无一成功。在诸多道路均走不通的情况下,当时的有识之士开始从更深层次找寻根治中国的良方。此时,十月革命一声炮响,给困苦迷茫的中国人民带来新的希望——马克思主义。正如延安时期的毛泽东说过:"我一旦接受了马克思主义是对历史的正确解释以后,我对马克思主义的信仰就没有动摇过。"①邓小平也提道:"我一直就是相当共产主义的""我们过去干革命,打天下,建立中华人民共和国,就因为有这个信念,有这个理想。"②在继承老一辈革命家关于坚定信仰信念的基础上,胡锦涛进一步强调:"对马克思主义的信仰,对社会主义和共产主义的信念,是共产党人的政治灵魂,是共产党人经受住任何考验的精神支柱"③。转眼间,历史的车轮进入新时代。在一代又一代中国共产党的坚强领导下,中国发展实现新的飞跃——中国成功稳居世界第二大经济体。对此,习近平总书记认为:"无论过去、现在还是将来,对马克思主义的信仰,对中国特色社会主义的信念,对实现中华民族伟大复兴中国梦的信心,都是指引和支撑中国人民站起来、富起来、强起来的强大精神力量。"④一言以蔽之,着力推进中华民族伟大复兴既是历代中国共产党人坚定不移的奋斗目标,也是社会主义理想信念在中国的集中表现。

(二)革命精神永续传承

革命精神在历史中见证与传承。任何时候,革命精神都激励中国共产党人奋勇前行。正如习近平总书记所强调的那样,在一百年的非凡奋斗历程中,一代又一代中国共产党人顽强拼搏、不懈奋斗,涌现了一大批视死如归的革命烈士、一大批顽强奋斗的英雄人物、一大批忘我奉献的先进模范,形成了一系列伟大精神,构

① 辛鸣.理想信念:百年大党砥砺前行的不竭动力[J].党建,2021(7):105-108.

② 冷溶.邓小平开创中国特色社会主义道路的伟大贡献[J].党的文献,2014(5):23-28.

③ 胡锦涛文选:第3卷[M].北京:人民出版社,2016:654.

④ 习近平.在庆祝改革开放40周年大会上的讲话[M].北京:人民出版社,2018:42-43.

筑起了中国共产党人的精神谱系①。在战火纷飞、民不聊生的年代，各种反动势力联合起来企图将新生的中国共产党扼杀在摇篮之中。为了躲避敌人的追杀、保存革命的火种，年幼的中国共产党迫不得已上井冈山、爬雪山、过草地。在这期间，形成了气吞山河、波澜壮阔的井冈山精神、长征精神等革命精神。就在中国革命取得胜利、准备进行社会主义建设的当口，一场社会主义与资本主义的较量在朝鲜半岛悄然拉开帷幕。战争前期，朝方相较于韩方，占据一定的优势，但随着美援兵的到来，朝方逐渐陷入被动防守的态势。为了打破这一不利局面，朝方开始向一衣带水的邻邦——中国求助。在经过反复权衡之下，处于百废待兴的新中国毅然跨过鸭绿江，踏上驰援朝鲜、保家卫国之路。在这场双方力量对比悬殊的生死较量中，涌现了一大批舍生取义的爱国战士。比如为了不暴露目标甘愿被熊熊烈火吞噬的邱少云，抢修栈桥不幸被敌军弹片击中头部的杨连第。正是在革命先烈舍生忘死的革命精神的支撑下，中国才打破了美军不可战胜的神话，取得了抗美援朝保卫战的最终胜利。在和平年代，人们在与天灾做斗争的过程中，中国共产党和中国人民再次谱写了一曲不惧牺牲、舍己为人的革命壮歌。可以说，革命精神不但不会褪色，还会随着时代的不断发展焕发出新的光芒。

（三）创新意识与时俱进

创新是人类进步的灵魂，科技创新则是重中之重。“关键核心技术是要不来、买不来、讨不来的。只有把关键核心技术掌握在自己手中，才能从根本上保障国家经济安全、国防安全和其他安全。”②新中国成立之初，为了打破外国对我国实行的技术封锁，以钱学森为代表的科技人员在没有图纸、先进设备的情况下，自主研发出第一颗原子弹。随着戈壁滩上的一声巨响，中国核技术受制于人的局面正式告一段落。此外，杂交水稻的成功培育不仅解决了困扰中国几千年的粮食短缺问题，也为缓解世界性粮食危机提供了中国智慧和中国方案。进入新时代以来，我国科技创新突破性成就“井喷式”爆发，蛟龙、墨子、玉兔、祝融、北斗、港珠澳大桥、兰渝铁路等的成功问世，标志着我国在诸多领域实现了由“追赶”向“并跑”甚至“领跑”的转变。当然，在科技创新取得累累硕果的同时，我们也应明晰自身存在的短板和不足。比如，种子、新能源开采与利用、生物制药、工业关键零部件等方面对外国依赖程度仍较高，自主创新力度还不够。

① 习近平.在党史学习教育动员大会上的讲话[J].中国人大，2021(7)：6-13.

② 习近平谈治国理政：第3卷[M].北京：外文出版社，2020：248.

总而言之,在国际竞争日益激烈的今天,进一步加强党史学习教育,特别是加强对中国共产党注重创新的历史的学习,正当其时,十分必要,不仅能够增强创新自信,更能激发创新动力。

二、现实向度:加强党史学习教育,为改革与发展提供参考借鉴

近代以来的历史是中华民族深受苦难的历史。而中国共产党的诞生使处于困苦之中的中华民族看到了希望。一部中国共产党的历史,就是不断为中华民族谋复兴的历史。以史为鉴,可以知兴替。加强党史学习教育,不仅能为解决当下问题提供参考借鉴,同时也能廓清历史虚无主义思潮的迷雾,进一步增强“四个自信”。

(一)学有榜样,心存警醒

在中国共产党成立100周年的关键时刻,进一步加强党史学习教育,不仅能增强全体党员对中国共产党领导地位的自信心和自豪感,同时也能使其从党史中汲取宝贵经验。无论是成功的经验,抑或失败的教训,都能为我国的改革与发展提供极为重要的参考借鉴。在百年奋斗的历程中,中国共产党形成了众多的优良作风和优良传统,比如“三大纪律八项注意”。我们知道,“三大纪律八项注意”的产生是一个循序渐进的过程。早年,在向井冈山行进的过程中,个别工农革命军由于文化素养不高,与当地群众屡次发生冲突。针对这一情况,毛泽东提出“三大纪律”,此后,根据实际需要相应地又做了一些调整,于是便形成了著名的“三大纪律八项注意”。此外,还有理论联系实际、密切联系群众、批评和自我批评、勤俭节约、艰苦奋斗等。无论何时何地,这些优良作风和优良传统都将赓续以往的光辉与荣耀,成为新时代中国共产党人学习的榜样。马克思主义告诉我们,任何事物都具有两面性,既要看到事物好的一面,同时也要重视不足之处。“尤其是对于中国共产党这样一个长期执政的政党来说,缺点错误是不可避免的。”①比如,“左”倾教条主义错误。在召开遵义会议之前,以王明为代表的“左”倾教条主义在中国共产党内部占据重要地位。尤其在进行第五次反“围剿”时,德国共产党人李德完全不顾中国共产党的具体实际,贸然采用“短促突

① 用好批评和自我批评的武器——访中央党校教授辛鸣[EB/OL].(2013-10-16)[2022-10-11].http://theory.people.com.cn/n/2013/1016/c49150-23217664-3.html.

击”的阵地战术,去抵抗装备精良的国民党,最终的结果不言自明。此外还有“大跃进”和“文化大革命”。这些错误虽然给中国共产党带来了难以预估的危害。但从另一角度来说,正是有了这些前车之鉴,中国共产党才能在面临世界百年未有之大变局的重大考验中始终坚守初心,砥砺前行。简而言之,今天,我们学习党史既不是沉迷于过往的成功,也不是执着于昔日的错误,而是为了在前进的征程中,能够学有榜样,心存警醒。

(二)“四个自信”深度强化

历史是最好的助推剂。在深化党史学习教育的进程中,道路自信、理论自信、制度自信、文化自信能够得到进一步强化。中国共产党自成立以来,在探寻振兴中华的进程中形成了中国特色社会主义理论、道路、制度和文化。首先,深度强化理论自信。近代以来,为了找寻指引复兴中华的理论,无政府主义、实用主义、改良主义陆续被用来指导中国革命。无一例外,这些理论均以失败告终。就在许多有识之士迷茫郁闷之时,马克思主义给予了最先觉醒的有识之士新的希望。此后,在继承这一理论的基础上,中国共产党人将其与中国具体实际和中华优秀传统文化相结合,创立了毛泽东思想和中国特色社会主义理论体系。回顾百年党史,不仅能够了解马克思主义理论在中国的发展状况,也能更好地进一步坚定理论自信。其次,深度强化道路自信。一个国家、民族的前途命运归根结底是由其选择的道路所决定的。“一切向前走,都不能忘记走过的路;走得再远、走到再光辉的未来,也不能忘记走过的过去,不能忘记为什么出发。”① 只有不忘彼时走过的路有多么艰辛,才能够在国际国内双重复杂严峻形势的夹击下奋勇前行。再次,深度强化制度自信。在中国共产党领导人民进行革命、建设、改革的历程中,形成了中国特色社会主义制度。比如,人民代表大会制度、民族区域自治制度,及基层群众自治制度等。通过对百年党史更深一步的学习,我们更能明确中国特色社会主义制度为什么“行”,社会主义为什么“好”,从而进一步坚定制度自信。最后,深度强化文化自信。文化不仅是一个国家、民族最为深厚的积淀,同时也是一个政党永葆生机的重要因素。历史将持续证明,一个没有深厚文化底蕴滋养的政党将难以在浩浩汤汤的历史洪流面前站稳脚跟、屹立不倒。通过学习百年党史,能够赓续红色血脉,深化文化自信。

① 习近平.在庆祝中国共产党成立95周年大会上的讲话[N].人民日报,2016-07-02(2).

(三)克服历史虚无主义

历史虚无主义指不加具体分析而盲目否定人类社会的历史发展过程,甚至否定历史文化,否定民族文化、民族传统、民族精神,否定一切的历史观点和思想倾向,它实际上是有目的地选择历史上具有争议的人物和事件进行“虚无”,以此混淆视听,模糊大众对历史的正确认识,从而达到颠覆国家政权的险恶用心。“我们共产党人是坚定的马克思主义者,我们党的指导思想就是马克思列宁主义、毛泽东思想和中国特色社会主义理论体系。同时,我们不是历史虚无主义者,也不是文化虚无主义者,不能数典忘祖、妄自菲薄。”[①]在中国共产党成立100周年的关键时间节点,进一步对中国共产党的历史进行学习,不仅可以体悟我们党取得如今之成就的艰苦不易,同时也能还原历史真相,厘清历史虚无主义的不良企图。那么,究竟该如何学习中国共产党历史?首先,坚持马克思主义史学研究方法。在学习和研究中国共产党历史的过程中,一定要以马克思主义的立场、观点和方法去认识、分析和把握党史中存在争议的历史人物和历史事件。其次,要用全面的、发展的、长远的眼光看待中国共产党历史。历史虚无主义擅于截取历史当中的一小部分,来歪曲、矮化、妖魔化历史人物和历史事件。只有通过用全面的、发展的、长远的眼光看待历史,才能辨别是非对错。最后,要深入研究相关史料,让历史说话,用史实发言,清楚了解历史发展脉络,准确把握历史发生背景,用实事求是的态度分析和评价历史。

三、未来向度:加强党史学习教育,指向更加灿烂辉煌的未来

历史不但记载着过去,而且也映射着未来。现如今,我们重新审视过去的历史,不是为过去的成功喝彩,而是通过学习历史,从中发现历史发展规律,寻求历史发展经验,以便在波澜壮阔的时代大潮中锚定正确的航向,向更加辉煌灿烂的未来迈进。

(一)实现美好生活向往

实现对美好生活的向往,不仅是广大人民群众的心之所向,更是中国共产党人一以贯之的奋斗目标。自建党以来,在中国共产党人和中国人民的不懈奋

---

① 习近平关于总体国家安全观论述摘编[M].北京:中央文献出版社,2018:112.

斗下，中国不仅实现了民族独立、人民解放，更在广袤无垠的中华大地上兑现了全面建成小康社会的重要承诺。“截至2020年底，居民人均可支配收入增加到3万多元，中等收入群体持续扩大。现行标准下农村贫困人口全部脱贫。义务教育入学率接近100%，常住人口城镇化率超过60%，基本医疗保险覆盖超过13亿人，基本养老保险覆盖接近10亿人。”[①]总的来说，中国人民忍饥挨饿的时代已经一去不复返了。现在，人们的物质生活水平已经得到极大程度的提高，但却有部分人出现“精神危机”或者“信仰危机”，并且上升趋势明显。为了进一步化解人民出现的“精神危机”或者“信仰危机”，必须对人民进行信仰强化教育。信仰、信念、信心不仅是支撑一个政党从无到有、从弱到强的重要保障，也是指引人民迈向正确道路的坚实支撑。在中国共产党的百年历史中，坚守信念、坚定信仰的例子不胜枚举。比如，“铁肩担道义，妙手著文章”的李大钊，“宁可站着死，决不跪着生”的陈延年、陈乔年，“革命不怕死，怕死不革命”的傅烈。无数革命先烈甘愿为解放新中国抛头颅、洒热血，用鲜血和生命践行着对党的承诺和信仰。生活在如此美好时代的我们更应像革命先烈一样坚定信仰，做到无论何时何地都始终不渝地坚决拥护马克思主义信仰，对中国特色社会主义事业充满信心。

（二）坚守初心，不忘使命

百年坚守初心，百年不忘使命。百年间，中国共产党由浙江嘉兴南湖上的一艘小船崛起成为劈波斩浪、奋勇前进的巍巍巨轮。究其原因是中国共产党人始终坚守初心，不忘使命。为中国人民谋幸福、为中华民族谋复兴是中国共产党人的初心和使命。我们要时刻不忘这个初心，永远把人民对美好生活的向往作为奋斗目标[②]。这份庄严宣告不仅体现了中国共产党人植根于民的深厚情怀，同时也表达了中国共产党人带领人民迈向幸福生活的坚定信心。翻开厚重的党史，我们可以发现，一代代中国共产党人为了践行这份初心和使命，即使付出沉重的代价，也甘之如饴。在战火纷飞的革命年代，蔡和森、杨靖宇、刘胡兰等革命先驱以铮铮铁骨坚守初心，用血肉之躯担当使命，为争取早日实现民族独立和人民解放前仆后继、呕心沥血。进入和平建设年代，焦裕禄、孔繁森、雷锋、王进喜等模范先锋以梦

① 理论学习2021年第14期[EB/OL].(2021-09-18)[2022-10-11].http://www.laiyang.gov.cn/art/2021/9/18/art_31264-2937536.html.

② 习近平总书记在“不忘初心、牢记使命”主题教育工作会议上的讲话[J].小康，2019(21)：22.

为马、不负韶华,为党和国家的事业做出了巨大贡献。党的十八大以来,罗阳、兰辉、李保国、黄大年等先进典型毅然扛起实现中华民族伟大复兴的光荣旗帜,在百舸争流、敢为人先的新时代汇聚起气吞山河的磅礴力量。百年以来,无论世情、国情和党情发生怎样的变化,中国共产党人一以贯之地践行当初立下的庄重誓言,一路带领中国人民实现了从站起来、富起来到强起来的伟大飞跃。百年征途,未有归期。一百年,中国共产党经历过艰难困境的彷徨失措,也取得过举世瞩目的非凡成就。加强党史学习教育,能够进一步弘扬优良风尚,提升广大共产党员对中国共产党的认同,用一往无前的奋斗姿态激励中国共产党人为实现中华民族伟大复兴的中国梦而努力。

(三)光大社会主义事业

随着历史的前轮不断前进,中国共产党逐渐从幼稚走向成熟、从弱小迈向强大。其间,虽然经历过各种沧桑巨变,中国共产党人始终团结带领中国人民为社会主义事业矢志奋斗。无论是新中国成立之前的反帝反封建斗争,还是新中国成立之后的一系列社会主义实践,都体现了中国共产党人为社会主义事业奋斗终身的坚定信念。通过对党史的深入学习,就更能深刻体会到中国共产党人为什么"能"、马克思主义为什么"行"、社会主义事业为什么"好",就更能深切体悟到历史和人民选择了中国共产党,就更能强烈地感受到在中国共产党的领导下中国特色社会主义事业更加蓬勃兴旺地发展。正如习近平总书记在2014年在参加河南省兰考县委常委班子专题民主生活会时的讲话中指出:"一定要认清,中国最大的国情就是中国共产党的领导。"①当今社会发展方兴未艾,整个世界正经历百年未有之大变局,各种风险和挑战将会不期而至。针对此类不确定的情形,中国共产党人只有通过深化党史学习教育,才能在风急浪涌、波诡云谲的世界舞台上更加坚定社会主义理想信念,保持政治定力和头脑清醒,从而将社会主义事业光大。

---

① 王香平.中国共产党的领导是中国的最大国情、最本质特征[J].红旗文稿,2016(23):12-14,1.

新中国成立初期中国共产党思想建党的四重逻辑

刘华景[①]

摘　要:1949—1956年是我国从新民主主义到社会主义的过渡时期。这一新的历史时期,中国共产党在继承新民主主义革命时期思想政治教育基本经验的基础上,开启了执政条件下思想建党的四重实践逻辑,一是注重马克思列宁主义、毛泽东思想教育的理论逻辑;二是开展整风整党运动,强化自我净化功能的政党逻辑;三是结合中心工作进行各类形势政策普及认同的政治逻辑;四是对知识分子进行思想改造和思想引导的统战逻辑。

关键词:新中国;初期;中国共产党;思想建党;逻辑

1949—1956年是我国从新民主主义到社会主义的过渡时期,中国共产党的执政地位、中心工作、国际国内环境等都发生了根本性变化。据统计,1949年年底,中共党员为450万人,到1956年年底,党员人数已经增加到1200万,新中国成立初期的短暂七年间,党员人数增加了750万,平均每年增加100多万新党员[②]。在新的历史局势下,总体上说,在新中国成立初期,绝大多数党员干部能够遵循全心全意为人民服务的根本宗旨,积极发挥先锋模范带头作用,始终保持党的先进性和纯洁性,这些因素提高了党在人民群众中的威信和认同度。但是,党内存在的思想不纯、组织不纯、作风不纯等问题在一定程度上凸显出来,如何才能跳出"其兴也勃焉,其亡也忽焉"的历史周期率,中国共产党在继承新民主主义革命时期思想政治教育基本经验的基础上,开启了执政条件下思想建党的实践探索。

---

① 刘华景,中共亳州市委党校副教授。

② 张玉刚.1949—1956年中国共产党干部思想政治教育研究[D].北京:中国矿业大学,2017:23.

一、理论逻辑:注重马克思列宁主义、毛泽东思想的教育

理论的彻底性和实践性是一个政党保持强大生命力的根本前提和重要保障。马克思曾深刻指出:“理论只要彻底,就能说服人。”①彻底性的理论必须同时富有实践性,“人们的社会存在,决定人们的思想。而代表先进阶级的正确思想,一旦被群众掌握,就会变成改造社会、改造世界的物质力量”②。这突出强调了党的理论教育的实践旨归,理论教育只有建立在实践基础上,才能真正具有“彻底性”。因此,在新中国成立初期,用马克思主义的理论武装全党,不断提高全党的政治觉悟和思想能力,是一个极端重大的任务。

注重马克思主义的学习宣传教育。1949年3月,党的七届二中全会上,为使广大党员干部能够担负起建设新中国的复杂任务,党中央列出了12部最基本的马克思主义著作作为学习马克思主义理论方面的必读经典书目。1951年2月印发的《中共中央关于加强理论教育的决定(草案)》提出,全体党员干部要循序渐进地按照政治常识、理论常识、理论著作三大系统进行理论学习,并养成解决工作疑难的问题思维和随时翻阅经典著作的习惯。此外,党中央还特别重视马克思主义理论文本的大众化、通俗化的学习宣传教育。1953年1月,中共中央决定将“中央俄文编译局”与“中央宣传部斯大林全集翻译室”合并,成立马恩列斯著作编译局,有计划、系统地翻译出版马克思、恩格斯、列宁、斯大林的全部著作。同年,中共中央再次发布《关于学习斯大林著作〈苏联社会主义经济问题〉的指示》《关于1953—1954年干部理论教育的指示》两个文件,强调全党关于理论学习的高级组和中级组都要学习《联共(布)党史简明教程》第九至十二章,以及列宁、斯大林论社会主义经济建设的部分著作。与此同时,辩证唯物论的学习宣传教育,也是党员干部迫切需要的。毛泽东强调指出:“我们要在党内外五百万知识分子和各级干部中,宣传并使他们获得辩证唯物论。”③1949—1956年,党内一批理论专家致力于辩证唯物主义的深入研究,编著出版了大量通俗性的辩证唯物主义著作,代表作有艾思奇的《历史唯物论、社会发展史》、胡绳的《辩证法唯物论入门》、杨献珍的《什么是唯物主义》、华岗的《辩证唯物论大

① 马克思恩格斯文集:第1卷[M].北京:人民出版社,2009:11.

② 毛泽东文集:第8卷[M].北京:人民出版社,1999:320.

③ 毛泽东文集:第6卷[M].北京:人民出版社,1999:395.

纲》等,这些作品简明通俗地阐述了辩证唯物主义的基本观点,较大程度地提升了全党干部的马克思主义理论水平。

注重毛泽东思想、著作的学习宣传教育。毛泽东思想是中国化的马克思主义,是马克思列宁主义的基本理论与中国革命实践相结合的理论成果。提高全党的马克思列宁主义理论水平,还应体现对毛泽东思想,尤其是对毛泽东著作的学习、掌握和运用。1950年5月,中共中央成立《毛泽东选集》出版委员会,负责整理和编辑出版工作,由毛泽东亲自主持。1951年7月,在《毛泽东选集》第一卷即将出版之际,各中央局分别安排部署各级党组织和党员干部对《毛泽东选集》的学习活动。1951年10月,《毛泽东选集》第一卷正式出版;1952年4月,《毛泽东选集》第二卷出版;1953年4月,《毛泽东选集》第三卷出版。《毛泽东选集》三卷的出版发行,进一步加深了党员干部对毛泽东思想的理解和把握,掀起了全党学习和宣传毛泽东著作的高潮,推动了全党学习中国共产党历史和党的重要理论的社会热潮。

二、政党逻辑:开展整风整党运动、强化自我净化功能

整风整党是中国共产党解决党内突出问题的一种独创性的自我教育方式。中国共产党执政后,能否继续发扬先进性和纯洁性的革命优良作风,能否继续保持为人民服务的根本宗旨,直接关系到党的生死存亡和社会主义事业的成败。1950年5月,中共中央发出《关于在全党全军开展整风运动的指示》,要求在和各项工作任务紧密结合而不分离的条件下,进行一次严肃的整顿全党作风的运动。各地在整风过程中,坚持“惩前毖后、治病救人”的方针,充分运用批评与自我批评的方式着重从干部作风上解决问题,克服了党员干部工作中所犯的错误,纠正了党员干部以功臣自居的骄傲自满情绪,克服了上级机关的官僚主义和中下级机关的命令主义,很大程度上改善了党同人民群众的关系。但是,这次整风时间安排较短,工作作风上的问题虽然初步解决了,但来不及解决党内思想不纯和组织不纯的问题。1951年秋,全国人民增加生产、厉行节约,党政机关内部和一些干部逐渐暴露出贪污、浪费、腐败腐化和官僚主义问题。中共中央遂作出《关于实行精兵简政、增产节约、反对贪污、反对浪费和反对官僚主义的决定》,号召全国人民共同行动起来,从1951年年底到1953年,在全国范围内大张旗鼓地发动以“反贪污、反浪费、反官僚主义”为核心内容的“三反”运动。

1952年4月,中央人民政府公布实施《中华人民共和国惩治贪污条例》,明确规定了贪污问题的相关处理方针、办法、步骤、程序等。到1952年10月,“三反”运动顺利结束。据统计,在“三反”运动期间,全国共查出被贪污的赃款赃物6亿元,全国县以上党政机关贪污千元以上者计10.8万人,有38402名贪污分子受到刑事处理[①]。通过“三反”运动,党内完成了一次自我净化,清除了干部队伍中的蛀虫,形成了清正廉洁的党风政风和健康的社会风气,使党的先进性和纯洁性得到了保持。

整风的同时,整党运动也在有步骤地展开。1951年4月,党中央通过了《关于整顿党的基层组织的决议》和《关于发展新党员的决议》,对整党建党工作进行具体部署,主要是对全体党员进行共产党员标准教育,对于符合共产党员标准的,要给予充分肯定并要求他们继续保持党员的纯洁性和战斗力;对于不够党员条件或者不完全符合党员标准的,要对其思想进行教育改造;对于混入党内的各种坏分子,则坚决清除出党。1952年2月,党中央发出《关于“三反”运动和整党运动结合进行的指示》;5月,再次发出《关于在“三反”运动的基础上进行整党建党工作的指示》。此次整党运动,共有32.8万人离开了党组织,提高了党组织的纯洁性,增强了共产党员的责任感、纪律性、战斗力。1953年1月,县级以下的基层党员干部中,官僚主义、命令主义和违法乱纪现象日益严重起来。鉴于此种情况,党中央发出《关于反对官僚主义、反对命令主义和反对违法乱纪的指示》,一场以基层党员干部为主要对象的新“三反”运动在全国开展起来。新“三反”运动从处理人民来信入手,采取“边反、边防、边建”的方针,有效地遏制了基层党员干部的官僚主义、命令主义和违法乱纪行为。此外,针对反党分裂活动的重大事件,1954年2月,党的七届四中全会一致通过《关于增强党的团结的决议》,明确规定:党中央是实现党的团结的唯一中心,党的团结的重要保证之一是严格遵守民主集中制和集体领导的原则,必须反对个人凌驾于组织之上的个人崇拜,反对损害中央的团结和威信的言论与行动等,极大地维护和加强了党的团结统一。

---

① 建国以来重要文献选编:第3卷[G].北京:中央文献出版社,2011:341-342.

三、政治逻辑：结合中心工作进行各类形势政策普及认同

新中国成立之初，清匪反霸和争取解放战争的胜利是巩固政权斗争中的重要任务，为了摒弃“解甲归田”的思想，围绕光荣传统、艰苦奋斗、革命到底这个中心，结合新民主主义政策、共产主义前途等问题，党内进行了以“集体的爱国主义”为主题的普遍教育，为巩固新生政权打下了牢固的思想基础。1950年6月，党的七届三中全会召开，提出“为争取国家财政经济状况的基本好转而斗争”的中心任务，围绕这一时期的工作，全党开展树立战胜困难的信心、“不要四面出击”、增产节约等独具特色的思想教育。1950年6月，朝鲜内战爆发，战火烧至鸭绿江畔。1950年10月，中共中央做出抗美援朝、保家卫国的决策，发出关于在全国进行时事宣传的指示，拉开了抗美援朝战争的序幕。在“抗美援朝、保家卫国”的号召下，党内采取集中教育与经常教育相结合方式，利用报告会、宣传画报、举行集会等形式，在全党开展国际主义、爱国主义教育，激发革命热情。为提高部队士气，鼓舞上进，在志愿军全体指战员中围绕“当最可爱的人，做最可爱的事”“学英雄、争立功”、部队光荣历史、革命英雄主义等进行教育，从而把部队的战斗性和创造性推向一个新的高潮，涌现了许多可歌可泣的模范人物和英雄事迹。为彻底废除封建土地制度，1950年6月，《中华人民共和国土地改革法》颁布实施，从中央和地方抽调了大批干部组建土改工作队。从1950年冬季起，历史上空前规模的土地改革运动有步骤、分阶段地展开。全党为了完成土地改革的任务，主要围绕“教育人民做一个革命派”“教育人民开展自下而上的斗争”等开展思想教育，消除了农民担忧地主反攻的思想，确保了土地改革的顺利完成。

1952年下半年，国家经济根本好转，新生政权基本巩固，外部环境逐渐变好，采取何种新的方针来解决社会经济中的矛盾问题，对国民经济如何实行系统的社会主义改造的任务摆在党和人民面前。1953年6月15日，中央政治局会议上毛泽东首次提出了党在过渡时期的总路线的基本内容。同年9月25日，《人民日报》正式公布了党在过渡时期的总路线。为了统一全党和全国人民的思想认识，这一时期党内采用多种形式大力开展过渡时期总路线的宣传教育，如开报告会、放映电影、举办图片展览等，各级党组织将宣传教育活动推向机关、企业、学校、农村、部队、民主党派和各级人民团体。总体来看，这次学习和

宣传活动切实地解决了党员干部、人民群众由新民主主义逐步过渡到社会主义的思想转变问题。1953—1956年,党开始实施"一五"计划,提出对生产资料私有制进行社会主义的全面改造,总体上走出了一条新的适合中国特点的社会主义过渡时期道路。在农业的社会主义改造中,让农民自发地形成社会主义思想是很困难的,这就要求我们"进行耐心的生动的容易被他们理解的宣传教育工作"①,向农民灌输社会主义思想,教育农民把个人利益和集体利益及国家利益结合起来,逐步引导农民走"互助合作"的集体化道路。在手工业的社会主义改造中,进行生产合作社基本方针和政策教育,注意用自愿互利原则、集体主义精神、合作思想等教育手工业劳动者,强调民主办社和勤俭办社,号召手工业者弘扬民族传统技艺,引导个体手工业者走合作化道路。在资本主义工商业的社会主义改造中,组织资本家学习"和平赎买"的改造政策,采取对企业改造和对人改造相结合的办法,使他们逐步认识到社会主义的规律性和优越性,接受社会主义。

四、统战逻辑:对知识分子进行思想改造和思想引导

新中国成立初期,中国共产党人注意到知识分子群体中大多数人尚未树立无产阶级思想,时常暴露出资产阶级意识和思想,为了帮助他们转变旧的阶级立场,逐步树立无产阶级世界观,针对知识分子的思想改造运动迫在眉睫。1950年6月6日,毛泽东在中共七届三中全会上作了《不要四面出击》的报告,提出"对知识分子,要办各种训练班,办军政大学、革命大学,要使用他们,同时对他们进行教育和改造"②。"团结、教育、改造"成为这一时期党对知识分子的最主要的政策。1950年9月,在北京、天津高等学校教师学习会上,周恩来作了题为《关于知识分子的改造问题》的报告,明确提出知识分子思想改造的必要性以及目的。1951年10月,毛泽东在出席中国人民政治协商会议第一届全国委员会第三次会议上提出:"思想改造,首先是各种知识分子的思想改造,是我国在各方面实现民主改革和逐步实行工业化的重要条件之一。"③一场声势浩大的针对知识分子的思想改造运动在全国范围内开展。对于新中国成立初期的知识分

① 毛泽东文集:第6卷[M].北京:人民出版社,1999:460.

② 建国以来重要文献选编:第1册[M].北京:中央文献出版社,1992:259.

③ 毛泽东文集:第6卷[M].北京:人民出版社,1999:184.

子思想改造运动，如何评价与分析？笔者认为，从中国共产党的角度来看，一定程度上具有必然性和合理性，也代表了最广大人民的愿望，达到了统一知识分子思想的目的。从知识分子的角度来看，思想改造运动中，知识分子群体对自己的家庭出身、个人经历、学术观点等进行了自我检讨和价值观重塑，马克思主义在意识形态领域的指导地位得以确立。然而运动中仍存在一些不良倾向，如在摆脱欧美思想的影响后陷入新的"照搬苏联经验"的教条主义误区、利用群众运动帮助知识分子进行思想改造的方式被视为成功经验，运动的方式逐渐由最初的和风细雨转变为过急、过火、粗暴对待知识分子。毛泽东在《关于正确处理人民内部矛盾的问题》中承认思想改造运动"在做法上有些粗糙，伤了一些人，这是不好的。这个缺点，今后必须避免"[①]。1953年9月，党在过渡时期的总路线正式公布，按照预先设定的走向社会主义的目标要求，全社会都要进行无产阶级与资产阶级的斗争。被定为具有资产阶级、小资产阶级属性的知识分子，必然处于这场斗争的最前沿。1954年5月，中国共产党第二次全国宣传工作会议提出"在社会主义革命阶段必须在全部思想战线上和资产阶级思想进行严肃斗争"的任务，意识形态领域针对资产阶级唯心主义思想的政治思想批判运动开启，到1955年达到高潮。

1955年，中国正处在国民经济建设第一个五年计划的执行过程中，大规模的经济建设、世界科技革命发展新形势都需要知识分子的积极参与并贡献力量。而在思想批判运动中，知识分子的政治热情和工作热情都受到严重的挫伤，党的领导人敏锐地察觉到这种情况。周恩来指出，知识分子中存在"估计不足、信任不够、安排不妥、使用不当、待遇不公、帮助不够"[②]等六个"不"问题，严重妨碍了知识分子在社会主义建设中作用的充分发挥。1955年12月3日《光明日报》刊文：新的环境和新的形势要求全国知识分子，特别是有学术地位和专门技术的高级知识分子为社会主义建设做出更多的贡献。基于这种考虑，1956年1月，知识分子问题会议在北京召开，周恩来作了《关于知识分子问题的报告》，对知识分子的阶级属性进行了重新定位，果断做出了"知识分子已经是工人阶级的一部分"的论断。他们中间的"绝大部分已经成为国家工作人员，已经为社会主义服务，已经是工人阶级的一部分""知识分子已经成为我们国家的各方面

① 毛泽东文集：第7卷[M].北京：人民出版社，1999：226.

② 金冲及.二十世纪中国史纲：下册[M].北京：社会科学文献出版社，2009：796.

生活中的重要因素”[①]。另外,周恩来提出了动员和发挥知识分子力量的具体政策,“应该改善对于他们的使用和安排”“应该对于所使用的知识分子有充分的了解,给他们以应得的信任和支持”“应该给知识分子以必要的工作条件和适当的待遇”[②]。1956年2月,苏共二十大召开,赫鲁晓夫做了关于斯大林问题的秘密报告,消息传到中国,毛泽东提出要“以苏为鉴”,探索具有中国特色的社会主义道路。1956年4月,毛泽东发表了《论十大关系》的著名讲话,提出了艺术问题上“百花齐放”,学术问题上“百家争鸣”的“双百”方针。“双百”方针的提出和实施,充分调动了知识分子参加社会主义建设的主动性和积极性,从而使广大知识分子迎来了盼望已久的“春天”。

① 周恩来年谱(1946~1976):上卷[M].北京:中央文献出版社,2007:539-540.

② 周恩来年谱(1946~1976):上卷[M].北京:中央文献出版社,2007:539-540.

中国共产党百年政治建设的经验启示

任　静,雷志佳[①]

摘　要:党的政治建设是党的根本性建设,中国共产党自成立起就将党的政治建设摆在突出位置。立足于一定的基础理论,党的政治建设历经百年风雨路程,积累了宝贵的历史经验。新时代,党的政治建设仍然需要坚持以思想建设为基础、制度建设为保障、组织建设为核心、作风和纪律建设为灵魂的基本经验,继续描绘党的政治建设的宏伟蓝图。

关键词:中国共产党;政治建设;经验启示

政治属性是政党的基本属性,党的政治建设是党的根本性建设,决定着党的建设方向和效果。不同历史阶段赋予党的历史使命不同,结合时代特征不断加强政治建设是党自身发展和引领社会建设的现实要求。党的十九大明确提出"党的政治建设"这一重大命题,强调要把党的政治建设摆在首位,以党的政治建设为统领,全面推进党的各项建设[②]。这既是由中国共产党所处时代的特点、历史使命及自身现状决定的,也是党自身建设的规律使然。加强党的政治建设是习近平新时代中国特色社会主义思想的重要组成部分,也是锻造具备坚强政治领导力的马克思主义执政党的关键环节。

---

① 任静,阜阳师范大学硕士研究生;雷志佳,阜阳师范大学硕士研究生。

② 切实把党的政治建设摆在首位[EB/OL].(2018-08-09)[2022-10-11].http://dangshi.people.com.cn/n1/2018/0809/c117092-30219706.html.

一、党的政治建设的理论基础

(一)马克思恩格斯关于无产阶级政党政治建设的思想

马克思恩格斯认为,共产党是一种新型政党,无产阶级政党的性质是工人阶级的先锋队,是代表广大人民群众利益的政党。这一本质属性规定了党的根本任务与发展要求,也是保持政党纯洁性与战斗性的重要条件。在不同的社会建设时期,无产阶级政党都要始终坚持这一属性,不断推动工人运动,继而迈向社会主义道路。除了对无产阶级政党的性质进行相应阐述外,马克思恩格斯也主张无产阶级政党的使命是推翻资本主义,建立共产主义。有了这一使命,共产党人更加明确了政治建设的方向引领,在社会主义实际运动中不断深化与践行伟大使命,持续开展政治建设。资本主义的固有矛盾严重制约社会发展,加之自身难以克服或消灭矛盾,因而广大无产阶级不得不起身为推翻资产阶级而斗争。马克思恩格斯认识到资本主义社会难以克服的制度矛盾必然激发不满与反抗,而共产党人的政治方向就是推翻资产阶级封建制度,建立起新型的社会制度。为了实现这一政治信仰,无产阶级政党必须坚定地加强政治建设,为无产阶级的革命提供可靠的政治领导。马克思指出巴黎公社失败的根本原因在于公社的领导人没有建立真正意义上的无产阶级政党,也没有在实践中开展真正的政治领导。因此他深刻意识到取得无产阶级斗争的胜利后,必须加强党的政治建设,实行党的政治领导,建立起无产阶级政权。

(二)列宁关于无产阶级政党政治建设的思想

作为马克思主义的继承创新者,列宁在探索苏联社会主义道路的过程中也深刻认识到无产阶级政党建设的重要性。他强调要重视党的政治领导地位和作用,同时要根据不同历史时期具体的政治任务和政治特点来进行党的政治建设,发挥党的政治功能,进一步开展党的建设事业。正如他所言:“一个阶级如果不从政治上正确地看问题,就不能维持它的统治,因而也就不能完成它的生产任务。”①列宁十分重视党的政治纪律,指出无产阶级政党要想带领广大人民群众推翻资产阶级的压迫统治,必须加强党自身的纪律建设,尤其是在俄国革

① 列宁选集:第4卷[M].北京:人民出版社,2012:408.

命难以开展的社会现实环境下，列宁主张俄共(布)要执行铁一般的纪律。民主集中制是无产阶级政党最根本的政治原则，列宁大力提倡民主集中制，“我们在自己的报刊上一向维护党内民主。但是我们从未反对过党的集中。我们主张民主集中制”[①]。实行民主集中制能够有效促进党的团结统一，保障党的工作有序开展、顺利进行。

二、党的百年政治建设的历史回顾

中国共产党自成立以来历经百年探索，虽有艰难阻碍，但是党始终坚持加强政治建设。不同的历史阶段，党的政治建设所采取的措施也不尽相同。要学习和掌握马克思主义理论，并充分将无产阶级政治建设和中国的革命特点相结合，不断提升党的政治建设水平，推进伟大革命事业。党在政治建设过程中积累了宝贵的经验，为社会主义建设和党的建设提供了坚实的基础。

(一)新民主主义革命时期党的政治建设

新民主主义革命时期，党开展了丰富的政治建设工作，为革命取得胜利提供了有力保障。中国共产党成立后，中国革命展现新局面。第一次国共合作，北伐战争的演进，党对于革命的领导权还未产生重视。大革命失败后，毛泽东在八七会议上提出“政权是由枪杆子中取得的”这一论断来总结失败经验。随之，“枪杆子里出政权”成为党武装斗争的一项基本政治原则，毛泽东这一思想对党的政治建设具有开创性的意义。时至今日，加强人民解放军的建设仍是党和国家建设体系的关键内容。八七会议后，毛泽东领导了秋收起义、三湾改编，开创了党领导军队的根本政治原则。三湾改编是党坚持政治领导的良好开端，党对军队的领导也仍是当今国家建设的一项基本原则。政治工作是军队的生命线，军队政治工作又是党政治建设的重要组成部分，能够促进党的政治建设的日渐完善。在古田会议中，毛泽东又明确提出要分清无产阶级和非无产阶级思想，必须用马克思理论加强党的政治建设。全民抗战时期，党逐渐成熟，党的政治建设工作也随之顺利发展。毛泽东对党员提出了要坚定“一个正确的政治方向”的具体要求，期望全党成员树立正确的政治方向和立场。伴随革命的开展与实践，毛泽东在总结土地革命的经验后，指出共产党人必须把马克思主义

① 列宁全集：第27卷[M].北京：人民出版社，2017：89.

基本原理同中国的革命相结合。在《论新阶段》报告中,毛泽东阐述了马克思主义中国化的思想观念,这无疑是党的政治建设的一大进步。延安时期毛泽东带领全党继续开展党的政治建设,提出一系列新思想。延安整风运动后,党进一步明确了政治方向,在七大上毛泽东思想被正式确定为党的指导思想。

(二)社会主义革命和建设时期党的政治建设

新中国成立后,党承担起建设新中国的艰巨任务。党的政治建设与经济建设也逐步开展。从对战争的领导转变为对国家建设的领导,党高度重视对经济建设的政治领导,提出了“政治工作是一切经济工作的生命线”这一口号,体现出政治工作对经济工作的引导作用。党的政治领导能够有效引领人民群众参与国家建设,能够保障人民的经济活动顺利开展。新中国成立后,党认识到知识分子的重要性。周恩来强调知识分子是社会主义建设的重要依靠力量①。毛泽东进一步指出知识分子“没有正确的政治观点,就等于没有灵魂”②。随着社会主义制度的确立,党带领全国人民进行社会主义道路探索。党的八大后,国家进入社会主义道路的初步探索阶段,党的第一次整风运动也随之开展起来,“造成又有集中、又有民主,又有纪律、又有自由,又有统一意志、又有个人心情舒畅、生动活泼的那样一种政治局面”③。“六有”政治局面的提出成为当时党的建设的指南,为新时代党的政治建设提供参考。三大改造完成后,毛泽东指出马克思主义基本原理和中国实际相结合的思想,推进马克思主义中国化。“文革”后,党带领人民找到了适合中国国情的道路,即中国特色社会主义道路。

(三)改革开放历史新时期党的政治建设

党的十一届三中全会拉开了我国改革开放的序幕,开启了新的发展时期。首先,确定了正确的政治路线。思想上的拨乱反正,对“左”倾思想的纠正,确立了解放思想、实事求是的思想路线。树立鲜明的旗帜,坚持四项基本原则和“一个中心,两个基本点”的思想逐渐形成。这段时间里,共产党人加深了对国情和社会主义建设规律的认识,确立了党在社会主义初级阶段的基本路线,即“领导和团结全国各族人民,以经济建设为中心,坚持四项基本原则,坚持改革开放,

---

① 周恩来选集:下卷[M].北京:人民出版,1984:167.

② 毛泽东文集:第7卷[M].北京:人民出版社,1999:226.

③ 建国以来重要文献选编:第15册[M].北京:中央文献出版社,1997:308.

自力更生,艰苦创业,为把我国建设成为富强、民主、文明的社会主义现代化国家而奋斗”[①]。其次,这一时期还不断加强和改善党的领导。在对“左”倾思想纠正的过程中,不断地有来自右派的干扰和冲击,出现质疑否定党的领导的现象。针对这一错误思潮,邓小平也提出改善党的领导的问题。党中央不断完善党的组织,明确党的领导内容,不断提高党的领导水平和执政能力。马克思主义政党较其他党派的突出特征之一是具备严肃的党内政治生活。在政党建设过程中,脱离群众、官僚主义、形式主义等不正确思想极易出现,为确保党的纯洁性,党逐渐加强了组织和纪律建设。党的十一届五中全会通过的《关于党内政治生活的若干准则》为严正党内生活起到了规范制约作用。党的政治建设固然要讲政治,维护党中央权威。1996年,党的十四届六中全会决定开展党风教育,深入落实“三讲”教育。改革开放以来,邓小平一直主张在发展党内民主的同时要注意党中央的集中统一领导。维护党中央的集中统一领导也是党政治建设的内在要求。党的历代领导人都十分重视维护党中央权威,邓小平同志明确提出:“中央要有权威。改革要成功,就必须有领导有秩序地进行。”[②]江泽民同志明确指出:“要维护中央权威,在思想上、政治上同中央保持一致,保证党的路线和中央的决策顺利贯彻执行。”[③]十六大以后,胡锦涛同志指出:“在积极发展党内民主的同时,全党同志要坚决维护党的集中统一,坚决维护中央权威。”[④]

(四)中国特色社会主义新时代党的政治建设

党的十八大以来,以习近平同志为核心的党中央立足新时代发展视角,丰富了党的政治建设的内容。首先,把党的政治建设摆在首位,突出党的政治建设的重要性。作为马克思主义政党,必须要鲜明旗帜地讲政治,必须以党的政治建设统领其他方面的建设。其次,坚定政治信仰和政治立场,并践行好政治路线。坚定政治信仰就是要坚定马克思主义信仰、社会主义信仰,它是共产党人经受住考验的精神支柱。政治立场是马克思主义立场、人民群众立场,以及党的立场。尤其要坚持人民群众的主体地位,筑牢党的政治根基。党的政治路线关系党的建设方向,是对未来发展前景的规划与引导。我们党反复强调必须

① 十三大以来重要文献选编:上[M].北京:人民出版社,1991:211.

② 邓小平文选:第3卷[M].北京:人民出版社,1993:277.

③ 江泽民文选:第2卷[M].北京:人民出版社,2006:44.

④ 胡锦涛文选:第3卷[M].北京:人民出版社,2016:15.

毫不动摇地坚持党的政治路线,坚持“五位一体”总体布局。2016年中央政治局会议提出“四个意识”,指出新时代党必须跟进时代步伐,增强政治意识、大局意识、核心意识、看齐意识。党的十九大将“坚定维护以习近平同志为核心的党中央权威和集中统一领导”写入党章。当今,坚持习近平总书记的党中央核心地位是加强党的权威和统一领导的关键。营造良好的党内政治生态是对党的政治建设的具体诉求,党的建设也要有一定的规则和底线约束,不能放任党的权利。深刻把握党风廉政建设,完善党和国家监督体系。2015年和2018年修订的《中国共产党纪律处分条例》对党的纪律建设作出指示,是党坚持构建良好政治生态所实施的具体措施。加强党的政治建设仍然是党和国家高度关注的建设内容,未来仍将继续发展与完善。

三、党的百年政治建设的经验启示

中国共产党成立以来,在应对不同历史阶段的社会问题上,党始终坚持人民权益至上,根据实际情况采取不同的战略措施,一步步引领我国走向社会主义发展道路。在实践中积累经验与总结教训,党的政治建设经验不仅仅是对历史的归纳与总结,更是关于党的未来建设不可或缺的精神指南。

(一)加强思想建设是党的政治建设的基础

思想是行为的先导,且对于人类的实践活动具有指导作用。“没有革命理论,就不会有坚强的社会党。”[①]马克思主义理论是党的政治建设的首要思想。中国共产党是用马克思主义理论武装自身的政党,马克思主义为党的政治建设提供了思想源泉。党成立之前,马克思主义传播到中国促使早期中国共产党人提升了思想觉悟,也为之后学习与传播马克思主义奠定了思想基础。党成立之后,马克思主义更是成为中国共产党的思想指南,推动中国共产党成为一支成熟的政党。坚持以人民为中心是党政治建设的中心思想。党的性质和宗旨决定了党始终把人民利益放在首位,即便处于不同时期应对各种矛盾问题,以人民为中心的发展思想始终是党的政治建设主线。党坚持民主原则,重视政治建设。如腐败问题对党内政治生态产生污染,危害社会公平正义时,党不断进行自我反省,加强对党组织及成员的监管与要求,以达到净化党内政治生态的效

① 列宁选集:第1卷[M].北京:人民出版社,2012:274.

果，有力保障了社会公平与民主。除此，党的民主推动了基层协商民主，促使真正意义上的民主的实现。正是由于党的政治建设将人民放在首要位置，并将以人民为中心作为社会实践的指导思想，才密切了党同人民群众的关系，使人民群众信服党。加强理论创新是党的政治建设的重要途径。党高度重视理论在实践中的影响作用，在不同历史条件下，立足于具体的国情与现实状况，党将理论指导与实践相结合，共同推动问题的解决。建党初期，党加强对马克思列宁主义、毛泽东思想等的学习，旨在提高党的政治能力、进一步强化思想政治教育。党的十一届三中全会后，党又认识到经济建设是最大的政治问题，确立以“经济建设为中心”的指导思想。党的十八大的顺利召开，又为党的政治建设增添了新的内容。增强理想信念、坚持“四个意识”、严明政治纪律，以及净化党内生态是对党的建设新的具体要求。可见，党的政治建设理论是因时而进、因势而新的，会依据现实做出适当调整。理论创新是党保持旺盛生命力的关键所在，也是加强党的政治建设的应有之义。思想的高地不被高尚所占领，就会被低俗所侵袭。重视党的思想建设是全党树立正确意识形态的思想前提，是党充分开展政治建设的基础要求。推动思想建党与理论强党，才能永葆政党的先进性和纯洁性。

（二）加强制度建设是党的政治建设的保障

制度建设是党顺利开展工作和全面从严治党的有效保证，建立健全党的制度体系是党的政治建设的重要抓手。党的政治建设面临许多现实困境，需要加强制度建设来有效解决，从而促使党自身建设更加规范化、合理化。党的十八大以来，习近平总书记反复强调制度建设的重要性，他指出：“从严治党，最根本的就是要使全党各级组织和全体党员、干部都按照党内政治生活准则和党的各项规定办事。”[①]首先，制度建设为党的政治建设提供了约束与规范。制度建设就是用法治思维和法治方式去治理党，建立健全党章以及相关制度体系，对党员的言语和行为形成一定的约束力和监控力。党想要坚定政治方向、政治立场，就必须有较为刚性的制度约束，明确该做什么，不该做什么。其次，制度建设能够增强党的政治建设的实效性。我国人口众多，党员队伍也日益壮大，推动党的政治建设必须要以一定的制度为保障。党的建设是一项长期性工程，政治建设也需要常态化进行，制度建设能够确保政治建设的持续推进，促使党员

① 习近平关于严明党的纪律和规矩论述摘编[M].北京：中央文献出版社，2016:82.

在日常生活中以严格标准要求自己。加强党的制度建设还要注重党员干部制度意识的培养,帮助党员深刻理解党的法规制度,充分认识党的制度政策的重要价值,树立尊重制度、遵守制度、捍卫制度的意识。民主集中制是中国共产党探索政治建设道路得出的制度产物,是党的政治建设的制度基础。实践也充分证明了民主集中制彰显的优越性。习近平总书记指出:“民主集中制是我们党的根本组织原则和领导制度,是马克思主义政党区别于其他政党的重要标志。这项制度把充分发扬党内民主和正确实行集中有机结合起来,既可以最大限度激发全党创造活力,又可以统一全党思想和行动,有效防止和克服议而不决、决而不行的分散主义,是科学合理而又有效率的制度。”①所以,党的政治建设离不开制度建设,而民主集中制是党的制胜法宝,坚持民主集中制是今后党的建设的关键内容。党章是约束党员行为的基本制度规范,是党的政治建设的基本遵循。党内有多种规章制度,党章是最高纲领,具有最强效力。只有广大党员都遵从党章,才可以从根本上保持党的纪律性,促进全面从严治党工作的推进,保障党的政治建设朝着正确方向前行。

(三)加强组织建设是党政治建设的核心

党的组织建设是加强党的建设在组织方面所进行的一系列工作,是保障党的纲领与方针政策实施的重要条件,更是党进行政治建设的物质基础。组织建设作为党的建设工程中的一项子集,对党的政治建设具有举足轻重的作用。要搞好党的组织建设首先必须要制定正确的政治路线。毛泽东指出一个政党要引导革命取得胜利,必须依靠自己政治路线的正确和组织上的巩固②。正确的政治路线决定了正确的组织路线,而正确的组织路线又服务并且保证了正确的政治路线,所以,切实可行的政治路线是站在长远发展的角度对党以及国家未来发展前景所描绘的路线指南,有利于推动党的政治建设和各项工作的有效开展。“政治路线确定之后,干部就是决定的因素。”③在党的政治路线探索过程中,党员干部起到了关键作用。他们既是党的方针政策的执行者,也是人民群众的引领者,更是党的政治使命的践行者。因此要建立健全完善的党员干部人才选拔监管与考核机制,督促党员干部真正地起到带头示范作用,以坚定的政治立

① 许耀桐.民主集中制是中国共产党的致胜法宝[J].前进,2019(6):17-19.

② 毛泽东选集:第1卷[M].北京:人民出版社,1991:303.

③ 毛泽东选集:第2卷[M].北京:人民出版社,1991:526.

场服务于党组织，落实好自身的职责。党员干部也要加强学习，提升自我素质，掌握对马克思主义理论的实际运用能力，自觉参与到党的组织建设中去，从而推动党的政治建设及其他各方面的发展。重视选拔与重用优秀的中青年干部，为党组织增添新鲜血液和旺盛生命力，保持党组织的活力。除了党员干部队伍的建设，加强党组织体系的完善也是组织建设不可或缺的环节。只有党的各级组织健全，才能形成严密的组织体系。基层党组织是国家一直以来高度关注的对象，是组织体系中的重要环节，是贯彻落实党中央决策部署的“最后一公里”，加强基层党组织建设也势在必行。中国特色社会主义制度是一个完整而严密的制度体系，党的组织制度也必须和国家制度相统一、相衔接。抓好党的组织建设是党政治建设的内在要求，因而要做好组织工作，着力解决党内政治、思想等问题。

（四）加强党的作风和纪律建设是党的政治建设的灵魂

中国共产党历经百年风雨，逐渐形成了区别于其他政党的优良作风和纪律。党的作风是党的性质和宗旨的反映和体现，作风建设关系党能否坚守住初心和使命，新时代重视党的作风建设是党的政治建设的一大内容。新民主主义革命期间，整风运动的开展为党的作风建设奠定了基础。党的纪律是党的规矩，是衡量党员干部的行为准绳。严明党的纪律，是开展党的建设的有力保证。党在不断探索自身建设和国家建设的历程中，不断优化作风建设和纪律建设，力求形成党内优良作风和党的严格纪律。可以看到，如今全面从严治党的局面日益步入正轨，形式主义、官僚主义、享乐主义等多种不正之风得到了有力整治。高度重视党的作风和纪律建设，思想上应提高重视度。自党成立之日起，历代领导集体都十分关注并且强调党的作风和纪律问题。在不同历史阶段，都需要不断推进党的作风和纪律建设。时代赋予党不同的任务与使命，同时也对党的建设提出不同的要求，党的组织和纪律建设也应当跟随国家发展和人民生活所需做出适当的调整，牢牢抓住人民群众这条主线。党全心全意为人民服务的宗旨要求党的作风与纪律建设要心系人民群众，密切党同人民的关系。充分发挥党员干部的模范带头作用，加强党的法律规范建设，以模范引领作风，以制度规范纪律。党的作风和纪律建设旨在提升党的纯洁性，保证党的政治路线一以贯之。新时代，要继续做好党的组织和纪律建设工作，积极适应新形势的需要，让党的组织和纪律更好地体现时代的特点与风貌。在党的实际工作中还要增强“四个意识”，坚定“四个自信”，做到“两个维护”，做好党的监管和反贪污腐败治理工作，打造和培养优秀的党员干部，让清正廉洁、政治坚定、纪律严格之风盛行。作风和纪律建设是党政治建设的催化剂，是营造党内良好的政治生态的应有之义。

四、结语

中国共产党领导是中国特色社会主义最本质的特征，是历史和人民做出的选择。党始终坚持政治建设，力求不断完善自我，更好地为人民谋幸福、为民族谋复兴、为世界谋大同。走得再远也不能忘记来时的路，在中国特色社会主义新时代，党更应该从历史中汲取经验，与时俱进地做好规划，将政治建设作为一项常态化的工作来开展，为实现第二个百年奋斗目标和中华民族伟大复兴而持续奋斗。

中国共产党作风建设百年历程探析

崔玉亮①

摘　要：党的作风就是党的形象，关系人心向背，关系党的生死存亡。党的作风建设贯穿中国革命、建设和改革的全过程，不断继承和发扬党的优良作风是中国共产党始终保持旺盛生命力的奥秘所在。党的十八大以来，围绕党的作风建设，习近平总书记作了许多重要论述，提出了一系列新思想、新观点、新要求。习近平总书记关于党的作风建设的重要论述，是习近平新时代中国特色社会主义思想的重要组成部分，实践中极大地推动了新时代党的作风建设，具有重大的现实意义和战略意义。

关键词：作风建设；百年；历程

一、加强党的作风建设的重大意义

（一）加强作风建设是我们党的优良传统和政治优势

始终加强党的作风建设是我们党克敌制胜的法宝，是我们党的光荣传统和政治优势，是社会主义事业兴旺发达的重要保证。党的七大确立了理论和实践相结合的作风、和人民群众紧密地联系在一起的作风和自我批评的作风。党的七届二中全会提出“两个务必”，即“务必使同志们继续地保持谦虚、谨慎、不骄、不躁的作风，务必使同志们继续地保持艰苦奋斗的作风”②。党的十一届三中全会重新确立了解放思想、实事求是的优良作风，改革开放过程中又形成了与时俱进、求真务实等新作风。

① 崔玉亮，安徽省社会科学院马克思主义研究所助理研究员。

② 毛泽东选集：第4卷[M].北京：人民出版社，1991：1438-1439.

(二)党的作风关系党的生死存亡

习近平总书记在十八届中央政治局第十六次集体学习时强调,党的作风就是党的形象,关系人心向背,关系党的生死存亡。我们党作为一个在中国长期执政的马克思主义政党,对作风问题任何时候都不能掉以轻心[①]。习近平总书记在庆祝中国共产党成立95周年大会上的讲话中指出:"党的作风是党的形象,是观察党群干群关系、人心向背的晴雨表。党的作风正,人民的心气顺,党和人民就能同甘共苦。"[②]党的作风关系着党的生死存亡。习近平总书记还指出:"我们党的执政基础很牢固,但如果作风问题解决不好,也有可能出现'霸王别姬'这样的时刻。我们一定要有危机意识。"[③]

二、党的作风建设不断推进的发展历程

党的历代中央领导集体都高度重视党的作风建设。毛泽东写下的《反对本本主义》《改造我们的学习》《整顿党的作风》《反对党八股》等,深刻阐述了党的理论联系实际、密切联系群众、批评与自我批评三大作风,并做出了加强党的作风建设的一系列战略部署。

党的十一届三中全会以来,针对改革开放中出现的新情况新问题,邓小平写下了《解放思想,实事求是,团结一致向前看》《高级干部要带头发扬党的优良传统》《党和国家领导制度的改革》等重要文章。改革开放之初,邓小平指出:"在目前的历史转变时期,问题堆积成山,工作百端待举,加强党的领导,端正党的作风,具有决定的意义。"[④]

党的十三届四中全会以来,以江泽民同志为核心的党的第三代中央领导集体强调,执政党的党风关系着党的生死存亡。抓党的作风建设,重点要抓思想作风、学风和工作作风、领导作风和干部生活作风,并有针对性地提出了"八个坚持、八个反对"。江泽民强调,加强新时期党的建设,既要按照"三个代表"要求,在思想、组织和作风建设上开创新局面,又要坚定不移地发扬党的优良作

① 习近平关于党风廉政建设和反腐败斗争论述摘编[M].北京:中央文献出版社,2015:8.

② 十八大以来重要文献选编:下[M].北京:中央文献出版社,2018:356.

③ 习近平关于党风廉政建设和反腐败斗争论述摘编[M].北京:中央文献出版社,2015:7.

④ 邓小平文选:第2卷[M].北京:人民出版社,1994:178.

风，把我们党的实事求是、理论联系实际、密切联系群众、批评和自我批评的作风，谦虚谨慎、不骄不躁和艰苦奋斗的作风更好地发扬下去。

党的十六大以来，以胡锦涛同志为总书记的党中央也高度重视加强党的作风建设。党的十六届四中全会通过的《中共中央关于加强党的执政能力建设的决定》，从科学执政、民主执政、依法执政的要求出发，提出党的作风建设的新任务。党的十七届四中全会通过的《中共中央关于加强和改进新形势下党的建设若干重大问题的决定》，从提高党的建设科学化水平的要求出发，对党的作风建设作出了新部署。

三、中国特色社会主义新时代的作风建设

（一）作风问题的核心是党群关系问题

一是严格遵守与执行中央八项规定。2012年12月，中共中央政治局召开会议，审议通过了中央政治局关于改进工作作风、密切联系群众的八项规定。习近平总书记指出："中央八项规定既不是最高标准，更不是最终目的，只是我们改进作风的第一步，是我们作为共产党人应该做到的基本要求。"[①]党中央从落实中央八项规定精神破题，坚持以上率下，率先垂范，从中央做起，既抓思想引导又抓行为规范，执纪问责，严肃查处和曝光典型案件，形成高压态势。各地认真贯彻落实中央八项规定精神，也结合实际制定了具体细化措施。这一切，赢得了人民群众的衷心拥护。

二是坚持党的群众路线和集中整治"四风"。2013年6月至2014年10月，全党自上而下深入开展了以"为民、务实、清廉"为主题，以"照镜子、正衣冠、洗洗澡、治治病"为总要求的党的群众路线教育实践活动。这次教育实践活动主要聚焦作风建设，集中解决形式主义、官僚主义、享乐主义和奢靡之风这"四风"问题。

三是坚决贯彻执行"三严三实"及其要求。习近平总书记要求各级干部要做到"三严三实"，他指出："我们抓作风建设，归根到底，就是希望各级干部都能树立和发扬好的作风，既严以修身、严以用权、严以律己，又谋事要实、创业要

① 习近平关于党风廉政建设和反腐败斗争论述摘编[M].北京：中央文献出版社，2015：71.

实、做人要实。”[①]领导干部要自觉践行“三严三实”,使“三严三实”成为各级领导干部修身做人、用权律己的基本遵循。2015年4月10日,中共中央办公厅印发《关于在县处级以上领导干部中开展“三严三实”专题教育方案》,对2015年在县处级以上领导干部中开展“三严三实”专题教育做出安排。“三严三实”专题教育的重点是县处级以上领导干部,同时也是对全体党员、全体干部的要求。

四是开展“两学一做”学习教育活动。2016年2月,中共中央办公厅印发了《关于在全体党员中开展“学党章党规、学系列讲话,做合格党员”学习教育方案》,并发出通知,要求各地区各部门认真贯彻执行。开展“两学一做”学习教育,是落实党章中关于加强党员教育的管理要求、面向全体党员深化党内教育的重要实践,是推动党内教育从“关键少数”向广大党员拓展、从集中性教育向经常性教育延伸的重要举措,是加强党的思想政治建设的重要部署。“两学一做”要求共产党员增强政治意识、大局意识、核心意识和看齐意识,自觉在思想上、政治上、行动上同以习近平同志为核心的党中央保持高度一致;要践行全心全意为人民服务的宗旨,要严格遵守党的纪律和党的规矩,以《中国共产党廉洁自律准则》为标尺,以《中国共产党纪律处分条例》为戒尺,在《中国共产党章程》的规范下,成为一名合格的共产党员。

五是开展“不忘初心、牢记使命”主题教育。“不忘初心、牢记使命”主题教育是在全党范围内开展的主题教育活动,是推动全党更加自觉地为实现新时代党的历史使命不懈奋斗的重要内容。2017年10月18日,习近平总书记在党的十九大报告中指出,在全党开展“不忘初心、牢记使命”主题教育,用党的创新理论武装头脑,推动全党更加自觉地为实现新时代党的历史使命不懈奋斗。2019年5月13日,中共中央政治局召开会议,决定从2019年6月开始,在全党自上而下分两批开展“不忘初心、牢记使命”主题教育。2019年9月,《关于开展第二批“不忘初心、牢记使命”主题教育的指导意见》印发。2019年11月,《关于第二批主题教育单位基层党组织召开专题组织生活会和开展民主评议党员的通知》印发。2020年9月,中共中央办公厅印发了《关于巩固深化“不忘初心、牢记使命”主题教育成果的意见》。开展“不忘初心、牢记使命”主题教育,铭记“为人民谋幸福,为民族谋复兴”的初心和使命,是学习贯彻党的十九大精神的重要举措,是激励共产党人不断前进的根本动力。

---

① 习近平关于全面从严治党论述摘编[M].北京:中央文献出版社,2016:158.

（二）解决作风问题的根本在于加强党性修养

作风问题根本上是党性问题。习近平总书记指出："作风反映的是形象和素质，体现的是党性，起决定作用的也是党性。"[①]解决作风问题的根本在于加强党性修养。习近平总书记还指出："在作风问题上，起决定作用的是党性，衡量党性强弱的根本尺子是公私二字。"[②]加强党性修养，一靠教育，二靠制度。我们党历来把党性教育作为加强作风建设的重要手段，在革命、建设、改革的历程中，坚持不懈地对党员干部开展党性教育，增强党员干部弘扬优良作风的自觉性，努力在全党全社会营造风清气正的良好政治生态。制度建设是关键，把制度建设贯穿于作风建设的各个方面及其全过程。

（三）实现作风建设制度化、规范化、常态化

作风问题具有顽固性和反复性，作风建设永远在路上。党的作风建设这一难题出现的原因，一是党对作风问题的反复性和顽固性认识不足，二是作风建设存在形式主义，没抓实、抓细。对此，作风建设一要抓常、抓长，"作风问题具有顽固性和反复性"[③]，必须经常抓、长期抓。此外，作风建设还要抓细，在改进作风上讲认真，做到善始善终、善作善成。高度重视制度建设在作风建设中的重大作用。习近平总书记强调，要以法治思维和法治方法抓作风建设，实现作风建设制度化、规范化、常态化。

（四）作风建设永远在路上

通过系列主题教育实践活动，党员干部精神上补了"钙"，"四风"问题得到有效整治，在全社会弘扬了正气。通过系列集中整治，解决的是"不敢"层面的问题，"不能""不想"层面的问题还没有完全解决。以习近平同志为核心的党中央充分认识到作风建设的长期性、复杂性和艰巨性。2014年10月，习近平在党的群众路线教育实践活动总结大会上指出："作风建设永远在路上，永远没有休止符，必须抓常、抓细、抓长，持续努力、久久为功。"[④]

---

① 习近平关于全面从严治党论述摘编［M］．北京：中央文献出版社，2016：154.

② 习近平关于党风廉政建设和反腐败斗争论述摘编［M］．北京：中央文献出版社，2015：79.

③ 习近平关于党风廉政建设和反腐败斗争论述摘编［M］．北京：中央文献出版社，2015：80.

④ 十八大以来重要文献选编：中［M］．北京：中央文献出版社，2016：99.

中国共产党纪律检查工作百年回顾:历程、成就与经验启示

俞念胜[1]

摘　要:回顾百年党的纪律检查工作的历程,从奠定基础与初步探索到良好开局与曲折前行,再到拨乱反正与巩固发展、继承创新与全面深化,纪检工作始终坚持服务党和国家的中心工作,为保持党的先进性和纯洁性作出了重大贡献。防止党腐败变质,永葆先进性和纯洁性是百年纪律检查工作的主题与主线;组织机构变革史、党内法规发展史、廉政治理探索史是百年纪检工作的主流与本质。以史为鉴,继往开来,新时代加强和改进纪律检查工作,必须坚持党的领导和牢记初心使命相统一;提高政治站位和站稳人民立场相统一;创新体制机制和打造过硬队伍相统一;设定理性目标和保持足够自信相统一,从而不断提升纪律检查工作正风肃纪反腐的政治自觉。

关键词:中国共产党纪律检查工作;历程;成就;经验启示

中国共产党纪律检查工作贯穿中国共产党百年历史进程的始终,是中国共产党领导革命、建设和改革不断取得胜利的重要保证。百年来为了提升纪律检查工作的质量和水平,我们党围绕不同历史时期纪律检查工作的中心任务开展了一系列纪律检查工作理论探索与实践。建党百年之际,系统梳理百年纪律检查工作的开展历程,总结百年纪律检查工作的阶段性特征,有利于汲取历史经验,使中国共产党在新的百年进程中,更好地实现党的自我革命,推进纪律检查机关自觉正风肃纪反腐。

---

① 俞念胜,池州学院马克思主义学院教授,法学博士。

一、党的百年纪律检查工作史的历史分期与阶段性特征

党的纪律检查工作有一个由自发到自觉发展的过程。习近平总书记指出，要“增强全面从严治党永远在路上的政治自觉”①。中国共产党人在革命、建设和改革的实践过程中，不断摸索纪律检查工作的一般规律，逐渐形成了独特的纪律治理模式与特点。时间维度和使命维度是贯穿纪律检查工作建设的两条主线，根据这两条主线的发展变迁，可以将中国共产党纪律检查工作建设百年历程划分为四个相互衔接而又各具特点的历史时期。

（一）奠定基础与初步探索：新民主主义革命时期党的纪律检查工作

中国共产党自成立之日起，就高度重视党内监督和党的纪律工作。早在1921年7月，党的一大就初步制定了党的纪律；1922年7月，党的二大通过的党章设置“纪律”专章；党的三大和四大分别通过第一次和第二次党章修正案，都专列“纪律”一章，基本沿袭二大党章有关内容。这一阶段，尽管党内没有专门的纪律检查机关，但对党组织及其党员的纪律检查和处分是由中央执行委员会和地方各级党部代替执行的。

党章（党纲）虽经过多次修订，但都强调要加强党的纪律建设，党逐步建立各级纪律检查机关，对开展纪律检查工作进行了初步探索，为新中国成立后党的纪律检查工作发展奠定了良好的基础。党的一大通过的党纲没有专门设纪律条款，但包含了纪律和监督要求。1922年7月党的二大通过的党章，专设第四章“纪律”，对政治、经济、组织和工作纪律都进行了严格的规定。因此，党的二大通过的党章在党的纪律建设史上具有特殊的奠基性的意义。1925年春，中共广东区执行委员会监察委员会成立，这是党的第一个地方纪律检查机关，是党的执纪监督上的一个新突破。1926年8月，针对少数党员思想动摇，出现的贪污腐化现象，中共中央召开扩大会议，形成第一份反腐文件——《坚决清洗贪污腐化分子通告》，这是党正式开展反腐败工作的实践起点。

1927年4月，党的五大在武汉召开，为纯洁党的队伍、严格党的纪律，党的五大通过的党章第一次设立了中央监察委员会，这是党的纪律检查机关的前身。该机构成立之后，在对党的经费管理、使用和惩治叛徒方面发挥了重要的

① 习近平.在庆祝中国共产党成立100周年大会上的讲话[M].北京：人民出版社，2021：19.

作用。1932年5月,中国共产党在瑞金开展了声势浩大的反腐败斗争。毛泽东指出:与贪污腐化作斗争,是我们共产党人的天职,谁也阻挡不了!①1933年12月,中共中央在苏区针对部分党员干部挪用公款等突出问题,出台了《关于惩治贪污浪费行为》的第26号训令,对贪污量刑作了明确规定,起到了极强的震慑作用。此后,还有一些反腐败制度陆续出台,如1938年《陕甘宁边区政府惩治贪污暂行条例》《关于各级党部工作规则与纪律的决定》等党内法规的颁布。1945年,党的七大对监察机构的产生办法、任务、职能、领导体制都作了规定,但由于当时处于抗日战争的关键时期,监察相关各级机构尚未有效建立。

这一时期,由于处于残酷的革命战争环境,纪检机关的职能难以得到充分发挥,机构和人员处于不稳定状态。最初成立的监察委员会明显受到苏联模式的影响,其机构设置、职权范围、地位作用等基本是按苏共十四大通过的党章的有关规定移植过来的。但革命先辈们坚定崇高的理想信念,某种程度上替代了当时党的纪律检查工作的不足。毛泽东在延安时期鲜明提出的"十个没有",代表着"延安作风",这种纯洁的党风直接推动着中国革命的胜利前进。这一时期,党的纪律检查工作实践和任务聚焦于锤炼党和军队的纪律性,为夺取新民主主义革命的胜利奠定了基础,形成了反对腐化、追求廉洁政治的优良传统。

(二)良好开局与曲折前行:社会主义革命和建设时期党的纪律检查工作

新中国成立之后,开辟了党在执政条件下的纪律检查工作。1949年11月,中共中央发出了《关于成立中央及各级党的纪律检查委员会的决定》,全国纪律检查干部在这一时期从无到有,队伍建设得到极大发展。

1950年5月,中共中央发布《关于在全党全军开展整风运动的指示》,标志着新中国成立后开展的首次整风整党运动拉开序幕。整风整党运动期间,纪律检查机关紧紧依靠群众和发动群众,充分发挥主责,对有个人主义、享乐主义、官僚主义作风的党员进行了整顿,开展一系列反对贪污腐化行动,约有32.8万人离开党组织,清除异己分子和贪污腐化分子23.8万人②。1952年,针对党政机关工作人员和工商联开展了"三反""五反"运动。"三反""五反"运动期间,对刘

---

① 胡昌勇.中华苏维埃共和国的故事[EB/OL].(2021-11-11)[2022-10-11].http://dangshi.people.com.cn/n1/2021/1111/c436975-32279183.html?ivk_sa=1024320u.

② 中国监察学会反腐倡廉历史研究会.中国共产党监督执纪史话[M].北京:中国方正出版社,2018:127.

青山、张子善腐败案的处理表明了党维护自身纯洁性的决心,宣示了党对腐败现象零容忍的态度。

为巩固"三反""五反"运动成果,1952年4月,新中国成立后第一部反贪污条例《中华人民共和国惩治贪污条例》颁布实行。此后《中共中央关于处理贪污浪费问题的若干规定》等系列法规制度陆续颁布,对贪污浪费等行为进行严厉查处。1955年3月,为加强党内监督的必要性,中共中央通过了《关于成立党的中央和地方监察委员会的决议》,对纪律检查监督的范围作了重要规定。1956年年底,三大改造基本完成标志着我国进入全面建设社会主义的新阶段,从那时开始到"文革"发动前夕,党的纪律检查工作在不同程度上受到"左"倾错误思想影响曲折前进,党的纪律检查工作也遭受严重挫折。

这一时期特别是"建国以后,我们党在扫除旧社会的污泥浊水、保持党和国家机关清正廉洁方面,取得了举世公认的成就"[①],"总的来说,那时广大党员、干部是清廉和比较清廉的"[②]。社会主义革命和建设时期党的纪律检查工作受到计划经济体制的影响,其作用和职责发挥不充分,但老一辈革命家的优良作风弥补了党的纪律检查工作挫折造成的结果。

(三)拨乱反正与巩固发展:改革开放和社会主义现代化建设新时期党的纪律检查工作

党的十一届三中全会后党的各级纪律检查机关相继恢复重建,这一时期,纪律检查机关不断加强思想和制度建设,并按照中央部署积极参与平反冤假错案,审理林彪、江青反革命集团和打击经济犯罪活动等工作。党的十一届三中全会重新恢复成立中央纪律检查委员会,成为新时期党纯洁党风的重要力量。纪律检查机关恢复重建之后,在拨乱反正、平反冤假错案中发挥了重要作用,最为典型的是为中央监察委员会彻底平反,这体现了党对纪律检查机关职责的充分认可,对于新时期的纪律检查工作的开展具有重要意义。

新时期的纪律检查工作更加强调制度化建设,纪律检查机关制定和完善了党规党纪,探索纪律检查工作和反腐败新路径,党的纪律检查工作开始走入正轨。1980年2月,党的十一届五中全会通过了《关于党内政治生活的若干准则》,这份重要的党内法规吸收了过去一段时间的经验教训,明确了党内政治生

① 十四大以来重要文献选编:上[M].北京:人民出版社,1996:406.

② 十五大以来重要文献选编:中[M].北京:人民出版社,2001:1554.

活重要的12条准则,旗帜鲜明地指出“执政党的党风问题是有关党的生死存亡的问题”。

党的十二届二中全会根据党内的现状,开展了为期3年半的整党活动,各级党组织的纯洁性得到强化。党的十二大后,随着改革开放和社会主义现代化建设的深入,党的纪律检查工作形成以领导干部廉洁自律、查办违纪违法案件、纠正部门和行业不正之风为内容的三项工作格局,确立“党委统一领导,党政齐抓共管,纪委组织协调,部门各负其责,依靠群众的支持和参与”①的反腐领导体制和工作机制。

改革开放和社会主义现代化建设新时期党的纪律检查工作摆脱了计划经济时代靠群众进行政治运动的路子,走上靠制度建设和创新的路子。但在这一时期,腐败问题和不正之风仍屡禁难绝,主要原因是对在实行对外开放政策的过程中和市场经济体制下如何开展党的纪律检查工作在规律性上认识还不够,过于重视经济而忽视或淡化政治,纪律检查机关在职责上一度偏离主责主业,监督缺位和惩治腐败制度体系不够健全等因素造成纪律检查工作存在着“种了别人的地,荒了自己的田”的现象。

(四)继承创新与全面深化:中国特色社会主义新时代党的纪律检查工作

进入新时代,党的纪律检查工作在继承中守正创新、在创新中全面深化。这主要体现为强力推进党的纪律检查体制改革,强调回归党章这个“原教旨”,重塑内部机构设置,聚焦主责主业,落实“两个责任”“两个为主”和“两个全覆盖”,创新运用监督执纪“四种形态”等系列重大举措,这些举措大大提高了监督、执纪、问责能力,有利于探索党在长期执政条件下实现自我监督的有效途径,增强纪委监督权的相对独立性和权威性,形成解决腐败和不正之风问题的合力,使反腐败斗争取得了压倒性胜利并得到全面巩固。

中国特色社会主义新时代党的纪律检查工作特别强调党的纪律检查机关、监督巡视的政治属性,推进了国家监察制度改革,完善了纪律检查体制。全覆盖推进政治巡视,巡视利剑作用彰显。党的十八大以来,“纪检监察机关共立案审查调查省部级以上领导干部392人、厅局级干部2.2万人、县处级干部17万余人、乡科级干部61.6万人”;“查处违反中央八项规定精神问题62.6万件”②。这

① 十七大以来重要文献选编:下[M].北京:中央文献出版社,2013:3.

② 刘廷飞.新时代全面从严治党取得历史性开创性成就[N].中国纪检监察报,2021-06-29(3).

是新时代全面从严治党取得的历史性成就,为实现第一个百年奋斗目标奠定了坚强的政治保障。此外,全方位推进党内法规建设,基本形成以党章为根本,以民主集中制为核心,以准则、条例等中央党内法规为主干,由各领域各层级党内法规组成的党内法规制度体系。从本质上来说,是从政治上看问题推动党的纪律检查工作实现了质的历史性飞跃。

党的百年纪律检查工作的四个历史时期形成了四个各具特色的篇章:第一个历史时期因迫于残酷的革命战争环境,党内腐败与不正之风相对少见;第二个历史时期囿于时代,纪律检查工作取得成效的同时教训也极为深刻;第三个历史时期纪律检查工作在改革开放的进程中对腐败问题认识不充分,但反腐败斗争为经济社会的快速发展提供了坚强保障;第四个历史时期致力于腐败和不正之风问题的标本兼治、协同治理和系统推进,反腐败斗争已经取得了压倒性胜利。四个历史时期目标使命一致,为保持党的先进性和纯洁性作出了重大贡献。

二、党的百年纪律检查工作史的主题与主线、主流与本质

百年党史有清晰明了的主题与主线、主流与本质,作为党的历史的重要组成部分,党的百年纪律检查工作史有没有自己相对独立的主题与主线、主流与本质? 答案是肯定的。

(一)党的百年纪律检查工作史的主题与主线

中国共产党是按照列宁的建党原则建立的新型无产阶级政党,非常重视党风党纪问题。在党的历史上,纪律检查工作始终是党的一项重要工作,党的纪律检查机关在维护党规党纪和保证党的路线方针政策的贯彻执行等方面发挥了不可替代的重要作用。

防止党腐化变质,保持先进性和纯洁性,是党的百年纪律检查工作史的主题与主线。中国近代史,对中华民族、中国人民来说,是一段屈辱的历史。这一时期内,国家蒙辱、人民蒙难、文明蒙尘,无数仁人志士都通过各种方式开展自救,但先后都失败了。中国共产党自成立起就是一个立志为人民谋幸福、为民族谋复兴的马克思主义政党,性质先进、宗旨崇高、理想远大、信念坚定、纪律严明是其鲜明特征。

实际上,早在革命战争时期,毛泽东的三次“重要对谈”,直指党的纪律检查工作的实质。1944年3月,毛泽东将郭沫若写的《甲申三百年祭》作为整风文件,1944年4月12日他在延安高级干部会议上说:“我党历史上曾经有过几次表现了大的骄傲,都是吃了亏的……全党同志对于这几次骄傲,几次错误,都要引以为鉴戒,不要重犯胜利时骄傲的错误。”①1945年7月,民主人士黄炎培一行访问延安。黄炎培看到延安呈现出一派完全不同于国统区的新气象,感慨万千地谈到中国历史上“其兴也勃焉,其亡也忽焉”的现象,称历朝历代都没有能跳出兴亡周期率。毛泽东自信地表示:“我们已经找到新路,我们能跳出这周期率。这条新路,就是民主。只有让人民来监督政府,政府才不敢松懈。只有人人起来负责,才不会人亡政息。”②1949年3月23日在离开西柏坡、前往北平的路上,毛泽东对周恩来说:“我们决不当李自成,我们都希望考个好成绩。”③

新中国成立前夕,毛泽东在党的七届二中全会上作报告,明确告诫全党要做到“两个务必”。进入新时代,习近平总书记屡次强调“坚决反对腐败,防止党在长期执政条件下腐化变质,是我们必须抓好的重大政治任务”④。在2014年10月8日党的群众路线教育实践活动总结大会和2015年10月29日十八届五中全会第二次全体会议上均强调“党内绝不允许搞利益集团”。党的十九大明确提出“坚决防止党内形成利益集团”,“坚决反对搞两面派、做两面人”。党的十九届中央纪委二次全会要求“坚决清除对党不忠诚不老实、阳奉阴违的两面人、两面派”。党的十九届中央纪委五次全会要求重点查处政治问题和经济问题交织的腐败案件等等。综上,党的百年纪律检查工作史就是聚焦“防止党腐化变质、保持党的先进性和纯洁性”这个主题与主线展开,避免了中国共产党人犯致命的颠覆性错误。

(二)党的百年纪律检查工作史的主流与本质

百年党史的主流与本质可以概括为不懈奋斗史、理论探索史和自身建设史。作为党的历史的重要组成部分,百年纪律检查工作史理当有其自身的主流与本质,从纪律检查工作的实践发展来看,组织机构变革史、党内法规发展史、

---

① 建党以来重要文献选编(1921~1949):第21册[M].北京:中央文献出版社,2011:200.

② 毛泽东年谱(1983~1949)(修订本):中[M].北京:中央文献出版社,2013:611.

③“我们决不当李自成”[N].中国纪检监察报,2019-03-26(1).

④ 习近平关于党风廉政建设和反腐败斗争论述摘编[M].北京:中央文献出版社,2015:7.

廉政治理探索史构成了百年纪律检查工作的主流与本质。

组织机构变革史是百年纪律检查工作历史的重要内容。中国共产党成立初期,虽然一大通过的党的纲领和二大至四大通过的党章都有关于纪律的要求,但那时没有党内监督专责机关。1927年,党的五大在武汉召开。党的五大选举产生了中央监察委员会,这是党的纪律检查机构设立的开端。党的五大通过的党章还增写"监察委员会",对监委会的地位、作用和运行都做了详细规定。1928年6月,党的六大通过的党章要求成立"中央或省县市审查委员会",旨在加强对党内财务的管理和对党内机关的监督。1934年1月,为执行党的纪律和履行党的纪律检查机关职能,党的六届五中全会成立了中央党务委员会,担负起纪律检查的任务。1945年6月,党的七大通过的党章增加"第八章'党的监督机关'"内容,对相关机构、体制等都作了明确规定,但由于当时革命形势严峻,很多职能和措施都没有落实。新中国成立后,中国共产党面临着自身建设的紧迫性的考验。1949年11月,中央纪律检查委员会的成立标志着新中国第一个维护党的纪律纪工作机构的诞生,且在社会主义改造过程中发挥了纪律检查机构应有的作用。1955年,为加强对党的高级干部的监督,党的全国代表会议决定成立中央监察委员会。1978年,党的十一届三中全会决定恢复设立中央纪律检查委员会。此后两年,纪律检查机关聚焦主业,开展了大规模的平反冤假错案工作,并较好地完成了工作任务。党的十四大以后,为更好地发挥整体效能,党中央做出了重大的纪律检查体制改革,纪委与监察部合署办公。2018年,为深化并巩固反腐败斗争的成果和更好地落实全面从严治党,国家监察委员会成立并履行职责,负责全国监察工作。从1927年党的五大开始设立中央监察委员会,其间党的纪律检查组织机构经历了审查委员会、党务委员会、纪律检查委员会,续至1993年纪委与监察部合署办公,再到2018年成立国家监察委员会等,历经多次组织机构变革调整才逐步走向完善。

党内法规的发展贯穿百年纪律检查工作历史的全过程。1938年毛泽东在党的六届六中全会上首次提出"党内法规"概念,1981年这一概念被写入党的十一届六中全会通过的《关于建国以来党的若干历史问题的决议》,后于1992年被载入党的十四大通过的党章。截至2019年年底,全党共有4929部党内法规,其中中央党内法规231部、部委党内法规283部、地方党内法规4415部,形成"1+4"的党内法规体系基本框架,即在党章下分为党的组织法规、党的领导法规、党的自身建设法规和党的监督保障法规四大板块,是中国特色社会主义法治体系的重要组成部分[①]。关于纪律检查工作的党内法规比较有代表性的可以概括为“两准则四条例”。“两准则”是2016年修订的《关于新形势下党内政治生活的若干准则》和2015年印发的《中国共产党廉洁自律准则》。“四条例”是2015年和2018年两次修订的《中国共产党纪律处分条例》、2016年和2019年两次修订的《中国共产党问责条例》、2015年印发的《中国共产党党内监督条例》,以及2015年8月和2017年7月修订的《中国共产党巡视工作条例》。从实践进程来看,全面从严治党就是在党内法规发展过程中解决党内存在的突出问题。

廉政治理探索史是百年纪律检查工作实践最有力的体现。中国共产党成立后处于险恶的革命环境中,任何腐败行为都可能导致生存危机,因此始终对党内存在的腐败和不正之风保持高度警惕,把“保持廉洁、反对腐败”庄严地写在自己旗帜上。1926年中共中央扩大会议向全党发出关于《坚决清洗贪污腐化分子》的通告。新中国成立后,中国共产党先后发动了“三反”“五反”等一系列运动。随后由于党的“左”倾错误升级,反腐倡廉建设曾经走过一段曲折之路。经过党的十一届三中全会后的拨乱反正,反腐倡廉建设走上依靠制度建设而非政治运动的新路。进入新时代,习近平总书记屡次强调要从讲政治高度上看待腐败和反腐败斗争,不断实现不敢腐、不能腐和不想腐一体推进的战略目标,反腐败斗争形势虽然依然严峻复杂,但已经取得了压倒性胜利。纪律检查工作也进入新时代,廉政治理现代化体现在正确处理党纪与国法的关系,即把纪律挺在前面,做到纪严于法、纪法分开、纪在法前、纪法贯通。

三、党的百年纪律检查工作的经验启示

百年纪律检查工作波澜壮阔的历程,特别是新时代一体推进反腐败的伟大实践对新时代纪律检查工作向科学化、制度化发展有着重要启示。经验既是对百年纪律检查工作历史实践的科学总结,也为我们深化认识、探索规律提供了一笔宝贵财富,为新时代继续推进党风廉政建设和反腐败斗争提供了坚强基石。

(一)坚持党的领导和牢记初心使命相统一

“党政军民学,东西南北中,党是领导一切的。”[②]在新的百年的奋斗征程中,

① 宋功德,张文显.党内法规学[G].北京:高等教育出版社,2020:45.

② 习近平谈治国理政:第3卷[M].北京:外文出版社,2020:16.

党的领导要贯穿反腐败斗争始终，要在“两个大局”背景下，从政治高度把握党风廉政建设和反腐败斗争。在开展纪律检查工作的任何时候都要保持清醒的思想认识，党的纪律检查工作是党的工作的重要组成部分。那种“把多党制或轮流坐庄的西式民主作为解决腐败问题之灵丹妙药”的观点是幼稚的，也是有害的。

党的纪律检查工作是一条特殊战线。党的纪律检查工作者作为党的纪律的“忠实守护者”和党开展自我革命的“急先锋”这一重要角色，百年纪检工作深刻诠释了其忠诚干净担当的政治本色。对全党而言，全体中国共产党人的初心和使命是为人民谋幸福、为民族谋复兴。就党的纪律检查工作者而言，全体中国共产党人的初心和使命又是什么？那就是当好党的纪律的“忠实守护者”和党的自我革命的“急先锋”，为防止党腐化变质、永葆先进性和纯洁性而努力奋斗。

（二）坚持提高政治站位和站稳人民立场相统一

党的纪律检查工作是政治属性很强的工作。党的十八大以来，随着全面从严治党的不断深入，随着我们党一体推进“打虎”“拍蝇”“猎狐”，我们越来越深刻地认识到政治站位问题是推进不敢腐、不能腐、不想腐机制的关键。它决定全面从严治党，特别是党风廉政建设和反腐败斗争必须首先要从政治上看，深刻把握腐败问题的政治本质和政治危害，不断提高政治判断力、政治领悟力、政治执行力，否则抓不到问题的本质。

“江山就是人民，人民就是江山。”[①]唯物史观指出，人民群众是历史的创造者和推动社会变革的决定力量。中国古代历代封建王朝之所以跳不出历史周期率，根本原因无不是因腐败而失去民心。民心是最大的政治。争取民心必须解决党内腐败问题和不正之风。从实践上看，党的纪律检查工作的百年历史是中国共产党领导中国人民实践探索的历史，没有人民的拥护和参与就没有纪律检查工作取得的成就。尊重和依靠人民群众，善于听取和集中人民智慧推动纪律检查工作的创新，是中国共产党纪律检查工作的宝贵经验和活力源泉。

（三）坚持创新体制机制和打造过硬队伍相统一

习近平总书记指出，一些党员干部如果刚开始发生问题就有人及时拉一

① 习近平．在党史学习教育动员大会上的讲话［M］．北京：人民出版社，2021：15.

把、大喝一声,他们就不至于在错误道路上越滑越远[①]。党的纪律检查工作的对象都是党内的同志和战友,不是你死我活的阶级敌人。要本着严管就是厚爱的原则,把工作做在前面,精准运用"四种形态",惩前毖后、治病救人,不能搞"放水养鱼",克服"要么是好同志,要么是阶下囚"的情况。

建设一支政治素质高、忠诚干净担当、专业化能力强、敢于善于斗争的纪检监察铁军,其中对党绝对忠诚是首要政治品质。《论语》中有言"其身正,不令而行"。打铁必须自身硬。纪检干部主责主业的充分发挥需要纪律检查干部以高度的政治站位肩负起纪律检查的责任担当。

(四)坚持设定理性目标和保持足够自信相统一

腐败和不正之风是个历史性现象,当前形势依然严峻复杂,但毕其功于一役是不现实的。反腐败形势的"正在形成""已经形成""压倒性胜利"的转变是我们党根据形势确立的,理想目标即要坚持一体推进不敢腐、不能腐、不想腐战略目标,提高治理腐败效能,夺取反腐败斗争的决定性胜利,即将腐败现象控制在最小范围内且稳定持续。

决心即力量,信心即成功。习近平总书记指出:"全党同志对党中央在反腐败斗争上的决心要有足够自信,对反腐败斗争取得的成绩要有足够自信,对反腐败斗争带来的正能量要有足够自信,对反腐败斗争的光明前景要有足够自信!"[②]这是我们党对反腐败斗争取得压倒性胜利并且全面巩固的宣言。

习近平总书记在庆祝中国共产党成立100周年大会上指出:"确保党不变质、不变色、不变味。"[③]党的纪律检查工作历经百年,其突出历史贡献就是在艰难环境中探索出一条立足于社会主义初级阶段基本国情的中国特色反腐倡廉道路。在新的百年征程上,纪律检查机关要秉持系统施治和标本兼治的理念,充分发挥全面从严治党引领保障作用,为实现中华民族伟大复兴提供坚强的政治保障。

(原文发表于《池州学院学报》2022年第1期,收入本书有改动。)

① 习近平谈治国理政:第2卷[M].北京:外文出版社,2017:186.

② 习近平关于全面从严治党论述摘编[M].北京:中央文献出版社,2016:191.

③ 习近平.在庆祝中国共产党成立100周年大会上的讲话[M].北京:人民出版社,2021:19-20.

系统观念下党内法规制度建设的百年历史与发展进路

贾绍俊[①]

摘　要：习近平总书记指出，系统观念是具有基础性的思想和工作方法。建党百年来，党内法规制度建设的实际进程与党的自身建设相一致，为保障党的领导和党的建设提供了根本制度遵循。在新时代，要在国家法制化发展的整体进程中深刻认识党内法规制度建设的重大意义；要系统推进党内法规制度建设，坚持发挥民主集中制的制度优势，坚持以改革创新为动力，以强化制度执行力为关键，全面提升党内法规制度的权威性，保障全面从严治党迈向更高水平。

关键词：系统观念；党内法规；制度；历史；法治

2020年10月，党的十九届五中全会站在"两个一百年"奋斗目标历史交汇点上，提出了"十四五"时期经济社会发展必须遵循的原则，其中包括"坚持系统观念"这一"具有基础性的思想和工作方法"[②]。坚持系统观念，是在坚持以辩证唯物主义和历史唯物主义为指导的基础上形成的认识问题和解决问题的科学思想方法和工作方法；"运用系统观念是我们党在革命建设改革各个历史时期的一个优良传统和成功经验"[③]，也是党的十八大以来习近平总书记突出强调要坚持的思想和工作方法。

2021年7月1日，习近平总书记在庆祝中国共产党成立100周年大会上的讲话中深刻指出："初心易得，始终难守。以史为鉴，可以知兴替。"[④]同时指出，

---

① 贾绍俊，安徽省社会科学院马克思主义学院助理研究员。

② 习近平．关于《中共中央关于制定国民经济和社会发展第十四个五年规划和二〇三五年远景目标的建议》的说明[N]．人民日报，2020-11-04(2).

③ 曲青山．党的十九届五中全会强调了一个需要高度重视和广泛运用的重要思想方法和工作方法——论坚持系统观念[N]．北京日报，2020-11-30(13).

④ 习近平．在庆祝中国共产党成立100周年大会上的讲话[N]．人民日报，2021-07-02(2).

“以史为鉴,开创未来”要做到“九个必须”,对党自身来讲就是“必须不断推进党的建设新的伟大工程”[①]。从党的历史和实践经验可知,党的建设不仅是伟大工程,更是一个系统的工程,推进党的建设不断提升至新水平,最为重要的就是坚持党要管党、全面从严治党。

从系统观点来看,全面从严治党,需要把党的政治建设、思想建设、组织建设、作风建设、纪律建设协同,要把制度建设贯穿于党的各个方面建设的始终,提高制度治党的威力和实际效果。在新时代,坚持用系统观念来审视和推进党内法规制度建设,可以从整体上更好地把握党内法规制度建设的历史演进之路,可以从国家法制化发展的全局更加深刻地认识党内法规制度体系建设的重要意义,可以在实践中更好地探索并选择新时代加强党内法规制度体系建设的路径和方法。

一、整体把握党内法规制度建设的历史

从历史来看,党内法规随着党领导革命、建设和改革的过程的演进而不断完善,其与党的自身建设历程一致,也是经历了从“革命时期的生成”到“建设时期的成熟”再到“改革开放新时期的发展”几个主要阶段。

从“党内法规”这一概念的提出和使用来看,在新民主主义革命时期,毛泽东及党内其他领导同志在一些会议、文件和讲话中使用的“党规”“党内法规”“党规党法”这些术语多是具有相近或等同内涵的。特别是1938年10月在中国共产党第六届中央委员会扩大的第六次全体会议上毛泽东明确使用了“党内法规”这一概念,因此学术界一般把“1938年中共六届六中全会”作为“党内法规”首次提出的时间标志。毛泽东在这次会议的报告中指出:“为使党内关系走上正轨,除了上述四项最重要的纪律外,还须制定一种较详细的党内法规,以统一各级领导机关的行动。”[②]刘少奇在这次会议闭幕会上专门作了《党规党法的报告》,指出要从“条文上”来规定“法律上非团结不可”,并要求用党规与党法去教育同志[③]。新中国成立后到改革开放初期,党的一些有关重要会议或中央文件中有的使用“党规党法”,有的使用“党内法规”或“党规”等表达,并没有固定和

① 习近平.在庆祝中国共产党成立100周年大会上的讲话[N].人民日报, 2021-07-02(2).

② 毛泽东选集:第2卷[M].北京:人民出版社,1991:528.

③ 建党以来重要文献选编(1921~1949):第15册[M].北京:中央文献出版社,2011:750.

统一下来。比如1978年在党的十一届三中全会上邓小平还使用“党规党法”的表达，强调“党章是最根本的党规党法”①。20世纪90年代以后，随着党把自身建设作为“新的伟大工程”来推进，“党内法规”的界定和使用开始统一起来，其标志就是1990年中共中央印发的《中国共产党党内法规制定程序暂行条例》。该条例成为党的历史上第一个专门以“党内法规”命名的党的法规制度，明确界定了党内法规的概念、名称、适用范围和制定程序等。

从党内法规制度建设整体历史演进来看，尽管党内法规在概念提出和使用上的历史演进与党自成立以来的历史演进并不是完全一致，但是党内法规制度建设的实际进程是与党的制度建设历程相一致的。在党的建设百年历史中，尽管在较长时期内党对“党内法规”这一概念的使用并不统一，但是“作为一种现实存在的制度，党内法规则伴随党的建设始终”②，成为党的建设的重要保障。在新民主主义革命时期，中国共产党作为马克思主义指导下的无产阶级革命党，从成立之日起就以纲领、章程等来规范约束自己的党员，而这些纲领章程就是党内法规。比如1921年中共一大上通过的《中国共产党第一个纲领》，实际上就成为具有党章性质的党内法规；再比如1922年中共二大上制定了党的历史上第一部党章，即《中国共产党章程》，正式以党的根本法的形式对党的组织原则和党的纪律等各方面的重要问题进行了规范性规定。

新中国成立以后，我国进入社会主义革命和建设时期，中国共产党成为全国范围内的执政力量，对加强自身建设提出了新要求，同时也对党内法规制度建设提出了新要求。新中国成立初期，党中央一方面通过了《中国共产党第一次全国组织工作会议关于整顿党的基层组织的决议》等一系列重要的规范性文件来对党的建设有关问题进行规范指导，另一方面也发布了关于党的组织和作风等方面建设的多部党内法规如《中共中央关于处理受刑事处分的共产党员党籍问题的规定》《关于厉行节约的紧急规定》等，这些文件和法规为党在新生的社会主义政权建设中依据党规制度来管党治党提供了有力依据，并为党从自身建设抓起来巩固执政地位提供了重要的制度保障。1966年以后由于国内政治运动的兴起，党的制度建设遭到严重破坏，尽管这一时期也出台了一些相关文件规定，但是随意性、变动性较大，党内法规制度建设进入缓慢发展时期。

党的十一届三中全会以后，中国进入改革开放的新时期，邓小平在总结新

① 邓小平文选：第2卷[M].北京：人民出版社，1994：147.

② 刘长秋.建党百年中国共产党党内法规制度建设[J].探索，2020(5)：91-102.

中国成立以后正反两方面经验的基础上,深刻认识到加强党和国家制度建设、改革和完善党和国家领导体制的重要意义。特别是1980年8月他在中央政治局扩大会议上发表的题为《党和国家领导制度的改革》的讲话集中阐述了“领导制度、组织制度问题更带有根本性、全局性、稳定性和长期性”等重要问题[①],成为指导与推进党和国家制度改革、加强社会主义国家制度建设的纲领性文件,党内法规制度建设也在这些讲话精神的指导下迈开了新步伐。比如,1980年2月召开的党的十一届五中全会通过了《关于党内政治生活的若干准则》,从地位来看这是仅次于党章的基础性法规和党的最重要“法制规范”之一;1982年党的十二大修改形成了新党章;1984年到1986年党中央先后出台了《中共中央关于任免国家机关领导人员必须严格依照法律程序办理的通知》《中共中央关于严格按照党的原则选拔任用干部的通知》等等,这些党内法规制度的制定出台表明党内法规制度建设在改革开放的进程中已经呈现出了新的发展态势。

20世纪90年代以后,我国党内法规制度建设随着改革开放的发展进一步推进。1990年,中央印发实施了《中国共产党党内法规制定程序暂行条例》,这一条例明确了党内法规制定的原则、程序等,专门以“立法”的形式对“党内法规制定”进行规范,推进了党内法规制度建设的程序化发展;1990年,中央或有关部委颁布实施了《中国共产党基层组织选举工作暂行条例》《中共中央纪律检查委员会关于审理党员违纪案件工作程序的规定》等多部党内法规;与此同时,1992年党的十四大把“坚持从严治党”载入党的总纲,并且在第八章“党的纪律检查机关”中把“维护党章和其他党内法规”作为党的纪律检查委员会的重要任务[②],凸显了党内法规建设的重要意义。党在组织建设、纪律建设、作风建设等多个方面出台了系列党内法规,党内法规制度建设进入立体式推进阶段。

进入新世纪以来,党内法规制度建设在依法治国整体推进中不断迈向体系化、全面化发展新阶段。2002年和2007年召开的党的十六大和十七大分别修改了党章;2003年中央颁布实施了党的历史上第一部党内监督方面的专门性法规,即《中国共产党党内监督条例(试行)》,同时还颁布了如《中国共产党纪律处分条例》等其他重要党内法规。另外,党的十六大到十八大之前,党中央和有关部门还出台了《党政领导干部交流工作规定》《中央纪委监察部向派驻机构通报情况暂行办法》等多部党内法规,这些党内法规涉及党员权利保障、党内监督、

① 邓小平文选:第2卷[M].北京:人民出版社,1994:333.

② 十六大以来重要文献选编:下[M].北京:中央文献出版社,2008:170.

纪律处分、干部选任等党的建设的许多关键重要领域，党内法规制度建设目标更加清晰，并在国家法制化建设整体进程中不断推进。

中国特色社会主义进入新时代以来，以习近平同志为核心的党中央明确强调“加强党内法规制度建设是全面从严治党的长远之策、根本之策”①，不断改革完善、建立健全党内法规制度，把党内法规制度建设推向了历史新阶段。党的十八大和十八届三中、四中全会等重要会议系统而全面地部署了党和国家制度改革和制度建设，明确要求形成完善的党内法规体系，依据党内法规管党治党②。根据这些会议精神和有关决议，党中央发布了《关于加强党内法规制度建设的意见》，对提高党内法规制度执行力、加强对党内法规制度建设的组织领导进行了部署安排；2016年党中央印发了《中共中央关于再废止和宣布失效一批党内法规和规范性文件的决定》，在党的历史上第一次开展了集中清理党内法规和规范性文件的行动。党的十八大以来，以党章为根本，党中央通过了《关于新形势下党内政治生活的若干准则》和《中国共产党党内监督条例》，加强了党内重要法规建设；同时党中央和有关部门还发布了新修订的《党委(党组)落实全面从严治党主体责任规定》《中国共产党党员权利保障条例》等一系列党内法规，使党内法规进一步完善，党内法规制度建设正在沿着体系化的目标不断迈进、全面发展。

二、系统审视党内法规制度建设的意义

系统审视党内法规制度建设的意义，要从党和国家事业发展的全局尤其是要在党和国家法制化的整体进程中认识党内法规制度体系及其建设的意义。

法治是人类文明发展的重要成果，是现代国家治理的基础保障，也是国家治理现代化的必由之路。改革开放初期，邓小平就深刻指出：“民主和法制，这两个方面都应该加强，过去我们都不足。”③党的十五大从社会主义法治国家建设的全局高度，把依法治国作为党领导人民治理国家的基本方略，把法治作为国家长治久安的必要保障。党的十八大以来，以习近平同志为核心的党中央把全面推进依法治国纳入“四个全面”战略布局，谱写了法治中国建设的新篇章，

① 党的十八大以来大事记[M].北京：人民出版社，中共党史出版社，2017：82.

② 十八大以来重要文献选编：中[M].北京：中央文献出版社，2017：119.

③ 邓小平文选：第2卷[M].北京：人民出版社，1994：189.

党和国家法制化水平的提升也为经济社会发展其他方面的建设提供了有利的法治保障。从党和国家法制化建设的全局来看,从党的执政角度来讲,中国共产党领导依法治国,首先就要实现依法依规治党,否则党领导依法治国就失去了说服力和权威性。因此,在法治语境中,加强党内法规制度体系建设正是依法治国对党的自身建设实践的要求,也是推进党的自身建设法治化的现实需要,是关系整个国家法制化进程的重大问题。

习近平总书记指出:"党的领导是中国特色社会主义最本质的特征,是社会主义法治最根本的保证。"[①]改革开放以来,党的制度改革和建设是在中国特色社会主义制度改革和建设的整体框架下进行的,党内法规制度体系是整个中国特色社会主义制度体系的一部分,形成完善的党内法规制度体系也是社会主义法治体系建设至关重要的内容。从依法治国具体实践来讲,广大党员干部这一"关键少数"在遵守国家宪法法律之外还要严格遵守党内法规。就像习近平总书记所强调的:"党章等党规对党员的要求比法律要求更高,党员不仅要严格遵守法律法规,而且要严格遵守党章等党规,对自己提出更高的要求。"[②]加强党内法规制度建设既能为依法依规从严治党提供坚强制度保障,同时也能为全面依法治国提供制度基础。党内法规制度建设实际上与依法治国是相一致的,是国家法治体系建设的重要组成部分。加强党内法规制度建设要立足于党的建设和事业发展的实际,要在整个国家法治体系框架下系统推进,要从党领导依法治国和治国理政全局考虑,"坚持党的领导、人民当家作主、依法治国的有机统一"[③],"依据党章从严治党、依据宪法治国理政"[④],促使广大党员干部增强法治意识和提升依法办事能力,促使其严格遵守党内法规制度,模范遵守国家宪法法律,努力践行立党为公、执政为民的宗旨。

三、系统推进新时代党内法规制度体系建设

形成系统完备的党内法规制度体系是依法依规加强党的自身建设,提高管党治党现代化、科学化水平的先决条件和制度保障。总结建党百年的实践经

① 十八大以来重要文献选编:中[M].北京:中央文献出版社,2016:146.

② 习近平关于严明党的纪律和规矩论述摘编[M].北京:中央文献出版社,2016:56.

③ 十八大以来重要文献选编:中[M].北京:中央文献出版社,2016:157.

④ 十八大以来重要文献选编:中[M].北京:中央文献出版社,2016:142.

验，特别是党的十八大以来党内法规制度建设的实践经验，在新时代，要继续坚持系统观念，进一步推进党内法规制度体系化发展，为全面从严治党，提高党的建设科学化水平提供制度保障。

（一）要发挥民主集中制在党内法规制度建设中的优势作用

法治实践的经验启示我们，“推进科学立法、民主立法，是提高立法质量的根本途径”[①]。民主集中制是我们党的根本组织制度和领导制度，也是我们党最大的制度优势。在党的制度体系中，民主集中制是贯穿其中和各方面建设中的根本制度，党的一切制度建设都要遵循民主集中制原则。在优势上，民主集中制能够集思广益、博采众长，又可以规避对立、冲突，形成全党统一意志，发挥党的集体领导优势，维护党中央的权威，确保中央政令畅通、令行禁止。党的制度建设，特别是党内重要法规的“立”“废”“改”“释”是党的自身建设伟大工程中至关重要的大事，党的制度和法规是全党意志和根本利益的体现，从执政党角度来讲也是全体人民利益的根本体现，所以加强党内法规制度建设必须要贯彻民主集中制的要求。要进一步完善党内法规制度建设的领导决策机制，加强重大决策的调查研究、重大制度的科学论证，强化对党内法规制度执行的科学评估和监督，充分发挥民主与集中辩证统一的优势作用，消除与民主集中制相违背的独断专行、令行不止、软弱涣散等问题现象，在党内法规制度制定的各个环节充分体现民主，广泛听取意见和建议，提高党内法规制度建设的民主化和科学化水平。

（二）要坚持党章在党内法规制度体系中的统领地位

党章是党的“根本大法”。中国共产党自成立以来，党章始终是党的建设总遵循和总依据，具有不可替代的根本地位。2012年中央批准发布又在2019年再次修订的具有党内“立法法”性质和地位的《中国共产党党内法规制定条例》明确规定：“党章是最根本的党内法规，是制定其他党内法规的基础和依据。”[②]坚持系统观念，要从体系上认识到党章在党内法规制度体系中的统领地位和作用，要把党章作为党内的“根本法”“总规矩”，其他党内法规制度建设要能够在党章中找到源头、得到解释。在党内法规制度体系中，要以党章为根本，坚持党

① 习近平关于全面依法治国论述摘编[M].北京：中央文献出版社，2015：49.

② 十七大以来重要文献选编：下[M].北京：中央文献出版社，2013：960.

章的最高地位,维护党章的权威性和严肃性,其他党内法规不得与党章相冲突,并且其他各项管党治党的法规制度也要以党章为准绳,在“立”“改”“废”“释”的各个环节要坚持贯彻、遵守和维护党章,根本上体现“确保全党遵守党章”。

(三)党内法规体系建设要遵循效力位阶要求、发挥协同作用

系统观念讲究整体性,也讲究结构性。党的建设是一个系统工程,必须要通过各项制度建设、各种党内法规的建立健全来系统保障、整体推进。党内各项法规制度的内容侧重不同、位阶不同、法律效力也有区别,除了党章作为根本性党内法规外,还有准则、条例、规定、办法、规则、细则等其他党内法规,这些党内法规通过名称和制定主体来区分,形成了层次分明的党内法规效力位阶体系。在制定党内法规上要严格遵循效力位阶的要求①,“解决党内法规体系的内部冲突,需要遵循上位规定优先、新规定优先、特别规定优先三项原则”②,要抓紧建立和完善主干性、支撑性党内法规制度,加快形成内容科学、程序严密、配套完备、运行有效的党内法规制度体系;同时要在党中央集中统一领导下科学谋划、精心组织,远近结合、整体推进,重视发挥各项法规制度的协调功能;要依据党章和党内法规制定条例的基本要求,使中央层面、部委层面、地方层面不同主体制定的调整不同领域的党内法规制度关系更加清晰,作用界定更加明确,有效规避不同位阶的党内法规制度之间的冲突,在构建党内法规制度体系“四梁八柱”的基础上,进一步从治理现代化的要求上完善党内法规制度的配套性法规和协调性体制机制,发挥党内法规制度体系的整体功能。

(四)党内法规制度体系建设要以创新为动力

创新是制度发展的第一动力。党的十八大以来,党内法规制度建设提档加速,成就显著,各位阶、各领域、各层面、各环节的党内法规制度建设有序展开,形成了以党章为根本、若干配套党内法规为支撑的党内法规制度体系。但是要看到,党内法规制度执行力还有待加强,运行机制还需要进一步理顺协调,党内法规制度体系的整体性功能还需要不断释放,需要通过改革完善各项体制机制来补齐党内法规制度建设的短板。通过完善已有的制度、废止不适用的制度等改革创新举措来解决一些党内法规出现的不适应、不配套、不一致、不衔接等问

① 本书编写组.公开发布的中央党内法规汇编[M].北京:中国方正出版社,2020:460.

② 侯嘉斌.党内法规的效力位阶与冲突规避[J].社会主义研究,2019(5):97-103.

题，与时俱进地推进党内法规制度建设，通过制度创新发展保证党内法规制度始终具有强大的生命力。

（五）党内法规制度体系建设要以增强执行力为关键

习近平总书记指出："法规制度的生命力在于执行。"[①]在新时代，要从各个方面增强党内法规制度的执行力。一方面，正如上文所言要坚持民主集中制，反对特权，要对广大党员干部开展党内法规制度方面系统化、常态化的教育，不断提高党员干部的党性修养和法治精神，促进党员干部自觉了解制度、遵守制度、维护制度；另一方面，要从"严"出发，以制度为根本，坚持德才兼备的原则，坚持以"信念坚定、为民服务、勤政务实、敢于担当、清正廉洁"[②]这一新时代好干部相对具体的"五条标准"来选拔培养干部，为严格执行党内法规制度建设提供人才队伍保障；再一方面要全面加强监督，要在坚持和完善《中国共产党党内监督条例》等基本党内法规的基础上，不断健全党内监督体制机制，总结党的巡视监督、党内民主监督、人民群众监督、网络媒体监督等方面的经验，以全方位、多元化、高效率的监督体系保障党内法规制度建设的严格执行，落实全面从严治党的主体责任，推进全面从严治党纵深发展，为党的建设伟大事业和党领导中华民族伟大复兴提供坚实的党内法规制度保障。

（原文发表于《继续教育研究》2021年第4期，收入本书有改动。）

① 习近平关于严明党的纪律和规矩论述摘编[M].北京：中央文献出版社，2016：88.

② 习近平谈治国理政：第1卷[M].北京：外文出版社，2018：412.

中国共产党“德才兼备”干部选拔任用标准的历史演进

袁绍东[①]

摘　要：从中国共产党干部选拔任用标准的历史沿革来看，德才兼备是贯穿其中的一条主线和总的原则。然而，随着形势发展和党的中心任务的调整，德才兼备这一标准的具体内涵也在不断地丰富和发展。认真研究德才兼备具体内涵的演进脉络，探讨其演进规律，对新时期中国共产党党员干部队伍建设具有重要的理论意义和现实意义。

关键词：干部选用；德才兼备

干部选拔任用标准，是干部选拔任用的重要依据，也是干部队伍建设最为根本、最为关键的问题。从中国共产党干部选拔任用标准的历史沿革来看，德才兼备始终是贯穿其中的一条主线和总的原则。然而，随着形势发展和党的中心任务的调整，德才兼备这一标准的具体内涵也在不断地丰富和发展。为此，认真研究德才兼备具体内涵的演进脉络，探讨其演进规律，对新时期中国共产党党员干部队伍建设具有重要的理论意义和现实意义。

一、改革开放前：仿效照搬，“才德兼备”，“又红又专”

中国共产党在成立之初就对干部选拔任用进行了一些探索和实践，例如，中共二大党章曾明确规定：“中央执行委员会由全国代表大会选举五人组织之，并选举候补委员三人，如委员离职时，得以候补委员代理之。”[②]但是，由于当时

① 袁绍东，中共阜阳市委党校党史党建教研室副教授。

② 中共中央党校党史研究课题组.中国共产党章程编介从一大到十八大[M].北京：党建读物出版社，2016：181.

恶劣的政治环境、社会条件，以及自身不成熟等，并没有形成一套独立的、符合实际的明晰标准和具体规定，在干部选拔任用实践中更多的是仿效和照搬苏联俄共（布）党的做法（如强调干部工人化、推行宗派主义干部政策等），或者是完全受制于共产国际，极大地阻碍了中国共产党的干部队伍建设和革命的向前发展。

遵义会议后，中国共产党在政治上开始走向成熟。1937年5月，毛泽东根据当时革命形势的需要，第一次明确提出了干部标准问题："指导伟大的革命，要有伟大的党，要有许多最好的干部。……这些干部和领袖懂得马克思列宁主义，有政治远见，有工作能力，富于牺牲精神，能独立解决问题，在困难中不动摇，忠心耿耿地为民族、为阶级、为党而工作。……这些人不要自私自利，不要个人英雄主义和风头主义，不要懒惰和消极性，不要自高自大的宗派主义，他们是大公无私的民族的阶级的英雄，这就是共产党员、党的干部、党的领袖应该有的性格和作风。"[①]抗日战争爆发后，抗战形势对中国共产党的干部队伍建设提出了新的要求。1938年10月，毛泽东在党的六届六中全会上指出："中国共产党是在一个几万万人的大民族中领导伟大革命斗争的党，没有多数才德兼备的领导干部，是不能完成其历史任务的。"[②]"共产党的干部政策，应是以能否坚决地执行党的路线，服从党的纪律，和群众有密切的联系，有独立的工作能力，积极肯干，不谋私利为标准，这就是'任人唯贤'的路线。"[③]这里的"才"主要指工作能力和业务水平等，"德"主要是指理想信念、政治觉悟和工作作风等，"才""德"共同构成了"贤"。"才德兼备"和"任人唯贤"标准的提出，为中国共产党的干部队伍建设奠定了坚实的思想基础。

新中国成立后，随着执政地位的确立，党的中心任务转向以经济建设为中心。为应对当时复杂严峻的国内外形势和建设新中国的艰巨繁重任务，迫切需要扩大党员领导干部队伍。1957年10月，在党的第八届中央委员会第三次扩大会议上，毛泽东提出了"又红又专"的干部标准："我们各行各业的干部都要努力精通技术和业务，使自己成为内行，又红又专。"[④]这里的"红"指具有坚定的政治方向、政治立场和正确的政治观点等；"专"指精通技术和业务，具备为人民服

① 毛泽东选集：第1卷[M].北京：人民出版社，1991：277.

② 毛泽东选集：第2卷[M].北京：人民出版社，1991：526.

③ 毛泽东选集：第2卷[M].北京：人民出版社，1991：527.

④ 毛泽东文集：第7卷[M].北京：人民出版社，1999：509.

务的知识、技能等。1958年1月,毛泽东对“红”与“专”的关系作了具体的论述:“红与专、政治与业务的关系,是两个对立物的统一。一定要批判不问政治的倾向。一方面要反对空头政治家,另一方面要反对迷失方向的实际家。政治和经济的统一,政治和技术的统一,这是毫无疑义的,年年如此,永远如此。这就是又红又专。”[①]“又红又专”作为中国共产党党员干部选拔任用的政治素质和业务素质两方面的要求,是社会主义建设时期干部选任标准的形象化,不仅对社会主义建设时期的干部队伍建设起着重要的指导作用,而且对当时的经济建设也有着巨大的促进作用。然而,仔细分析“又红又专”标准的提出及实施过程,不难发现,二者的关系并不是简单的“红”“专”并列,而是更侧重于“红”,即以“红”统“专”。“政治是主要的,是第一位的,一定要反对不问政治的倾向。”[②]后来,随着阶级斗争意识的增强,“专”的标准逐渐被“红”的要求所淹没。1964年6月,毛泽东在十三陵水库管理处召开的中央政治局常委和各中央局第一书记会议上发表了关于接班人问题的著名讲话,提出了“五条标准”:“第一条,要教育干部懂得一些马列主义,懂得多一些更好。就是说,要搞马列主义,不搞修正主义。”“第二条,要为大多数人民谋利益,为中国人民大多数谋利益,为世界人民大多数谋利益。”“第三条,要能够团结大多数人。所谓团结大多数人,包括从前反对自己反对错了的人,不管他是哪个山头的,不要记仇,不能‘一朝天子一朝臣’。”“第四条,有事要跟同志们商量,要充分酝酿,要听各种意见,反对的意见也可以让他讲出来。要讲民主,不要‘一言堂’……共产党人要搞民主作风,不能搞家长作风。”“第五条,自己有了错误,要作自我批评。一个指挥员指挥打仗,三个仗,胜二个,败一个,就可以当下去。打主意,对的多,错的少一点,就行了。”[③]在五条标准中,没有一条与“专”有关,均是“红”的要求。尤其是“文革”时期,“红”与“专”、政治与业务被人为地割裂开来。“红”被打上了阶级斗争的烙印,“专”被完全隐没。按照当时的说法,“专”与“白”是联系在一起的,“专”就等于“白专”道路,在实践中甚至出现了“空头政治”论、“唯成分”论等。干部队伍建设受到了严重破坏。

---

① 毛泽东文集:第7卷[M].北京:人民出版社,1999:351.

② 毛泽东文集:第7卷[M].北京:人民出版社,1999:309.

③ 建国以来重要文献选编:第18册[M].北京:中央文献出版社,1998:569-571.

二、改革开放后至党的十八大干部“四化”，高素质干部队伍，德才兼备、以德为先

党的十一届三中全会后，“党的第二代领导集体……彻底否定‘以阶级斗争为纲’的错误理论和实践，作出把党和国家工作中心转移到经济建设上来、实行改革开放的历史性决策”①。改革开放和社会主义现代化建设急需一大批德才兼备的党员领导干部。“现在我们国家面临的一个严重问题，不是四个现代化的路线、方针对不对，而是缺少一大批实现这个路线、方针的人才。道理很简单，任何事情都是人干的，没有大批的人才，我们的事业就不能成功。”②“政治路线确立了，要由人来具体地贯彻执行。”③

针对“文革”对“红”“专”关系的误解，邓小平重新进行了阐述，指出：“专并不等于红，但是红一定要专。不管你搞哪一行，你不专，你不懂，你去瞎指挥，损害了人民的利益，耽误了生产建设的发展，就谈不上是红。”④“白是一个政治概念。只有政治上反动，反党反社会主义的，才能说是白。怎么能把努力钻研业务和白扯到一起呢！即使是思想上作风上有这样那样毛病的科学技术人员，只要不是反党反社会主义的，就不能称为白。”“致力于社会主义的科学事业，作出贡献，这固然是专的表现，在一定意义上也可以说是红的表现。”⑤

改革开放初期，受多种因素的影响，“我们干部老化的情况不说十分严重，至少有九分半严重”⑥。其中，中央核心层和省部级干部年龄偏大的现象更为突出。据统计，当时中央书记处书记的平均年龄约65岁。1982年机构改革前，国务院各部委和省级领导班子平均年龄分别为63岁和62岁多，省部级领导干部中50岁以下者仅占总数的15%⑦。另外，受“文革”影响，部分干部的文化水平偏低，思想僵化。针对这种情况，陈云提出：“我们选干部，要注意德才兼备。所谓

① 胡锦涛.高举中国特色社会主义伟大旗帜 为夺取全面建设小康社会新胜利而奋斗[N].人民日报，2007-10-25(1).

② 邓小平文选：第2卷[M].北京：人民出版社，1994：220-221.

③ 邓小平文选：第2卷[M].北京：人民出版社，1994：191.

④ 邓小平文选：第2卷[M].北京：人民出版社，1994：262.

⑤ 邓小平文选：第2卷[M].北京：人民出版社，1994：92.

⑥ 邓小平文选：第3卷[M].北京：人民出版社，1993：5.

⑦ 王侃.中国共产党党内学习教育研究[M].浙江：浙江人民出版社，2011：254.

德,最主要的,就是坚持社会主义道路和党的领导。在这个前提下,干部队伍要年轻化、知识化、专业化,并且要把对于这种干部的提拔使用制度化。”[①]1980年12月25日,邓小平在中央工作会议上对“三化”标准进行了进一步扩展,增加了“革命化”,即“要在坚持社会主义道路的前提下,使我们的干部队伍年轻化、知识化、专业化,并且要逐步制定完善的制度来加以保证。提出年轻化、知识化、专业化这三个条件,当然首先是要革命化,所以说要以坚持社会主义道路为前提”[②]。这样,“四化”标准就有了完整、规范的表述。1981年6月,干部“四化”标准第一次被写入党的文献,即《关于建国以来党的若干历史问题的决议》。1982年9月,党的十二大把干部的“四化”标准载入党章:“党按照德才兼备的原则选拔干部,坚持任人唯贤,反对任人唯亲,并且要努力实现干部队伍的革命化、年轻化、知识化、专业化。”至此,“四化”干部标准不仅被完整地提出,而且对每个方面都进行了详细的规定,成为一个系统的体系以及社会主义现代化建设时期干部选拔任用的指导方针。革命化主要指干部特别是领导干部的政治态度、政治品质和道德品行等;年轻化包括年龄、身体、思想等,要精力充沛,能承担繁重工作,有创新精神,积极投身改革开放事业;知识化、专业化主要指干部的科学文化素质和业务水平,包括学历、知识面及专业特长等,要拥有本职工作所需要的比较丰富的科学文化知识和专业能力。“四化”标准是一个相互联系、不可分割的有机整体。其中,革命化是统领,是其他“三化”的前提和基础。正如邓小平所说:“选拔人,第一个是政治条件。”[③]“选干部,标准有好多条,主要是两条,一条是拥护三中全会的政治路线和思想路线,一条是讲党性,不搞派性。”[④]“年轻化、知识化、专业化”是“革命化”的依托和保障,没有他们,“革命化”也就成了一个空洞的口号,领导社会主义现代化建设就难以落到实处。“只靠坚持社会主义道路,没有真才实学,还是不能实现四个现代化。”[⑤]

20世纪90年代,错综复杂的国内外形势要求我党必须培养造就一支政治强、作风正、业务精,能够抵御各种风险和驾驭复杂局面的领导干部队伍。为此,江泽民于1996年6月在庆祝中国共产党成立七十五周年座谈会上提出了

① 邓小平文选:第2卷[M].北京:人民出版社,1994:326.

② 邓小平文选:第2卷[M].北京:人民出版社,1994:361.

③ 邓小平论党的建设[M].北京:人民出版社,1990:202.

④ 邓小平文选:第2卷[M].北京:人民出版社,1994:192.

⑤ 邓小平文选:第2卷[M].北京:人民出版社,1994:262.

“建设高素质干部队伍”的标准，即“贯彻‘三个代表’要求，我们必须全面贯彻干部队伍革命化、年轻化、知识化、专业化的方针和德才兼备的原则，深化干部人事制度改革，努力建设一支高素质的、能够担当重任、经得起风浪考验的干部队伍”①。并且对“高素质”的具体内容作了全面系统的阐述，即党的干部特别是领导干部必须具备的政治业务素质的五条基本要求：“第一，要有远大的共产主义理想，坚持正确的政治方向，坚定地走建设有中国特色社会主义道路，坚决贯彻执行党的基本理论、基本路线和各项方针政策；第二，努力实践党的全心全意为人民服务的宗旨，密切联系群众，特别是工农群众，坚决维护人民群众的利益；第三，解放思想，实事求是，一切从实际出发，善于开拓前进，具有唯物辩证的思想方法和工作方法；第四，模范遵纪守法，保持清正廉洁，发扬艰苦奋斗的精神，自觉拒腐防变，坚决反对消极腐败现象；第五，刻苦学习，勤奋敬业，不断加强知识积累和经验积累，具备作好本职工作的专业知识和能力。”②五条基本要求中，前四条聚焦干部的“德”，最后一条聚焦干部的“才”。五方面结合，反映了社会主义现代化建设的客观需要，是在坚持和贯彻干部“四化”方针和德才兼备原则基础之上的对新形势下干部选拔任用标准的高度概括。

党的十六大以来，世情、国情、党情的深刻变化对党的建设尤其是干部队伍建设提出了新的要求。2008年2月，胡锦涛在全国组织工作会议上指出，选人用人要坚持德才兼备、以德为先，坚持正确的用人导向，真正把那些政治上靠得住、工作上有本事、作风上过得硬、人民群众信得过的干部选拔到各级领导岗位上来。2009年9月，党的十七届四中全会进一步重申：“坚持德才兼备、以德为先用人标准。把干部的德放在首要位置，是保持马克思主义执政党先进性和纯洁性的根本要求和重要保证。选拔任用干部既要看才、更要看德，把政治上靠得住、工作上有本事、作风上过得硬、人民群众信得过的干部选拔上来。”③这些标准的提出，不仅是对我们党选拔任用领导干部工作经验的科学总结，更是对我们党关于德才兼备的干部选拔原则的进一步丰富和发展。

---

① 江泽民文选：第3卷[M].北京：人民出版社，2006：289.

② 论党的建设[M].北京：中央文献出版社，2001：221.

③ 胡锦涛.中共中央关于加强和改进新形势下党的建设若干重大问题的决定[N].人民日报.2009-09-28(1).

三、党的十八大以来:信念坚定、为民服务、勤政务实、敢于担当、清正廉洁

党的十八大以来,“党面临的执政考验、改革开放考验、市场经济考验、外部环境考验是长期的、复杂的、严峻的。精神懈怠危险、能力不足危险、脱离群众危险、消极腐败危险更加尖锐地摆在全党面前”①。2013年6月,习近平总书记指出:“我们党历来高度重视选贤任能,始终把选人用人作为关系党和人民事业的关键性、根本性问题来抓。”“概括起来说,就是好干部要做到信念坚定、为民服务、勤政务实、敢于担当、清正廉洁。”②

信念坚定是好干部的立身之本。党员干部的理想信念就是“对马克思主义的信仰,对社会主义和共产主义的信念,是共产党人的政治灵魂,是共产党人经受住任何考验的精神支柱”③。理念信念很重要,这是考察、选拔干部的首要标准。习近平总书记把它比成共产党人精神上的“钙”,提出“理想信念是共产党人精神上的‘钙’,没有理想信念,或者理想信念不坚定,精神上就会‘缺钙’,就会得‘软骨病’,就可能导致政治上变质、经济上贪婪、道德上堕落、生活上腐化”④。

为民服务是好干部的为政之要。对党员干部来说,为民服务就是真心实意地为群众排忧解难、出实招、求实效。始终把发展作为党执政兴国的第一要务,使广大人民群众切实享受到经济社会发展带来的成果。“一切空话都是无用的,必须给人民以看得见的物质福利。”⑤要善谋富民之策,多办利民之事,着力解决好事关人民群众切身利益的实际问题。正如习近平总书记所说:“不求‘官’有多大,但求无愧于民。”⑥

勤政务实是好干部的履职之要。勤政就是忠于职守,勤奋敬业,不当“懒官”。做到“专心致志,朝夕以思职事”,反对漫不经心、办事拖沓,更不允许各种形式的擅离职守、消极怠工、违抗命令的行为。务实就是一切从实际出发,说实

① 中国共产党第十八次全国代表大会文件汇编[G].北京:人民出版社,2012:45-46.

② 习近平谈治国理政[M].北京:外文出版社,2014:412.

③ 十八大以来重要文献选编:上[M].北京:中央文献出版社,2014:80.

④ 习近平关于协调推进“四个全面”战略布局论述摘编[M].北京:中央文献出版社,2015:131.

⑤ 毛泽东文集:第2卷[M].北京:人民出版社,1993:467.

⑥ 习近平.之江新语[M].杭州:浙江人民出版社,2007:3.

话,办实事,求实效,即"谋事要实、创业要实、做人要实"。正如习近平总书记所说,党员干部只有坚持勤政务实的作风,才能担负起历史赋予的使命,才能不断开拓创新、拼搏进取、有所作为。

敢于担当是好干部的成事之基。担当就是遇事不推诿、不退避、不说谎,向组织说真话道实情,勇于承担责任。担当大小,体现着干部的胸怀、勇气和格调,有多大担当才能干多大事业。敢于担当即能担负起工作职责,反对"不作为""乱作为"和"慢作为"的现象;对于工作中的失误,敢于承担责任,不文过饰非,更不嫁祸于人;对于现实生活中凡涉及利益的各种问题,能够胸怀坦荡,光明磊落;对于不正之风和违法乱纪的行为,正气凛然,敢于斗争。

清正廉洁是好干部的正气之源。"廉者,政之本也。"就是要求党政干部除法律和政策规定的个人利益和工作职权以外,不谋求任何私利和特权。正如习近平总书记曾告诫党员干部的,如果觉得当干部不合算,可以辞职去经商搞实业,但千万不要既想当官又想发财。广大党政干部一定要把清正廉洁当作一种境界去追求,严格遵守廉洁从政的各项规定,清清白白做官,干干净净做人。

"信念坚定、为民服务、勤政务实、敢于担当、清正廉洁"五个方面的好干部标准,是新形势下中国共产党对干部选任标准的最新表述,五个方面既相互独立又密不可分,共同构成了新时期干部选拔任用、考核评价的衡量尺度,对于培养和选拔党和人民需要的好干部具有重要的理论意义和实践价值。

(原文发表于《中共石家庄市委党校学报》2016年10期,收入本书有改动。)

新时代社会建设与社会治理问题研究

中国共产党社会结构研究范式的转换

戚　嵩[①]

摘　要：马克思社会结构理论，为中国特色社会主义事业“五位一体”总体布局的历史生成提供了重要的理论基础和逻辑理路，总体布局的生成过程是中国共产党运用马克思社会结构理论对中国特色社会主义结构研究范式的自觉转换过程。运用马克思社会结构理论分析中国特色社会主义事业“五位一体”总体布局的历史生成，有助于我们在宏大的历史叙事中深刻认识中国特色社会主义事业“五位一体”总体布局所展现的“中国方案”“中国智慧”“中国经验”的魅力。

关键词：中国共产党；社会结构；“五位一体”总体布局；研究范式

党的十八大历史性地提出了“五位一体”总体布局，即全面推进经济建设、政治建设、文化建设、社会建设和生态文明建设。党的十九大进一步明确中国特色社会主义事业总体布局是“五位一体”，并站在新的历史方位，对新时代统筹推进“五位一体”总体布局做出了新的战略部署。“五位一体”总体布局的确立，不仅标志着我们党对中国特色社会主义建设规律的认识提高到了一个崭新境界，更是人类社会如何向着最高社会形态发展演进而提出的一种世界发展范式革命的深层探索，充分彰显了马克思社会结构理论旨趣的新时代表征。

“布局问题，在工作安排上是一个战略部署问题，在理论上是一个结构问题。”[②]而社会结构问题，是任何一种科学的社会发展理论都无法回避的首要问题。马克思在1859年《〈政治经济学批判〉序言》中，通过对资本主义这一典型社会形态的剖析，从社会要素出发就社会结构问题作了经典式阐述，形成了以

---

① 戚嵩，安徽省社会科学院马克思主义研究所副研究员、马列研究室主任、安徽省科学社会主义学会副会长。

② 李君如.构建社会主义和谐社会的理论根据与理论意义[J].求是，2006(24)：19-21.

生产力、生产关系、经济基础、上层建筑及其相互关系为基本要素的社会结构理论。正是借助社会结构理论,马克思揭示了社会形态发展演进的一般进程和基本规律,使人类第一次解开了社会历史领域的“斯芬克斯”之谜,社会结构理论也由此成为马克思社会形态理论乃至唯物史观的重要组成部分。马克思社会结构理论,为整个社会结构“发现最隐蔽的秘密,发现隐藏着的基础”[①],为科学认识社会及其发展规律提供了一种整体性的思维框架,是我们深刻认识和正确理解社会结构及其发展演进的科学方法论,是中国特色社会主义事业“五位一体”总体布局的重要思想理论基础。中国共产党人对中国特色社会主义事业总体布局的总体把握,与对社会结构的认识如影随形。改革开放以来,中国共产党人始终自觉以马克思社会结构理论为指导,在中国特色社会主义建设的具体实践中不断探索研究中国社会结构,以把握中国特色社会主义事业的总体布局。中国共产党社会结构研究范式经历了一个由物质、精神两分模式到经济、政治、文化三分模式,再到经济、政治、文化、社会四分模式,进而到经济、政治、文化、社会、生态五分模式转换的历史过程。与此相对应,中国特色社会主义事业总体布局也经历了一个从“两位一体”到“三位一体”,再从“三位一体”到“四位一体”,进而从“四位一体”到“五位一体”的不断探索、不断创新、不断发展完善的历史演进过程。社会总体布局的每一次发展演进都标志着我们党对马克思社会结构理论认识的一次深化。这正是社会总体布局生成的历史逻辑理路。

一、从两分模式向三分模式的转换

党的十一届三中全会作出了把党的工作重心转移到经济建设上来、实行改革开放的历史性决策以后,社会主义物质文明建设突飞猛进,与此同时也出现了精神文明“一手软”的状况。以邓小平同志为主要代表的中国共产党人敏锐地意识到这个问题可能会导致改革的方向出现偏差,他们根据马克思社会结构理论中经济结构与文化结构、物质生活与精神生活的辩证关系原理,把物质文明与精神文明的两分模式作为这个历史时期的社会结构研究范式。邓小平清醒地指出:“经济建设这一手我们搞得相当有成绩,形势喜人,这是我们国家的成功。但风气如果坏下去,经济搞成功又有什么意义?会在另一方面变质,反

① 马克思恩格斯文集:第7卷[M].北京:人民出版社,2009:894.

过来影响整个经济变质，发展下去会形成贪污、盗窃、贿赂横行的世界。”[①]他也反复强调：“不加强精神文明的建设，物质文明的建设也要受破坏，走弯路。光靠物质条件，我们的革命和建设都不可能胜利。”[②]“我们要在建设高度物质文明的同时，提高全民族的科学文化水平，发展高尚的丰富多彩的文化生活，建设高度的。”[③]党的十二大报告以“全面开创社会主义现代化建设的新局面”为题，全面系统地论述了社会主义精神文明及其与社会主义物质文明之间的关系，明确提出，我们在建设高度物质文明的同时，一定要努力建设高度的社会主义精神文明，认为这是“建设社会主义的一个战略方针问题”[④]，要求全党同志必须从“总体布局的高度，正确认识社会主义精神文明建设的战略地位”[⑤]。这标志着物质文明建设、精神文明建设“两位一体”的中国特色社会主义事业总体布局正式形成。物质文明建设与精神文明建设“两位一体”的总体布局，使我们既坚持了经济建设这个中心，又保证了中国特色社会主义的正确方向。实践证明，中国共产党在这一历史时期采用物质文明与精神文明的两分模式作为社会结构研究范式，取得了巨大的成功。

随着中国特色社会主义事业的发展，政治领域的矛盾和问题也日渐浮出水面，两分模式的社会结构研究范式的局限性逐渐突显，出现了范式危机，而“危机的意义就在于：它指出更换工具的时机已经到来了”[⑥]。根据托马斯·库恩的范式转换理论，一个稳定的范式如果不能提供解决问题的适当方式，它就会变弱，从而出现范式转换，而范式转换首先要求创新。

以江泽民同志为主要代表的中国共产党人把创新看作一个民族进步的灵魂，创造性地对社会结构两分模式研究范式的这种危机及时作出回应。1991年7月1日，江泽民在庆祝中国共产党成立70周年大会上的讲话中，对中国特色社会主义经济、政治、文化及其相互关系作了初步完整的阐述，指出中国特色社会主义经济、政治、文化，是有机统一、不可分割的整体，要保证三者协调发展[⑦]。

① 邓小平文选：第3卷[M].北京：人民出版社，1993：154.

② 邓小平文选：第3卷[M].北京：人民出版社，1993：144.

③ 邓小平文选：第2卷[M].北京：人民出版社，1994：208.

④ 十二大以来重要文献选编：上[M].北京：人民出版社，1986：25.

⑤ 改革开放三十年重要文献选编：上[M].北京：中央文献出版社，2008：430.

⑥ 郭贵春，成素梅.科学哲学名著赏析[M].太原：山西科学技术出版社，2007：206.

⑦ 江泽民文选：第1卷[M].北京：人民出版社，2006：153-163.

这就为两分模式的社会结构研究范式的转换做了重要的思想动员和理论准备。1997年9月,党的十五大根据邓小平理论和党在社会主义初级阶段的基本路线,正式提出了社会主义初级阶段的基本纲领,精辟回答了什么是社会主义初级阶段中国特色社会主义的经济、政治和文化,以及怎样建设这样的经济、政治和文化①。这个纲领的确定,标志着中国共产党社会结构研究范式实现了从物质文明与精神文明两分模式向经济、政治、文化三分模式的转换。在这个范式的指导下,中国特色社会主义事业的总体布局由物质文明建设与精神文明建设"两位一体",演进为经济建设、政治建设、文化建设"三位一体"。

二、从三分模式向四分模式的转换

马克思社会结构理论视域下,社会形态是由各种社会结构要素构成的相互联系的有机体,是"一切关系同时存在而相互依存"的活的有机体,这个有机体"不是坚实的结晶体,而是一个能够变化并且经常处于变化过程中的有机体"②。随着社会有机体的发展演进,社会建设日益起着保持社会有机体正常运转和有序发展的中枢作用。而在经济、政治、文化三分模式下,社会领域存在的问题一部分归属于经济、政治、文化建设的范畴,一部分就容易被忽略,导致经济建设和社会发展"一条腿长,一条腿短"。社会建设的短板,不仅影响社会的长治久安,而且严重阻碍经济社会的全面协调和可持续发展。随着中国共产党对马克思社会结构理论认识的不断深化,越来越关注社会建设领域存在的问题,社会结构研究范式也逐步从经济、政治、文化三分模式向经济、政治、文化、社会四分模式转换。2002年11月8日,江泽民在党的十六大报告中明确把"社会更加和谐、人民生活更加殷实"同"经济更加发展、民主更加健全、科教更加进步、文化更加繁荣"一起作为全面建成小康社会的奋斗目标和基本要求提了出来。应该说,以江泽民同志为主要代表的中国共产党人对社会结构的理解已经突破了经济、政治、文化三分模式,从而为中国共产党社会结构研究范式进一步实现向四分模式的转换作了理论的铺垫。

党的十六大以后,以胡锦涛同志为主要代表的中国共产党人高度重视社会建设,作出了一系列决策部署。2004年9月,党的十六届四中全会首次提出"构

① 江泽民文选:第2卷[M].北京:人民出版社,2006:17.

② 马克思恩格斯选集:第2卷[M].北京:人民出版社,2012:84.

建社会主义和谐社会”,并且将“构建社会主义和谐社会的能力”作为加强党的执政能力建设的重要内容之一。2005年2月,胡锦涛在省部级主要领导干部专题研讨班上的讲话中首次明确提出“四位一体”中国特色社会主义事业总体布局的概念,指出随着我国经济社会的不断发展,中国特色社会主义事业的总体布局,“更加明确地由社会主义经济建设、政治建设、文化建设三位一体发展为社会主义经济建设、政治建设、文化建设、社会建设四位一体。”[①]2006年10月,党的十六届六中全会审议通过了《中共中央关于构建社会主义和谐社会若干重大问题的决定》,这是我们党第一个关于加强社会建设的纲领性文件,进一步强调“推动社会建设与经济建设、政治建设、文化建设协调发展,”[②]提出了健全党委领导、政府负责、社会协同、公众参与的社会管理格局,其中,认为党委领导是根本,政府负责是关键,社会协同是依托,公众参与是基础。

2007年10月,党的十七大坚持中国特色社会主义经济建设、政治建设、文化建设、社会建设的基本目标和基本政策构成的基本纲领,并根据实现全面建成小康社会奋斗目标的新要求对如何坚持中国特色社会主义经济建设、政治建设、文化建设、社会建设进行了专门阐述[③]。中国共产党经过充分的酝酿和准备,又一次实现了社会结构研究范式的转换。党依据马克思社会结构理论,立足新世纪新阶段中国特色社会主义新实践,创造性地提出了经济、政治、文化、社会的四分模式,取代了原来的三分模式,成为全党公认的、具有指导性的社会结构研究范式。中国特色社会主义事业总体布局相应演变为经济建设、政治建设、文化建设、社会建设“四位一体”。

三、从四分模式向五分模式的转换

伴随我国经济社会的不断发展,城市化、工业化进程的不断加快,人与自然的关系也不断遇到新的挑战。应该说中国共产党社会结构研究范式无论是三分模式,还是四分模式,都没有忽视人与自然的关系,只是没有将其提升到与经济建设、政治建设、文化建设、社会建设相并列的战略高度。比如,早在1995年中共中央就提出了可持续发展重大战略,2003年党的十六届三中全会提出了科

① 十六大以来重要文献选编:中[M].北京:人民出版社,2006:1025.

② 中共中央关于构建社会主义和谐社会若干重大问题的决定[M].北京:人民出版社,2006:5.

③ 中国共产党第十七次全国代表大会文件汇编[M].北京:人民出版社,2007:19-20.

学发展观,强调统筹人与自然和谐发展。随着大自然一次次无情的惩罚和报复,人与自然和谐共处被提上了议事日程。

党的十七大把生态建设上升到文明建设的高度,同时明确提出生态文明建设的目标是“建设生态文明,基本形成节约能源资源和保护生态环境的产业结构、增长方式、消费模式”①。2007年12月17日,胡锦涛在新进中央委员会的委员、候补委员学习贯彻党的十七大精神研讨班开班式上发表重要讲话强调:“必须按照中国特色社会主义事业总体布局,全面推进经济建设、政治建设、文化建设、社会建设,积极推进生态文明建设。”②在这里,胡锦涛第一次公开将生态文明建设与其他四大建设并列。此后,在胡锦涛的多次讲话以及党的会议与文件中都强调要推进五大建设。这为实现中国共产党社会结构研究范式向五分模式转换奠定了坚实基础。

2012年11月,党的十八大正式将生态文明建设提升到战略层面,将其与经济建设、政治建设、文化建设、社会建设并列,要求必须把生态文明建设放在突出地位,融入经济建设、政治建设、文化建设、社会建设各方面和全过程,努力建设美丽中国,实现中华民族永续发展。至此,中国共产党社会结构研究范式正式从四分模式转换为五分模式,“五位一体”的中国特色社会主义事业总体布局最终形成,标志着我们党对社会结构的研究范式已经达到一个前所未有的新的高度。

党的十九大进一步明确中国特色社会主义事业总体布局是“五位一体”,并在全面总结坚持和发展中国特色社会主义的宝贵经验、深入分析国际国内形势发展变化的基础上,从经济、政治、文化、社会、生态文明五个方面,制定了新时代统筹推进“五位一体”总体布局的战略目标,作出了新的战略部署。

(原文发表于《合肥学院学报(综合版)》2020年第3期,收入本书有改动。)

① 十七大以来重要文献选编:上[M].北京:中央文献出版社,2009:70.

② 胡锦涛在新进中央委员会的委员、候补委员学习贯彻党的十七大精神研讨班开班式上发表重要讲话强调 坚定不移高举中国特色社会主义伟大旗帜扎扎实实把党的十七大精神学习好贯彻好[J].理论学习,2008(1):1.

紧紧抓住主要矛盾为群众办实事

王小龙，张绪梅，高　林[①]

摘　要：人民立场是中国共产党的根本政治立场，是马克思主义政党区别于其他政党的显著标志。新的征程上，我们必须紧紧依靠人民创造历史，坚持全心全意为人民服务的根本宗旨，践行以人民为中心的发展思想，紧紧抓住人民日益增长的美好生活需要和不平衡不充分的发展之间的矛盾为群众办实事，始终同人民想在一起、干在一起，切实解决人民群众“急难愁盼”问题，继续为实现人民对美好生活的向往不懈努力。

关键词：主要矛盾；办实事；人民；不平衡；不充分

习近平总书记在庆祝中国共产党成立100周年大会上指出：“着力解决发展不平衡不充分问题和人民群众急难愁盼问题，推动人的全面发展、全体人民共同富裕取得更为明显的实质性进展！”[②]人民立场是中国共产党的根本政治立场，是马克思主义政党区别于其他政党的显著标志。新的征程上，我们必须紧紧依靠人民创造历史，坚持全心全意为人民服务的根本宗旨，践行以人民为中心的发展思想，紧紧抓住人民日益增长的美好生活需要和不平衡不充分的发展之间的矛盾为群众办实事，始终同人民想在一起、干在一起，切实解决人民群众“急难愁盼”问题，继续为实现人民对美好生活的向往不懈努力。

---

① 王小龙，中共安徽省委讲师团研究室主任；张绪梅，中共安徽省委讲师团研究室二级主任科员；高林，中共安徽省委讲师团研究室三级主任科员。

② 习近平．在庆祝中国共产党成立100周年大会上的讲话[N]．人民日报，2021-07-02(2)．

一、紧紧围绕发展不充分解决人民群众“急难愁盼”问题

习近平总书记指出:“我国社会主要矛盾的变化是关系全局的历史性变化,对党和国家工作提出了许多新要求。”①我们要在继续推动发展的基础上,着力解决好发展不平衡不充分问题,大力提升发展质量和效益,更好满足人民在经济、政治、文化、社会、生态等方面日益增长的美好生活需要,更好推动人的全面发展、社会全面进步。“不充分”是“不平衡”产生的客观基础,发展的不充分主要是指整个社会的发展总量尚不丰富、发展程度尚不够高、发展态势尚不够稳固。现阶段,我国发展已经站在新的历史起点上,解决好发展不充分的问题,是全面建成社会主义现代化强国,实现中华民族伟大复兴中国梦的必然要求。要根据新发展阶段的新要求,聚焦创新、绿色、开放发展不充分突出问题,坚持尊重社会发展规律与尊重人民主体地位的一致性,想群众之所想,急群众之所急,从战略高度解决好人民群众最关心最直接最现实的利益问题,不断增强人民群众的获得感、幸福感、安全感。

(一)着力解决人民群众在创新发展方面的“急难愁盼”问题

党的十八大以来,我国科技事业取得历史性成就、发生历史性变革,天宫、蛟龙、天眼、悟空、墨子、大飞机等重大创新成果竞相涌现,科技创新势头强劲,一些前沿领域开始进入并跑、领跑阶段。但我们仍需清醒看到,我国创新发展不充分问题依然突出。比如,基础研究薄弱,一些关键核心技术受制于人;中小企业专业化水平较低,创新动力能力不足;创新体制机制难以适应时代发展,科技成果评价机制有待完善;等等。习近平总书记指出:“实施创新驱动发展战略,最根本的是要增强自主创新能力,最紧迫的是要破除体制机制障碍,最大限度解放和激发科技作为第一生产力所蕴藏的巨大潜能。”②加快科技创新,必须确立以人民为中心的价值导向,把满足人民对美好生活的向往作为科技创新的落脚点,把惠民、利民、富民、改善民生作为科技创新的重要方向,确保科技事业

① 习近平.决胜全面建成小康社会　夺取新时代中国特色社会主义伟大胜利——在中国共产党第十九次全国代表大会上的报告[N].人民日报,2017-10-28(1).

② 霍小光,吴晶晶.坚定不移创新创新再创新　加快创新型国家建设步伐[N].人民日报,2014-06-10(1).

始终服务于人的全面发展。

1.围绕"四个面向"和"成果转化"求解关键核心技术受制于人问题

关键核心技术是国之重器,最关键最核心的技术要立足自主创新、自立自强。坚持"四个面向",把握科技发展趋势,聚焦国家战略需求,集中精锐,加强基础研究,增强原始创新能力,在石油天然气、基础原材料、高端芯片、工业软件、农作物种子等的关键核心技术上全力攻坚,加快突破一批药品、医疗器械、医用设备、疫苗等领域关键核心技术,用先进科技护航人民生命健康。加快推进科技成果转化,发挥市场对技术研发方向、路线选择、要素价格、各类创新要素配置的导向作用,构建开放、协同、高效的共性技术研发平台,打造转移服务平台,培养既懂技术、又懂市场的科技成果转化经理人,大力实施科技成果应用示范和科技惠民工程,推动科技创新成果更多更公平惠及全体人民。

2.围绕"四送一服"和"专精特新"求解中小企业创新动力能力不足问题

"众",积厚成势;"创",破茧成蝶。开展"四送一服"专项行动,深入企业园区送思想送政策,坚定企业发展信心,加速惠企政策兑现;深入企业园区送创新项目,协助各地谋划产业发展,加快招引创新项目;深入企业园区送生产要素,摸排企业在融资、科技、用工等方面要素需求,帮助企业缓解要素制约难题;深入企业走访调研,听取企业意见建议,帮助企业解决实际困难,激发企业干事创业的积极性、主动性、创造性。聚焦培育"专精特新""小巨人"企业,加大创新投入,推进工业"四基"领域或制造强国战略明确的十大重点产业领域"补短板"和"锻长板";促进数字化网络化智能化改造,业务系统向云端迁移,并通过工业设计促进提品质和创品牌。通过不断提升中小企业创新能力和专业化水平,助力实体经济特别是制造业做实做强做优,为满足人民美好生活需要提供坚实物质保障。

3.围绕"破四唯"和"立新标"求解科技成果评价机制不完善问题

科技评价是科技活动的指挥棒,对科技事业的健康发展起着重要作用。要破解"唯论文、唯职称、唯学历、唯奖项"问题,全面纠正科技成果评价中单纯重数量指标、轻质量贡献等不良倾向,对具有重大学术影响、取得显著应用效果、为经济社会发展和国家安全作出突出贡献等的高质量成果,提高其考核评价权重;科学确定个人、团队和单位在科技成果产出中的贡献,坚决扭转过分重排名、争排名的不良倾向,鼓励广大科技工作者把论文写在祖国大地上。建立更科学、更公平的评价标准,确立科技成果分类评价体系,实现基础研究成果以同行评议为主,应用研究成果以行业用户和社会评价为主的评价体系;建立政府、市场、第三方机构、金融投资机构等多主体评价机制,形成与之相适应的考核评价方式,切实把以科技创新质量、绩效、贡献为核心的正确评价导向树立起来,促进多元分类评价体系不断健全,发挥人民在科技创新中的主体作用,让心怀“国之大者”担任主角,让创新源泉充分涌流。

(二)着力解决人民群众在绿色发展方面的“急难愁盼”问题

党的十八大以来,我国生态环境保护发生了历史性、转折性、全局性变化,各地不再单纯以生产总值为评价指标,倒逼企业转型升级,淘汰落后产能,祖国大地正在绿起来、美起来。同时,我们也要清醒看到,同建设美丽中国的目标相比,同人民对美好生活的向往相比,我国绿色发展不充分问题依然突出。比如,我国生态文明建设水平依然滞后于经济社会发展,资源约束趋紧,环境污染严重;有些人在生活上求“大”求“奢”,浪费严重;部分地方和公众对垃圾分类工作认识不到位,垃圾分类工作推进缓慢;生态系统退化,生态环境遭到破坏,食品安全形势依然严峻;等等。习近平总书记指出,我们要“坚持节约资源和保护环境的基本国策,像保护眼睛一样保护生态环境,像对待生命一样对待生态环境,推动形成绿色发展方式和生活方式,协同推进人民富裕、国家强盛、中国美丽”[①]。优美的生态环境是人民对美好生活的需要,要满足人民群众的这一美好生活需要,就需要我们坚持绿色发展,大力提升生态产品供给能力,为人民群众创造良好生产生活环境,让百姓望得见山、看得见水、记得住乡愁。

1.围绕解决资源消耗和环境污染问题推动形成绿色生产方式

生产方式能否实现“绿色化”,直接关系人民幸福。推进资源全面节约和循环利用,树立节约集约循环利用的资源观,实行最严格的耕地保护制度、水资源管理制度,强化对能源、水资源、建设用地总量和强度的双控管理,用最小的资源环境代价取得最大的经济社会效益;全面推动重点领域低碳循环发展,加强高能耗行业能耗管理,强化建筑、交通节能,发展节水型产业,推动各种废弃物等集中处理和资源化利用,更好满足人民群众日益增长的美好用能需求。控制污染物排放,做好“三散”治理,对“散乱污”企业开展拉网式排查清理,建立台账,制定措施,彻底整治;加强散煤管控,全力推进“双替代”工作,实现清洁取暖;构建企业和社会绿色供应链,推进绿色包装、绿色采购、绿色物流、绿色回

① 聚焦发力贯彻五中全会精神　确保如期全面建成小康社会[N].人民日报,2016-01-19(1).

收,实现从源头到末端的全过程“绿化”,大幅减少生产和流通过程中的能源资源消耗和污染物排放,让良好环境成为人民生活的增长点。

2.围绕解决奢侈浪费和垃圾分类引导问题培育绿色生活方式

绿色生活方式是一种文明健康的现代生活方式,它包括生活理念绿色化、消费行为绿色化。反对奢侈浪费,筑牢绿色消费理念,结合生态文明宣传教育,引导居民更多选择节能家电、绿色住宅、新能源汽车等产品;传承理性消费文化,大力宣传坚守本真、勤俭互助的优秀传统文化,引导公众自觉抵制过度消费、跟风消费、攀比消费;践行绿色生态观,从自己做起,从节约电、水、油、气等身边小事做起,影响并带动身边更多的人改变生活方式,形成全社会人民群众共同参与的良好风尚,努力使厉行节约、反对浪费在全社会蔚然成风。推进垃圾分类,下足功夫,加强挨家挨户上门指导和垃圾投放点现场“教学”工作,鼓励小区居民自行协商垃圾房布置、垃圾投放时间等问题,引导更多群众参与到“解题”中来;树立系统观念,将垃圾分类纳入“一网统管”建设,将垃圾分类学习纳入中小学“开学第一课”,纳入党员干部必修课;推动由点到面,普遍推行垃圾分类制度,督促引导更多人行动起来,培养垃圾分类的好习惯,一起为改善生活环境努力。

3.围绕解决天蓝、水净和食品安全问题深化生态环境治理

良好生态环境是最公平的公共产品,是最普惠的民生福祉。集中攻克突出生态环境问题,推进山水林田湖草沙一体化保护和修复,推进生态保护补偿制度建设;强化多污染物协同控制和区域协同治理,加强细颗粒物和臭氧协同控制,基本消除重污染天气;统筹水资源、水环境、水生态治理,有效保护居民饮用水安全,坚决治理城市黑臭水体;推进土壤污染防治,有效管控农用地和建设用地土壤污染风险,持续打好蓝天、碧水、净土保卫战,让老百姓实实在在感受到生态环境质量改善。加强食品安全工作,坚持最严谨的标准、最严格的监管、最严厉的处罚、最严肃的问责,增强食品安全监管统一性和专业性,切实提高食品安全监管能力和水平;加强食品安全依法治理,加强基层基础工作,建设职业化检查员队伍,提高餐饮业质量安全水平,加强从“农田到餐桌”全过程食品安全工作,严防、严管、严控食品安全风险,保证广大人民群众吃得放心、安心,确保人民群众“舌尖上的安全”。

(三)着力解决人民群众在开放发展方面的"急难愁盼"问题

党的十八大以来,我国坚定不移扩大对外开放,加快国内制度规则与国际接轨,推动开放型经济新体制逐步健全,开放事业不断取得新发展、新提高、新突破。同时,我们也要清醒地看到,当今世界正经历百年未有之大变局,面对世界经济深度衰退、国际贸易和投资大幅萎缩、国际金融市场动荡、经济全球化遭遇逆流、一些国家保护主义和单边主义盛行、地缘政治风险上升等不利局面,特别是新冠肺炎疫情的影响,全球产业链、供应链面临重大挑战,传统国际循环明显弱化。国内方面,部分地区不关心建设全国统一的大市场、畅通全国大循环,只考虑建设本地区本区域小市场、搞自己的小循环,同时供给体系还难以适应新发展阶段的新情况和新变化。习近平总书记指出,对外开放是基本国策,我们"要全面提高对外开放水平,建设更高水平开放型经济新体制,形成国际合作和竞争新优势"①。开放发展是新发展理念的重要组成部分,以开放促改革、促发展,是我国发展不断取得新成就的重要法宝,也是满足人民群众高品质生活需要的必然要求。

1. 围绕解决原材料进不来和货物出不去问题推动构建新发展格局

加快构建以国内大循环为主体、国内国际双循环相互促进的新发展格局,是根据新的形势提出的引领发展的新思路,是把握我国未来发展主动权的战略性布局和先手棋。面对原材料进不来问题,要积极推进进口多元化,加强国际合作,帮扶因环境受困的外贸企业,拓展重要原材料、关键零部件、核心装备等进口来源;构建强大的国内经济循环体系和稳固的基本盘,国内循环越顺畅,就越能形成对全球资源要素的引力场,吸引全球资源要素向国内聚集,进而解决原材料进口难题。面对货物出不去问题,要注重了解国际事务,深入研究利益攸关国、贸易伙伴国、投资对象国的情况,通过参与国际市场竞争,推动产业转型升级,增强我国出口产品和服务竞争力;发挥国内市场巨大优势,建立起扩大内需的有效制度,释放内需潜力,扩大居民消费,实现货物内部消化和居民日常消费的有机统一。

2. 围绕建设全国统一大市场问题畅通国内大循环

国内大循环是全国统一的大循环体系,而不是不同区域各自为政的小循环体系。各地要坚持全国一盘棋思想,找准自己在国内大循环中的位置和比较优

① 着眼长远把握大势开门问策集思广益 研究新情况作出新规划[N].人民日报,2020-08-25(1).

势，根据本地区经济发展实际情况，充分发挥各自积极性与主动性，去除自身市场壁垒、行政壁垒，避免重复建设、同质化竞争，将各地的特色和比较优势发挥到极致，实现劳动力、土地、资本等要素在全国统一大市场里的科学合理配置；统筹协调生产、分配、流通和消费的各个环节，打通"区块""省域"和"城市""城乡"等不同区域空间之间的经济循环，形成以国民经济循环顺畅、国内分工不断深化、国家技术水平不断进步为内生动力的经济循环体系，为人民美好生活提供有力支撑。

3.围绕提升产业链和价值链问题促进国内国际双循环

促进国内国际双循环，是中国立足自身实际、顺应经济全球化发展趋势所主动作出的选择。继续扩大对外开放，积极推动高标准自贸区战略，推进自贸区建设扩围提质，大幅降低市场准入条件，完善负面清单管理，加大引资引智力度，补齐产业链短板，提高产业链自主性和现代化水平；顺应全球价值链重构趋势，不断夯实有利于亚太区域价值链发展的制度基础，加快推进区域全面经济伙伴关系协定、加快中日韩自贸区谈判，探索参与全面且先进的跨太平洋合作，通过深化地区范围的贸易投资自由化，促进区域分工合作和供应链网络建设，构建中国价值链的全球板块，持续提高人民生活水平。

二、紧紧围绕发展不平衡解决人民群众"急难愁盼"问题

习近平总书记指出："要着眼于满足人民日益增长的美好生活需要，贯彻新发展理念，着力解决发展不平衡不充分的问题，提高发展质量，不断提高人民生活品质、生活品位。"[①]当前，世界百年未有之大变局加速演变，不稳定性不确定性明显增加，我国发展不平衡不充分的问题依然比较突出。新的征程上，我们要实现第二个百年奋斗目标，实现我国社会主义现代化与国家治理体系和治理能力现代化，就要自觉主动解决好人民群众在发展不平衡方面的"急难愁盼"问题，不断朝着全体人民共同富裕迈进。

（一）着力解决人民群众在协调发展方面的"急难愁盼"问题

党的十八大以来，以习近平同志为核心的党中央与时俱进、科学决策，我国城乡差距逐步缩小，区域发展协调性持续增强，社会主义精神文明建设深入推

① 吉炳轩.推动共同富裕取得更为明显的实质性进展[N].人民日报，2022-05-21(5).

进,全体人民精神文化生活日益丰富。同时,必须清醒地看到,我国发展不平衡不协调问题依然突出。比如,农民整体素质偏低,城乡要素双向流动渠道还未完全打通;区域分化现象逐渐显现,区域基础设施互联互通、公共服务共建共享程度不高;文化产品供给存在一定程度的"供需错位",一些公共文化服务设施利用率不高;等等。关于协调发展,习近平总书记强调:"协调既是发展手段又是发展目标,同时还是评价发展的标准和尺度,是发展两点论和重点论的统一,是发展平衡和不平衡的统一,是发展短板和潜力的统一。"[①]推动协调发展,就要抓住老百姓在协调发展方面的"急难愁盼"问题,用心用情用力为群众办实事、解难题,把人民安居乐业、安危冷暖放在心上,努力让群众看到变化、得到实惠。

1.聚焦人才和要素求解城乡发展不平衡问题

民族要复兴,乡村必振兴。着力培养新型职业农民,培育一批农业职业经理人、农场主、种养大户、农民合作社和集体经济组织带头人,大力挖掘乡村各类能工巧匠、传统技艺传承人,以及注重乡村其他各类实用人才的培养,大力发展乡村基础教育和职业教育,切实全面提升乡村未来劳动力的素质和能力。深化要素市场配套改革,促进城乡资源要素充分对流,破除城乡间人、钱、地等关键要素自由流动、有效配置和平等交换的制度障碍,畅通人才、技术、管理等要素的下乡通道,促进要素更多向乡村流动,在乡村形成人才、土地、资金、产业、信息汇聚的良性循环,增强农业农村发展活力。

2.聚焦基础设施和公共服务求解区域发展不平衡问题

加快补齐区域发展短板、缩小区域差距,是实现共同富裕前进道路上的重要任务。加强顶层设计和科学规划,聚焦提升交通、能源、信息、水利等基础设施支撑保障能力的发展目标,加快构建现代化的综合交通运输体系,优化提升信息基础设施,推动形成布局合理、功能完善、衔接顺畅、运作高效的基础设施网络。加快建立医疗卫生、劳动就业等基本公共服务跨城乡跨区域流转衔接制度,研究制定跨省转移接续具体办法和配套措施,加强区域基本公共服务标准和制度衔接,强化跨区域基本公共服务统筹合作,稳步推进区域公共服务共建共享。

3.聚焦文化产品和文化设施求解物质文明和精神文明发展不平衡问题

实现民族复兴,既需要强大的物质力量,也需要强大的精神力量。立足人

① 聚焦发力贯彻五中全会精神 确保如期全面建成小康社会[N].人民日报,2016-01-19(1).

民群众需求，大力推动文化产业创新，努力推出更多反映新时代新气象、讴歌人民新创造的文艺精品；重视群众在文化方面的新需要，对文化资源内容不断进行更新，更多运用现代科技手段，不断扩大优质文化产品供给，让人民群众享有更加充实、更为丰富、更高质量的精神文化生活。坚持公共属性，从人民立场来看待公共文化设施的规划、建设和运营，规范现有公共文化设施的使用和管理，补齐公共文化设施发展短板，在城市更新等项目中加大基层文化设施配套建设力度，鼓励社会资本参与公共文化设施建设及运营管理，不断提高公共文化服务设施供需的匹配程度，充分满足群众的文化需求。

（二）着力解决人民群众在共享发展方面的“急难愁盼”问题

党的十八大以来，以习近平同志为核心的党中央坚持以人民为中心的发展思想，从人民群众最关心的医疗、养老、教育等问题入手，群众收入明显增加，农村基础设施建设和公共服务不断完善，人民生活发生了翻天覆地的变化。但目前，我国发展不平衡问题依然突出。比如，行业之间收入差距拉大、收入增长和百姓预期存在差距、低收入者劳动报酬偏低；部分地区还存在住房难、上学难、看病难、养老难等问题。习近平总书记指出：“社会建设要以共建共享为基本原则，在体制机制、制度政策上系统谋划，从保障和改善民生做起，坚持群众想什么、我们就干什么，既尽力而为又量力而行，多一些雪中送炭，使各项工作都做到愿望和效果相统一。”①推动共享发展，就要从人民最关心最直接最现实的发展不平衡问题入手，把群众呼声作为反馈信号，把群众需要作为重要选择，把群众满意作为基本标准，诚心诚意办实事，尽心尽力解难事，坚持不懈做好事，以看得见的变化回应群众期盼。

1.聚焦增收和就业求解收入不平衡问题

就业是民生之本，收入乃民生之源。优化政府、企业、居民之间分配格局，合理提高劳动报酬及其在初次分配中的比重，健全工资合理增长机制，完善创新要素参与分配机制，拓宽城乡居民财产性收入渠道，探索通过土地、资本等要素使用权、收益权增加中低收入群体要素收入，充分发挥第三次分配的作用，发展慈善事业，畅通社会各方面参与慈善和社会救助的渠道，多渠道增加城乡居民收入。强化就业优先政策，坚持经济发展就业导向，增加就业容量，提升就业质量，做好高校毕业生、退役军人、农民工和城镇困难人员等重点群体就业工

① 霍小光.干在实处永无止境　走在前列要谋新篇[N].人民日报，2015-05-28(1).

作,促进创业带动就业和多渠道灵活就业,大力发展各种层次的职业教育,加大对劳动力的职业技能培训,创造公平就业环境,深化构建和谐劳动关系,促进充分就业。

2.聚焦住房和上学求解基础设施建设不平衡问题

基础设施是否完善直接关系到老百姓的生产生活质量。坚持房子是用来住的、不是用来炒的定位,完善住房市场体系和住房保障体系,针对新市民、低收入困难群众等重点群体,有效增加保障性住房供给,对房价比较高、流动人口多的城市,土地供应向租赁住房建设倾斜,探索利用集体建设用地和企事业单位自有闲置土地建设租赁住房,扩大保障性租赁住房供给,加快完善长租房政策,使租购住房在享受公共服务上具有同等权利,确保实现人民群众住有所居。推动义务教育优质均衡发展,建成覆盖城乡的学前教育公共服务体系,通过新建、改建、扩建等方式加大学校及配套设施建设保障力度,改善义务教育和学前教育办学条件,利用信息化手段共享优质资源,扩大优质教育资源覆盖面,切实保障农民工随迁子女平等接受义务教育,让每个孩子有学上、上好学。

3.聚焦医疗和养老求解公共服务不平衡问题

优化基本公共服务供给是改善和提升民生福祉的重要途径,是满足人民日益增长的美好生活需要的根本要求。坚持政府主导、公益性主导、公立医院主导,加快优质医疗资源扩容和区域均衡布局,发展紧密型城市医疗集团和县域医疗服务共同体,建立高质量的分级诊疗体系,创新医疗服务模式,建设智慧医院,发展远程医疗和互联网诊疗,推广多学科诊疗、日间手术等服务模式,从而更好地满足群众多层次、多样化的医疗需求。加快建设居家社区机构相协调、医养康养相结合的养老服务体系,发展普惠型养老服务和互助性养老,引导优质养老服务机构进社区,大力发展各类像日间照料、康复护理、助行助餐等多元化社区服务,加快养老产业与医疗、保险、旅游等产业的融合步伐,大力发展旅居养老、康养小镇、森林康养等新兴业态,有效满足老年人多样化、多层次养老服务需求。

(三)着力解决人民群众在党的建设方面的“急难愁盼”问题

党的十八大以来,随着党的建设新的伟大工程的深入推进,全国基层党组织共筑坚强战斗堡垒,党员争当先锋模范,党员干部队伍焕发生机,党的执政根基进一步夯实，为改革发展稳定提供了坚强组织保证①。但党的建设不平衡问题依然突出。比如一些非公企业党组织作用发挥不充分，党员流动性大；教师师德师风问题依然存在，不少青少年群体对国家、民族、社会的负责精神和使命感不够坚定；一些农村基层党组织仍存在功能弱化、虚化、边缘化，党员先锋模范作用不明显问题；等等。习近平总书记指出，基层党组织是贯彻落实党中央决策部署的“最后一公里”，要坚持大抓基层的鲜明导向，抓紧补齐基层党组织领导基层治理的各种短板，把各领域基层党组织建设成为实现党的领导的坚强战斗堡垒，充分发挥广大党员在改革发展稳定中的先锋模范作用②。提高党建水平，就要紧紧围绕人民群众关心的党的建设发展不平衡问题，抓住与切身利益相关的揪心事、烦心事、操心事，真心实意为群众排忧解难。

1.聚焦党组织作用发挥和党员教育管理求解非公企业党建发展不平衡问题

加强非公企业党的建设工作，是巩固扩大党执政的群众基础和社会基础的现实需要，也是推进非公经济健康发展的内源动力。一方面，高度重视非公企业党组织的组织力建设，着力加强党组织规范化建设，加强与企业主的沟通交流，取得企业主对党建工作的支持，指导非公企业围绕企业生产经营开展党的工作，在服务企业决策、开拓市场、革新技术、提高效益等方面发挥作用，将党的组织优势转化为企业发展优势，组织活力转化为企业发展动力，推动企业加快发展。另一方面，坚持讲究共性又突出特性，把准企业党员的特征，把党员的身份、工作性质、需求等有机结合，按正式党员和预备党员、流动党员和固定成员等分层分类进行管理，将非公企业党员教育管理工作与生产经营相结合，注重发展党员工作，把生产经营骨干培养成党员，把党员培养成生产经营骨干，确保党员“留得住”。

2.聚焦师德师风和思政教育求解学校党建不平衡问题

教育是国之大计、党之大计。一方面，常态化推进师德培育涵养，将各类师德规范纳入新教师岗前培训和在职教师全员培训必修内容，创新师德教育方式，强化高校教师“四史”教育，设立以教书育人为导向的奖励机制，建立教育行业从业限制制度，将师德师风作为教师招聘引进、职称评审、岗位聘用、导师遴选、评优奖励、聘期考核、项目申报等的首要要求和第一标准，不断提升教师的

---

① 从伟大工程到新的伟大工程[EB/OL].(2019-09-21)[2022-10-11].https://baijiahao.baidu.com/s?id=1645274644999274610&wfr=spider&for=pc.

② 贯彻落实好新时代党的组织路线 不断把党建设得更加坚强有力[N].理论导报，2020-07-01(1).

思想政治素质和师德素养。另一方面,加快构建学校思想政治工作体系,实施时代新人培育工程,充分发挥马克思主义理论、哲学、历史学等学科“铸魂育人”功能,完善青少年理想信念教育齐抓共管机制,培养德智体美劳全面发展的社会主义建设者和接班人。

3.聚焦党组织战斗力和党员行动力求解农村基层党建不平衡问题

农村基层党组织是党在农村全部工作和战斗力的基础。把农村基层党建放到全村经济社会发展的全局中去谋划设计,加强农村基层党建改革创新,培养能带领群众共同致富的村“两委”干部队伍,建立规范化乡村治理体系,实行民主决策制度化、民主监督常态化,增强党组织带领村庄和农民致富的发展力,把党支部建设成为坚强的战斗堡垒。坚持集中培训制度,有计划地组织党员参加集中轮训培训、党内集中学习教育,用好党的组织生活这一经常性手段,落实“三会一课”、组织生活会、民主评议党员、谈心谈话等基本制度,组织党员定期参加支部主题党日、按期交纳党费,设立党员示范岗、党员责任区,开展设岗定责、承诺践诺,从政治、思想、工作、生活上激励关怀帮扶党员,激励党员在新时代有新担当和新作为。

大数据时代智慧城市建设的问题及对策探究

——以山西省T市为例

李嘉宝[①]

摘　要: 2008年IBM(国际商业机器公司)首次提出"智慧城市"这一概念,随后在全球掀起了一阵建设"智慧城市"之风。大数据在智慧城市建设中有着深刻影响力。近年来,T市一直把打造智慧城市作为城市全面发展的新动力,经过多年的不懈奋斗,T市在信息基础设施建设、重点项目实施、政府政务能力提高、民众生产生活智能化等方面卓有成效,但仍存在信息沟通不畅、市场和社会缺位、智能产品使用率低等问题,希望通过加强信息基础设施建设、完善数据共享制度、构建多元治理体系、加强以需求为导向的政务能力等,来促进智慧城市的进一步发展。

关键词: 大数据时代;智慧城市;建设管理;民生服务

目前,我国正处于新全球化、第四次工业革命与社会转型"三重叠加"的历史交汇期,社会治理领域对科技的需求具有历史必然性[②]。在大数据时代,科学技术是市域社会治理体系创新的重要抓手,市域社会要跟上科技发展的脚步,自觉运用科技手段提升现代化水平。作为一种新型的城市形态,智慧城市依靠互联网、云计算、人工智能等现代科技在变革人们传统生产和生活方式、增强城市发展和管理服务能力、促进国家经济社会的可持续发展等方面发挥了重要作用。2008年IBM首次提出"智慧城市"这一概念,随后在全球掀起了一阵"智慧城市"建设之风。我国从2010年开始正式启动智慧城市建设的试点项目,到2016年已选择数百个城市或城镇开展国家"智慧城市"试点。山西省T市是全国重要能源、重点工业基地之一,将智慧城市建设理念嵌入城市发展的社会治

① 李嘉宝,安徽师范大学法学院研究生。

② 张成岗.走向"智治"时代　以科技创新推动社会治理现代化[J].国家治理,2020(14):8-11.

理中,有利于提高资源的利用效率、优化共享服务、促进新型城镇化建设。

一、T市智慧城市建设的现状和成效

(一)T市智慧城市建设的现状

1.信息基础设施建设情况

大数据在智慧城市建设中有着深刻影响力。T市是国家智慧城市建设试点城市,在信息基础设施建设方面比较成熟(如表1所示)。2006年,T市开始规划数字城市建设。2007年建成了地理空间框架系统及地理信息数据库。在基站建立方面,T市核心城区已实现基本连续户外覆盖,且在全省已建立5G基站的各个城市中名列第一。如今,南起长风街,北至北街,东至建设路,西至和平路,均可实现5G通信服务。在创新产业结构上,T市集聚众多电子信息及相关企业,尤其是通信和计算机产业持续多年呈现增长态势。2020年,通信和计算机制造业增长幅度占全市工业增加幅度的16.2%,与去年对比增长了6.7%,由此推动了全市规模以上工业增长幅度达3.5%。

表1　T市信息基础设施建设情况表

项目	数量或比重
基站(含5G基站)	21691个
5A级数据中心	3个
移动用户普及率	94%
固定宽带普及率	66%
通信和计算机制造业增加值	16.2%

2.重点项目实施情况

政务云平台的建设。政务云作为大数据背景下电子政务集约化发展的支撑,相关工作于2017年年底启动并迅速展开,其在提高部署效率、降低共享和协同难度、提高服务效率、降低信息化工作门槛等方面有着先天优势。建设智慧平台治理城市问题,并在这个过程中完成智慧平台升级,可实现“发现、分析、解决、审核”相结合的管理模式,形成三级管理机构全参与的管理服务体系,由此进一步提升城市综合管理服务能力。相关资料显示,T市城市管理平台运行运用了网格管理的技术办法，展现了“管理过程相协调、应急措施相联合、公共服务更便捷化”的功能，它的应用有效解决了T市政务资源利用率低、基础建设不完善、网络及安全防护分散管理等问题。截至2019年12月，该平台全年处理城市案件共153.9万件，处理成功的概率约为92.92%。

智能化产品的应用。一是智慧地铁，即利用新一代信息技术，构建“智能交通平台”“智能运营平台”“智能商务平台”等，逐步实现自动驾驶。创建“T地铁”手机应用程序，实现能够通过手机购票与购物。创建高效、快捷的“智能交通”，乘客通过扫二维码即可进站。二是智慧养老。T市曾被民政部和财政部指定为第一个家庭和社区护理服务改革试点地区，其借助互联网、大数据、智能终端等高新技术，构建了城市智能养老服务的综合模式，促进了城市社区养老服务的高质量发展。据报道，“智慧养老服务”模式突破了城市社区服务资源障碍，弥补了T市老年人人力服务资源不足等问题，实现了社区养老数据的资源共享和充分利用，让老年人切实感受到智能服务带来的便捷和舒适。三是智慧管理。2019年12月30日，T市城乡管理局根据《关于加快推进T市数字经济发展的实施意见》组织全市进行了数字化城市运行的培训，创建了T市加快智慧城市运行的管理服务平台，力求达到全市信息共享与融合的状态，推动城市管理建设向数字化与智能化全面升级。

（二）T市智慧城市建设的成效

1.信息基础设施建设不断完善

目前，T市已经成立了移动、联通、电信三大运营商各自独立的宽带网络并覆盖全市，在一定程度使信息传播的速度大幅提升；各种通信仪器包括电脑、手机等的使用数量正不断增加。据统计，T市2018年使用电话的家庭大约有850万户，互联网宽带已接入用户数共184.9万户，通信基站共2.2万个。在云计算方面，T市的基础较好。一方面，该市建设了共80余个业务空间包括两千多台机器，进而促进了办公系统的横向整合，建立的“T云计算平台工程实验室”项目已被纳入T市重大业务项目的建设中。另一方面，市移动公司建造了云计算中心，而后又建设了150平方米的监控中心，购置信息接收机柜约120台，信息服务器设置约500台，使信息储存量超过了1000T，能够为全市提供准确而即时的监管服务（如表2所示）。

表2　T市信息基础设施建设成果表

项目	数量
电话用户	850万户
固定互联网宽带接入用户	184.9万户
T市云计算平台工程实验室	120台柜机
	500台服务器
	1000T储存量
	150平方米的监控中心

2.政府服务能力不断提高

T市政府云中心作为T市政府办公系统的重要分支，支撑着T市政府办公系统朝着集约化的方向发展。2018年，华为政府云平台帮助T市实现了政府信息系统的创建和使用。凭借在政府数据中心建设方面拥有的完整的方案和丰富的经验，政府云服务不仅促进了T市政府服务的转型升级，而且将部门运行管理效率提高了30%，资源利用率提高了40%，在促进资源综合利用的同时，使政府更有效地为人民服务，真正做到智慧市政。

信息化促进政府办公更加科学，促进了高效城市运行体系的建设。例如，根据《应急管理信息技术发展战略规划框架(2018—2022)》的总体要求，2019年9月，地区应急管理部开始建设应急管理信息平台。2020年1月，“一个中心、一个平台、一个门户”建设完成，系统试运行完成。信息平台的使用将进一步提高示范区应急管理的科学化、专业化、智能化和精细化水平，以及监测预警能力等，能够有效推动治理能力的现代化。目前，企业信息平台已汇集了215条直管、33名录入专家、4个应急救援小组、6个应急物资储备库，收录了18条应急物资或设备信息，记录了1149条企业控制安全风险的全过程(有31条红色风险、166条橙色风险、314条黄色风险、638条蓝色风险)，企业自主关注477条，企业账户转出249条，28个政府监管账户发放，用户登录13309人次。

3.社会生活不断智能化

目前，T市教育智能化工作总体处于较高水平，实现了信息技术手段在整个教育教学方面的深入应用。在硬件建设方面，全市已基本完成信息交流融合的工程建设，建成全市教育“云”计算服务专用网络。在构建教育信息公共服务平台方面，丰富了教育基础资源，建设了名师公益班、数字期刊等教学资源和服务项目,促进了教育的均衡发展。我们利用信息平台提高教育和管理水平,建设了地区办事处等20多个专业平台。

此外,T市推进了数字化医疗、智能医院、智能卫生监督、区域协同急救和区域血液管理建设。目前,全市已建成国家级卫生信息平台和省、市、县、乡镇、村级专项卫生网络系统,10个县(市、区)卫生体育局和1404个医疗卫生机构与省卫生委员会,10个县(市、区)卫生体育局联网,实现信息数据资源融合、共享。该市还着力打造了"一云五终端"网络,即健康T云服务平台、健康门户、个人手机终端、一卡通、12320热线、远程直播终端。截至2019年11月底,"一云五终端"已服务410万人,其中"12320健康热线"可为全省提供健康咨询、投诉举报、推荐表扬、预约就诊等服务。全年完成率达到100%,回访满意率保持在99.6%以上。

政府购买智能老人服务模式也已逐步实施。2015年10月,"智慧我家"在漪汾苑社区、富力城社区投产,收到了比较好的效果,该项目已覆盖T市5万多户家庭。2017年10月16日,"春晖之家"项目正式启动,这是山西省首个技术创新和智能养老平台综合服务项目。该项目以"互联网+智能养老"为管理模式,建立家庭护理平台、养老院管理系统平台和电子商务平台。政府和社会合作提供智能老年服务模式。截至2017年年底,T市已建成社区养老服务中心69个,城乡养老服务中心94个,为政府和社会提供智能化养老服务提供了广泛的协调平台。

二、T市智慧城市建设中存在的问题分析

(一)信息沟通不畅[①]

目前,政府虽然已经建立起比较完整的信息化平台,但从横向上看,各部门间信息都为各自所用;从纵向上看,中央到地方各级政府都有各自的独立标准,并且跨区域和跨部门的信息共享也面临障碍,导致"信息孤岛"现象的发生。具体以T市国土资源局的信息沟通情况为例,其所拥有的信息资源,在内部各个职能部门进行了共享,然而对外并没有发布需公布的信息资源,由此面临着信息链断裂的状况。因此,T市各部门之间无法提升信息价值。这主要在于"各城

① 王殿来.太原市智慧城市建设研究[D].太原:山西大学,2019:28.

市之间缺乏统一的硬件标准、接口标准”[①]。即使设有专门的管理组织,但由于对智慧城市缺乏准确而完整的概念认识,统筹协调的能力不适应现有的城市发展。此外,T市也没有智慧城市相关的评价体系,致使无法有针对性地解决问题,也无法提高智慧城市的活力。总体来说,目前T市各智慧应用项目的发展,呈现碎片化的特征。

(二)市场和社会缺位

大数据时代的智慧城市建设,受年龄、地区、职业等限制,加深了“数字鸿沟”问题[②],挫伤了公民参与的热情和积极性,在一定程度上诱发了“贫者越贫,富者越富”的状况。近年来,T市已然意识到仅仅依靠政府财政的直接拨款或转移支付会使智慧城市陷入资金窘境,便开始调动市场资源,如三大运营商、华为及其他企业都开始进入智慧城市各领域的建设,但是政府投入的方式依然占据着主导地位(如表3所示)。由于其项目的盈利模式并不明朗,缺少明确而规范的收益时间、标准和运作模式,致使PPP(政府和社会资本合作)模式失效,对社会化资本的吸引力仍显不足[③]。

表3　政府与民间智慧城市建设投入情况表

项目	政府投入	社会投入
智慧气象	2000万元	—
T惠然嘉泰智慧康养中社产业园	93亿元	20亿元
T不锈钢园区山西智慧空间数据中心	10亿元	1.6亿元
智慧社区城中村改造	364.9亿元	—
智慧环保监控系统	2600万元	—
大数据领域重点项目	21亿元	—

(三)智能产品使用率低

与其他同发展水平的城市相比,T市互联网平台的使用率仅为0.29%(如表

① 孙望远.探讨智慧城市建设存在的问题及解决策略[J].科技创新与应用,2019(35):116-117,121.

② 郑晓迪.传播“公共性”视角下的城乡数字鸿沟[J].华中农业大学学报(社会版),2017(4):139-144,151.

③ 孙芊芊.新时期智慧城市建设的机遇、挑战和对策研究[J].江淮论坛,2019(4):52-56.

4所示)。王殿来指出,目前下载"T智慧手机"应用程序的人仅占少数,且真正利用到所谓"智慧"生活层面上的,仅为其中的30%,更多的人是在浏览当地新闻或受地方情怀影响。

表4 城市互联网平台的使用情况

城市	互联网平均使用率
T市	0.29%
威海市	1.09%
徐州市	22.67%

三、T市智慧城市建设中问题的对策研究

(一)建设信息基础设施

大数据价值的发挥必须要有完备的基础设施做后盾。首先,一方面可以通过改革我国当前的税收体制,调整地方政府向中央政府上缴的中央和地方共享税的比例来增加地方政府的自治权和基础设施建设的资金。另一方面,可根据自身现实,发展特色项目,带动其他智慧应用建设,并明确数字资源归属及使用权限,对其制定相应的约束规范。其次,相对于政府,市场在效率和资源分配上更合理些,只有拉动社会市场的力量,扩大投资主体的范围,才能为智慧城市的建设提供源源不断的"血液",从而弥补政府财政经费的困难。

(二)完善数据共享制度

在大数据时代,推进智慧城市的发展,需要在政府中建立分工合理、相互协作、运行高效的组织体系,继续推进行政部门体制改革,设立智慧城市发展专项领导小组,健全政府职能部门对大数据开发、运用、管理的职能职责体系,以制度创新促进部门联动和责任落实。同时,要继续推进T市信息基础设施资源总体规划,促进信息资源共享,促进部门间数据融合和业务系统互联,避免出现"各自为政"、重复建设等问题。

(三)构建多元治理体系

在推动智慧城市建设过程中,为了有效激励社会多元主体的内生参与动

力,构建社会多元共治体系,需要着力探索以下几个方面。一是积极发挥高科技龙头企业的带头、引领、示范作用,政府在这一过程中下放权力,应制定相应的法律政策稳定市场秩序,规范交易行为,保障交易主体的合法权益,对企业的生产经营进行适度的干预。二是充分发挥科技和科研机构在大数据科技治理中的作用,通过人才、知识、智慧、创新的产出,用理论来指导治理实践。三是号召各级各类社会组织在智慧城市的发展中提供规范化的业务服务等,相应地,政府部门应扩大基层组织自我发展的权利,拓展民众政治参与的渠道,适当情况下允许政策专家或智囊团同有关部门进行交涉。

(四)加强以需求为导向的政务能力

智慧城市的建设应坚持以公众的需求为准,精准把握需求,从而提供优质服务。在城市管理方面,致力于通过信息化加强政府的治理能力。重点抓好城市运营管理、网格化管理、智能环保、企业风险监测、智能交通、智慧市政、智慧规划。在基础设施方面,统一规划管理,实现网络无缝覆盖。民生服务要注重服务质量和公众满意度,重点建设的项目有"一窗式"政务服务、T"一卡通"、智慧教育、智慧社区、智慧医疗等。加强对智慧应用的宣传力度,将智慧真正应用于每一个市民,并提高每个市民的经验意识。

四、总结

智慧城市已成为各国城市建设中无法忽视的一种城市形态。本文针对T市自身的发展现状,分析出T市在建设智慧城市过程中的问题,如信息沟通不畅、市场和社会缺位、智能产品使用率低等,并在此基础上提出相应对策,如通过加强信息基础设施建设、完善数据共享制度、构建多元治理体系、加强以需求为导向的政务能力等,促进智慧城市的进一步发展。

天长市运用法治思维闯出县域医改新天地

周仁标[①]

摘　要：天长市公立医院综合改革是在推进法治政府建设的背景下所进行的完善医疗卫生系统的一项重要改革。天长市政府按照国务院的统一部署，将法治思维贯穿医疗改革全过程，加强医疗改革的顶层设计，建立健全各项规章制度；多措并举，促进改革全面推进，明确分工与合作关系，增强改革的聚合力与协同性；破解重点难点问题，推动改革持续深入进行；构建良性的运行机制，使改革富有活力和持续性。天长市医改取得了显著成效，获得了国家相关部委的肯定和表彰。当然，改革中也暴露出人力资源短缺、经费不足等问题，因此，需要从深化管理体制改革，理顺政府与医院的关系；加强医院党的建设，发挥党组织的坚强核心作用；创新健康管理模式，构建健康服务共同体；提升公立医院的综合服务能力等方面，进一步完善县域医疗改革的管理体制和运行机制。

关键词：天长市；法治思维；公立医院综合改革

2016年4月，国务院办公厅印发《深化医药卫生体制改革2016年重点工作任务的通知》，安徽省天长市成为全国县级公立医院综合改革的示范县[②]。2019年7月，中央依法治国办公室在开展全国法治政府建设示范创建活动中，又将天长市列为全国第一批法治政府建设示范市（县、区）。公立医院综合改革是卫生系统改革的重要组成部分，其中涉及政府与医疗卫生系统之间关系的界定与处理，涵盖管理体制、运行机制等具体内容。法治政府建设则是一项复杂的系统工程，涉及政府与社会各个领域之间的关系，其中也包括医疗系统的法治化

① 周仁标，安徽师范大学法学院教授。

② 国务院办公厅印发《深化医药卫生体制改革2016年重点工作任务》[EB/OL].（2016-04-26）[2022-05-27].http://www.xinhuanet.com//politics/2016-04/26/c_1118744205.htm.

建设,属于宏观层面的制度设计。法治政府建设的成效事关社会发展的全局,对于各领域的健康运行和稳定发展起到巨大的推动或制约作用。

天长市在推进县级公立医院综合改革示范工作的过程中,牢牢抓住公立医院管理体制、运行机制、医保支付制度、县域卫生服务能力等重点领域和关键环节,运用法治思维进行改革,从建章立制,到法制宣传、制度实施与保障等,自觉地融入法治政府的建设中,创造了鲜活的天长经验。本文旨在梳理天长市公立医院综合改革的实践举措与成功经验,并针对改革中尚存在的不足提出未来的改革方向,以期为其他地区的相关改革提供借鉴。

一、县域公立医院综合改革的背景和目标

2009年,中共中央国务院印发的《关于深化医药卫生体制改革的意见》(中发〔2009〕6号),明确将公立医院补偿由服务收费、药品加成收入和财政补助三个渠道改为服务收费和财政补助两个渠道[①]。国务院印发的《医药卫生体制改革近期重点实施方案(2009—2011年)》(国发〔2009〕12号)提出,推进医药分开,逐步取消药品加成。2015年,国务院办公厅印发的《关于城市公立医院综合改革试点的指导意见》(国办发〔2015〕38号),明确要求公立医院改革试点城市所有市级公立医院和县级公立医院全部取消药品加成,实施医药分开改革。2016年,国务院印发的《"十三五"深化医药卫生体制改革规划》(国发〔2016〕78号)要求,公立医院要取消药品加成,通过调整医疗服务价格、加大政府投入、改革支付方式、降低医院运行成本等,建立科学合理的补偿机制。天长市作为全国第一批公立医院综合改革试点县(市),实施医疗综合改革是落实国务院深化医药卫生体制改革决策部署的重要举措。

深化医药卫生体制改革,是从我国国情和现阶段发展水平出发,借鉴国际经验,走中国特色医药卫生体制改革发展道路的有益尝试。在相当大程度上,新的医疗改革计划反映了一种与日俱增的共识,即医疗是一种公共服务,不能完全按照市场经济的规则运行。在过去相当长的时间里,医疗费用、药费和诊疗费用高昂,这是私有化和将市场规则强加给医院、医生和患者的直接结果。

新的医改方案确立了我国医药卫生体制改革的方向、框架和长远目标,绘

---

① 北京市医药分开综合改革的背景和意义[EB/OL].(2009-03-17)[2022-05-27].https://www.bjxch.gov.cn/xxgk/xxxq/pnidpv793594.html.

制了我国医疗卫生事业的宏伟蓝图,明确了今后的中心任务是抓好以下改革重点:一是解决群众“看病难、看病贵”问题,通过加快推进基本医疗保障制度改革,建立国家基本药物制度和健全基层医疗卫生服务体系,努力使群众“看得起病”;二是通过促进基本公共卫生服务逐步均等化,缩小城乡居民享有基本公共卫生服务的差距,最大限度地预防疾病,努力使群众“少生病”;三是通过推进公立医院改革试点,促进公立医院提高服务质量和效率,努力使群众“看好病”。

二、天长市公立医院综合改革的实践举措

第一,加强顶层设计,一张蓝图绘到底。天长市历届市委市政府领导班子都高度重视公立医院综合改革的顶层设计,持续不断地大力推进医疗体制和机制的改革。自2012年被列为国家首批县级公立医院综合改革试点县以来,天长市实行“双组长”制度,始终由市委书记和市长担任市医改领导小组双组长,始终将全市卫生支出占财政支出比重保持在15%以上。按照国家和省委省政府综合医改部署和要求,一张蓝图绘到底,一任接着一任干,使医疗改革始终保持联系性和稳定性,也使得这项改革能够取得良好的成效。

第二,多项措施并举,促进改革系统全面推进。几年来,天长市委市政府在医改的多个重要领域和关键环节持续发力,改革系统性不断增强,改革集成水平不断提高。在持续深化医疗服务价格改革方面,用降低药品、耗材价格腾出的空间,前后3次调整医疗服务价格共3028项,提高治疗、手术和专项护理费,理顺医疗服务价格比价关系,体现医务人员劳动价值,实现“腾笼换鸟”。在深入推进现代医院管理制度改革方面,较早实行党委领导下的院长负责制,实行院长年薪制,2家牵头医院均达到三级医院水平。在加快推进医保支付方式改革方面,持续推进医疗服务共同体医保基金按人头总额预付,推进临床路径+按病种付费,2020年县域内医保基金支付占比76.63%,县域内基层医疗机构支付占比达到12%~15%。在推进药品、耗材保供稳价方面,建立2个医疗服务共同体中心药房,执行药品耗材带量采购,保障基层药品供应。在推进医防融合、守护群众健康方面,自2016年以来对高血压和2型糖尿病患者,由政府统一免费发放基本药物,“两病”规范管理率和控制率显著提高,高血压控制率达72.93%,糖尿病控制率达68.8%。全面做实家庭医生签约服务,将家庭医生签约服务作为政府为民办实事的“十件实事”之一。

第三,明确分工与合作,增强改革的聚合力与协同性。在党委和政府的高度重视和统一领导下,天长市在综合医改工作上体现出高度的协同性,纵向到边、横向到底。一是各部门齐抓共管合力强。一位政府领导统一负责三医,市医改工作领导小组各成员单位都是由主要领导担任成员,市委组织部、市人社局、市财政局、市医保局等部门,做到各自履职尽责,全力支持配合,形成推进改革合力,营造支持改革氛围。二是医疗服务共同体上下分工合作有序。医疗服务共同体内部真正做到行政、人事、财务、质量、药械、医保、公共卫生、信息等"八统一"管理。县级牵头医院、乡镇卫生院和村级卫生室各负其责、各行使命,明确县级医院、镇卫生院各自确保收治的病种目录,建立上下转诊绿色通道,引导县级医院医生把常见病、多发病向基层下转。县级疾控中心、妇幼保健中心等积极参与,确保县域内每个居民健康问题有人知、有人问、有人服务,真正落实县乡村一体化。

第四,破解重点难点问题,推动改革持续深入进行。天长医改较早进入"深水区",面对改革利益藩篱等难点问题和"瓶颈"问题,天长市不绕"弯子"、不踩刹车,敢于迎难而上,坚持深入推进医改不放松。一是建立医改调度机制,医改重要问题由市委常委会会议、市政府常务会议和全面深化改革委员会会议专题研究,每年坚持将综合医改工作列为全市深化改革的重点改革任务,关键环节的改革"一把手"亲自谋划、亲自把关、亲自协调、亲自督查,分管领导定期调度,强力推进。二是建立考核问责机制,各部门、各单位改革任务落实情况,纳入市委市政府绩效考核,激励与奖惩兑现。强化紧密型医疗服务共同体绩效考核机制,考核结果作为医院党委书记、院长选拔任用、管理监督、激励约束的重要依据。如2018年12月28日,时任安徽省委书记的李锦斌对天长医改作出重要批示,天长市制定《进一步深化全市综合医改工作实施方案》[①],并第一时间抓落实。2019年3月6日,按照省调研组医改要求,天长市制定问题清单、任务清单、责任清单,卫健委、医保局同时抽调专人组建专班现场办公,率先实现医疗服务共同体转型升级。

第五,构建良性运行机制,使改革富有活力和成效。医务人员是改革的主力军,调动医务人员深化改革的积极性,是医改成功的关键因素。一是做实"两包"机制,落实基本医保基金和基本公共卫生经费按人头总额预付,实行"总额

① 天长市卫健委2019年工作总结及2020年工作计划[EB/OL].(2020-12-18)[2022-05-27].http://www.tianchang.gov.cn/public/161054597/314629933.html.

预付、超支合理分担、结余留用”,健全利益共享、责任共担机制。二是建立柔性引才机制,引入长三角等地优质资源,有效提升县域医疗服务能力。提升基层服务能力,加强镇卫生院儿科、外科、康复医学科等特色科室建设。实施基层医疗服务能力提升三年行动计划,2018—2020年,市财政每年投入1000余万元,进行基层医疗机构基础设施改扩建工程。建立专项资金,让引进的医务人员靠知识、靠技术、靠劳动获得阳光、合理、体面、有尊严的报酬。三是完善激励机制。改革完善人事薪酬制度,充分调动医务人员积极性。实行医务人员岗位绩效工资制,全市两家公立医院人员支出占比均达40%以上,人民医院和中医院2020年人均收入分别达17.2万元和14.4万元。乡镇卫生院全面落实“一类保障、二类绩效”制度,年度结余的70%用于医务人员的二次分配。

三、天长市公立医院综合改革的成效与启示

(一)天长市公立医院综合改革取得的成效

在强有力的法治支撑下,天长市医改取得了明显的成效。一是医疗资源不断丰富。2020年年底全市拥有床位数3711张,执业医师(助理医师)1535名,注册护士1800名,较2016年分别增长了22%、3%、78%。二是群众得到实惠。群众就医问诊更加方便,县域内就诊率始终保持在90%以上;医保报销实际补偿比持续在71%左右;医保资金县域内使用率保持在75%左右。三是县级公立医院内部运行指标不断优化。2020年,药费总收入占医疗总收入22.32%,百元耗材收入17.02元,医疗服务收入占医疗总收入43.77%,Ⅲ、Ⅳ类手术占医疗总收入58%左右。四是基层医疗机构得到发展。全市基层医疗机构在牵头医院帮助下建立特色专科7个,开展新技术1项,6家中心卫生院获得国家命名群众满意乡镇卫生院,1家社区卫生服务中心被命名为“国家示范社区卫生服务中心及全国百强社区卫生服务中心”,2020年,基层医疗机构住院9830人次,较医改前增长12.7%。

截至2016年10月底,天长市医务人员年均收入与2012年相比翻了一番,县域内就诊率达到了92.24%。第三方调查显示,市内两所公立医院满意度一直保持在92%以上。2016年、2017年连续受到国务院通报表扬,4次在全国会议上交流发言,国家卫健委两次召开现场会推广天长市公立医院综合改革的

经验。

(二)天长市公立医院综合改革的经验启示

1.搭建县域医改的“四梁八柱”

深化改革,制度先行。天长市在实施县级公立医院综合改革国家级示范建设中,按照改革立项、决策起草、方案论证、集体决策等重大行政决策程序要求,履行相应程序,做到决策规范。全市确立了“改革推进到哪个阶段,法治就跟进到哪个阶段”的工作思路,先后出台一系列针对性强的制度性文件,为医改工作推进搭桥铺路。如关于医改的总体架构,制定了《天长市深化医药卫生体制综合改革实施方案》,成立了全市医疗改革委员会,加强统一决策,形成有效管理体制;出台了《关于进一步完善县级医院管理体制的实施意见》,实行党委领导下的院长负责制;为优化财政投入机制,印发了《天长市医疗卫生机构政府投入暂行办法》《天长市公立医院运行补偿管理实施细则》等,有效确保公立医院良性运转;创新人才支撑机制,出台了《进一步加强基层医疗卫生机构人才队伍建设的实施意见》,规定在镇卫生院服务满3至5年后,经考核可择优纳入县级公立医院编制“周转池”管理,形成医疗服务共同体内人才合理流动。

2.大力开展法治宣传,使法治思想深入人心

为了学习贯彻习近平全面依法治国新理念新思想新战略,天长市集中开展了“大学习大培训大研讨”主题活动。围绕学习贯彻习近平总书记全面依法治国新理念新思想新战略和重要讲话精神,结合“不忘初心、牢记使命”主题教育,推动各地各部门通过专题学习会、报告会、培训班、党委(党组)中心组学习等形式,开展系列学习研讨。为了表彰在学习教育活动中涌现的先进典型,市政府印发了《关于开展天长市首届“十件法治实事”评选活动的通知》(天法发〔2019〕5号),在全市各地各部门广泛征集,评选出一批党的十九大以来在全市范围内发生的重大法治实践事件及典型法治案例,进一步在全社会弘扬社会主义法治精神、提升全民法治意识,提升广大干部群众运用法治思维和法治方式推动发展、深化改革、化解矛盾、维护稳定的能力。在法治政府建设的推动下,天长市医疗系统广大职工深入学习与贯彻国家和省、市医疗改革的精神,通过广泛深入的学习和研讨,干部和群众在医疗改革的宗旨、要求和步骤等方面达成了共识,增强了信心和凝聚力,为医疗改革打下了坚实的思想基础。

3.强化制度实施,医改法治化稳步推进

为了闯出医改路,天长不仅在政策执行上不走样,而且在规定动作上进行了创新。天长市主要从以下五个方面强化医疗改革制度的实施。一是强化组织领导。市委书记和市长担任医改领导小组组长,市长担任公立医院管理委员会主任,充分发挥了统筹协调作用。各个部门有分歧或者有不同需要需进一步协调的,市委书记、市长亲自拍板,进行决策。市委市政府必须高度重视医改工作。单靠卫健委、靠财政局、靠医改办,任何一家单打独斗都不可能起到预期效果。二是强化医保作用。天长市率先将城镇职工、城镇居民和新农合三项医保制度整合,成立了天长市医保基金管理中心,把三个医保制度归到一个中心管理。在当前大环境下,应该说医保在“三医联动”当中具有非常重要的作用。天长市通过成立该中心在医保工作中积累了良好的经验。三是强化资源聚集。在打造县域医疗服务共同体的过程中,天长市树立了良好榜样。天长市致力于打造发展共同体、责任共同体、利益共同体、服务共同体这四个共同体,通过打造县域医疗服务共同体,体现资源聚集效果,能实现资源倍增效益。四是强化改革联动。天长市落实安徽省有关规定,实行医管会领导下的院长负责制,明确医院的独立法人地位,医院有一定的自主权,建立总会计师制度,也建立公立医院的补偿新机制,完善相应的人事薪酬制度,改革分配方式,这是医改当中非常重要的方面。这些方面需要改革联动,需要决策者在思维上做到联动,部门之间、医院和患者之间也要改革联动。五是强化健康管理。在天长,由县级医疗机构、专业公共机构、基层机构共同承担健康管理责任,建立了防治结合、优势互补的服务体系,从以治病为中心向以健康为中心迈进。

4.加强法制监督,保证医改惠及全体人民

为了保证医疗综合改革惠及全体人民,天长市不断建立健全权力运行的监督机制,一是建立政府办医责任清单,明确政府对公立医院在规划、发展、建设、补助、债务化解等方面的责任,全市卫生支出占财政支出比重一直保持在15%以上,同时将医改前公立医院债务全部纳入政府性债务统一管理。二是建立外部治理综合监管清单,厘清监管内容、要素、流程等,规范相关部门对医疗机构的管理责任和监督责任。

四、问题与展望

(一)存在的问题

天长市公立医院综合改革在取得显著成效的同时,也还存在以下不足:

第一,卫生系统人力资源建设需要进一步加快。通过逐步探索,天长市医疗系统利用多种渠道引进人才,但限于县域自身的条件和区位等因素,基层医护人员招聘比较困难,同时,即使招聘进来了,也存在留不住人的现象。因此,医护人才缺口仍然较大,人力资源问题已经成为制约天长市医疗机构能力提升的重要因素。

第二,医保资金压力仍然较大。近几年,虽然天长市医保资金筹资标准在逐年提高,但是仍不能满足人民群众日益增强的就医需求,加之医保异地结算的便捷化,医保资金总额仍然相当吃紧。

此外,天长市公立医院综合改革在推进法治化的过程中,仍还存在着法治政府建设中存在的共性问题,如受传统观念的影响,法治理念有待进一步确立,个别单位和职工推进医疗改革的过程中存在"形式化""口号化"的倾向等。

(二)未来县域公立医院综合改革的展望

针对上述改革过程中存在的问题,未来须从以下几个方面着手,进一步完善医疗改革的管理体制和运行机制。

1.深化管理体制改革,理顺政府与医院的关系

受传统管理体制的影响,县域公立医院长期存在着大一统的管理模式,即政府直接控制着县级公立医院的各个方面,公立医院运行效率不高,医院的运行缺乏活力等,因此,需要深化医院管理体制改革,加快政府部门的职能转变,真正理顺政府与公立医院之间的关系,科学地界定政府主管部门与公立医院的职责,有效地加强政府卫生行政部门对医疗行业的宏观管理,积极地探索管办分离的体制模式,授予公立医院办院的自主权,真正建立起政策统一、运转协调、办事高效的县级公立医院的管理体制,使县级公立医院能够有效地进行内部经营管理,自主地开展专业技术人才的招聘和使用,自己决定科室和岗位的设置,并积极地推行内部分配制度改革,提高医院的运行效率和经营效益。

2. 加强医院党的建设，发挥党组织的坚强核心作用

坚持党的领导，是中国特色社会主义最本质的特征，也是各级各类公立医院深化医疗综合改革的独特优势。天长市公立医院综合改革实施以来取得了令人瞩目的成绩，但在进一步推动的过程中仍存在一些问题，如服务与供给能力依然薄弱，基本医保还不能充分减轻患者负担等。要解决医改中暴露出来的问题，离不开中国共产党的正确领导，我们要不断加强医院党建工作，加强党对公立医院的领导，坚持正确的医改方向，才能保证医改沿着正确的方向前进。加强医院党组织建设，就是要从思想上、政治上理解和掌握医改的核心要义和本质要求，牢牢把握思想建设这条主线，积极发挥党组织和党员的先锋模范作用，本着以人民为中心的理念去解决医改过程中出现的问题。

3. 创新健康管理模式，构建健康服务共同体

在紧密型医疗服务共同体建设路径下，通过体制机制调整和管理创新，实现防治结合、医防融合和康养护服务一体化的“健共体”新模式。以标化绩效为抓手，推进以治病为中心向以健康为中心转变。一是巩固健康管理网络。依托现有健康网络，组建包含牵头医院、镇村医疗服务机构、疾控、妇幼保健、卫生监督、社区等各行业机构的健康管理共同体。二是制定慢性病标化绩效管理方案。组建健康服务团队，遵循“健康改善”的原则，充分体现“防治结合”，积极开展健康服务。对慢性病患者提供预防—治疗—康复—健康管理四个阶段的全流程服务。三是按照“先行先试、由点到面”的工作进程，逐步将弱势学科、重点学科、分级诊疗重点扶持发展学科、医护康养以及中医药在健康管理方面的内容进行标准化。

4. 着力提升公立医院的综合服务能力

一是加快卫生人力资源建设。通过“引进来”机制，不拘一格引进人才；通过“走出去”机制，鼓励本地医学人才进一步深造，积极和国内及周边影响力较大的三级医院结对培养各类专业型人才。二是巩固三级医院创建成果，强化医疗质量管理，大力推动学科建设，创建重点学科，建成胸痛、卒中等六个中心。三是加强医院文化建设，完善医院人文馆，培育职工核心价值观，增强团队凝聚力。

推进县域治理法治化

马玲玲[①]

摘　要：县域治理作为直接面向广大人民群众的基层治理，在整个国家治理体系和治理结构中处于承上启下的关键位置，它不仅涉及基层的稳定，还关系到国家治理体系和治理能力现代化进程，是法治中国建设的基础区域。县域政府治理法治化对于实现全面依法治国基本方略意义重大，但是目前县域治理还存在一些与全面依法治国要求差距较大的问题，因此，县域政府治理法治化的路径选择值得探究。县域政府在依法治县中处于引导地位，更应该针对问题，明确不同治理主体的地位，积极引导和发挥多元治理主体的作用；加大普法力度，提高治理主体的法治意识和能力；完善制度条例，解决制度适应性、协调性和落后性的问题；保证严格执法、公正司法、全民守法，推动各治理主体依法办事；强化法治工作的监督管理，明确监督职责，加大监督力度，提升县域法治工作透明度。只有如此，我们才能从思想、制度、行动上落实法治。

关键词：县域治理法治化；法治建设；依法治国

在《管子》一书中，记有“法者民之父母也”，“不法法则事毋常，法不法则令不行”，“故法者，天下之至道也”，将法提升到了民之父母、治国、治天下的位置，足以表明法在国家治理中有着举足轻重的地位[②]。法治思想自古有之，并于近代不断发展完善。2004年3月22日，国务院印发并实施《全面推进依法行政实施纲要》，第一次提出了“法治政府”的建设目标，这对我国法治建设推进具有里程碑式的意义。

“郡县治，天下安。”县域位于国家基层位置，它的治理工作关系整个国家的

① 马玲玲，安徽师范大学法学院研究生。

② 徐鑫．论《管子》的行政法思想[J]．名作欣赏，2020(30)：14-15.

治理与社会的安定。在中国共产党的组织结构和国家政权结构中，县一级处在承上启下的关键环节，是发展经济、保障民生、维护稳定的重要基础，也是干部干事创业、锻炼成长的基本功训练基地[①]。习近平总书记在《中共中央关于全面推进依法治国若干重大问题的决定》的说明中提出："法律是治国之重器，法治是国家治理体系和治理能力的重要依托。全面推进依法治国，是解决党和国家事业发展面临的一系列重大问题，解放和增强社会活力、促进社会公平正义、维护社会和谐稳定、确保党和国家长治久安的根本要求。"[②]"郡县治，则天下无不治。"国家治理的基础在县域，国家法治建设的基础也在县域。随着人民对美好生活的需要日渐复杂化、多样化，人民对物质生活的要求越来越高，对于其他精神方面的要求也日益增长[③]，而且他们越来越关注、越来越多地参与国家的治理活动，但是由于治理主体的多元以及能力的参差，治理过程中时常出现问题，这时主体之间应当依靠法治相互串联起来，需要更好地发挥法治固根本、稳预期、利长远的保障作用，从而共同推进国家治理法治化。而我国的法律法规和政策大多从县域开始展开和落实，我国的县域治理其实是国家治理的缩影，在当前全面深化改革和全面依法治国的背景下，对县域治理法治化的意义、境况和路径进行探讨研究对"全面依法治国"基本方略的实施是有益的。本文以安徽省X县、Y县的法治建设为例，对县域治理法治化的意义、境况和建设路径作初步探讨。

一、县域治理法治化的意义

党的十九大报告明确提出到2035年"法治国家、法治政府、法治社会基本建成"，要加强社会治理的制度建设，提高社会治理社会化、法治化、智能化、专业化水平，并且作出了"中国特色社会主义进入新时代"的重大判断，提出我国社会的主要矛盾从"人民日益增长的物质文化需要同落后的社会生产之间的矛盾"转化为"人民日益增长的美好生活需要和不平衡不充分的发展之间的矛盾"。在全面建成小康社会后，人们对美好生活的需要日渐复杂化、多样化，不

① 封丽霞.全面依法治国中的县域治理[M].北京：人民出版社，2015：2.

② 习近平.关于《中共中央关于全面推进依法治国若干重大问题的决定》的说明[J].理论学习，2014(12)：18-25.

③ 法治中国建设规划(2020—2025年)[N].人民日报，2021-01-11(1).

仅表现在对物质生活的高要求上,而且表现为对民主、法治、公平、正义、安全、环境等方面的要求也日益提高,这些都需要更加健全的法治体系作为保障,也体现了推进全面依法治国的重要性。

法治兴则国兴,法治强则国强。法治化是实现国家富强、民族复兴、人民幸福的重要途径,也是实现国家治理体系和治理能力现代化的关键一步。而在我国的治理体系中,县域起到上传下达、承上启下的关键枢纽作用,它不仅涉及基层的稳定,还关系到国家的长治久安,是保证国家政策落实、社会和谐有序、人民幸福安康的重要环节,也是法治中国建设的重要区域。因而,县域治理法治化具有十分重要的意义。

首先,县域治理法治化有利于政策上传下达、提升国民认同感。从国家政权结构来看,一方面,县级政权起到重要的上传下达作用,是落实国家大政方针的关键环节。县级政权处在全面依法治国的第一战线,是国家法律法规和政策的重要执行者。县域的各种执法和司法活动,直接与人民的切身利益息息相关。国家的政策方针在县域内实施,通过县域内政策实施情况反馈,可以及时推动政策的调整与完善。法治亦是如此。推进县域治理法治化不仅是为了巩固基层政权,维持县域内的各项秩序,更是对全面依法治国基本方略的落实。另一方面,县域治理直接面向人民群众,县级政权的管理直接关系到群众的切身利益以及国家与人民群众之间的关系,如若县域政权组织滥用职权、治理无效,势必使政府公信力下降,最终会导致县域治理危机,阻碍国家治理体系和治理能力的现代化。对此,我们必须推进县域治理法治化,把权力关进制度的笼子里,以此来保障人民权益,保障县域治理的稳定,提升人民对国家的认同感,促进社会更加和谐有序。

其次,县域治理法治化有利于县域治理科学规范、持久有效。从县域的基层性[①]来看,县域治理不仅因为级别较低、基层民众冲动、市域抢占资源而面临政治参与压力和自身发展受阻,还面临着因中央控制相对较弱问题,治理水平也受到制约,这些问题大多与缺乏完备的法治制度有关。若放任下去,这些问题必将进一步扩展,衍生出新的问题,最后损害人民利益,甚至威胁国家根基。所以,县域治理法治化首当其冲。作为区域治理中基本的空间单位,县域治理更擅长的是动员式的社会治理,更强调通过制度建设,激发社会活力,激励各治

① 吴家庆.我国的县域政治发展刍议[J].政治学研究,2006(3):83-91.

理主体参与到治理中去，而法治就是内核，只有推进县域治理法治化，才能使县域治理更加科学、规范和持久。

最后，县域治理法治化有利于推进法治国家、法治政府、法治社会建设。党的十八大以来，以习近平同志为核心的党中央坚持法治国家、法治政府、法治社会一体建设，并且鼓励各治理主体积极培育法治思维，提高法治意识和法治能力，用法治的方式处理问题，化解社会矛盾，凝聚改革共识，促进社会的和谐稳定发展，这也说明推进法治建设需要各方通力合作，共推法治国家、法治政府与法治社会建设。国家治理体系和治理能力现代化、社会治理现代化都在中央文件中出现多次，而县域治理法治化不仅属于法治中国建设的重要区域，也是社会治理现代化的内在要求。在全面依法治国和全面深化改革的大背景下，县域作为国家治理体系中的"试验田"，关系到我国"四个全面"战略布局的深入推进，所以我们需要推动县域治理的改革与创新，而这些都建立在法治的基础上，县域治理改革与发展需要法治作保障。法治既有维护国家安全稳定、人民幸福安康的重要作用，还关系到政府的有效运行和整个社会的和谐有序，它不仅具有国家治理的工具性意义，还有影响国民价值观层面的意义，与人民、政府和社会息息相关。推进县域治理法治化不仅可以实现国家法治水平在县域范围内的提升，还可以提高人们的法治观念，对推进法治中国、法治政府和法治社会的建设具有重要意义。

二、县域治理法治化的境况

作为"四个全面"战略布局的有机组成部分，"全面依法治国"是治理国家的基本方略，是推动国家治理体系和治理能力现代化的重要内容，也是加快实现社会主义现代化的迫切需要，而要真正发挥其作用就应大力推进全面依法治国在基层的贯彻落实。在县域治理层面，2014年3月，习近平总书记在河南考察时提出要"把强县和富民统一起来，把改革和发展结合起来，把城镇和乡村贯通起来"，这不仅仅是各县经济发展的行动指南，也应作为法治建设方向指导县域治理法治化。法治作为国家治理体系和治理能力现代化的重要保障，贯穿于国家改革、发展和稳定的方方面面。对改革来说，国家治理体系和治理能力现代化并不只是琐碎的、微观的调整，而是全面深化改革，深入县乡，关心各行各业，涉及各领域、各区域；就发展而言，国家治理体系和治理能力现代化并不仅仅是追求单一的经济增长,而且关注政治、文化、社会等方方面面的现代化;就稳定而言,国家治理体系和治理能力现代化追求的不是短暂的和平,而是国家的长治久安,在这三者的运作下,法治贯穿其中,在国家治理中发挥着重要作用①。而作为全面依法治国的焦点和难点,县域治理在国家治理体系中处于承上启下的关键枢纽位置,也是全面依法治国基本方略在基层的生动实践。在当前全面深化改革和全面依法治国的背景下,全面依法治县的实践正在全力展开。

(一)依法治国在县域范围内的推进

2020年,安徽省X县按照党的十九大和十九届二中、三中、四中、五中全会及中央全面依法治国委员会总体部署,坚持以习近平总书记全面依法治国新理念新思想新战略为指引,坚持科学立法、严格执法、公正司法、全民守法一体推进。X县主要从制度、执行、监督三方面开展法治工作,提升法治能力,推进县域治理法治化,还代表合肥市接受省级"七五"普法评估验收,并且顺利通过了"全省法治政府示范市(县、区)"验收,各项法治工作取得了十分喜人的进展,充分发挥了法治的引领和保障作用。

首先,在制度层面,县域法治建设更加专业化、科学化和民主化。X县贯彻落实《法治中国建设规划(2020—2025年)》精神,努力建立完备的法律规范体系,以良法促进发展、保障善治。依法治县的首要前提是有法可依,因此推进科学立法、民主立法以及依法立法势在必行。该县在2020年持续完善行政制度,不仅能够积极做好省市地方性法规、政府规章草案征求意见反馈工作,积极配合行政立法工作,还构建了"全省一单"权责清单制度体系,严格落实《安徽省权责清单动态调整管理办法》要求,结合该县实际情况,制定印发了权责清单目录。清单公布实施前征求意见,并履行合法性审查新公布权责清单共2655项(2019年为3129项),精简474项,权责事项减少15%,有效实现了为公民提供便利的目标。除此之外,X县多次印发规范性文件,加强规范性文件的监督管理,完善重大事项合法性审查机制,增强其合法性;不断健全法律顾问制度和公职律师制度,进而提升全面依法治县的专业性、科学性和民主性。

其次,在执行层面,县域法治建设更加严格公正、积极高效。X县推进城市管理、市场监管、交通运输、生态环境、农业农村等部门的综合执法体制改革,是对县域治理法治化的一次创新,有利于形成权责统一、权威高效的综合行政执

① 吴传毅.法治政府建设的多维审视[J].行政论坛,2019,26(3):110-116.

法体制；从相关文件梳理、制定实施方案和开展监督检查三方面开展工作，贯彻落实"一法一决定"，强化保护有关野生动物资源的执法工作；积极落实行政执法三项制度，真正做到"执法行为过程信息全程记载、执法全过程可回溯管理、重大执法决定法制审核全覆盖"，全面实现"执法信息公开透明、执法全过程留痕、执法决定合法有效"①。在执法过程中，X县在执法人员管理、"两法衔接"、裁量权调整和群众公议活动方面也投入了许多精力，有效提升了执法的质量、透明度，更有利于深入推进严格执法、公正司法和全民守法，增强人民群众的获得感、幸福感和安全感。

最后，在监督方面，该县域法治建设更加公开透明、便民利民。X县不仅增强了对规范性文件的监督管理，还加强了对行政权力的监督，加强了行政应诉工作、法治政府建设综合性督察工作和法治政府建设组织领导工作。他们在对法治建设开展自查总结、进行内部监督的同时，于政府的信息公开网站设"法治X县"专栏，向全社会公开法治建设工作，在提供法治服务便利的同时接受社会的监督，有效推进X县治理法治化的透明与公正。

X县全面贯彻以习近平同志为核心的党中央决策部署，持续推进全面依法治县，各项事业取得了显著成效，并且成为"全省法治政府示范县"、全国"七五"普法中期先进集体、全国坚持发展"枫桥经验"实现矛盾不上交试点工作表现突出集体，在法治化道路上形成了自己的特色。这样的县域治理法治化试验是全面依法治国基本方略在基层的成功案例，有利于促进国家法治建设，也是推进国家治理体系和治理能力现代化的动力。

（二）县域治理法治化的困境

2021年3月，时任安徽省委书记李锦斌在省委全面依法治省暨平安安徽建设工作会议上提出，党的十八大以来，法治安徽、平安安徽建设发生历史性变革，也取得了历史性成就，各项工作都在持续展开，群众安全感不断增强，有力保障了全省持续推进改革开放和现代化建设，但同时要"清醒看到，法治安徽、平安安徽建设既面临风险挑战，也存在短板不足"，我们必须给予高度重视，要"深入学习宣传贯彻习近平法治思想，建设更高水平的法治安徽、平安安徽"②，

① 长丰县2020年度依法行政和法治政府工作报告[R].长丰县政府，2021-03-10.

② 李锦斌在省委全面依法治省暨平安安徽建设工作会议上强调深入学习宣传贯彻习近平法治思想、建设更高水平的法治安徽平安安徽[N].安徽日报，2021-03-17.

应时刻警惕法治建设过程中出现的问题,防患于未然。

作为法治建设的重难点,县域治理法治化中出现的问题将直接关系到全面依法治国以及国家治理体系和治理能力现代化的进程。从X县的法治建设中,我们可以看出法治在县域范围内的普及与创新,但是同为一市之县的Y县与之相比,法治建设就没有那么出彩,存在明显的不足,这说明法治在县域治理中存在横向差异。X县与Y县同在一市,两者的资源相差并不大,2020年两县还一同入选"2020年赛迪中国百强县""全国县域经济综合竞争力100强"。相比之下,虽然Y县的经济总量比X县更高,但是法治建设落后于X县,这种现象在全国各地不在少数,究其原因,主要有以下几点。

1.人治传统根深蒂固,法治意识不强

一方面,我国自古以来便有人治和德治的传统。子曰:"其身正,不令而行;其身不正,虽令不从。"(《论语·子路篇》)孟子也说:"君仁莫不仁,君义莫不义,君正莫不正,一正君而国定矣。"(《孟子·离娄上》)长久以来,仁政被认为是一种善,成为治国理政的目标,这种德治的传统思想在人们心中根深蒂固。不可否认,追求善治的方式促进了中国仁爱为本的社会关系及民本思想的政府观的形成,形成了特有的"中华文明基体论"[①],但是这种偏向感性的方式发展到后期会导致权大于法、权力共享的畸形的人情社会的形成,从当前法治中国建设的角度来看,这种人情社会会弱化法治规则,软化法治精神[②],而且影响人们提升法治意识,会撼动法治的社会基础。另一方面,"法律工具主义"和"法治虚无主义"盛行[③],人们仅仅把法律作为一种工具,忽视其本身的意义,缺乏对法律的信仰和尊重。"关系社会"中的特权思想经常使人们忽视法律,一旦遇到困难,找关系、托人情的不在少数,希望诉诸法律途径以取得公正的并不多,久而久之,难免会轻视法律,钻法律漏洞,做出违法违规的行为。我国的人治传统在一定程度上导致我国公民的法治意识不强,法律知识掌握不够,尤其是对政府工作人员的影响表现更为明显,政府工作人员作为全体社会的道德楷模和行为榜样,是其他社会成员的一面镜子,他们法治观念的高低将直接影响县域治理法治化的进程,对于法律的掌握应该更加深入,法治意识更应加强。Y县的法治建设与X县明显有差距,虽然采取了措施,但是一些法治建设工作人员的法治观念

① 杨光斌.什么是历史政治学?[J].中国政治学,2019(2):3-21,214.

② 王洁.从"人情社会"到"法治社会"[J].人民论坛,2015,32(54):106-108.

③ 封丽霞.全面依法治国中的县域治理[M].北京:人民出版社,2015:46.

仍比较淡薄，学法、用法意识不强，法治能力也略有不足，工作人员缺乏法治思维的培养必然会阻碍整个县域治理实现法治化。

2.制度欠落实，制度化程度较低

《管子·法禁》中记有“法制不议，则民不相私”，即法令制度不容非议，民众就不敢相互营私，说明一套健全的法律制度规范对国家治理十分重要。制度是国家的基础、社会的规范、治理的依据，治理是制度在实践中的现实化，县域治理“需要完备的规范体系、高效的实施体系、严密的监督体系、有力的保障体系作为支撑”①，而健全的法律制度是全国各县开展法治建设的基础，也是依法治县的依据。通过对X县和Y县法治建设的对比发现，X县在法治建设中贯彻落实《法治中国建设规划（2020—2025年）》精神，努力建设完备的法律规范落实制度体系，以良法促进发展、保障善治②，该县充分认识到完备的法律规范体系的重要性，并大力加强制度完善工作，确保有法可依，发布《X县2020年度依法行政和法治政府工作报告》是其一大特色，Y县在这方面虽有推进，但仍有不足。制度具有时代性，随着社会发展进步，必然会有新生事物涌现，推动制度向前发展，给县域法治建设提出新难题。正如俗语所说“计划赶不上变化”，经济的快速发展使人们生活方式、消费方式、娱乐方式发生改变，许多新兴事物发展迅速，比如电商平台迅速发展，而目前电子商务相关的立法还赶不上电商发展的速度，这增加了县域政府的治理难度，而法规滞后、有效性不强、针对性不强等问题也严重阻碍县域治理法治化，法治建设缺乏法制的保障和指导也会影响其进程，法律规范落实制度体系不健全就无法保障全面依法治县全力推进，所以各级政府与相关机关应注意不断完善法制，使其跟上时代发展的步伐。

3.政府执法不严，民众不善用法

明代宰相张居正曾说：“天下之事，不难于立法；而难于法之必行。”（《张居正奏疏集》）党的十八大以来，关于严格执法的重要性，习近平总书记在一系列重要讲话中多次提及并不断强调。对一个国家来说，如果有一套十分完备的法律体系，但是实施过程不严谨，那么这些法律也就成了一纸空文，全面依法治国也无处入手，遥遥无期。法律制度的执行也是县域法治建设的关键环节，它直接影响法律制度的最终效果，关系到整个社会的稳定与发展。在推进县域治理法治化进程中，各政府部门应做到严格执法，司法机关要公正司法，社会各界应

① 任衍雷，孙婷.法治视角下县域社会治理精细化的思考[J].改革与开放，2018(16):76-79.

② 法治中国建设规划(2020—2025年)[N].人民日报，2021-01-11(1).

做到全民守法。但在现实的执行过程中,依然存在执法人员不够严谨、滥用私权、执法严格程度存在时间差异(主要体现在平时与节假日期间)的现象,也有些县政府法治建设求快不求质,搞形式工程、政绩工程,导致以文代法、忽视法定程序的问题,这虽然带来一时的方便,但会造成法治资源的浪费以及法治的不确定性[①]。在县域法治建设中,基层公务人员和公众可能因为法律知识储备不够,无法真正做到遵法、学法、守法和用法融会贯通。除此之外,中华传统文化孕育了"人情社会",民众遇到问题通常选择"找熟人",往往忽视法律途径,连带地可能会使公权私用,这无疑是违反法治精神的,对县域治理法治化不利,也会使依法治国、依法执政、依法行政受阻。

4.监督机制不健全,监督不力

推进全面依法治国,构建法治国家、法治政府与法治社会需要有强有力的监督机制来保驾护航。习近平总书记也曾强调:"要健全权力运行制约和监督体系,让人民监督权力,让权力在阳光下运行,确保国家机关按照法定权限和程序行使权力。"[②]然而,目前我国基层的监督机制尚不完善,许多治理环节因为监督机制不完善,导致权力运行得不到有效制约和监督,治理效能欠缺,公民诉求也得不到有效回应。一方面,在监督主体上,越来越多的主体参与,但其职责分工不明确。随着我国党内监督、司法监督、社会监督等方式的不断推进,监督主体更加多元化,主体多元的确可以更加及时发现问题,但是现实情况往往是多方参与问题的提出,却无人解决问题。监督制度过于分散,没有形成统一协调的监督体制,各方监督力量无法形成合力[③],职责分工不明,推诿扯皮现象依然存在。另一方面,过程监督的力度不强。目前,我国缺乏对于法治建设的过程监督,一些执法人员存在工作懈怠偷懒、不作为、乱作为、失职等问题,这样会导致县域治理法治化存在很大的随意性和不确定性,造成基层的不稳定,阻碍法治国家、法治政府和法治社会的共同推进。

三、推进县域治理法治化的路径

当前,我国正处于实现中华民族伟大复兴的关键时期,中国特色社会主义

① 封丽霞.全面依法治国中的县域治理[M].北京:人民出版社,2015:20.

② 十八大以来重要文献选编:上[M].北京:中央文献出版社,2014:135.

③ 施乐.新时代基层政府依法行政问题研究[J].产业与科技论坛,2019,18(12):237-238.

事业处在上升期，政治、经济、文化、社会生态等各项建设任务艰巨繁重。在新时代，要推进良法善治的现代化国家建设，必须坚持党的领导、人民当家作主、依法治国有机统一，坚定不移走中国特色社会主义法治道路，深入贯彻落实习近平法治思想，总结法治建设经验，推进法治建设不断创新发展。县域治理法治化是法治中国建设在县域范围内的推进，应与法治中国建设保持一致，目标应是将“实现法律规范科学完备统一，执法司法公正高效权威，权力运行受到有效制约监督，人民合法权益得到充分尊重保障，法治信仰普遍确立”[①]。据此，下文从思想观念、制度完善、执法行为、法治监督四个方面探讨县域治理法治化的推进。

（一）思想观念层面

培育法治思维是一个国家推进法治建设的重要思想前提，也是我们推进县域治理法治化的目标。法治建设是一个系统的过程，“棋差一招，满盘皆输”，一旦决策过程出现差错，整个系统的运行都会受影响。这时，决策者的法治思维和法治意识就显得十分重要。但是，目前“人治思维”“法律工具主义”“法治虚无主义”等长期以来形成的思维定式阻碍着我国的法治实践，是我们急需解决的问题。面对上述问题，我们必须要处理好德治与法治，在“依法治国和以德治国相结合”的原则下坚持法治为主、德治为辅的关系，既发挥道德的教化作用又要充分发挥法律的规范作用，切忌本末倒置；更要正确处理人情与法治之间的关系，时刻对“人情社会”保持警惕，严防以权谋私、权钱交易等行为的滋生。

在新时代，国家的根基在基层，全面依法治国的基础也在基层。建设法治社会必然要实现法律受人人尊重、人人在法律面前平等，所以，若要推进县域治理法治化就应该提高人们的法治意识和信仰，这首先要从习近平法治思想入手，要以习近平法治思想为县域治理法治化的根本遵循和行动指南，持续推进广大干部群众深入学习贯彻习近平法治思想，深刻领会蕴含其中的马克思主义的立场、观点与方法，全面准确把握其精神实质、丰富内涵和核心要义，增强学习贯彻的自觉性和坚定性[②]。其次，要牢固树立法律面前人人平等的观念，反对任何形式的私权、特权。要以一种规则思维和公平思维来化解矛盾，这是维护

① 法治中国建设规划（2020—2025年）[N].人民日报，2021-01-11(1).

② 法治中国建设规划（2020—2025年）[N].人民日报，2021-01-11(1).

社会稳定的治本之策①。因而我们要推进县域内民意表达法治化,维护公民权益,牢固树立有法必依、执法必严、违法必究的观念,维护法律权威。最后,大力加强普法力度,将普法落到实处,不流于形式。向群众普及法律知识,提高群众的法治意识和权利意识,真正做到全民尊法、学法、守法、用法,推动县域法治工作顺利向前推进。

(二)制度完善层面

"法制不议,则民不相私",完备的法律规范体系是法治建设的基础,以良法促善治是推进县域治理法治化的关键。面对目前县域法治建设中存在的制度化不足、法规滞后、有效性不强、针对性不强等问题,我们必须予以重视。要推进全面依法治县必须要有完备的制度规范为依据,而制度体系是由各级政府制定和不断完善的,仅仅依靠县域政府是不够的。因此,县域政府在完善制度工作中应当与上下级保持密切联系,积极反馈问题,为建立系统完备、科学规范、运行高效的法律规范体系助力,进而推进相关部门科学立法、民主立法、依法立法,从基层出发,支持和保障高质量立法工作的推进。

第一,保证制度在县域范围内的有效运行的第一步就是要解决其适应性、协调性问题,建立完备的法律规范体系也必须注意增强法律规范的针对性和可操作性。所以针对制度运行中低效率、不协调、不适应问题,应该及时组织清理。县域范围内制度规范的制定与实施都应当结合当地实际发展需要,突出地方特色,若有能力再进行创新,所以县域政府必须充分了解自己的地域特点,积极向上级政府反映问题所在,为创新创造空间。第二,建立完备的法律规范和制度体系必须坚持"立改废释"并举的原则,紧跟时代发展步伐,贯彻新发展理念,增强法制的时代性。所以县域治理法治化不仅要求各级政府根据新事物兴起建立新兴领域的制度条例,还要适应社会发展,修改或者废除原有的一些比较落后的制度条例。比如,随着信息时代的到来,数字政府、数字经济、大数据、人工智能等领域迅速兴起和发展,但是相关法律制度比较欠缺,各级政府需要及时跟进,抓紧时间补齐制度短板。第三,建立高质量法治体系必须由多主体通过多途径参与制度建设。因此要加强党对立法工作的领导,拓宽社会层面参与制度建设的途径和方式,完善"党委领导、人大主导、政府依托、各方参与"的制度建设工作格局,推进和完善多主体、多途径参与,提高制度建设的民主性、

① 封丽霞.全面依法治国中的县域治理[M].北京:人民出版社,2015:139.

科学性与实用性。

(三)执法行为层面

立法是一个从实践到理论的制度化过程,而执法则是从理论到实践的现实化过程。法律从出现的第一天起,就是为了被执行,它的生命力就在于实施,它的权威也在于实施。“天下之事,不难于立法,而难于法之必行”,实现县域治理法治化势必要重视法治的具体推进,要建立高效的法治实施体系,推进严格执法、公正司法、全民守法[①]。

首先,要提升县域政府依法行政水平,明确行政职责,加强政府在法治建设中的基本定位,充分发挥其带领作用。在我国法治建设中,政府是最主要也是占据引导地位的执行主体,政府严格执法、依法行政是我们推进县域治理法治化的关键和重点方向。县级政府直接面向群众,其依法行政状况直接关系到县域治理法治化进程及基层的稳定发展。建设法治政府是建设法治社会的先导和前提,应充分发挥其引领和带动作用[②],必须以法律为准绳,绝不能纵容政府违法行为发生。推进县域政府依法行政即“建设现代法治政府,核心要义就是加快政府治理的法治化与透明化建设”[③],所以要提升政府公职人员法治意识和法治能力,减少法治化过程中的浪费,提升法治化效率;大力推行清单制度并实行动态管理,对权力合理配置,明确界定各部门职权,避免职责交叉、相互推诿等问题,有益科学合理地设置机构人员和政府精简效能[④];坚持完善决策制度,依法决策是推进法治政府建设的前提,所以要不断提升法治决策水平,尽量避免决策失误,推进科学决策、民主决策、依法决策;坚持执法过程公开透明,提升执法的公正度和透明度,加大执法监督力度,促进执法人员规范执法行为,进而提升政府法治建设能力和水平;创新利用互联网构建法治服务平台,创新法治建设方式,建立数字政府以提供更为便利的法治服务。

其次,提高司法独立性,避免任何国家机关、社会团体和个人对司法工作的非法干预,构建公正高效权威的中国特色社会主义司法制度。随着我国司法体

① 法治中国建设规划(2020—2025年)[N].人民日报,2021-01-11(1).

② 相凯宇.坚持依法治国依法执政依法行政共同推进[N].西安日报,2019-12-02(6).

③ 汪金玉.加强法治政府建设,提升县域治理水平——基于安徽Y县权力清单制度的思考[J].安徽行政学院学报,2016,7(1):9-13.

④ 刘同君,李晶晶.法治政府视野下的权力清单制度分析[J].法学杂志,2015,36(10):62-68.

制机制改革深入推进,我国的司法工作硕果累累,但是仍然存在不足,比如效率不高、公信力较低等问题。针对这些问题,我们应当健全司法审查制度,进一步完善自由裁量权,降低法治建设过程中的不确定性。明确法院职能定位,充分发挥审计监督功能,提高司法部门工作效率,防止越位、缺位现象以及权钱交易等问题滋生。为了使司法权得到有效行使,更应该提高司法审判透明度并推进过程的公开化,让司法在阳光之下运行,使民众能够更加了解司法、敬畏司法,进而达到提升司法部门公信力的目的。

最后,大力增强普法力度,完善法治服务工作,在全社会形成全民守法的氛围。实现县域治理法治化需要全社会参与,形成合力,共同推进。"法治社会建设是法治政府建设的基础,政府要认清自己的位置,明白推进县域治理法治化必须使政府始终注重引导、带动和保障法治社会建设。"[①]总体来说,全面推进依法治国是一项系统工程,涉及我国发展的方方面面,必须统筹兼顾,要形成法治建设合力必须提高社会各界法治意识,调动全社会法治建设积极性,推动全社会尊法学法守法用法。实现全民守法的首要环节就是推进普法工作全力展开,要加强法治教育培训并全面开展普法宣传,提高全民法律素养并引导其形成正确的法治观念,然后大力提倡民众参与到法治建设中来,比如为政府决策建言献策、监督法治建设等,推进构建共建共治共享的社会治理格局。营造全民守法的氛围需要社会提供完善的法治服务,也需要大量的法律人才,因而必须大力培养法律人才,提高法治服务质量和专业水平。此外,县域法治建设应当认识到县领导干部的作用,抓住领导干部这个"关键少数",充分发挥领导干部的模范带头作用。让法治先在干部间运转起来,使领导干部真正成为尊法学法守法用法的模范,民众才会尊重法、学习法、常用法,县域治理法治化才能真正成为可能。

(四)法治监督层面

美国作家希尔德列斯说过,无限权力会让人冲昏头脑。没有受到监控的权力迟早会导致专制和暴虐。法治是整个国家治理的保障,一旦法治建设中出现无序、腐败、专权,那么整个国家的权威与稳定都会受到质疑与威胁,因而建立一套严密的法治监督体系至关重要。推进县域治理法治化需要实施全程监督,规范权力运行,完善制约与监督机制,切实加强对立法、执法、司法过程的监督。

① 相凯宇.坚持依法治国依法执政依法行政共同推进[N].西安日报,2019-12-02(6).

构建一套严密的法治监督体系，首先，应建立健全法治工作的公开透明机制。全面推进立法公开、执法公开、司法公开，权力机关要主动接受社会监督，提高法律的公正性，保证立法权、行政权、监察权、审判权、检察权的行使在最大程度上接受人民监督，要完善监督方式，加强国家机关监督、民主监督、群众监督和舆论监督，整合各方监督力量，形成法治监督合力。其次，健全问题应对机制，目前我国县域法治建设中存在多方监督，但仍存在推诿扯皮的问题，所以要明确划分各机关在法治建设中的职权，加大对执法不作为、乱作为、选择性执法、钓鱼执法等有关责任人的追责力度，强化全方位、全流程监督，提高监督质量，推动问题的有效解决。最后，创新监督方式，运用互联网、人工智能、大数据等技术构建县域法治建设监督平台，致力于推进法治监督的精准化，不仅可以提高监督的效率，推动法治的完善，还能使民众的监督更加便利，法治服务更加周到。

四、结语

如今，现代化浪潮早已在全球范围内掀起，各国治理都在朝着现代化方向推进，然而如何在这浪潮中形成自己的特色，作为现代化重要内容的法治首当其冲。在这个战略机遇期，推进法治建设是建设现代化国家的关键一步，县域治理法治化则是全面依法治国的基础环节，县域政府位处基层并直接与人民群众联系，县域治理在国家治理体系中处于承上启下的关键枢纽位置，其现代化治理水平关系着整个国家现代化治理水平的高低。把法治作为治国理政的基本方略，既是在总结我国数千年历史经验教训，也是在总结新中国成立以来的治国经验，更是在总结人类世界历史之经验教训的基础上所得出的结论[①]。而全面推进县域治理法治化就是总结法治经验、结合新时代特色的治理之道。

我国推进全面依法治国基本方略在县域范围落实，在这一过程中虽然涌现出一批法治示范县，但是，目前在推进全面依法治国基本方略的进程中依然存在不足，如民众法治意识淡薄、制度规范不完善、执法不严、监督不力的情况依然存在，进一步推进县域政府治理法治化的路径选择值得探究。根据路径依赖理论，我们可以推测，我国的法治建设若一直沿着旧路走，有一天会失去弹性，

① 胡锦光.习近平法治思想内涵解读[J].人民论坛，2014(28)：29-31.

形成路径依赖。当制度僵化时就会阻碍新生元素的发展,法治就无法发挥实际效用,甚至会阻碍社会发展,这时也就成了不法。而目前,我国正在全面推进法治中国建设,这是一个崭新的时代,也是一个奋进的新时代,“四个全面”战略布局已为推进县域治理法治化营造了优良的环境,反过来,推进依法治县不仅是推进全面依法治国的重要工作,还对推进县域现代化、国家现代化起保障作用。县域政府作为依法治县的主体,更应该针对问题,明确不同治理主体的地位,积极引导和发挥多元治理主体的作用;加大普法力度,提高治理主体的法治意识和能力;完善制度条例,解决制度适应性、协调性和落后性的问题;保证严格执法、公正司法、全民守法,推动各治理主体依法办事;强化法治工作的监督管理,明确监督职责,加大监督力度,提升县域法治工作透明度。只有如此,我们才能从思想、制度、行动上落实法治,消解法治工作的随意性,持续推动县域治理法治化,开创新时代法治建设新局面。

加强社区组织建设的思考

张惠明，王昌生，吴晓虹[①]

摘　要：本文回顾总结了在中国共产党领导下居民委员会的诞生、发展过程，及其任何组织都不可代替的作用。同时，指出社区与居民委员会的区别，分析了社区建设中存在的问题，提出了解决思路，主张把“人民就是江山”落实到社区。

关键词：治国理政；居民自治；基础建设；社区组织

中国共产党百年发展史积累的宝贵经验之一，就是任何时候都必须坚持“全心全意为人民服务”的宗旨不动摇。习近平总书记把这一宗旨又进一步升华为“坚持以人民为中心”“人民就是江山”。本文从社区与居民委员会（以下简称“居委会”）的性质、作用和新时代社区组织建设实际出发，提出相关建议。

一、社区与居委会的区别

（一）居委会概述

居委会是以方便群众、便于管理的地域原则，实行居民自我管理、自我教育、自我服务的基层群众性自治组织。居委会既不是基层政权机构，又不是基层经济组织，更不具基层统战组织。它同基层政权的关系不是领导与被领导的关系，而是一种指导和被指导的关系。

居委会要具备以下条件：一必须是居住于本居委会辖地的自然人，二必须

① 张惠明，安徽省科学社会主义会员；王昌生，中国管理科学院兼职研究员、安徽省科学社会主义会员；吴晓虹，安徽省交通学院副教授。

在本居委会辖地居住6个月以上。不论男女老少、不分民族、不分宗教信仰，甚至不分国籍，只要符合上述两个条件就是该居委会法定居民，享有同等自治权。

“千百万创造者的智慧却会创造出一种比最伟大的天才预见都还要高明得多的东西。”[①]1949年12月，刚解放的杭州市市民创造性地提出了居委会这种组织形式协助人民政府(军管会)自觉管理城市，按照居民居住状况和方便管理原则，率先组织建立了中华人民共和国第一个城市居委会，尔后北京、天津、上海、成都、武汉等城市陆续参照杭州市的做法，由政府牵头组织建立了居民群众自治组织，即居民委员会。

1954年12月31日，第一届全国人民代表大会常务委员会第四次会议制定并颁布《中华人民共和国城市居民委员会组织条例》(以下简称《条例》)，第一次以法律形式规定了居委会是“群众自治的居民组织”的性质和法律地位，确定了居委会组织机构，规定了居委会的主要任务和职责；规定了居委会的办公用房、工作人员生活补助、办公经费来源。《条例》的颁布，标志着我国城镇居民自治制度的确立。

居委会干部工作作息制度是随叫随到，不讲节假日、不讲时间、不计报酬、勤勤恳恳、任劳任怨、串百家门、解万户愁，热心为居民服务，这种制度持续到20世纪末。

1980年1月，全国人大常委会重新颁布了《居民委员会组织条例》。

1982年修改的《中华人民共和国宪法》，首次以根本大法的形式明确了居委会为基层群众性自治组织，肯定了居委会的性质、任务、作用、地位。

1986年12月，民政部在河北省石家庄市召开了新中国成立以来第一次全国性城市居民委员会工作座谈会，总结交流37年来城镇居委会工作经验，进一步明确了居委会在改革开放新时期的工作任务，并认真研究了居委会工作中存在的问题和实际困难，制定了相应措施，坚持居委会“四自”原则，维护基层社会稳定。

1987年6月，国务院批转了《民政部关于加强城市街道居民委员会工作的报告》。

1989年12月，第七届全国人大常委会第十一次会议通过了《中华人民共和国城市居民委员会组织法》(简称《城市居民委员会组织法》)。

① 列宁全集：第26卷[M].北京：人民出版社，1959：445.

居委会，是中国社会主义条件下居民“自我管理、自我教育、自我服务”的基层群众性自治组织，这是《宪法》和《城市居民委员会组织法》明确规定的。

（二）社区概述

社区是人类近代社会特有的产物。有了人类就有了社区，人类早期的民族部落就是最早的社区，那时虽有社区形式，却没有社区概念。

人类社会发展到19世纪末，德国社会学家滕尼斯才在《共同体与社会》一书中提出社区理论，首次使用了“社区”概念。其意指共同的东西和亲密的伙伴，即环境与人的生活方式的统一，一是地缘性，自然人（含法人）有共同的地域与空间；二是人缘性，有与地缘关系相联系的归属感、认同感等共同情感；三是社会性，有来自共同需求、共同目标、共同利益的相互理念和相互关系，形成了人与地域相联系的社会生活特定的共同体。

社区有五个构成要素：第一，有一定的地域范围，包括理性的或理念的。即有社区成员能够生存的地理位置和自然环境，包括地形地貌、生态环境、居住模式、气候、资源等。第二，有一定的人口数量，即人群的量与质、密度与结构、亲和力。按自然与社会经济规律划分或组织的人文社区。第三，有特定的文化，即有共同的传统习惯、价值观念、生活方式、社会规范，以及与此相联系的共同心理、社区意识等。第四，有一个维系社区的管理组织。社区核心内容是社区中人们的各种活动及其互动关系，通过一定的组织机构和组织形式对社区进行有效管理。第五，社区归属感。即在同一社区生活的人们具有一种地缘上的归属感和心理上的认同感，基于这种特殊的情感，促成社区成员具有共同社区意识、共同价值观、共同伦理观[①]。

滕尼斯1887年创立的社区理论，在当时并没有引起欧美发达资本主义国家重视，直到1915年美国社会学家费兰克·法林顿出版了《社区发展：将小城镇建成更加适宜生活和经营的地方》，欧美发达资本主义国家才开始把社区视为现代社会的区域性共同体，融入现代社会发展全过程。

1951年，联合国通过390D号议案，倡议开展社区发展运动。

1952年，联合国成立“社区组织与社会发展小组”。

1955年，联合国发表《通过社区发展促进社会进步报告书》，同时成立社会局社会发展组。

① 王昌生，刘萍，宇宙锋．构建和谐社区理论与实践[M]．合肥：安徽人民出版社，2006：32-33。

1959年,联合国召开"欧洲社区发展与都市社会福利研讨会"。

到20世纪末,全球有117个国家,执行全球性社区发展计划。中国社区理论和社区实践就是在这个背景下起步发展的。

关于我国社区建设发展史。早在20世纪30年代,"社区"这个概念由我国著名学者费孝通由日文翻译而来,指一座村庄、一座城镇、一个街道,甚至同学聚会、战友聚会,都可以称为社区,这是泛指的社区。

社区理念与理论,从20世纪30年代传入中国后沉默了30年。到20世纪60年代,这一理念和理论又从英国重新传入香港,20世纪80年代中期再从香港传入深圳、广州等沿海城市,逐步传播至内地。

1986年,民政部武汉会议第一次将"社区" 一词引入政府管理机制。

1991年,民政部提出"社区建设"的思路,构建区、街、居三级法定社区服务网络。1993年,民政部等14个部委共同颁布了《关于加快社区服务发展的意见》。

1995年,民政部出台了《全国社区服务示范城区标准》。

2000年11月,中共中央办公厅、国务院办公厅转发了《民政部关于在全国推进城市社区建设的意见》,首次明确规定在居委会前面冠以社区,即某市某区某某社区居委会,即目前全国城市社区居委会现状。

中国社区居委会是改革时代的产物,是居委会历史发展外延扩张、丰富内涵的表现。其特点是将传统的"自我管理、自我教育、自我服务的基层群众性自治组织"改革为"综合性区域行政管理组织",强调社区居委会的综合功能。机关企事业单位内部社会性服务事务全部转移下放到社区居委会,现在的社区居委会不仅承担传统的自治事务,还要接受改革后所带来的党务、政务,参与做好社会行政管理、城市治理等工作。

2002年党的十六大把"社区"写进党章,规定社区党组织领导社区工作。同年,国家第一次表彰了46个社区服务示范城区。

2017年,中共中央国务院印发了《关于加强和完善城乡社区治理的意见》。

(三)居委会和社区的区别

居委会与社区无论在内涵和外延上都有原则性的区别,但实践中人们总是容易混为一谈,给最基层一线工作的同志造成很多困惑和麻烦,也给形式主义、官僚主义提供了温床。

(1)居委会既不隶属行政序列,也不是城镇街道办事处下属单位,它是居民自我管理、自我教育、自我服务的基层群众性自治组织,具有独立法人资格。

社区则是19世纪中叶欧美发达资本主义国家为解决社会阶级矛盾,考察城市生活而出现的专有的社会学名词概念,指具有地缘性、人缘性、社会性的相关联的"共同体和亲密伙伴"的团队,它能够容纳法人、包含法人,但不是独立的法人。20世纪30年代传入我国,20世纪80年代才得到官方认可和重视。

(2)居委会的管理方法是工作自治,包括财产自治、财务自治、人事自治、服务自治。工作原则是少数服从多数。

社区不具备独立法人资格,因此没有集体的财产、财务、人事管理等事务,相聚在一块的自然人都是松散型团队组织。

两者又有相同点,即人员相聚决定问题的原则都是少数服从多数、民主协商。

(3)居委会是自治组织。其工作形式上直接为居民服务,本质上是为政权服务,办公场所由政府无偿提供。工作经费来自财政拨款与居委会自身创收。工作人员待遇:义务为主,生活补贴(没有工资概念)为辅。

社区是社会学研究专有名词,是松散型团队,没有专项经费,也没有专门的办公场所和脱产专职人员,没有生活补助,需要经费一般自筹。

相同点:义务为成员服务。

(4)居委会工作时间:原则上每天保证正、副主任有1人按时上班,其他人根据需要,弹性上班,居民随叫随到,以方便群众为目的。工作人员没有节假日、休息天。

社区工作时间没有硬性规定,工作也没有规律,服务对象不完全是居民,还有其特定对象。

相同点:随时为群众服务。

(5)居委会日常工作内容:宣传党的路线、方针、政策、国家法律法规,组织居民政治学习,治安保卫与掌握敌情(包括对敌特、刑满释放、保外就医、假释、监外执行分子监管),防特防奸防火防盗,社情与民意信息掌控(社会矫正帮教,居民及各界人士对党和政府的政策法规的反映、要求),民政救助(帮助生活中有困难的群众,包括五保户、特困户),民间纠纷的调解,环境卫生管理(包括计划生育、灭四害、背街背巷路面管理),等等。

社区本身不是常设组织机构,理论上没有所谓日常工作。讨论研究问题一般是组织者临时动议,确定地点、发出邀请、自动参加,约束性不强。

相同点:活动要合法、守规则,不得违背社会公德良俗。

(6)居委会干部(特别是正、副主任)必须住在本居委会辖区。管理对象:本辖区内非在编岗位的自然人。

社区没有专(兼)职干部和义务工作者及居住特别规定,只有临时召集人。管理对象不是特定的,完全由召集人根据自己动议决定。

相同点:服务对象都是自然人。

(7)居委会组织机构有宪法和法律明确规定,工作程序、行政法规和政策比较完善规范。

社区在《宪法》、基本法律中没有明确法律概念。社区法律地位空缺,工作依靠各级政府文件和领导者"指示",随意性很大。

不同点:《中国共产党章程》明确规定了社区党的组织的领导作用,居委会只是社区党组织领导下的一个法人单位,执行的是《城市居民委员会组织法》。

《中国共产党章程》规定:社区党组织,领导本地区的工作和基层社会治理,"支持和保证行政组织、经济组织和群众自治组织充分行使职权"①。社区党组织的任务有:

(1)宣传、执行党的路线、方针、政策,宣传和执行党中央上级组织和本组织的决议,充分发挥党员的先锋模范作用,积极创先争优,团结组织党内外的干部和群众,努力完成本单位所担负的任务。

(2)组织党员认真学习马列主义、毛泽东思想、邓小平理论、"三个代表"重要思想、科学发展观、习近平新时代中国特色社会主义思想,推进"两学一做"学习教育常态化制度论,学习党的路线、方针、政策和决议,学习党的基本知识,学习科学、文化和业务知识。

(3)对党员进行教育、管理和监督,提高党员素质,,坚定理想信念,增强党性,严格党的组织生活,开展自我批评和自我教育,维护和执行党的纪律,监督党员切实履行义务,保障党员权力不受侵犯,加强和改进流动党员管理。

(4)密切联系群众,经常了解群众对党员、党的工作的批评和意见,了解群众诉求,维护群众的正当权利和利益,做好群众的思想政治工作。

(5)充分发挥党员和群众的积极性、创造性,发现、培养和推荐其中的优秀

① 十四大以来重要文献选编:上[M]北京:人民出版社,1996:57.

人才，鼓励和支持他们在改革开放和社会主义现代化建设中贡献自己的聪明才智。

(6)对要求入党的积极分子进行教育和培养，做好经常性的发展党员工作，重视在生产、工作第一线和青年中发展党员。

(7)监督党员干部和其他任何工作人员严格遵守国家法律法规，严格遵守国家的财政经济法规和人事制度，不得侵占国家、集体和群众的利益。

(8)教育党员、群众自觉抵制不良倾向，坚决同各种违纪违法行为作斗争。

二、居委会功绩卓著

(一)传统的居委会

"我们的责任，是向人民负责。每句话，每个行动，每项政策，都要适合人民的利益，如果有了错误，定要改正，这就叫向人民负责。"①从杭州第一个居委会成立到今天，雄辩地证明了居委会一直担负着党和政府联系群众的桥梁作用，是对人民负责的组织，其功绩卓著。

从1949年12月杭州第一个居委会成立到1999年末，我们把这50年称为传统的居委会时期。

国民经济恢复时期。居委会成立初期，正是国民经济恢复时期，它表现了强大的生命力和旺盛的斗志，积极主动协助、配合政府争取解放战争的胜利，动员其优秀子女抗美援朝，保家卫国，被居民誉为"最忠诚的人"。

第一个五年计划时期。居委会围绕党和政府中心工作，开展生产自救、生活服务，整修道路，整顿市容，讲卫生、除四害，调解邻里纠纷，走门串户，解千家忧、排万人难，把党的温暖送上门、送入人心，被居民誉为"最辛苦的人"。

社会主义改造时期。居委会干部组织家庭妇女"走出锅台""扫文盲"，投身于伟大的社会主义高潮，撑起"半边天"。女同志今天的地位，就是这个时期奠定的。居委会被居民誉为"咱娘家人"。

社会主义建设发展探索时期。居委会动员知识青年上山下乡、接受知识青年回城，创办街办企业安置就业，立下汗马功劳，"区办摊子"就是这个时代的产物。居委会干部被居民，特别是在街、居企业就业的回城青年居民，亲昵地誉为

① 毛泽东选集：第4卷[M].北京：人民出版社，1991：1128.

"可信的居大妈"。

(二)社区居委会

改革开放后的30年间。这是中国人的思想、精神、观念都发生巨大转变的时期,居委会发生着转变,其不仅继续承担了改革开放前协助基层政府的部分行政事务,还承担了企业改制以后的全部后勤事务。为了方便管理,社区这个概念应运而生、应运而用,居委会前面冠上"社区"两字,社区居委会就这样诞生了。一"出生"就无条件地承接了原来基层党政机关和省以下管辖的改制后企业的后勤事务;承担了省以下国有、集体企事业私有化后下岗工人思想教育和维护社会稳定管理工作,当时各种社会矛盾集中反映到社区居委会。这个时期居民委员会具有以下特点:居民委员会干部没有接受任何培训,对下放接收的事务不论懂不懂、理解不理解,只讲服从组织决定,无条件接收。至于接收后怎么做,再研究。就在这样困难的条件下,居委会依然坚定完成了党和政府及各级组织交给的接纳8500万职工的光荣使命。

这个时期社区居委会的工作职责,远远超越了《城市居民委员会组织法》之规定:即宣传宪法、法律、法规和国家政策,维护居民的合法权益,教育居民履行依法应尽的义务,爱护公共财产,开展多种形式的社会主义精神文明活动;办理本居住地区的公共事务和公益事业;调解民间纠纷;协助维护社会治安;协助人民政府或者它的派出机关做好与居民利益有关的公共卫生、计划生育、优抚救济、青少年教育等工作;向人民政府或者它的派出机关反映居民的意见、要求和提出建议。

(三)党的十八大以来的社区建设

党的十八大以来,以习近平同志为核心的党中央高度重视社区建设。2013年8月30日,习近平总书记在视察沈阳市沈河区大南街道多福社区时明确指出:"社区建设要与邻为善、以邻为伴。"一个国家治理体系和治理能力现代化的水平在很大程度上体现在基层。"基础不牢,地动山摇""提高社区治理效能,关键是加强党的领导。要推动党组织向基层延伸,把基层的工作做好",为社区工作指明了方向。

1.建立社区党组织

党的十八大以前,四千多万名党员生活在社区,党员生活长期管理不到位或无人管理。党的十八大后，各地社区增加了编制，设立了党委（总支）、支部、党小组。社区层面党组织还配备了一名专职党委（总支）副书记，管理党务，服务于党员，彻底改变了组织找不到党员，党员找不到组织的混乱局面。

2.建立社区党群服务中心

时、空、人、物管理逐步落实。改变了曾经进入社区党员多但无人问津的局面，特别是企业老党员、老工人生老病死，几乎感觉不到组织关爱。现在老党员、老工人活着有组织关心，病了有组织看望，死后社区党组织（工会）送花圈，并且社区党组织（工会）各有一名负责人参加告别仪式。这些虽然都是“小事”，但都是温暖人心、凝聚党心民心必不可少的大事。党员管理服务、党员教育、党费收缴、“三会一课”制度、理论学习制度，逐步恢复并规范化，流入流出党员也逐步走向有序管理。

3.老党员先锋模范作用

社区志愿者80%以上是由退休党员同志担任。社区老党员在老旧小区，具有稳定一方、团结左邻右舍的号召力。运用好这部分骨干力量对做好社区工作起着关键性作用，这一点在全民抗击新冠肺炎疫情战斗中得到了充分的体现。

4.舍我为民

2020年新冠肺炎疫情暴发，社区干部（包括退休老共产党员）在关键时刻挺身而出，他们在没有掌握任何防护知识和培训的情况下，紧密配合，共同舍我为民，义无反顾地冲到第一线，担负起一线防控任务，受到居民称赞。笔者所在社区老党员、老工人在近两年抗击新冠肺炎疫情中，积极参与协助社区做好“防护宣传，预防病毒扩散”人数达到了259890人次，日日夜夜巡逻在社区。这种无畏牺牲精神，彰显了社会主义制度的优越性。

5.社区“两应”党组织建设

党的十八大以来，社区工作便民服务本着“以邻为善、以邻为本”扎实推进，养老服务、小饭桌服务、家庭医疗服务、家政服务补贴、体育活动、居民低保、低收入居民补贴、脱贫攻坚、社会组织联合会等等，把以习近平同志为核心的党中央和政府温暖送到居民心中，受到居民群众欢迎，被居民称为“贴心人”。党的十九大后，社区进一步发挥基层党组织的战斗堡垒作用，将基层党建嵌入人民群众的需求链、生产链、生活链之中。构建“八小时之外”党员先锋站，亮身份、听民意、解民忧，以群众需求为导向，提供群众所需要的服务：对群众的诉求能及时回应，体现了共产党人所应有的人民情怀；对群众诉求有能力回应，这是党的执政能力的基本体现;想群众之未想,急群众之将急,以前瞻性的预判去谋划和满足群众的根本利益诉求。这是党着力维护群众根本利益的宗旨所向。社区将党组织的政治功能、服务功能与居民日常需求和生活无缝对接,使居民在工作与生活中处处感受到党组织就在身边,进而扎实推进“党组织对群众有求必应,群众对党组织一呼百应”的组织建设。

(四)社区居委会实际承担的任务及困惑

1.社区居委会的当前状况

《城市居民委员会组织法》规定的六条职责任务,只有第四、第五条是协助政府职能部门工作,居委会的主要工作是自治。但是现实工作多达368项。从大的对口上,有党委、人大、政府、政协、人民武装部工作;次一级的对口上有检察院、法院、工会、共青团、妇联工作。

对口党委、人大、政协、人民武装部及职能部门暂不统计,仅政府行政职能部门对应就有:区政府办公室、区发改委、区经济委、区教育局、区科技局、区科协、区宗教局、区公安分局、区民政局、区司法局、区财政局、区人社局、区档案局、区编办、区国土资源局、区规划分局、区住建委、区工商分局、区市容局、区交通局(办)、区商务局、区粮食局、区商务局、区文体新闻出版局、区卫健委、区审计局、区国资委、区税务分局、区质检局、区农水局、区广电局、区统计局、区物价局、区信访局、区食品药品监督局、区老龄委、区旅游局、区知识产权局、区文明委(办)、区退伍军人事务局、区医保局、区应急办(局),还不包括区党委、区人大、区政协、区人武部、区检察院、区法院。

区人民团体有:区共青团、区工会、区妇联、区消协、区侨联、区文联、区对外友协等,还有各种临时机构,如区志愿者协会、少工委等。

此外还有各种相关的事业性质单位,如:地方志办、文化馆、征收办等。

这些单位与部门或多或少都与社区居委会对应,都有任务下达。虽经街道办事处中转,仅仅开会布置任务需要多少时间?人大、政府、政协、人武部及其职能部门下达到社区居委会的工作达358项之多。繁重的工作任务致使居委会顾不上开展自治工作,尤其是对居民间矛盾纠纷的处理。

但多数社区存在编制人员被占用,缺岗不满员的现象。社区规模视城市区域人口而定,一般10000名自然人左右。社区居民委员会编制一般15人左右(包括一名专职党委书记),居委会干部按人均管理300户,800到1000(包括流入流出人口)人。

2.社区居委会机关化

社区居委会不是“机关”,党政一二把手也不是公务员。但现在不少群众认为社区是“机关”,一二把手是公务员。他们的判断依据是:

从上下班作息时间看:工作制度由随喊随到不受时间限制转为与政府机关同步,8小时工作制、双休日、法定节假日,与政府机关别无二致。

从用人体制看:原由本社区居民作为被选举人,扩展到居住全市任何一个区都可以作为候选人;人员到位后,变动性较大,任命制有逐步取代选举制倾向。

生活待遇由生活补贴转为职业工资,社会保险等基本参照或比照政府聘用人员模式操作,但比公务员待遇低得多,而且升职渠道不通。

职责以居民自治为主,协助政府有关职能部门工作为辅,逐步走到以政府所有职能部门工作对接为主,甚至代位执法。居民群众自治工作意识越来越淡化。

3.作风浮夸渗入社区居委会

“形式主义、官僚主义是目前党内存在的突出矛盾和问题,是阻碍党的路线方针政策和党中央重大决策部署贯彻落实的大敌。现实生活中,有的落实党中央决策部署不用心、不务实、不尽力,口号喊得震天响,行动起来轻飘飘,把说的当做了,把做了当做成了。”[①]社区居委会需要花大量的时间应对形式主义考核检查,检查还要求纸质版和电子版双套资料准备,居委会资料室资料保存规模多到与街道、镇档案室同等,甚至超过。部门与部门各自为政、资料重复,严重地浪费资源和人力。考核社区居委会并不是政府职能部门行政权限。《宪法》《居民委员会条例》规定政府职能部门与居委会是指导与被指导关系,不是领导与被领导关系。事实上领导多于指导,亟待改正。

社区居委会管理范围无限扩大,工作人员流动性过于频繁,很难积累居委会工作经验。基层民主场地缺乏。10000人,按60%的成年人计算,再减去因公因病不能参加的2000人,还有4000名有选举权的人。假设再有1500人委托选举,最后2500人参加选举。社区居民委员会是直接选举的,在全国各地城市居民委员会选举工作中,民主场地成了居民委员会主任最大的难题。

---

① 习近平谈治国理政:第2卷[M].北京:外文出版社,2020:502.

(五)党务工作

社区党组织领导社区各类组织和各项工作,这是《中国共产党章程》第33条明确规定的,这是党的十八大以来加强党的基层基础建设采取的重要举措。由于改革开放后的30年基层党建工作欠债过多,党的十八大后社区党组织网络基本建立,但社区党建工作内容落实还有许多薄弱环节亟待加强:

(1)社区党的领导作用严重缺位。反映在社区党组织机构组成范围不够明确,管理权限过于笼统,或者说权、职、义含糊,一般性口号喊得多,实质性、可操作性内容少。对管辖地党员约束力弱,手段少,对党员的教育管理,特别是在民营单位工作的党员组织活动没有法定时间,随子女在外同住的党员,不参加组织活动又不愿意转移组织关系到居住地的老党员,社区党组织对其管理均受到制约。建议出台相关法律法规,明确权利义务,确保落实执行。党要管党,社区党组织就必须也应该管理好居住在本社区的党员,这是党要管党的一项重要原则。

(2)社区党员来自五湖四海,特别是退休党员,情况复杂,包括年龄、文化、体质、态度、退休前岗位、思想认识、家庭环境和参加社区各项活动的积极性等方面参差不齐,管理方法极需要调整。

(3)社区党员先锋模范作用的发挥。上级党组织,特别是市、区党委应依据《中国共产党章程》和中共中央组织部规定,制定并赋予社区党组织所需要的相应的组织手段、组织措施,必须用严格的组织纪律保证党员先锋模范作用的发挥。

(4)机关事业党员进社区服务。上级和市委组织部门为加强社区党组织建设,规定市、区机关和事业单位党员应到社区服务,参与社区活动。这是一个闪烁着共产主义思想的正确决定和密切联系群众的有效途径,但需要有一个党员进社区参与社区活动的文件规定,党员进社区才能落到实处,不然就是“作秀”,难免流于形式。

(5)上级委派到社区兼(挂)职的党员干部,兼(挂)职工作缺少考查指标和手段,许多在社区兼(挂)职的党员干部履行了兼(挂)职义务,极少数没有很好履行或根本就没有履行职责义务,派出机关党组织很少派员到社区关心、过问。

综上所分析,我们要在理论与实践上搞清楚社区与居委会两个不同概念。社区的内涵与外延要比居委会宽广得多,绝不能因为居委会前面加了“社区”两个字就变成“社区=居民委员会=社区”。居委会是社区的一部分,管理居民的事务,社区的法人事务不属于居委会管理,但社区可以协助。二者是面与点的关系。基于这个认识,我们就理解了《中国共产党章程》为什么规定社区党的组织是领导社区各类组织,如社区内的政治、经济、文化、社团组织等等。居委会只是各类组织中的一个组织,而且还是居民自治组织,并逐渐淡化。

三、加强社区组织建设的思考

新时代中国特色社会主义现代化建设,对社区建设提出了要“与邻为善,以邻为伴”的目标要求。要“把基层工作做好”,我们认为社区组织建设应按地域设置社区党委、居民委员会、行政工作站、社会组织协会四大块,把社区资源有效整合起来,共同建设现代化社区:

(一)社区领导机关

(1)社区应设党的代表大会或党员大会。社区党委设常委7—11名(一名书记、两名副书记,其中一名兼纪委书记)。常委由社区各法人单位党组织推荐,名额比例由当地市辖区党委审定。社区党委委员由社区地域范围内法人单位党组织推荐一名党员负责同志参加,由党代会选举产生。新组建的党委对社区工作实行统一领导,增强社区党委的权威性。

社区党委纪委按《中国共产党章程》规定设立。

(2)社区辖地法人单位党组织维系原状;原社区党组织管理的党员按在职与退休两个部分重新划分党支部,不要混编,因为二者要求不一样。

(3)支部建立以网格为单位,以住宅小区为依托,党小组以楼栋划分,以方便管理为原则。但要充分考虑到老旧小区和高、中、低档住宅小区的区别,要根据实际情况做实做强网格党支部和楼栋党小组。建议从一个楼栋开始逐步推广到一个小区,一个网格乃至整个辖区。用两年时间完成。

(4)基层党支部骨干力量的发掘与维护,是当前社区党建的一个重要的难点。社区的党支部书记、支委均由退休的老党员担任,没有报酬,全凭无私奉献的精神。愿意担任支部书记一职的退休党员较少,主客观原因都有,且新时代对党建工作的标准化建设要求也在逐年提高。老支部书记们受文化水平、工作能力、身体状况及态度等方面的影响,导致各支部工作成效有所差距。建议出台相关政策,在义务为主前提下,落实支部书记相应待遇与工作补贴,特别是精神鼓励,激励有能力、有意愿的党员,鼓励当年党政机关、事业单位退休的党员发挥余热,担任社区党支部顾问一职,为社区党组织储备干部。

(5)80岁以上党员,或虽80岁以下但体质弱、行动不便的党员,所在支部领导以上门看望慰问为主,不硬性强调要求参加组织活动,避免发生不必要的事故,避免形式主义。

(6)党员流入、流出满6个月以上,应动员直至直接由组织转入居住地党组织。程序上由社区党组织提出名单、组织部门审核。分级负责,街道内各居民委员会由街道党组织负责实施;各街道与街道之间由区委组织部门组织实施。如此类推,全国用两年时间,使党员个人与居住地基本一致。

(7)外出工作的青壮年党员管理。以市或区、街道、社区为单位,在所在市区组织临时党支部或党小组,一年活动不少于三次,管理外出工作的党员。"谁要想成为我们党的党员,谁就不能满足于接受我们党的纲领、策略和组织观点,而应该实行这些观点,实现这些观点。"①

(8)"资产阶级的'信仰自由',不过是容忍各种各样的宗教信仰自由而已,而工人党却力求把信仰从宗教的妖术中解放出来。"②一年中没有参加过一次组织活动、不交党费、不服从组织分配的工作任务,没履行任何合法、合规组织手续的党员,退休的第二年退休金缓涨一年,在职的按党章规定给予相应组织纪律处分或劝其退党并扣罚当年一年奖金。这项工作应由有决定权的党组织作出硬性规定。

(9)民营企事业单位(包括外资、合资企事业)内党员,《中国共产党章程》和法律应明确规定该企事业单位的党员每月应有不少于2次的组织活动(时间累计不少于8小时)的刚性规定,党员活动时间视为正常上班时间,党员在单位应发挥先锋模范作用,使民营企业领导看到党员的模范带头作用。民营企事业、国内中的外资独资、中外合资合作企事业单位党员必须规范化、法律化。同时加强对互联网公司等新型实体产业和小微企业的政策扶持,强化党建对企业文化的影响和对企业效益的促进。让企业非党员负责人认识到党建的必要性,而不是觉得党建与自己无关,从而引导他们积极主动支持本企业党组织工作。建议相关章程和法律增加相应条款,中国共产党领导下依法治国,这里绝不能

① 斯大林选集:上[M].北京:人民出版社,1979:18.

② 马克思恩格斯全集:第19卷[M].北京:人民出版社,1963:34.

缺位。

(10)机关、事业单位党员进社区名实相符,应当积极参加社区活动,担任社区义务干部,如居民组长、物业楼栋长或志愿者。

(11)人事招聘、入党、提拔、评选先进、评职称、党代表、人大代表、政协委员以及各种政审必须经所在社区组织签署现实表现意见,这是党要管党的重要举措。社区党组织重点介绍该同志在为社区服务、联系社区居民群众、政治言论、清正廉洁、职业道德、社会公德、家庭伦理道德等诸方面的表现,用人单位必须高度重视社区党组织意见,决不能搞形式主义,随意否定社区党组织意见。确需否定,必须与社区党组织事先沟通,这是党要管党、党内民主、群众路线的重要组织形式。

(12)市与区两级分管民政的常委、副市长(副区长)建议兼任一个社区党委第一书记,市区两级民政局分管局长也应兼任一个社区第一主任,并一个月内不少于3天(必要时连续3天)在社区办公,取得第一手社区工作经验,这是领导干部重要的联系群众工作的方式方法。

(二)自治组织居委会

(1)居委会委员5—7人,正、副主任各1名,秘书1名,委员若干人。干部应以义务为主,恢复生活补贴制度。居委会主任由社区党委常委或副书记兼任。一个社区可设若干居委会。

居委会内设办公室、安全保卫委员会、民间纠纷调解委员会、文体活动委员会等组织机构。居委会下设居民组,居民组组长也可兼任物业楼栋长。

(2)居民义务干部来源。机关企事业单位退休职工,按规定居住地进社区的在职机关、事业单位党员、"两代表一委员"均可提名担任居委会各级义务干部,这是他们应尽的义务,有利于他们增强群众观念和服务意识,也有利于自觉把自己置身于居民群众监督下。

(3)当前城市政府许多行政事务本应由职能部门管理,但都打着放权到社区、工作进社区的旗号,把自身工作任务一路下到社区居委会。职能部门忽视了一个原则问题,城市的基层就是区政府职能部门,区政府职能部门就是干实事机构。社区居委会不是政府序列,他们没有行政执法资格,不是执法主体。居委会职责任务,应按照《居民委员会组织法》执行,完成居民自治工作。

(4)开展居民意识、社区意识教育。居民意识、社区意识是每个公民的必具意识。相当多数量的学者、教师、医师、企业家等,缺乏居民意识和社区意识。居委会召开居民大会,住在本社区居委会上述人员多数不参加。他们不了解社区,不理解居委会,把自己与居委会和社区割裂开来。实时、适度开展居民意识、社区意识教育是完全必要的。

(三)行政组织工作站

(1)行政组织工作站是区政府派到社区工作的前哨,站长可由社区党委书记兼任。可配备4名(不含站长)工作人员。

(2)办理本社区居民个人急办、政府急办的事务。非急办事务,居民应到市或区级行政服务中心办理。政府职能部门日常工作一是在机关直接办理,二是通过网络平台新闻媒体宣传公告办理,三是深入社区为居民群众面对面直接办理,减少中间环节,对于密切联系群众有着十分重要的意义。

(3)上级或区政府需要社区配合支持的工作,应费随事转,通过工作站协调居委会,发动居民干部、居民群众、社会组织配合支持工作站完成。

(4)工作站是前哨。前哨任务中有一条就是及时把社区和居民对党和政府的政策、方针、规定正反两方面的反映和要求及时、准确、如实报告给上级党委和政府,以及对公务人员履职、执法、亲民、廉政情况如实及时报告给纪委、监委,实行有效的民主监督。

(四)社会组织协会

(1)社区社会组织协会:是由本社区法人、自然人、非法人组织三方面优秀代表人士自愿参与,为构建“与邻为善、以邻为伴”的和谐社区,依法注册成立的独立法人社团组织。

(2)社区社会组织任务:在社区党组织统一领导下,团结社区各法人组织、非法人组织、自然人,本着建设和谐社区“有力出力、有钱出钱、有智慧出智慧、有难共担、资源共享”的原则,为构建“与邻为善、以邻为伴”的和谐社区携手共同奋斗,把为居民服务送到居民家中、送到居民心中,以服务奉献为目的。

(3)社区社会组织协会原则:以活动为载体,但不以活动盈利为目的,重在动员参与的自然人、法人单位、非法人组织,志在建立友好的人际关系、诚挚的友谊,达到情感互动,我为人人,人人为我。

(4)社区服务:为居民直接服务,如家政服务,特别是养老服务,向上海社区服务学习，免费或低于市场费用为需要服务的居民服务，服务者的逆差由协会补足给提供劳务服务者；为法人服务组织，特别是为政府职能部门服务时，按市场法则运作，获取的利润用于促进社区社会组织可持续发展。

四、结语

中国共产党的百年历史经验告诉我们，把人民利益摆在第一位，才能获得人民真正的拥护。官僚主义、形式主义、自由主义严重地妨碍着党的路线方针政策的贯彻落实，必须全党共讨之，全民共诛之。

当前痕迹管理比较普遍，重“痕”不重“绩”，留“迹”不留“心”。检查考核项目繁多、频率过高、多头重复；文山会海有所反弹。这些问题占用了干部大量时间，耗费了大量精力，又助长了各种形式主义、官僚主义①。我们必须彻底改变“上面千条线、下面一根针”，“上面千把刀、下面一颗头”的工作状况②，使各级干部彻底从官僚主义、形式主义思维框框中解放出来，为社区减负松绑，全体团结一致，为建设中国特色社会主义现代化的新型社区而奋斗！

① 习近平谈治国理政：第3卷[M].北京：外文出版社，2020：501.

② 习近平谈治国理政：第3卷[M].北京：外文出版社，2020：501.

后乡土社会中共建共治共享治理格局构建路径研究

张　良[1]

摘　要：党的十九大提出“打造共建共治共享的社会治理格局”，这一论断是我国新时代社会治理的新思路、新模式。乡村建设处于社会主义现代化建设的重要位置，乡村已从乡土社会步入后乡土社会。后乡土社会实现乡村振兴需要构建新的村庄治理格局来实现“治理有效”，而这一治理格局的构建需要相应的社会基础和制度保障。针对当前乡村治理格局中治理活动公共性不强、各治理主体间合作不充分、村民治理参与不足等问题，我们可以通过在党建活动中增强村庄治理公共性，健全村级议事协商制度推动村民互信合作，盘活传统治理资源以动员村民参与治理等方式来应对。

关键词：乡村治理；共建共治共享；治理参与；后乡土社会

全面建成小康社会后乡村社会治理的关键在于构建共建共治共享的乡村社会治理格局，使乡村形成充满生机和活力的社会秩序。共建、共治、共享三者在社会治理中是有机统一的互构关系，共建共治共享的治理格局具有合作性、公共性和多元性治理的内涵，是中国共产党治理理论的本土化，也是我国社会治理模式的创新。而后乡土社会中部分村民生活面临改变、社会关联减弱的变化，为增强乡村社会治理公共性、加强村庄动员和价值引领等工作增加了困难。本文立足后乡土社会的现实背景，探寻乡村共建共治共享治理格局的完善之道。

① 张良，安徽师范大学法学院研究生。

一、当前乡村治理未实现共建共治共享的主要表现

(一)村庄治理活动公共性不强

乡村治理是一种公共治理,这一性质要求所有共同体成员都应当参与到社会治理中来,否则其治理的有效性就无从保证,甚至无法实现。公共性既是一种个体利益与他人利益相互勾连的公共理念,也是人们在实践交往中互相照顾和关心的生活状态,体现了人的类特征[①]。乡村治理中村庄成员的集体性行动、公共权力的运行过程和目标取向都围绕公共性展开。社会治理公共性的形成是一项复杂的系统活动,需要多维度多层次的培育和持续推进来形成自身的再生产机制。在后乡土社会时代,村民与村集体、村民与村民间的联结有所减弱。随着集体主义的话语机制远去,原子化的个人往往轻义务重权利,个别村民在村庄集体活动中“搭便车”,表现出“等靠要”和“按闹分配”的策略性行动。部分村庄因集体经济不强而成为空壳村,在共同利益稀薄的村庄,村民因相互间利益关联和情感联结不强而对村庄公共事务持冷漠态度。

面对现代生活的压力,村民日益专注于家庭的经济生产活动,几乎每个村庄都有一年到头在外奔波务工的村民。市场化背景下不少村民生活习惯呈现私人化倾向,其行为指向较少考虑社会性后果。这种心理非常容易产生村庄中的“公地悲剧”,如农村屡见不鲜的“垃圾围村”现象即生活习惯私人化的典型后果[②]。市场是乡村社会资源配置的主要手段,村民更多依靠个人自治来获得发展,与其他村民间的换工等互惠性活动减少,原有的地缘和血缘关系的组合日益薄弱,乡村公共文化空间也在不断萎缩。

(二)各治理主体间协商合作不充分

“共治”要求各治理主体能够主动参与、充分协商、达成共识,在村庄治理活动中相互配合,通过合理的角色分工和权责分配,形成“部分之和大于整体”的系统优化局面。政府机关、村级组织、营利性企业和村民因在村庄治理场域中占有不同的位置而获得不同的社会资源和权利,因而具有不同的功能和作用。

① 崔丽娜.马克思交往实践的公共性意蕴[J].哈尔滨市委党校学报,2013(6):15-18.

② 杜鹏.生活治理:农民日常生活视域下的乡村治理逻辑[J].学习与实践,2021(5):112-123.

政府机关与村级组织间的合作较为紧密,而村民间的协商合作不足,村庄事务仅仅靠几个村干部实现“治理有效”是极不现实的。

部分村庄的利益整合缺乏公共性的组织形式,在一些自身财政力量允许的村庄,公路、环卫等公共服务事务却需要依靠地方政府运作项目制的方式来提供,这也反映了村民们需要在提供村庄内部公共服务中进一步协商合作。

在乡村治理的其他方面,比如公共文化服务和农产品品牌化,市场力量是不可忽视的力量,营利性企业因其市场化、盈利化导向而具有一定的不稳定性,使村级组织对其产生一定的不信任感,村庄公共服务的部分专门化需求也使其难以找到合适的专业化市场组织。市场组织与村级治理组织的协商合作有待加强。

(三)村民治理参与不足

“共治”的主体是国家、人民及社会组织,在乡村治理实践中我们一方面必须坚持“党委领导、政府负责”,另一方面也要实现充分的“社会协同、公众参与”。针对权力自上而下运行的行政化乡村治理方式,学界进行了深入探索,认为这种治理方式不利于村民自治精神的培育,也不能实现村庄的有效治理。在乡村治理实践中村民参与的现状与理想状态仍有很大的距离,例如一些环境整治等适合人人负责、家家动手的事务,在实践中却成为村干部的专责。在乡村治理实践中村干部“承包”了村庄的治理事务,面对权力有限与职能扩大的矛盾表现出负担过重的心态。“干部搭台,群众看戏”的治理格局所导致的路径依赖将消解治理主体的自主性,弱化村两委与村民间的联结。“悬浮”的村级组织不能满足村民本位的多样化治理诉求,村干部也因公共支持的权威性不足而难以开展部分工作,要完成一些琐碎工作只能对村民一遍又一遍“做工作”。

在乡村治理主体力量整合不到位的情况下,通过行政力量提供财政支持和人才支撑是十分可行的必要措施,政府治理与村民自治间需要形成良性互动局面。但科层式力量受其自身特点影响,往往轻价值治理重技术治理,容易形成“痕迹管理”并忽视对治理主体的动员。一些区位优越的村庄产生了较明显的社会分层,经济基础雄厚、人际关系发达的村民凭借其优势地位,在“富人治村”“强人治村”治理秩序的掩盖下主导了输入村庄资源的资本化过程,进一步扩大了村庄社会分层。这种治理格局不利于建立公共性的资源分配秩序,减少了其他村民的治理参与机会。

二、乡村共建共治共享治理格局不完善的主要原因

(一)乡村社会建设进程较难推进

共建共治共享社会治理格局得以形成需要基于公共性的社会基础。在我国“五位一体”总体布局中“社会建设”比其他方面更加需要时间和耐心,更加难以进行可视化的操作。“社会”本义是指人们通过自由交往、自愿结合而形成的群体,而社会建设则是增强个体交往公共性和社会性的过程。人与人的联结并不是某个权威强加或安排的,而是个体在追求利益的过程中自发形成的。在社会网络中,每个人既是行动的主体,也是受行动结构化影响的客体,每个人都是权力的作用点,这张微观权力关系网发挥着强大的社会治理功能。村民治理活动的开展并不仅仅要靠制度的保障,更需要依托其所生存的社会网络,需要建设成员间守望相助、团结协作的共同体以加强社会整合。

传统乡村社会关系所依托的乡土文化正在经历裂变和转型,在流动的、市场化的后乡土社会中,伦理主义的共同体价值逐渐被个人主义的权利价值所取代。在封闭的乡土环境逐步开放、流动和分化后,村民社会交往缺乏长远、稳定的生活预期,社区规范和面子竞争这些软性社会控制机制趋于乏力,增加了村庄公共生活的组织困难。人情关系在乡土社会中具有互惠、建构与维持社会关系的重要功能[①],乡村社会中日常性的人情弥散于生活之中,在部分村民生活面对改变的影响下,彼此间生活交集逐渐减少。人情交往逐渐形式化,日常性人情的联动渐趋中断,仪式性人情的竞争和攀比日益成为村民的一种负担。人情交往的形式化弱化了其自我反馈功能,并削弱了村民个体间的社会联结。

(二)集体行动的困境

个体间的协商合作只有在无差别利益分享和价值分享的集体行动中才会逐渐运转起来。乡村社会中村民依靠血缘纽带和人情关系建立社会关联,来应对社会生活中的各种问题。而这种社会关联只能建立在既有的血缘、地缘关系的基础上,并且常表现出一种特享的社会资本,无法建立在陌生人之间,我们需要通过转化这一传统行为方式来扩大社会联结机制,增强个体间的社会关联以

① 沈乾飞.人情传统:村民自治有效实现形式的文化基础[J].领导科学论坛,2017(13):68-76.

实现乡村社会治理成果“共享”。在乡村社会的现代化变迁中,村民的职业、身份、生活方式、价值观念日渐多样。村民的原子化和异质化势必增加村民合作的交易成本,现代社会的任何产品几乎都是集体合作的产物,村庄公共工程有时因个别村民的阻挠而不得不陷于停滞。

在集体行动时,会存在相应的成本,包括信息成本、谈判成本、实施与监督成本等,当群体中合作的收益大于合作的成本时,合作才能持续下去。理性的、寻求自我利益的行动者尽可能地避免承担集体行动的成本,而试图分享他人提供的集体收益,在缺少收益分配与成本分摊机制、信息不对称的情况下,结果是造成每个人的利益损失,个体追求自我利益的理性导致集体行动的次优结果①。村民间充分的合作协商是一个实践的过程,是一个系统的相关机制、环境的形成过程。其成功与否,将取决于我们是否有足够的智慧通过创新制度规定和弹性引导使村民为实现共同利益而采取集体行动。

(三)治理主体的参与能力有待提高

参与是实现善治的基本要素,而只有广大村民充分参与治理才能实现村庄公共利益、公共精神的共享。共建共治共享的治理格局需要个体具备一定的参与能力和较高的参与热情,而在现实的乡村治理实践中,并不是每个人都拥有这种参与能力,在一些乡村治理情景中即便是关涉到切身利益,也会有村民不愿投入到此活动中去。

行动者的主体性自觉是现代化的基础,村民缺乏主体自觉是影响农村村民自治制度治理绩效的原因之一。我国过去公民政治参与渠道不畅通和行政管控社会的状况使部分民众对社会公共事务产生疏离感,另外传统政治文化仍制约着理性自主和自为自觉的现代公民精神的发展,导致部分村民在村庄公共事务中的冷漠态度。这种散漫消极的村民心理和村民组织形态,阻碍了村庄新治理格局的构建。市场经济的利益导向也使得个体过多关注自身经济利益,侵蚀了公益关怀和公共精神②。

在中西部一些地区,部分村庄大量青壮年外出打工,留守村庄的部分弱势村民群体因其文化认知水平和经济条件有限而无法参与到村庄治理中去。市场化的经济生产扩大了村庄的社会分化,资源丰富、信息获取能力强的村民在

① 曼瑟尔·奥尔森.集体行动的逻辑[M].上海:上海三联书店,上海人民出版社,1995:39.

② 夏晓丽.创新型城市之公共精神成长路径分析[J].山东社会科学,2015(2):175-180.

村庄治理中具有更多的参与机会，社会分化所带来的公共事务参与能力分化也成为一个问题。乡村社会中的矛盾纠纷呈现出越来越多的城市因素，村庄公共事务也呈现多样化趋势，这种变化需要乡村治理主体具备更高的文化素质和参与能力。

三、后乡土社会中共建共治共享治理格局的构建路径

（一）通过党建活动增强村庄治理公共性

组织在社会政治生活中具有重要作用，亨廷顿认为身处正在实现现代化之中的当今世界，谁能组织政治，谁就能掌握未来[①]。我们可以通过村党委的党建活动来增强村庄治理的公共性，实现党建引领乡村治理。党组织在村庄治理实践中主要起领导作用，而不是起包办和代替作用。通过党组织建设推进社会建设，使基层党组织成为整合后乡土社会的主导力量，为村庄治理场域注入公共性，提高村民集体行动的能力，使公共权力的组织网络替代权力的文化网络。党组织内部的动员力、纪律性和组织性可以有效凝聚不同主体间的治理共识。

我们需要利用好村级党组织这一现存制度架构，通过较好的内部成员整合与对外交流互动（上级党委、群众），使其成为村庄先进观念的生产者、群众意见诉求的维护者。党建活动有利于瓦解乡村社会各种小团体的内部连接，在与群众互动间增强村庄内聚力和价值生产能力。

培育村庄治理社会基础的公共性是一项精细化的社会工作，乡村治理事务往往相互缠绕并交织在复杂的村庄社会关系中，深入事件背后的社会关系脉络，才能形成长久稳定的秩序[②]。只有置身于相应的关系网络中，才能通过精细化的教育和引导工作来改变这一关系网络。通过发动群众中热心公益的积极分子，限制、教育群众中的投机者，利用乡村振兴中下沉的国家资源提高村党委的动员能力和活力。村党委需要转变角色，由村庄事务的当家人转变为村民间协商合作的“组织者”。通过党员的社会网络和带动作用，将党内的价值观念扩散至党外，进而最大限度地激发乡村社会的创造活力。

① 塞缪尔·P.亨廷顿.变化社会中的政治秩序[M].王冠华，刘为，译.上海：上海人民出版社，2021：311.

② 杜鹏.迈向治理的基层党建创新：路径与机制[J].社会主义研究，2019(5)：112-119.

(二)通过健全村级议事协商制度,推动村民互信合作

乡村社会变迁对村民代表大会和村民大会的运作产生了冲击,在这种影响下村级组织建设的重心从村民自治组织建设转向党组织建设。各地为实现村民自治权力机构的有效运行进行了有益创新,比如组建村民理事(议事)会,乡贤参事(理事)会等。有学者通过实证分析证明:村民自治制度的实行,可以促使村干部在日常治理过程中花费更多的精力和时间从事与村民利益相关的事务,从而使其角色定位村庄利益代言人①。

与村干部通过人情关系维持村庄治理不同,公共性村级组织更具开放性,可以实现村庄行政化治理和协商治理共同发挥作用。在村庄治理协商中引入必要的程序并使其制度化,来使村庄内部的矛盾冲突在协商中纾解。可根据具体事务,进行组织创新,比如建立专项“议事会”,可因事择人组织活动解决特定村民的具体问题。协商议事会需细化其程序性规则,对于出席人数、发言流程、会议记录等进行细致规定,通过程序设计培育社会资本。村级议事协商制度为村民提供辩论和表达利益诉求平台,通过村民间协商合作来增进互信,建立其与“村庄共同体”的权责关系,增强村民对村庄的归属感和认同感。人际关系纽带根据既有的关联形成连接,局限在相同和相似的人及团体之间,而政治纽带根据责任表现形成连接,可以建立在异质的、流动的村民基础上。所以对于村庄整合而言,“政治认同纽带更具长治久安的内聚效力”②,进而强化村民的公共意识。

(三)盘活传统治理资源,动员村民参与治理

对于后乡土社会中留存的伦理规范、传统习惯,我们不能全盘继承,也不能完全抛弃。我们要盘活有利于推动乡村治理现代化的传统治理资源,实现共建共治共享治理格局与地方性规范的协调共生,建立以公序良俗为核心的乡村社会规范体系,引导村庄舆论,以此约束个别村民阻碍村庄治理活动的策略性行为,低成本地维护公共秩序。

发挥地方性规范对村庄治理的作用,一方面要确保其符合村民的切身利益,另一方面要摒弃其中的落后观念。在乡村治理中融入社会传统,并使其成

① 孙秀林.村庄民主、村干部角色及其行为模式[J].社会,2009,29(1):66-88,225.

② 张静.社会治理:组织、观念与方法[M].北京:商务印书馆,2019:71.

为社会治理体系的构成部分，我们需要努力发现这些传统所依赖之载体的内在运作机制和潜在功能边界。我们可以通过群众性和公共性的乡风文明实践活动来增强村庄凝聚力，通过形式多样的文化建设来培育优秀价值体系，动员村民参与村庄治理实践，比如基于村民“面子”观这种正向褒誉机制和负向排斥机制来建立积分排行榜，对“热心助人”各种模范采取一定奖励措施，等等。充分发掘当地乡村社会中现有的文化资源，比如家风、族训等，增强其感召力，以此为载体建立村庄公共生活秩序。改造诸如戏台、庙宇等民间文化的载体，通过依托群众性的文化活动来带动乡村社会的群众治理参与。传统治理资源的挖掘离不开上级党委、政府的领导，充分发挥行政组织在程序设计、宣传动员方面的优势，激发行政逻辑、政治逻辑对村民治理参与的促进作用，进而形成乡村社会治理整体合力，形成人人有责、人人尽责、人人享有的乡村社会治理共同体。